市场调查与预测(第 2 版)

姚凤莉　金艳秋　孙　莹　主　编
李　磊　张　睿　张丽莉　副主编
　　　　李海青　张　皓

清华大学出版社
北　京

内 容 简 介

本书从实际出发，以企业市场调查与预测实践为依据，构建了完备的知识结构体系：一方面，在知识点介绍中融入了大量全新案例、相关链接和相关实训环节，使枯燥的内容变得更加通俗易懂，便于学习；另一方面，在具体结构安排上始终坚持职业教育理念，强化学生的实践动手能力，保证学生做到学以致用。

本书适合高职高专市场营销专业及相关专业教学使用，同时也可作为市场调查与预测在职人员的工作实践指导用书和职业培训用书。

本书封面贴有清华大学出版社防伪标签，无标签者不得销售。
版权所有，侵权必究。举报：010-62782989，beiqinquan@tup.tsinghua.edu.cn。

图书在版编目(CIP)数据

市场调查与预测/姚凤莉，金艳秋，孙莹主编. —2版. —北京：清华大学出版社，2020.8(2024.2重印)
ISBN 978-7-302-55976-4

Ⅰ. ①市… Ⅱ. ①姚… ②金… ③孙… Ⅲ. ①市场调查—高等职业教育—教材 ②市场预测—高等职业教育—教材 Ⅳ. ①F713.5

中国版本图书馆 CIP 数据核字(2020)第 121798 号

责任编辑：孙晓红
装帧设计：李　坤
责任校对：吴春华
责任印制：杨　艳

出版发行：清华大学出版社
网　　址：https://www.tup.com.cn，https://www.wqxuetang.com
地　　址：北京清华大学学研大厦 A 座　　邮　　编：100084
社 总 机：010-83470000　　邮　　购：010-62786544
投稿与读者服务：010-62776969, c-service@tup.tsinghua.edu.cn
质量反馈：010-62772015, zhiliang@tup.tsinghua.edu.cn
课件下载：https://www.tup.com.cn, 010-62791865

印 装 者：三河市人民印务有限公司
经　　销：全国新华书店
开　　本：185mm×260mm　　印　　张：17.75　　字　　数：428 千字
版　　次：2012 年 8 月第 1 版　　2020 年 8 月第 2 版　　印　　次：2024 年 2 月第 3 次印刷
定　　价：49.90 元

产品编号：076431-02

前　言

面对经济全球化与知识经济的发展，市场调查与预测的理论与实践正在不断创新，大多数高校特别是高职院校管理类专业已经将"市场调查与预测"课程设置为核心专业技能课。在高职教育强化实践技能理念的指导下，针对高职教育的培养目标，结合诸多编者多年的实践教学经验和企业实践锻炼经验，编写了本书，并于2012年首次出版。

随着经济的发展和市场的变化，我国市场调查与预测行业和企业也发生了很大变化。相应地，本书第1版内容已明显滞后。为了更好地适应当前形势和职业教育要求，本书在第1版的基础上进行了部分章节调整，使编写体系更为合理；在内容方面，努力吸纳新的研究成果，进行了大量案例的更新，使理论与实践结合更加紧密，便于广大师生选用学习。

党的二十大报告指出，要用党的科学理论武装青年，用党的初心使命感召青年，做青年朋友的知心人、青年工作的热心人、青年群众的引路人。为了认真贯彻党的二十大精神和中共中央办公厅、国务院办公厅《关于推动现代职业教育高质量发展的意见》及全国职业教育大会精神，加强劳动教育和工匠精神培养，本书将落实立德树人根本任务与教材内容相结合、理论和实践相结合，从高职学生学习实际出发，系统介绍了市场调查与预测的理论知识点，努力吸纳新的研究成果，在内容和体系上注重突破和创新：一方面，在知识点介绍中融入了大量全新案例、相关链接、案例思考和实训环节，使枯燥的内容变得通俗易懂，便于学习；另一方面，在具体结构安排上始终坚持职业教育理念，强化学生的实践动手能力，每章后面设置练习与思考，强化对章节知识点的巩固和技能的提高，保证学生做到学以致用。希望本书超强的实践性和应用性能带给高职营销及管理类专业学生全新的学习体验，获取更多的知识和技能，为将来的就业和创业打下坚实基础。

本书共分九章，其中第一～五章为市场调查的内容，包括市场调查基本理论、市场调查设计、市场调查的方式、市场调查的方法和市场调查资料的整理与分析等；第六～八章为市场预测的内容，包括市场预测基本理论、定性预测法和定量预测法；第九章为市场调查与预测报告。

本书由辽宁省交通高等专科学校的姚凤莉、金艳秋、孙莹任主编，李磊、张睿、张丽莉、李海青(柳州职业技术学院)、张皓任副主编，参编人员有冯华亚、张锡东、兰文巧(沈阳工程学院)等，全书由姚凤莉总纂定稿。本书在编写过程中，参考了大量的文献资料，特向原作者表示深深的谢意！同时在编写过程中受到各界同行的大力支持和帮助，在此一并表示感谢！

由于水平有限，书中难免有不妥之处，敬请广大读者批评指正。

编　者

目 录

第一章 市场调查基本理论 1
  第一节 市场调查概述 3
    一、市场调查的含义及特征 3
    二、市场调查的重要性 4
    三、市场调查的种类 5
    四、市场调查的主要内容 9
    五、市场调查的程序 14
    六、市场调查过程的管理 18
  第二节 市场调查的发展历程 19
    一、国外市场调查的发展历史 19
    二、国内市场调查的发展历史 20
  第三节 市场调查的机构和人员 23
    一、市场调查机构的类型 23
    二、市场调查的人员 25
    三、市场调查机构的选择步骤 26
  本章小结 32
  练习与思考 33
  单元实训 36

第二章 市场调查设计 38
  第一节 市场调查设计概述 38
    一、市场调查设计的意义 38
    二、市场调查设计的特点和原则 39
    三、市场调查设计的内容 41
  第二节 市场调查策划书的内容及撰写 45
    一、市场调查策划书的内容 45
    二、市场调查策划书的撰写 46
  第三节 调查问卷设计 50
    一、问卷与问卷设计的含义 50
    二、问卷的作用 50
    三、问卷的类型 51
    四、问卷的结构和内容 53
    五、问卷的设计技术 57
  本章小结 73
  练习与思考 74
  单元实训 80

第三章 市场调查的方式 83
  第一节 市场调查方式概述 84
    一、市场调查方式的分类 84
    二、市场调查的基本方式 86
  第二节 抽样调查基本理论 90
    一、抽样调查的含义及其特点 90
    二、抽样调查的适用范围 91
    三、抽样调查涉及的基本概念 91
    四、抽样调查的一般程序 101
  第三节 抽样技术的具体应用 105
    一、抽样技术的类别 105
    二、随机抽样技术的具体应用 106
    三、非随机抽样技术的具体应用 111
  本章小结 115
  练习与思考 115
  单元实训 116

第四章 市场调查的方法 118
  第一节 文献法 118
    一、文献法概述 118
    二、文献调查的资料来源 120
    三、文献调查的方法 123
    四、文献调查的步骤 126
  第二节 访问调查法 127
    一、访问调查法的概念及特点 127
    二、访问调查法的分类 128
    三、访问调查的具体方法 129
  第三节 观察调查法 136
    一、观察调查法的概念及特点 136
    二、观察调查法的分类 137
    三、观察法的记录技术 140
  第四节 实验调查法 141
    一、实验调查法的概念及特点 141

二、实验调查法的分类.................143
  三、实验调查的基本方法.............144
  四、实验调查法的实施步骤.........147
 本章小结......................................147
 练习与思考..................................148
 单元实训......................................151

第五章 市场调查资料的整理与分析...155
 第一节 市场信息资料的整理..........156
  一、市场信息资料整理概述.........156
  二、市场信息资料整理的步骤.....158
 第二节 市场调查资料的分析..........164
  一、定性分析.................................164
  二、定量分析.................................166
 本章小结......................................173
 练习与思考..................................174
 单元实训......................................177

第六章 市场预测基本理论...............178
 第一节 市场预测的含义及作用......180
  一、市场预测的含义.....................180
  二、市场预测的作用.....................182
  三、市场预测与市场调查的联系和
    区别...183
 第二节 市场预测的内容和程序......184
  一、市场预测的内容.....................184
  二、市场预测的程序.....................187
 第三节 市场预测的活动形式与方法...190
  一、市场预测的活动形式.............190
  二、市场预测方法的比较与选择....192
 本章小结......................................193
 练习与思考..................................194
 单元实训......................................199

第七章 定性预测法...........................200
 第一节 定性预测法概述..................202
  一、定性预测法的含义.................202
  二、定性预测法的特点.................202
  三、定性预测法与定量预测法的
    关系...202
  四、定性预测法的应用.................203

 第二节 定性预测法的具体应用......203
  一、集合意见法.............................203
  二、专家预测法.............................206
  三、概率预测法.............................212
  四、类推预测法.............................217
 本章小结......................................219
 练习与思考..................................219
 单元实训......................................220

第八章 定量预测法...........................222
 第一节 时间序列预测法..................223
  一、时间序列预测法概述.............223
  二、时间序列预测法的应用.........224
 第二节 回归分析预测法..................234
  一、回归分析预测法的含义.........235
  二、回归分析预测法的应用条件及
    主要内容.................................239
  三、回归分析的特点.....................239
  四、回归分析预测法的具体步骤....240
  五、一元线性回归分析预测法.....241
 本章小结......................................244
 练习与思考..................................245
 单元实训......................................246

第九章 市场调查与预测报告...........253
 第一节 市场调查与预测报告概述....255
  一、市场调查与预测报告的含义....255
  二、市场调查与预测报告的
    主要特点.................................256
  三、市场调查与预测报告的
    重要作用.................................256
  四、市场调查与预测报告的种类....258
  五、市场调查与预测报告的
    基本格式与内容.....................259
 第二节 市场调查与预测报告的撰写....260
  一、市场调查与预测报告撰写的
    基本要求.................................261
  二、市场调查与预测报告的
    撰写程序.................................261
  三、市场调查与预测报告的撰写
    技巧...264

四、市场调查与预测报告撰写中
　　　　容易出现的问题 266
第三节　市场调查与预测报告的沟通、
　　　　使用和评价 267
　　一、市场调查与预测结果的沟通 267
　　二、市场调查与预测报告的使用 269

　　三、市场调查与预测报告的评价 270
本章小结 270
练习与思考 271
单元实训 272

参考文献 274

第一章 市场调查基本理论

【本章导读】

超级试客的五星级生活

周末的早晨，Melissa 来到书房，打开苹果电脑，登录一家大型试客网站，进入"新品试用"页面后，她发现卡巴斯基 08 版杀毒软件正在免费提供为期 3 个月的试用机会。进入官方网站后，她找到索取注册号的页面，在线做了一份关于电脑杀毒习惯的调查问卷。之后她单击了"提交申请单"按钮。根据她的经验，注册号在两天内就会发到她的邮箱。紧接着，她登录了试客网的 BBS 交流板块，与试友们交流产品试用心得。

吃过午饭，她到厨房冲了一杯牛奶咖啡。这包看似普通的咖啡来头可不小，是雀巢公司开发的全新口味的咖啡，各大超市还没有上架，Melissa 便从试客网上成功索来了 20 包 15g 试用装。喝了一口，她微微皱起眉头。回到电脑前，她在雀巢公司的试用反馈表上写下自己的意见："牛奶味太浓，咖啡原本的醇香味被遮盖了，建议重新搭配牛奶与咖啡的比例。"

下午两点，试客网的送货员敲响了 Melissa 的房门，送来了她一周前申请的附近一家新开业电玩城的两张免费体验券。送走送货员，兴奋不已的 Melissa 致电男友一同前往。接下来，她给自己化了个精致的妆：所用的眼影、粉底、眉笔等也均是从试客网上免费索取来的。

出门前，Melissa 自然没忘记带上又一战利品——从试客网上得到的一款柯达数码相机。什么？数码相机也能试用？没错，Melissa 手中这台小巧时尚、功能齐全的新款相机也是她以试客身份免费拿到手的。当然，由于这类产品价值不菲，只有极少数人能够申请成功，作为资深试客，Melissa 自然有她的秘密武器。

晚上，Melissa 回到家打开电脑，发现试客网上多了一条未读消息："昨天申请的箭牌新口味口香糖已经成功获批，产品将于明天送到。"到目前为止，由于申请量大、成功率高，Melissa 的积分已经跃居试客排行榜前十位，她所申请的试用品总价值已经超过 6 万美元。

让 Melissa 感到骄傲的是，作为资深试客，她几乎每周都可以顺利地从试客网上申请到各种各样的新产品，几乎囊括了吃喝玩乐等方方面面。虽然试用装一般为小包装，只能用几次，但由于申请频繁，数量不小，Melissa 倒也乐此不疲。

为了统计这种生活模式到底能为她省下多少钱，Melissa 开始留心自己的经济状况。每当有新的试用装拿到手，她就会记录下东西的类别、品牌、估价等，每到月底，她会把自己由此省下来的钱存下来。自从面膜、唇彩、粉底、乳液等化妆品均从网上免费索取之后，她用于购置化妆品的开销就大大减少了。仅化妆品一项，就省下了四分之一的月开支，这样一来，几个月省下的钱还真不是个小数目，小半年下来，以前几乎入不敷出的她，手头竟也有了超过 1 万美元的应急存款。

除此之外，试客身份还让她学会了理性消费，避免一些不必要的消费尝试。不仅省了钱，还让她有了货比三家的机会。例如，在某品牌沐浴露的新产品刚上市时，公司同步推出了非常有诱惑力的广告。看到广告后，她非常动心，但最终还是克制住了购买欲，在掏钱包之前先申请了使用小样。用了几次之后，她发现这款产品滋润效果虽然不太让人满意，但不太适合自己的干性肤质，效果远不如预期，如果当时不假思索地买下来，肯定用不了几次就会束之高阁。就这样，Melissa避免了将近50美元的"准浪费"开支，接着，她又申请了几个品牌的沐浴露，通过反复使用比较，最终选定了一款价格适中，适合自己肤质的产品。

作为典型的美国时尚女青年，每月至少七八本时装杂志也会花掉Melissa不少银子。试客的身份也让她省下了这一大笔花销：有一次，Melissa通过试客网申请了一本新刊发的女性杂志创刊号，阅读之后，她以读者的身份，在排版、内容、插图等方面向杂志社提出了自己的看法和建议。过了一周，她收到该杂志的回复，经过仔细研究，杂志社编辑采纳了她的部分意见，作为答谢品，该杂志社特赠予她一整年(12期)的杂志，这本杂志的单价是4美元，只是举手之劳，她便节省了一年48美元的时尚杂志订阅费。

Melissa还没有毕业，平时的收入仅来自一周20小时的兼职工作。自从变身试客后，原本属于"月光族"的她，在新添日用品大多数是名牌的同时，竟然可以用存下的余钱做一些小型的基金投资了。

著名杀毒软件卡巴斯基提供100个试用机会，超过2万人提交了申请，Melissa榜上有名；Donna Karan品牌服装新款上市的T-shirt仅提供18个试用机会，Melissa从上千名申请者中脱颖而出；柯达相机唯一的试用机会也被Melissa一举拿下……当然，不是所有的试客都有Melissa这样高的申请通过率，她有什么独家窍门呢？

Melissa说，除了认真对待企业发放的反馈意见表之外，更要有独到的眼光，能够发现一些容易被忽略而至关重要的产品细节。她深知，企业最想知道的就是试用者们在实际使用中出现的细节和设计等问题，这正是决定产品面世后成败的关键因素。

Melissa对每件试用装的严谨态度不但对企业负责，更为自己带来了不少好处。美国许多试客网都采用"企业打分制"来评定试客们的信誉等级，等级越高，高级试用产品的申请成功率也越高。由于不断有受益企业通过试客网站对她进行加分、升级，Melissa很快成为拥有众多好评的高级试客，五星级的荣誉让她在网上出了名，如此一来，企业怎么会轻易放过她这个"编外市场总监"呢？

在一次与企业的亲密接触后，Melissa突然灵光一现，试客网作为企业的一种全新营销方式，其中必然有很多非常有生命力的营销理念，何不以此作为自己毕业论文的研究方向呢？说到做到，Melissa在之后的试客经历中有意加强与企业的互动，力求收集到更多的第一手资料。

有一次，Melissa成功地得到了一双NIKE还未正式上市的新款运动鞋。穿过几次之后，她发现鞋的外形设计、舒适度、透气性等都很好，却有一个让她不得不提的小毛病：运动鞋采用的圆形纤维材质的鞋带，是这款鞋最大的败笔——走路的时候特别容易松散，逛一次街，Melissa至少要系十多次鞋带。一双设计与用料堪称完美的品牌运动鞋竟会在细节上存在缺陷，这大概是设计者没有想到的。不久，她的意见引起了NIKE公司研发部的重视，公司正式邀请她以嘉宾身份出席了新品改进讨论会，并承担了她的车旅住宿费，令Melissa受宠若惊。两个月后，Melissa在商场里发现这款鞋的鞋带改成了扁平式尼龙材质。她认真地记录下了这次事件的详细经过，作为自己论文的又一例证。

三年试客生涯过去，Melissa即将毕业。得益于长期以来的材料积累，当同学们还在为论文选题头疼不已时，Melissa 早已收集好了充足的第一手资料。丰富的试客经验，加上诸如企业提供试用装的模式、对待反馈信息的态度以及如何改进产品设计等独家资料让她的写作思路很畅通。临近毕业时，Melissa 完成了她以"从试客网看现代企业营销方案"为题的论文。这份实例丰富、角度新颖的论文为她赢得了伍德伯里大学商学院的最佳论文奖！

(资料来源：龙雁岚. 超级试客的五星级生活. 青年博览)

在现代市场营销观念下，营销管理的任务就是在满足消费者需求的前提下实现企业的利润目标。企业营销管理人员为完成上述任务，需对企业可控制的因素即产品、定价、分销和促销等策略进行综合运用，为此必须依托全面和可靠的市场信息。现代企业建立完备的市场营销信息系统，对企业的信息资源进行全面的、科学的管理，是企业制定市场营销决策的前提与基础。

【案例思考1-1】

一位营销经理的思考

一家企业拟推出一种新的冷冻糕点，现在想用优惠券与电视广告一起来引导人们尝试这种新的糕点。这样就产生了一个新的问题：谁应该接受这种优惠券呢？如果直接把优惠券邮寄给那些最有可能使用的家庭，营销推广获得的效果当然会更好。在冷冻糕点优惠券使用方面，以往的经验表明：大量使用优惠券的人通常也是最有可能使用新优惠券的人。营销经理要思考优惠券大量使用者和少量使用者之间是否存在可识别的人口统计特征？问题：你会采取哪些措施来帮助这位营销经理进行决策呢？

(资料来源：www.docin.com/p-815840407.html，豆丁网，有改动)

第一节　市场调查概述

一、市场调查的含义及特征

美国的《华尔街日报》有一篇文章写道："没有谁比母亲更了解你，可她知道你有几条短裤吗？然而，乔基国际调研公司知道。母亲知道你往每杯水里放多少冰块吗？可口可乐公司知道。可口可乐公司通过调查得知：人们在每杯水中平均放 3.2 块冰，每人每年平均看到 69 个该公司的广告。市场调查作为营销手段对于发达国家的许多企业来说已成为一种武器，在他们看来，企业不搞市场调查就进行市场营销决策是不可思议的。在美国 73%的企业设有正规的市场调研部门，负责对产品的调查、预测、咨询等工作，并在产品进入每一个新市场之前都要对其进行调查。美国大公司的市场调研费占销售额的 3.5%，市场调查成果能为企业带来千百倍的回报。"可见市场调查在西方发达国家企业中的重要性。

市场调查于企业而言，必不可少。具体来说，市场调查就是针对企业特定的营销问题，运用科学的方法，系统地、客观地辨别、收集、分析和传递有关市场营销活动各方面的信息，为企业营销管理者制定有效的市场营销决策提供重要依据的活动和过程。

在营销过程中，至少存在两方，并且在每一方都拥有对对方来说有潜在价值的东西时，才存在交换的潜在可能性。当双方能够沟通并传递所期望的产品或服务时，交换才能发生，因此，市场调查在营销中承担着通过信息将消费者、顾客和公众与营销者连接起来的职能。

市场调查具有下面所述的特征。

(1) 市场调查是一项有目的的活动。

(2) 市场调查是一个系统过程，包含判断、收集、记录、整理、分析、研究、传播。市场调查是指对与营销决策相关的数据进行计划、收集和分析，并把分析结果向管理者传递的过程。

(3) 市场调查从本质上讲是收集市场信息。市场调查收集的信息可用于识别营销工作中存在的问题和确定营销机会，产生、提炼和评估营销活动，监督营销绩效，增进人们对营销过程的理解。市场调查规定了解决这些问题所需的信息，设计收集信息的方法，管理并实施信息收集过程，分析结果，最后要沟通所得的结论及其意义。

二、市场调查的重要性

兵法云：知己知彼，百战不殆。市场营销调研就是知彼的过程，目的是摸清行情。因为市场调研就是运用科学的方法和手段，系统、客观地收集、整理和分析产品从生产者转移到消费者手中的一切与市场活动有关的数据和资料，从而掌握与企业生产和活动有关的信息，帮助营销管理人员制定更加准确的市场营销决策。现代管理的重心在经营，经营的重心在决策，决策的前提是预测，预测的依据在信息，信息的来源在调查。市场调查是企业取得良好经济效益的重要保证，是营销决策的重要依据。

在激烈的市场竞争中，市场调查的重要性已成为企业共识，其作用具体体现在以下各方面。

1. 市场调查可为企业经营决策提供依据

经营决策可以决定企业的经营方向和目标，其设计正确与否，直接关系到企业的成功与失败。因此，瞄准市场，使其生产和经营的产品迎合消费者的需求是经营决策中首先需要解决的问题。企业的产品有多大市场，无非是指消费者对本企业产品的购买力有多大。而消费者之所以要选择这种产品，需要企业摸清产品被消费者认可的程度、产品对消费者有何吸引力、产品销量有多大、产品对消费者是普通需要还是某种特殊需要、产品定价多高消费者可以接受等。通过市场调查收集到相关信息后，企业才能够根据实际情况，确定营销活动的最佳方案，作出决策。

2. 市场调查有助于企业开拓市场，开发新产品

任何企业都不会在现有的市场上永远保持销售旺势，要想长期发展，就不能把希望寄托在一个有限的经营区域内。当现有产品在特定市场上未达到饱和状态时，企业就应该着眼于更远的地区，开拓新的市场。通过市场调查活动，企业不仅可以了解其他地区对产品的需求，甚至可以了解到国外市场的需求状况，它使企业掌握了该向哪些地区发展新市场，有无发展余地等有用信息，从而决定下一步的经营战略。

3. 市场调查有利于企业在竞争中占据有利地位

在市场经济条件下，企业通过市场调查，可以更详细地了解竞争对手的情况，这样就可以在竞争中绕开对手的优势，发挥自己的长处，或者针对竞争者的弱点，突出自身的特色，以吸引消费者选择本企业的产品。显然，市场调查对竞争中取胜的意义十分大。

4. 市场调查可以促进经营管理的改善，增强销售，增加盈利

企业生产或经营的好坏，最终要取决于经营管理者的管理水平。只有重视市场调查，不断收集和获取新的市场信息，才能熟知生产和管理技术发展的最新动态，找出自身的差距，从而向更先进的水平迈进。

三、市场调查的种类

(一)按生产经营活动阶段分

按市场调查涉及的生产经营活动的阶段分，市场调查可以分为事前调查、事中调查和事后调查。

1. 事前调查

事前调查是指工商企业对生产经营活动进行的市场预测性研究、可行性研究、市场环境研究等，其目的在于为企业的生产经营决策提供预测性的市场研究成果及其信息。

2. 事中调查

事中调查是指工商企业对生产经营活动的进程进行调查研究，其目的在于及时掌握生产经营活动过程中的情况与问题，以便进行控制和调节。

3. 事后调查

事后调查是指工商企业在生产经营活动过程结束后所进行的总结性的调查研究，其目的在于总结经验和教训，以便更有效地指导今后的工作。如产品的售后调查，可根据消费者的信息反馈，改进产品设计、生产和市场营销策略。

(二)按调查的侧重点分

按市场调查的侧重点分，市场调查可以分为市场识别调查、市场策略调查、市场可行性调查。

1. 市场识别调查

市场识别调查又称市场状态调查，是指对市场经济活动发展变化的过程、特点、趋势和规律进行调查研究，其目的在于认识市场，掌握市场发展变化的特征和规律。如市场环境调查、市场需求调查、市场供给调查、销售潜力调查、消费者调查、顾客满意度调查、生活形态调查和国际市场调查等，所有这些调查，大都属于市场识别调查的范畴。

2. 市场策略调查

市场策略调查又称市场对策调查，是指对工商企业的生产经营或市场营销策略进行调查研究，其目的在于寻求解决问题的对策。如生产者市场调查、市场细分调查、产品调查、品牌调查、价格调查、促销调查、销售渠道调查、广告调查和企业销售调查等，都属于市场策略调查。

3. 市场可行性调查

市场可行性调查又称市场预测性调查，是指对工商企业的生产经营前景或市场未来的发展变化进行预测性的调查研究，其目的在于把握市场未来的发展变化，以便进行正确的决策。如商圈调查、投资可行性调查等，都属于市场可行性调查。

(三)按研究性质分

按研究性质分，市场调查可以分为探测性调查、描述性调查、因果性调查、预测性调查。

1. 探测性调查

探测性调查是为了掌握和理解调查者所面临的市场特征和与此相联系的各种变量的市场调查，通常是在对调查对象缺乏了解的情况下，要回答有没有、是不是等问题时进行的调查。例如，某企业拟投资开设一家新的综合商店，首先可做探测性调查。从需求大小、顾客流量、交通运输条件和投资效益等方面初步论证其可行性。如果可行，则可做进一步深入细致的正式调查。

探测性调查一般不如正式调查严密、详细，一般不制定详细的调查方案，尽量节省时间以求迅速发现问题。

由于探测性调查还没有启动正式的调查计划的程序，因而其调查方法具有较大的灵活性、多样性，很少采用诸如设计调查问卷、大样本以及样本调查计划等调查方法，在调查实施过程中也可以对调查方向随时进行调整。探测性调查一般通过收集二手资料、请教专家或定性调查进行。

2. 描述性调查

描述性调查，顾名思义，描述性调查用于描述一些事物。通常是在对调查对象有一定了解的情况下，要回答怎么样、是什么等问题时进行的调查，大多数的市场营销调查属于描述性调查。

描述性调查主要有以下内容。

(1) 描述有关群体的特征。例如，给出某些名牌商店的"重型使用者"(经常购物者)的轮廓。

(2) 估算在某一具体群体中显示某种行为的人群所占的比例。例如，估算既是某些名牌商店的"重型使用者"，同时又光顾减价商店的顾客比例。

(3) 确定产品特征的概念。例如，不同家庭是如何按照选择准则的一些重要因子来认识各百货商店的。

(4) 确定变量间的联系程度。例如，在百货商店购物与外出就餐之间有什么程度的关联。

(5) 进行具体的预测。例如，某地区的时装(某特定类别的产品的零售销量会是多少？描述性调查假定调查者事先已掌握对问题的许多相关的知识。事实上，探索性调查与描述性调查的主要区别在于后者事先确立了具体的假设。因此，所需的信息是很清楚地定义了的。典型的描述性调查都是以有代表性的大样本(一般在600人以上)为基础的。正式的调查方案的设计规定了选择信息来源的方法，以及从这些来源收集数据的方法。

与探测性调查相比，描述性调查的目的更加明确，研究的问题更加具体。描述性调查的主要目的是对市场调查问题的各种变量做尽可能准确的描述，回答："什么""何时""如何"问题。描述性调查与探测性调查相比，要求要有详细的调查方案，要进行实地调查；掌握第一手原始资料和第二手资料，尽量将问题的来龙去脉、相关因素描述清楚；要求系统地搜集、记录、整理有关数据和有关情况，为进一步的市场研究提供市场信息。

【相关链接 1-1】

百货商店顾客调查实例——描述性调查

① Who：什么人将被看作是某个百货商店的顾客？可能的答案包括下述各点。

a. 任何进入这家百货商店的人，无论他或她是否购买什么东西；

b. 任何在这家百货商店购买了商品的人；

c. 任何在这家百货商店每月至少购买一次商品的人；

d. 经常负责在百货商店购物的家庭消费者。

② What：应该从应答者那里收集哪些信息？收集信息的范围应当很广泛，包括下述各点。

a. 光顾不同的百货商店购买某种产品的频率；

b. 根据主要选择标准对不同百货商店作出的评价；

c. 与需要证实的假设相关的信息；

d. 精神心理图案和生活方式、媒体消费习惯，以及人口统计信息。

③ When：应该在什么时间向应答者收集信息？可以作出的选择有以下各点。

a. 在购物之前；

b. 在购物过程中；

c. 在购物刚刚结束的时候；

d. 在购物之后，给应答者评价购物经历的时间。

④ Where：应该在什么地方和应答者接触以获取信息？可能的选择包括下述各点。

a. 商场；

b. 在商场外但没有离开购物中心；

c. 在停车场；

d. 在家里。

⑤ Why：我们为什么要从应答者那里收集信息？为什么要进行营销调查？可能的回答包括下述各点。

a. 改善主办商店的形象；

b. 提高商店的市场份额；

c. 改变产品组合；

d. 开发适当的、有促进作用的宣传活动；

e. 决定新开商店的位置。

⑥ Way：我们将采用哪种方法从应答者处收集信息？可能的方法包括下述各点。

a. 观察应答者的行动；

b. 进行个人采访；

c. 进行电话采访；

d. 进行邮寄采访。

3. 因果性调查

因果性调查通常是在对调查对象有相当程度了解的情况下，要回答为什么、相互关系如何等问题时进行的调查。

描述性调查可以说明某些现象或变量之间相互关联，但要说明某个变量是否引起或决定着其他变量的变化，就用到因果关系调查。因果关系调查的目的就是寻找足够的证据来验证这一假设。因果关系调查是一种结论性调查，确定有关事物因果联系的一类市场调查，确定自变量非因变量，其目的是要获取有关起因和结果之间联系的证据。

例如，某汽车销售厂商想要测量销售人员的态度和表现对汽车销售的影响。他设计了一个因果调查：在某地区汽车销售连锁店挑选出两个不同的汽车销售厂商进行比较。在其中一个厂商中安排了经过培训的销售人员，而另一个厂商的销售人员没有经过培训。半年以后，通过两个厂商销售量的比较，就大体能判断出销售人员对汽车销售的影响。

因果关系调查的目的包括下述内容。

(1) 了解哪些变量是起因(独立变量或自变量)，哪些变量是结果(因变量)。

(2) 确定起因变量与要预测的结果变量间的相互关系的性质。和描述性调查一样，因果关系调查也需要有方案和结构的设计。描述性调查虽然也可以确定变量间联系的紧密程度，但是并不能确定因果关系。要考察因果关系，必须将可能影响结果的变量控制起来。

4. 预测性调查

市场营销所面临的最大问题就是市场需求的预测问题。预测性调查是企业为推断和测量市场未来变化而进行的调查。

预测性调查是指为了预测市场供求变化趋势或企业生产经营前景而进行的具有推断性的调查。它所回答的问题是"未来市场前景如何"，其目的在于掌握未来市场的发展趋势，为经营管理决策和市场营销决策提供依据。例如，消费者购买意向调查、宏观市场运行态势调查、农村秋后旺季市场走势调查和服装需求趋势调查等，都是带有预测性的市场调查。预测性调查可以充分利用描述性调查和因果性调查的现成资料，但预测性调查要求搜集的信息要符合预测市场发展趋势的要求，既要有市场的现实信息，更要有市场未来发展变化的信息，如新情况、新问题、新动态、新原因等方面的信息。

(四) 按购买目的分

按购买目的分，市场调查可以分为消费者市场调查和生产者市场调查。

这里所说的消费者市场，是指消费者为满足个人或家庭消费需要而购买生活资料或劳务的市场，又称生活资料市场。生产者市场，是指生产者为满足生产活动需要而购买生产资料或劳务的市场，又称生产资料市场。这两种类型的市场，不论是从购买商品的对象、购买的商品类型数量上看，还是从购买活动的特点上看，都有所不同。消费者市场的商品购买者是消费者个人，购买的商品是最终产品，主要是生活资料；购买活动是经常的、零星的或少量的，并且由于商品消费是可以相互代替的，因而购买活动的特点是具有一定弹性；购买者一般缺乏专门的商品知识，服务质量的高低对商品的销售量影响极大。生产者市场的商品购买者主要是生产企业；购买的商品是最初产品和中间产品，或者为生产资料；购买活动具有定期的、大量的和缺乏一定弹性的特点；同时，生产者市场的购买者有专门知识，一般都有固定的主见。

尽管消费者市场与生产者市场不同，但两者之间有着密切的联系。它们之间的最基本的联系，就是生产者市场的商品购销活动要以消费者市场为基础。因为消费者市场所反映的需要才是真正的最终消费需要。

(五)按调查方法分

按调查采用方法的不同，市场调查可分为文案调查和实地调查，实地调查又可分为询问调查、观察调查和实验调查。

文案调查是指利用企业内部和外部现有的各种信息、情报资料，对调查内容进行分析调查的一种调查方法，也称间接调查法、室内调查法、桌面调查法。

实地调查就是运用科学的方法，系统地现场搜集、记录、整理和分析有关市场信息，了解商品或劳务在供需双方之间转移的状况和趋势，为市场预测和经常性决策提供正确可靠的信息。

询问调查就是利用调查人员和调查对象之间的语言交流来获取信息的调查方法。

观察调查就是调查人员通过直接观察和记录调查对象的言行来搜集信息资料，这种方法的特点是调查人员与调查对象不发生对话，甚至不让调查对象知道他正在被观察，使调查对象的言行完全自然地表现出来，从而可以观察了解调查对象的真实反应。

实验调查是通过小规模的实验来了解企业产品对社会需求的适应情况，以测定各种经营手段取得效果的市场调查方法。

四、市场调查的主要内容

市场调查内容是相当广泛的，但不同企业和不同行业、相同企业在不同时期对市场调查的内容会因需要的不同而有所侧重和选择。一般来说，市场调查的内容主要涉及以下五个方面：社会环境调查、消费者需求调查、市场供给调查、产品调查、市场营销活动调查。

(一)社会环境调查

消费者的任何活动都脱离不开所处的社会环境，企业的生产、经营活动也一样。一个地区的社会环境是由政治、经济、文化、气候、地理等因素组成的，而这些因素往往是企业自身难以驾驭的。

1. 政治环境调查

政治环境调查主要指政府的经济政策。在我国，由于各地区生产力水平、经济发展程度的不同，政府对各地区的经济政策也不同。有些地区的经济政策宽松些，有些地区严格些。对某些行业采取倾斜政策，对不同的行业采取不同的优惠、扶持或限制政策，这些都会对企业的经营活动产生影响。

2. 经济环境调查

经济环境主要指当地的经济发展水平。它主要影响市场容量和市场需求结构，经济发展水平增长快，就业人口就会相应增加。而失业率低、企业用工率高以及经济形势的宽松，必然引起消费需求的增加和消费结构的改变；反之，需求量就会减少。

3. 文化环境调查

在形成文化的诸因素中，知识水平影响着人的需求构成及对产品的评判能力。知识水平高的地区或国家，科技先进、性能复杂的产品会有很好的销路；而性能简单、易于操作、价格便宜的产品则在知识水平低的地区或国家能找到很好的销路。

在文化因素上，还有一个不容忽视的方面，即宗教信仰及传统的风俗习惯，市场营销活动应尊重当地的宗教信仰，否则，会引起当地人的反感，导致营销活动的失败。

4. 气候、地理环境调查

气候会影响消费者的饮食习惯、衣着、住房及房内设施。同样的产品在不同的气候条件下，会有截然相反的需求状况，销售方面当然也会有很大差别。地理环境决定了地区之间资源状态分布、消费习惯、结构及消费方式的不同，因而，产品在不同的地理环境下适用程度和需求程度会有很大差别，由此引起销售量、销售结构及销售方式的不同。

(二)消费者需求调查

消费者需求调查即了解消费者在何时何地需要什么、需要多少。它是市场调查的核心。对于企业来说，其调查的重点有消费者人口状况调查、购买力总量及其影响因素调查、购买动机和行为调查等。

1. 消费者的总体消费态势

消费者的总体消费态势包括现有的消费时尚、各种消费者消费本类产品的特性等。

2. 现有消费者分析

(1) 现有消费群体的构成。现有消费群体的构成包括现有消费者的总量、年龄、职业、收入、受教育程度、分布等。

(2) 现有消费者的消费行为。现有消费者的消费行为包括现有消费者的购买动机、购买时间、购买频率、购买数量、购买地点等。

(3) 现有消费者的态度。现有消费者的态度包括现有消费者对产品的喜爱程度、对本品牌的偏好程度、对本品牌的认知程度、对本品牌的指名购买程度、使用后的满足程度、未满足的需求等。

3. 潜在消费者

(1) 潜在消费者的特性。潜在消费者的特性包括潜在消费者的总量、年龄、职业、收入、受教育程度等。

(2) 潜在消费者现在的购买行为。潜在消费者现在的购买行为包括潜在消费者现在购买哪些品牌的产品、对这些产品的态度如何、有无新的购买计划、有无可能改变计划购买的品牌等。

(3) 潜在消费者被本品牌吸引的可能性。潜在消费者被本品牌吸引的可能性包括潜在消费者对本品牌的态度如何、潜在消费者需求的满足程度如何？

(三)市场供给调查

市场供给调查包括商品供给来源及影响因素调查、商品供应能力调查、商品供应范围调查。企业在生产经营过程中除了要掌握市场需求情况外，还必须了解整个市场货源状况，包括货源总量的构成、质量、价格和供应时间等一系列情况，必须对本企业的供应能力和供应范围了如指掌，才能及时生产和组织到适销对路的商品，避免积压或脱销。对市场供给进行调查，可为编制计划、安排市场提供依据。

对市场供给的调查，可着重调查以下几个方面。

1. 商品供给来源及影响因素调查

市场商品供应量的形成有着不同的来源，从全部供应量的宏观角度看，除由国内工农业生产部门提供的商品、进口商品、国家储备拨付和挖掘社会潜在物资外，还有期初结余的供应量。可先对不同的来源进行调查，了解本期市场全部商品供应量变化的特点和趋势，再进一步了解影响各种来源供应量的因素。影响各种来源供应量的因素可归纳为以下几个方面。

(1) 生产量，商品货源的数量首先依赖于生产量，而生产量的高低又取决于现有生产水平和增长速度。

(2) 结余储存，结余储存应包括商业部门和生产者两方面的储存，还应包括国家储备。

(3) 进出口差额及地区间的货物流动。

(4) 价格水平。商品价格合理与否，对商品货源有较大影响，此外，替代性商品价格水平的变化，也影响着相关商品供应量的大小。

(5) 商品销售前景预期。生产经营者预期的主要形态是涨价预期、扩张预期、降价预期和紧缩预期。涨价预期会导致企业不顾具体商品的市场行情而盲目经营，使本来已供过于求的商品继续扩大其生产经营。涨价预期形成后，商品持有者往往掌握着商品(常是紧缩商品)而不投入市场，以待涨价，从而造成该种商品一方面市场短缺，另一方面库存积压，破坏了商品上市的均衡性，对此也应加以了解。

2. 商品供应能力调查

商品供应能力调查是对工商企业的商品生产能力和商品流转能力进行的调查。调查主要包括以下几个方面的内容。

(1) 企业现有商品生产或商品流转的规模、速度、结构状况如何？能否满足消费要求？

(2) 企业现有的经营设施、设备条件如何？其技术水平和设备现代化程度在同行业中处于什么样的地位？是否适应商品生产和流转的发展？

(3) 企业是否需要进行投资扩建或者更新改建？

(4) 企业资金状况如何？自有资金、借贷资金和股份资金的总量、构成以及分配使用状况如何？企业经营的安全性、稳定性如何？

(5) 企业的现实盈利状况如何？综合效益怎么样？

(6) 企业现有职工的数量、构成、思想文化素质、业务水平如何？是否适应生产、经营业务不断发展的需要等。

3. 商品供应范围调查

商品供应范围及其变化，会直接影响到商品销售量的变化。范围扩大意味着可能购买本企业商品的用户数量的增加，在正常情况下会带来销售总量的增加；反之，则会使销售总量减少。此项调查内容主要包括下述两点。

1) 销售市场的区域有何变化

在调查中要了解有哪些地区、哪些类型的消费者使用本企业的商品，了解他们在今后一段时期的购买是否会发生变化。同时，还要了解哪些地区、哪些类型的消费者目前尚未购买但可能购买本企业的商品，通过宣传能否使他们对本企业的商品产生兴趣；还要了解当地社会集团购买情况等。通过市场调查，如果发现本企业商品销售区域有其他企业同类商品进入，并且明显比本企业的商品受欢迎，那么，本企业商品在该区域的销售将面临挑战；反之，则预示着本企业将有一个较好的销售前景。

2) 所占比例有何变化

由于某些商品供应能力有限，或因消费者选择商品的标准不同，往往造成在同一市场上多种同类商品都有销路的状况，各企业的商品都占有一定的市场比例，即通常所讲的市场份额。市场比例不是固定不变的，它会受消费者的喜好、商品的改进等各种因素的影响而发生变动。因此，要随时了解本企业商品与其他企业商品相比所存在的优势和差距，这些同类商品在市场上受消费者欢迎的程度，消费者对各种同类商品的印象、评价和购买习惯等。通过调查，使企业对市场比例变化的状况、趋势及其原因有较深入和全面的了解，有利于企业在争取市场的过程中获得更多的份额。

(四)产品调查

1. 产品生产能力调查

产品生产能力与市场商品的供应量直接相关，同时也关系到企业产品未来发展的潜力。产品能力调查包括原料、技术水平、资金状况、人员素质等。

2. 产品实体和产品包装调查

产品实体调查包括产品的规格、产品的颜色及图案、味道、式样、原料、功能等方面的调查。产品包装调查包括销售包装和运输包装调查。

3. 产品生命周期调查

任何进入市场的产品都有其市场寿命，常被称为产品的生命周期，它包括引入期、成长期、成熟期和衰退期四个阶段。

企业首先要明确自己所生产和经营的产品处于生命周期的哪一阶段，所以，需要在产品的销售量、利润率、经营者和消费者对产品的兴趣等方面进行调查。

当产品处于引入期时，这时产品初次进入市场，带有一定的风险性，必须经消费者认可才能在市场上站稳脚跟，此时，市场调查的重点包括下述各点。

(1) 消费者选择这种产品的动机。
(2) 消费者对这种产品价格的承受力。
(3) 市场上有无类似产品。
(4) 消费者对这种产品的需求程度。
(5) 产品的特殊优势。

当产品处于成长期时，产品已在市场上保住了自己的阵地，这时的调查内容应包括下述各点。

(1) 产品受欢迎的程度。

(2) 产品在哪些方面尚有不足，还需要改进。
(3) 是否出现竞争产品。
(4) 潜在的消费需求量有多大。

在产品处于成熟期，产品已进入销售的最高点，市场上出现很多竞争者，销售量已很难再提高，且还有下降的趋势，此时，生产者应考虑转向或改进产品，因而对市场的调查重点包括下述两点。

(1) 消费者减少购买的原因。
(2) 竞争产品的优势。

通过这样的调查，企业可以确定应采取什么样的公关、宣传及促销活动来促使消费者购买，维持市场占有率。

4．产品价格调查

产品价格调查包括下述各点。
(1) 目标市场不同阶层顾客对产品的需求程度。
(2) 竞争产品的定价水平与销售量。
(3) 采用浮动价格是否适当。
(4) 目标市场不同消费者对产品价格的要求。
(5) 现有定价能否使企业赢利。

(五)市场营销活动调查

市场营销调查包括竞争对手状况调查、销售渠道调查、促销活动调查、品牌及企业形象调查、服务调查等。

1．竞争对手状况调查

任何产品在市场上都会遇到竞争对手。当产品进入销售旺季时，竞争对手会更多。竞争可以是直接竞争，也可以是间接竞争。不论是何种竞争，不论竞争对手的实力如何，要想使自己的产品处于有利地位，首先要对竞争对手进行调查，以确定企业的竞争策略。

2．销售渠道调查

企业应善于利用原有的销售渠道，并不断开拓新的渠道。对于企业来讲，目前可供选择的销售渠道有很多，虽然有些工业产品可以对消费者采取直销方式，但多数商品要由一个或更多的中间商转手销售，如批发商、零售商等，对于销往国际市场的商品，还要选择进口商。为了选好中间商，有必要了解以下两方面的情况。

(1) 企业现有销售渠道能否满足销售商品的需要？
(2) 企业是否有通畅的销售渠道？如果不通畅，阻塞的原因是什么？服务调查主要包括满意度调查，以及售前服务、售中服务与售后服务的调查等。

3．促销活动调查

1) 广告调查

广告媒体调查大致可归纳为以下四类：①视听广告，包括广播、电视和电影等；②阅读广告，包括报纸、杂志和其他印刷品；③邮寄广告，包括商品目录、说明书和样本等；

④户外广告，包括户外广告牌、交通广告、灯光广告等。同时，每一类媒体中又有许多具体媒体，如目前全国电视台就有上百家，有覆盖全国的，也有地区的，其声望、可靠性、覆盖面等各不相同。

广告约有三分之二的费用要花在媒体上，因此，如何能以最低的广告费用获得最大的媒体影响力，是企业和广告制作者所密切关注的问题，这就需要通过调查了解情况，将各种媒体相互间的长处和短处进行比较，包括印象度的优劣、各种媒体的经济性、各种媒体相互组合的广告效果变化等。

2) 人员推销调查

(1) 上门推销：这是一种向顾客靠拢的积极主动的"蜜蜂经营法"，也是被企业和公众广泛认可和接受的一种推销方式。在进行调查时，应重点调查这一促销方式。

(2) 柜台促销：营业员在与顾客当面接触和交谈中，介绍商品、回答询问、促成交易，这也是一种"等客上门"的促销形式。

(3) 会议推销：它是指利用各种会议的形式介绍和宣传产品，开展推销活动，如推销会、订货会、物资交流会、展销会等。这种推销形式具有接触面广、成交额大的特点。在各种推销会议上。往往多家企业同时参加推销活动，买卖双方能够广泛接触。

3) 营业推广调查

营业推广是指企业通过直接显示，利用产品、价格、服务、购物方式与环境的优点、优惠或差别性，以及通过推销、经销奖励来促进销售的一系列方式方法的总和。它能迅速刺激需求，鼓励购买。

(1) 营业推广对象的调查。企业营业推广的对象主要有三类：消费者或用户、中间商和推销人员。

(2) 营业推广形式的调查：包括赠送产品、有奖销售、优惠券、俱乐部制和"金卡"、推销奖金、竞赛、演示促销、交易折扣、津贴、红利提成、展销会订货会等。

五、市场调查的程序

市场调查很多时候都是针对企业生产经营过程中所需要解决的问题而进行的活动，因此，市场调查的目的性非常强，都是有计划地收集市场信息的调查研究活动，虽然它的工作涉及面广，是一项较为复杂细致的工作，并且不同的调查公司也有不同的经营策略，但调查的基本步骤都是相似的，一般可分为五个阶段：准备阶段、设计阶段、实施阶段、总结阶段、跟踪阶段，如图 1.1 所示。

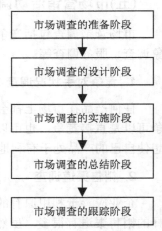

图 1.1 市场调查的步骤

(一)市场调查的准备阶段

1. 调查问题或机会的界定

调查过程首先是认识营销问题或机会。由于每个营销机会都要转变为一个需要调研的问题，因此，在营销调查的过程中，问题和机会并没有什么区别。营销调研问题的正确界定决定着市场调查的方向和合理性，良好的开始是成功的一半。

不同的企业在市场中所处的境况都不一样,同一个企业在不同阶段所遇到的营销问题也都不同。针对企业实际情况界定营销问题是市场调研所要解决的首要课题。当问题出现时,往往涉及的面比较广,如提高公司的竞争地位、改善公司形象等。这种问题的界定过于宽泛,一般不适合作为调研主题,需要进一步提炼。这时,可以通过收集分析相关的二手资料或者采用探索性调研来缩小问题的范围,进而确定真正的问题。例如,某公司近几个月来销售量持续下降,但公司弄不清楚是什么原因,是经济衰退的影响,广告支出不足,消费者偏好发生改变,还是服务质量下降?等等。因为问题比较笼统,此时就需分析背景资料来界定问题,或以假设的方式提出来。

2. 调查目标的确定

问题或机会识别过程的最终结果就是形成调查目标。在对调查目标的背景资料进行分析之后,为了保证调查结果的实用性和正确性,必须确定具体的调查目标。一般来讲,客户提出一项市场调查要求时,总是有某种目的。有的客户想了解清楚某种现象的原因,以便采取相应的对策;有的客户准备采取某种行动,但缺乏事实依据,不敢贸然行动,试图通过市场调查来判断行动的效果;还有的客户已经采取了某种行动,但不清楚效果如何,希望通过调查加以了解等。作为市场调查人员,应当了解这些客户的调查意图,否则将是一场无效的调查。

确定市场调查目标实际上是要弄清楚以下几个问题。

(1) 客户为什么要进行市场调查?
(2) 客户想要了解的内容是什么?
(3) 客户了解了调查结果后有什么用?
(4) 市场调查的重点是什么?

研究目标锁定原则是指对于每个市场调查项目要明确一个或两个要解决的营销问题作为调查目标,且调查目标不能过多。市场调查从项目设计、现场执行到研究报告都应始终围绕着这些目标进行。

例如,企业想搞清楚:"是谁在购买竞争对手的畅销机型?为什么?"此时,调查工作就应该围绕该问题进行项目设计:对手的哪些机型最畅销?哪些消费者购买了这些机型?他们在购买这些机型时考虑了哪些因素?销售人员对这些畅销机型如何评价?如果调查活动能准确、清楚地回答上述问题,就能够帮助企业设计出针对对手畅销机型问题的行销企划方案,包括如何研发本企业的新产品、如何进行市场推广、如何监测产品上市后的效果等。

(二)市场调查的设计阶段

在初步界定调查问题后,还应将调查问题适当细化,以确定从什么地方、以什么方式从调查对象中获取最有效信息。不同的调查设计可以获得不同的有效信息,应根据企业自身的需要来确定。在现代市场调查中,一个调查问题往往需要运用多种方法或技术才能顺利解决。因此,调查设计也越来越复杂,并富有技巧性、创新性。

在界定了调查问题、确定了调查目标后,就要着手拟定调查方案。拟定调查方案的过程就是所谓的市场调查策划,主要设计确定具体的调研项目、选择调查的类型、确定调查方法、设计抽样方案、估算调查经费、制订调查计划和调查进度表、完成调查提案等。

1. 确定市场调查项目和类型

明确了市场调查的目标，下一步要考虑的是为实现目标需要调查哪些方面的内容，即确定调查项目。因此，调查项目是调查目标的具体化，应围绕调查目标来设置。对于市场调查策划来说，确定调查项目是相当重要的一个环节。首先，调查项目的确定，可以确定文件设计或访问提纲的范围；其次，调查目标能否实现，在策划阶段只有通过调查人员所选定的调查项目来判断。调查项目是否全面、适当，在很大程度上将影响调查方案能否被客户所接受、认可。

一次市场调查可能包括许多方面的调查项目，但项目过多，会增加调查的工作量。因此，在列出调查项目之后，要根据项目的重要性、各个项目与调查目的是否适合、调查经费的多少及调查人员的力量等情况来确定调查项目。根据确定的调查项目及实际情况，有针对性地选择合适的调查类型。

2. 抽样设计

在抽样设计阶段，需要解决的具体问题主要包括：调查区域、调查对象、抽样方案设计等。

在实际调查中，确定调查区域、调查对象以及设计抽样方案都不能孤立进行，它们同调查目标有着密切的关系。例如，如果调查结果的可信度要求一般，那么所选的调查区域、调查对象的居住地点可适当集中一些，以利用于在满足调查要求的前提下节约调查经费。样本数目的确定，也与调查目标、调查费用有着直接关系。样本数目的多少直接影响着调查结果的可信度。如果要提高调查结果的可信度，就必须增大样本数目，调查费用也将增加。反过来，当调查结果要求的可信度一般时，不适当地增大样本数目也会得不偿失。因此，要合理确定样本数目，综合考虑问题。

【案例思考1-2】

A品牌食用油调查场所的选择

市场营销调研部不可能对研究总体进行全面调查，因此，无论采用何种资料收集方法，都要依据研究目的首先确定研究总体，然后决定样本的性质、容量及抽样方法。同时，抽样调查场所的选择也是一个不可忽视的问题。调查场所的选择在很大程度上决定调查结果是否具有代表性，更会影响到营销决策的准确性，必须慎重考虑。一般来说，市场调查场所的选定是与企业产品销售市场策略紧密相关的。

通过对行业状况的细致分析，考虑到A品牌食用油现在还只是相关行业市场中较小的一个细分市场，大部分消费者仅将其作为"主要食用油以外的补充品"，销售区域只集中在大中型城市，消费群也局限于收入和文化水平都较高的群体。根据以往大量的自然销售分析得知，A品牌相当比例的销售额发生在零售等渠道。因此，选择了一些重要的、有代表性的大卖场、超市展开市场调查。

大卖场主要选择了家乐福、新世界购物中心、北辰购物中心等，这里集中了大量的中高端消费者，是这一阶层消费者的典型代表。同时，由于营业面积和营业方式的缘故，这几家卖场还是团购相对集中的地方。选择这里作为部分调查场所，不仅可以收集到一些终端消费者的信息，还可以间接了解到部分团队购买的情况。百盛、太平洋、华联等超市不是地处高档办公写字楼区，就是靠近使馆或商业核心区，集中了大部分高端消费者，因此，也被选为调查的场所。

问题：在 A 品牌案例中，被选为调查场所的依据是什么？

(资料来源：赵伯庄. 市场调研实务[M]. 北京：科学出版社，2010. 作者有所修改)

3. 市场调查费用的确定

开展市场调查，虽然能给企业带来管理型效益，但每次市场调查活动也都需要有一定费用的支出。因此，在市场调查方案设计过程中，应编制市场调查费用预算，合理估计调查的各项开支，包括劳务费、问卷设计费、差旅费、邮寄费、电话费、被调查者礼品及礼金、杂费、税金等。在编制费用预算时应注意这样一些原则：在保证实现市场调查目标的前提下，力求市场调查费用支出最少，或在坚持调研费用有限的条件下，力求取得最好的市场调查效果。

4. 拟定市场调查活动进度表

市场调查活动进度表是调查活动进行的时间依据，也是提高工作效率、控制调查成本的有效手段。通常，调查活动进度表要将调查过程分为几个阶段，并说明各阶段应完成的任务、时间的限定以及人员的安排等问题。在实际调查中，由于调研所要实现的目标不同，计划的内容、繁简程度也不同，时间安排也就有长短之分。同时，调查活动进度表也不是一成不变的，它可以根据调查过程中出现的某些问题进行修改，保证调研活动的顺利完成。

(三) 市场调查实施阶段

在市场调查方案完成后，接下来就是方案的实施，这是市场调查的核心环节。这一阶段的主要工作是按照调查计划和调查活动进度表的规定分别进行的，一般包括资料的收集和处理、资料的分析和解释、书写和提交调研报告三个步骤。

1. 资料的收集和处理

通常情况下，它包括原始资料的收集和处理与二手资料的收集和处理等工作。

(1) 原始资料的收集是用调查方案中所选择的方法，如邮寄问卷、电话访问、个人访谈、观察法、实验法等来获取的，方法很多，也很灵活；二手资料的收集完成后，一般要写一个文献综述，其收集的渠道随着电子信息技术的发展也更加广阔。资料的收集阶段通常是调查过程中最耗时、耗力和花费最大的部分。这个阶段应加强控制，对其进度、费用及资料收集的质量要进行有效的监督和管理。

(2) 通过市场调查所获得的资料，大多数是分散的、零乱的，难免出现虚假、差错、短缺、冗余等现象，再加上调查人员的偏见和疏漏，就难以满足资料应准确地反映调查问题的特征和本质的要求，为此必须对资料进行适当的处理，使之真实、准确、完整、统一。资料的处理过程包括审核、整理、汇总、制表以及制图等。

2. 资料的分析和解释

事实本身是没有用处的，只有经过比较和分析之后才会有用。分析是以某种有意义的形式或次序把收集的资料重新展现出来；解释是在资料进行分析后找出信息块之间或与其他已知信息的联系，主要目的是要从所收集的资料中获得结论。例如，在某城市调查了1000

户家庭，得知有 250 户家庭拥有电脑，在调查报告中这个数字没有多大意义，而经过比较和分析之后，得出电脑的家庭拥有率为 25%，则可以使调查人员了解到电脑的潜在市场有多大。

进行资料的分析和解释时使用的方法有很多，如时间序列法、聚类分析法、统计图表以及各种统计检验方法等。

3. 书写和提交市场调研报告

市场调研成果通常要以编写调研报告的方式提交给项目委托人或决策者。市场调研报告应当简明扼要，用资料、数据说明问题，要在规定的时间内完成。此外，有时也可以进行口头报告。

(四)市场调查的总结阶段

首先对资料进行汇总、整理和统计分析。文字资料和实地采访所获得的资料要进行汇总和统计分析，这种汇总既可以是一次性的汇总，也可以在调查中逐次汇集和统计。对大量的问卷式调查，还必须采用计算机进行统计分析，这一工作涉及问卷的编码、数据录入、甄错等过程。

市场调查得到的结论要以调查报告的形式加以总结，并提供给企业，供其进行决策参考。调查报告既是市场调查的成果，也是一个市场调查公司的研究水平的体现，所以写作时必须十分慎重。关于如何撰写市场调查报告，后面有专门的章节加以阐述，这里不做具体的介绍。

(五)市场调查的跟踪阶段

调查报告的呈交，说明调查工作就此告一段落。但是，为了更好地履行调查工作的职责，还应进行跟踪调查。跟踪调查需要了解的情况包括以下两点。

1. 跟踪调查前一阶段工作的成效

调查单位的调查有时难以与企业的意图完全一致，有时由于调查中所出现的误差也会与企业所要求的标准偏离，因此追踪调查需要了解调查报告中所提建议是否符合实际，所提数据是否准确、合理，调查报告分析结果对企业的适用性如何等，并以此来考察调查工作的成效。

2. 调查结果的采纳情况

追踪调查还需要了解调查结果是否被委托人完全采纳。如果没有采纳，原因是什么，调查报告未被采纳或被搁置是调查单位的责任还是委托单位的问题。调查结果被采纳的情况下，在实践过程中仍有可能未按照调查报告所提的建议去做，这样就会影响实施的结果，需要进行纠正，以便企业经营的顺利进行。

六、市场调查过程的管理

成功的市场调查管理就是要满足决策者或用户的需求，为决策提供科学的依据。因此，调查过程的管理要实现三个重要的目标：确保数据质量、控制成本、遵守时间计划。

1. 确保数据质量

市场调研是一项科学性极强的工作，作为市场调查人员，要确保整个调查过程都必须遵循科学规律，通过努力减少误差来确保数据的高质量。首先要在抽样设计、资料收集方法及统计方法的运用上加以注意；其次，还应该对提交给用户的书面调查报告中的文本、数字和图标等资料仔细核查，减少工作误差。如果在这些方面出现失误，就很可能导致用户作出错误的决定，这在市场调查历史上也不乏其例。

此外，市场调查人员还应特别注意，避免人为地修改数据。在有些时候，调查结果与用户的预想不一致，甚至可能对用户不利。在这种情况下，只要整个调查过程是科学的，结果就是可靠的，千万不可为了迎合用户而擅自修改数据或数据结果。

2. 控制成本

前面提到过，开展市场调查要支出一定的费用，在调查设计中需要考虑的一个重要制约因素就是调查成本。受调查成本的制约，有些企业或市场调查部门不得不选择一些形式单一、方法简单的方案；而有些企业则视市场调查为可有可无，这显然对企业的发展不利。调查成本受到很多因素的影响，较高水平的调查方案需要较高的费用，因此，市场调查部门在市场调查之初就应提供给用户一些选择，如较高成本的预算、允许小样本、设计简短的访问计划或是以上几项的组合。

在美国，一般单项小规模的调查要花费5000美元，大规模调查则超过10万美元。在我国一项调查一般要花费5000元人民币以上。

3. 遵守时间计划

市场调查是一项时效性很强的工作，调查管理的第三个目标就是确保项目按预定的时间计划进行。不同的项目对调查时间的要求不一样，有的可宽松一些，有的则要求在尽可能短的时间内完成。首先，项目经理必须了解项目是否会如期完成。如果存在问题，需判断出是否可以加快项目进程，如额外增加对访员的培训来看是否可以加速调查的某个环节，或是在此项目中投入更多的访员。其次，当某项目可能要延期时，调查人员必须与用户沟通，通知用户。这样调查人员可以与用户一起探讨是否可能延长时间或者用户愿意做些什么改变来节省调查时间，如用户可能愿意通过减少调查的问题数，或缩短访谈时间等方法来减少样本规模，从而使调查项目如期完成。

第二节　市场调查的发展历程

一、国外市场调查的发展历史

(一)萌芽阶段(1920年以前)

市场调查源于选举调查。最早有记载的调查活动是1824年由《宾夕法尼亚人报》(*Harrisburg Pennsylvanian*)对总统大选所进行的民意调查。在调查中，安德鲁·杰克逊(Andrew Jackson)得到335张选票，约翰·昆西·亚当斯(John Quincy Adams)得到169张选票，亨利·克莱(Henry Clay)得到29张选票，威廉·H.克劳福德(William H. Crawford)得到9张选票。稍后，由另一家报纸《瑞雷星报》对在北卡罗来纳州举行的各种政治会议，进行了一次主题为"人们的政治意向何在"的详细调查。

首次运用于营销决策的市场调查是亚耶(N. W. Ayer)广告公司在1879年进行的调查,这个调查只是简单地调查州和地方官员对于谷物产量的预测。这个调查的目的是用于一个农用机械的广告投放的安排期。

第一个正规的调查机构在1911年成立,研究重点是汽车工业。1911年在科蒂斯出版公司成立了一个商业调查部,而部门经理就是现在被称为市场调查先驱的佩林。该机构最初集中于研究方兴未艾的汽车工业,因为当时的汽车制造商们认为,有购买能力和购买意向的消费者已经全部购买了汽车,市场已经饱和,制造商们急于寻找新的目标市场。

(二)发展阶段(1920—1950年)

20世纪30年代,是调查行业大发展的时期,1929—1931年世界经济大萧条,使市场调查行业在美国受到普遍的重视。

A. C. 尼尔森(A. C. Nielsen)在1922年加入了调查行业,他在怀特早期工作的基础上提出了"市场份额"的概念,并增加了其他服务,为日后 A. C. 尼尔森发展成为美国最大的市场调查组织之一奠定了良好的基础。

20世纪30年代末,营销调查开始进入大学课堂。而历史上的两大事件——电波媒体的运用和第二次世界大战,使市场调查行业发展成为成熟的产业。社会科学工作者发现,电波媒体增加了人们对新生事物的兴趣和人类行为的多样性。本阶段,简单的消费者反馈调查发展成为系统化的,以收入、性别或家庭地位等细分的调查;第二次世界大战迫使许多社会科学家为军队服务,将新的技术运用于研究士兵和他们的家庭的消费行为。

20世纪40年代,"焦点小组"法在墨顿(Robert Merton)的领导下得以发展,20世纪40年代末,随机抽样调查的重要性被广泛认可。战争时期曾在军队服务的少数心理学家发现了他们的技术可以用于研究消费者的调查,从而进入市场调查行业。

(三)成熟阶段(1950年以后)

第二次世界大战抑制了需求的增长,市场由卖方市场向买方市场转化,对市场营销智慧提出了更高的要求。生产成本也在不断提高,广告、创新和其他因素的加入,市场失败的代价越来越大,因此市场调查被用来首先判断市场的需求何在。

20世纪50年代,中期市场细分的第四个因素得到重视,即人口统计因素。同时,动机研究也受到广泛的关注。市场细分概念的进一步强化与动机分析,再加上研究技术的力量,引致了心理细分和利益细分这些革命性的概念的产生。

20世纪60年代,数学模型(Markovian,模型、线性学习模型等)开始用于市场调查,当然计算机的运用更加引人瞩目。市场调查自20世纪80年代以来,有了更大的发展,计算机大大加强了研究者的分析、提升了储存数据的能力。

二、国内市场调查的发展历史

(一)非专业市场调查组织的出现

由于我国的商品经济不发达,在新中国成立前的相当长一段时间里,既没有组织过全国性的或大规模的市场调查,也没有形成专业性的市场调查组织,尽管进行过多次的居民家庭收入调查，也仅限于零星片段、局部地区的调查。如1923年清华大学陈达授所组织的人力车夫和校职工家庭生活费用调查；1927年上海纱厂对200名个人家庭进行的全年记账调查；1938年和1942年间，金陵大学农业经济系和社会系先后进行的职工家庭生活情况的调查等，这些对居民生活状况的研究，只是作为编制生活费用指数的依据，并不用于商业。

中华人民共和国成立以来，中央及各地都相应建立了统计机构，对国民经济指数进行统计和分析，物价部门也开展了物价指数的统计。

(二)专业调查机构的成长

20世纪80年代以后到90年代初，商业化的营销调查在我国起步。

近30年来，我国市场信息调查行业随着市场经济的发展而蓬勃兴起，业内企业规模与社会影响力在不断扩大。据估计，目前我国以市场研究为主业的机构总量为1500家左右，形成一定规模的有400～500家，规模较大的机构近50家，2002年其年营业额最多的有2亿元人民币。而1995年在全美市场调查行业中排名第一的著名的A.C.尼尔森公司营业额达到5.92亿美元。但是，从另一个角度看，如此小的营业额却说明这个行业有着极大的发展空间。相关数据显示出，目前中国市场调查行业的发展速度可谓惊人，总营业额的增长率约为58%，大大超出了全球市场8.3%的增长率，这充分体现出了这一行业的强大生命力。

1988年7月，广州市场研究公司正式注册成立，这是中国第一家有偿服务的以"公司"命名的专业市场调查机构。1991年下半年，在北京、广州又诞生了数家调查机构，但真正有较多调查机构成立的时间是在1992—1993年。

目前，我国大多数调研公司的影响力和知名度都较低，中国调研行业整体仍处于较低水平。

按照执业主体的不同，中国的市场调查机构可分为民营机构、政府机关主办机构、合资机构、学术研究及新闻单位创办机构四种类型。民营机构又称民办机构，它是由个人独资或数个个人合作创办的私营或股份制市场调查机构，目前主要分布在北京、上海、广州三地，如"零点""大正"等；政府机关主办机构主要指国务院各部、委、局及地方政府部门和国有企业创办的市场调查公司(如央视、环亚)，如全国各级统计部门创办的各类信息咨询中心、调查中心等；合资机构主要指中外合资、中外合作等联合创办的市场调查机构(如尼尔森、盖洛普、华南、华通现代)；学术研究和新闻单位创办机构，则指一些大专院校、科研院所和广播、电视等媒体单位创办的调查机构，如一些大学创办的统计调查所、市场调查中心、北京的央视调查咨询中心等(如人民大学舆论所、北广调查统计研究所)。

从行业发展的角度分析，国内调查行业有下述三个特点。

一是市场进入的技术障碍较高。一个典型的入户调查项目，就包括抽样、问卷设计、访员培训、实地督导、复核、编码录入、统计分析、报告撰写等多个专业性较强的环节，没有经过专门的训练，即使有再多的资本也难以进入。

二是启动资金要求低。注册一个市场调查公司只需10万元人民币(咨询服务类公司10万元、投资管理咨询公司10万元)，项目运作的硬件设施主要是电脑、打印机、传真等必备的办公设备，如不考虑项目支出，日常的运营费用只有房租和人员工资两大块。

随着城市化建设速度的加快，居民的安全和防范意识越来越强，致使一份好的调查抽样方案经常遭到实地访问的挑战，如一个研究项目，抽取的居民小区根本无法进入。一些调查与预测公司为了给客户一个交代，不惜破坏职业道德，假数据随处可见，一些客户偶尔碰到一个公司做了假数据，便对整个行业都产生了怀疑。同一个数据，在 A 那里分析是一回事，在 B 那里分析又成了另外一回事，研究水平的参差不齐也使数据的解释经常会失之毫厘，谬以千里。一些调查与预测公司为了增强数据的说服力，经常引经据典，理论的条条框框随处可见，以表示自己的专业，然而这些理论条条，客户并不需要，客户需要简单、能有效地解决问题的方案，因此，理论化和实用化也成为调查公司的两难选择。很多研究人员不去仔细研究客户需求就开始设计问卷，经常将一些毫不相干的问题放到问卷里，不明确重点，还经常在一些细枝末节上面苦苦思索，最后的结果是让客户迷失在数据的汪洋大海中。

　　三是市场相对有限。并不是每个公司都有市场调查的需求，而一个有此需求的企业则可能已有较满意的合作伙伴，故对于一个新公司而言，能否在有限的市场中开拓是其生存的第一条件。

　　以上三个特点决定了调查行业的发展没有出现"忽如一夜春风来，千树万树梨花开"的局面。而调查公司内部的高层管理人员另立门户的现象则非常普遍，据统计，我国调查机构的报价水平还不到世界平均水平的 20%。

(三) 互联网对市场调查行业的冲击

　　2011 年中国互联网络信息中心发布的《第 28 次中国互联网络发展状况统计报告》显示，截至 2011 年 6 月底，中国网民规模达到 4.85 亿，人们在互联网上花费的时间也越来越多，娱乐、通信等都在互联网上进行，人们上网也将更多的时间花在了网络社区上(如社交类网站)。美国一家机构的数据曾显示，一个人每月花在互联网上的时间平均为 20 小时，传统的市场调查行业必将被网络改变，这是大势所趋。因为调查行业本身是一个信息收集的行业，面对网络上日益扩大的群体，无疑对在线样本库的调查起到了很好的推动作用。

　　由于互联网在速度和互动方面具有特定的优势，在沟通与网络技术融合快速发展的条件下，越来越多以调查为基础的研究都将开始逐步借助第三方技术平台在互联网上得以实现。但是，要吸引用户参与到调查中并真实地提交调查问卷却一直是市场调查类产品难以突破的瓶颈。

　　从总体上说，中国目前的市场调查行业还处于初步发展阶段，存在一些问题如技术工具欠缺、内部管理混乱、数据分析能力参差不齐和无序竞争等。随着市场的扩大、竞争者的增多，竞争日趋激烈，在此形势下，本土市场调查与预测企业可谓任重而道远，要努力去识别、吸收、营建和巩固自己的竞争优势。

【相关链接 1-2】

网上调查与实地调查孰优孰劣

　　网上调查是伴随着互联网技术的成熟和普及而兴起的，与传统的问卷填答方式相比，网上调查促进了社会研究方法的发展，不仅最大限度地实现了匿名性的原则，而且调查过程中被调查者"自愿性"的原则也最大限度地实现了。但是，网上调查的样本均来自非随机抽样，与随机抽样的调查相比，其局限性非常明显。

(1) 无法修正的样本偏差。
(2) 调查样本的同质性危险。网上调查样本的获取基本上采取"愿者上钩"的策略，这就容易导致接受我们调查的人具有相似性，缺少差异性。例如，提交问卷的都是对调查主题感兴趣的人，或者填答问卷的人都是具有某一特定利益诉求的人。由于被调查者具有某些方面的相似性，他们的答案就可能趋同、缺乏差异，令调查本身失去意义，这就是调查对象的同质性危险。

(3) 网上调查结果的有限性。

(4) 网上调查有效问卷回收率相对较低。网上调查的匿名性，最大限度地降低了研究者对被调查者的影响，与此同时，被调查者在网上调查中有更大的自主权。他们在调查中拒答、拒访时"没有任何顾虑"，完全凭个人主观喜好来取舍，这样容易导致大量无效问卷的产生，降低问卷的有效回收率，从而对调查样本的代表性产生负面影响。

(5) 网上调查问卷的填答质量相对较低。

在认识人类社会、以人为调查对象的社会科学研究中，"人际互动"可以说无所不在、难以避免，它会贯穿实地调查的全过程。因此，笔者认为人际互动之于社会调查是重要的、不可避免的。网上调查诸多局限皆可归于缺乏人际互动；实地调查相对网上调查的优势有很大一部分来自对"人际互动"的运用，表现在以下几方面。

(1) 人际互动的动员作用。社会调查的问题是研究者感兴趣的话题，这些问题并不一定能吸引被调查者的兴趣，人们也没有义务一定要去接受调查。因此，调动被调查者的积极性、动员人们接受调查是非常重要的工作。诸如感谢金、纪念品的物质激励措施是必要的，但是还有更重要的激励措施，诸如解答被调查者关于研究的内容、目的和意义的提问；增加他们对研究者、调查者的信任；激发人们参与调查的价值感；博得被调查者的同情等，都离不开人际互动。通过面对面的人际互动，能够动员更多类型的被调查者参与调查。

(2) 实地调查中各种无形的质量控制，大部分有赖于人际互动。在调查现场，通过训练有素的访谈员的工作，能够动员相当比例的初次拒绝者参与调查。访谈员可以解释调查的匿名性及其实现过程，从而降低或打消人们的顾虑；通过访谈员的人格魅力、说服力，能够拉近被调查者与问卷的距离，增强其接受调查的可能性；如果被调查者没有时间，访谈员可以与被调查者协商调整调查时间。总之，实地调查中的"人际互动"赋予调查过程一定的"随机应变""机动性"特点。

(3) 面对面互动为实地调查时的情景控制提供了可能。实地调查过程中，访谈员可对被调查者接受访谈的环境进行"控制"，诸如避免其他人围观、减少外界的干扰等，营造一个相对轻松、安静的环境，从而保证被调查者的回答更加从容、更真实。

(资料来源：王东. 网上调查与实地调查孰优孰劣[J]. 中国统计，2010(5))

第三节 市场调查的机构和人员

一、市场调查机构的类型

市场调查机构是指专门或主要从事市场调查活动的单位或部门，是一种服务型的组织机构。近年来，全球市场调查行业正走向高度集中化，全球市场调查营业额的 39%集中在最大的 10 家市场研究机构；而前 25 名跨国市场调查机构占有市场调查营业额的 51%，剩下的一半被成千上万的小公司所分割。

从承担的功能看，从事市场调查的机构类型可以分为四个层次，如表 1.1 所示。

表1.1 市场调查的机构类型

功能	层次	机构
信息的最终使用者	第1层	企业内部市场调查部门或企业决策部门
信息使用者	第2层	广告公司
市场调查设计者和提供者	第3层	客户中心的市场调查公司 辛迪加调查公司 大型市场调查公司
数据收集者	第4层	调查实施公司 数据服务公司 抽样服务公司 第二手资料服务公司 统计分析公司 其他
反应者		被调查者1、被调查者2、……、被调查者n

第1层是信息的最终使用者(企业内部市场调查部门)。管理决策部门或企业内部市场调查部是第1层组织。他们同时也是其他调查机构提供数据的最终使用者；许多公司，尤其是大公司，都有自己内部的市场调查部，如美国P&G公司、福特汽车公司等。一般而言，市场调查部门的规模都不大，美国有关研究显示，服务类公司中的市场调查部只有15%的超过10个人，如美国联合速递公司(Federal Express)、Delta航空公司等；制造业中的该比例则为23%。

他们使用市场调查数据来支持其决策、数据主要表现在以下几个方面。

① 判断目标消费者群对于市场营销因素组合的改变有何不同的反应。
② 评估目前的市场营销策略。
③ 预测外部环境的变化及其对产品或服务的影响。

第2层是信息使用者(广告公司)。广告公司居于产业结构的第2层，他们一方面为企业提供服务，另一方面又常常是市场调查数据的使用者。他们主要的任务当然是进行广告活动，但为了担当这个角色，他们往往需要市场调查的数据，如DDB广告公司就在全球进行每年度的生活形态调查，可以为其客户提供广告概念服务。他们还可以从客户服务公司、辛迪加调查公司或是调查实施公司获取数据。

第3层是调查设计及提供者。调查设计及提供者是市场调查行业的中坚力量。他们提供调查服务，设计调查研究，分析结果，向客户提供报告。同时，他们也向下一层的调查实施公司购买数据。如客户中心的市场调查公司、辛迪加调查公司(Syndicated Research Firms)和其中的大型市场调查公司(第3层)。

大型市场调查公司虽然不如市场调查行业成千上万的小公司更有代表性，但是我们必须提到其中的一些巨人。全球最大的市场调查机构D&B市场信息服务公司，其分支机构就有曾经雄居美国首位的尼尔森(Nielsen)市场调查公司(后被D&B收购)。尼尔森的市场调查内容几乎无所不包，有消费者购买调查、销售渠道调查、健康和美容调查、耐用品调查等；尼尔森的媒介调查公司，同样也是D&B的子公司，他向客户提供"尼尔森全国电视索引"

(Nielsen National Television Index)。这些大公司在全球的营业额迅速增加。辛迪加是Syndicate 的译音，其原来的意思是报业的联合组织，有新闻可以在各报同时发表。所谓辛迪加服务，就是定期地收集各种各样的数据和信息，一般整理成数据集以刊物的形式提供给订户，当然也提供软盘等。提供辛迪加服务的调查公司一般是大规模的调查公司，其特点是，这些公司有大量固定的客户作为公司所提供数据的订户。例如尼尔森(Nielsen)媒介调查公司，就向订户提供有关全美电视收视率方面的数据，美国的电台、电视台、广告公司以及许多企业几乎都是尼尔森数据的固定订户。

客户中心服务，可为各种用户提供适合于他们特定需要的调查服务。每一个调查项目都是按不同的需要特别设计的，因此每一个项目的处理都是独特的，许多调查公司都提供这种以客户服务为中心、按客户的需要来设计的服务；有些调查公司既能提供辛迪加服务，同时也提供这种"量体裁衣"的服务。

第4层是数据收集者。调查实施公司(第4层)为辛迪加调查公司、客户服务调查公司、广告公司和企业搜集数据，它们并不需要设计调查或是分析结果。在第4层的调查实施机构中的访问员，是真正从事数据收集工作的人员，他们多数是兼职人员。

二、市场调查的人员

市场调查机构人员主要有管理人员、研究人员、督导员、访问员或调查人员、电脑录入人员、资料人员等。总体来说，市场调查人员应该具备思想品德素质、业务素质、身体素质三方面的素质。

思想品德素质包括：坚持四项基本原则，具有强烈的社会责任感和事业心；具有较高的职业道德修养，能实事求是、诚信经营、尊重客户和被调查者意愿，对商业机密、隐私、人身权利遵循保密原则；要严格执行国际有关法律法规、方针、政策，严格信守合同，坚持公平交易。

业务素质体现为：对企业市场营销的本质有深刻理解；精通统计学知识和定量分析方法或至少对统计学知识和定量分析方法有较深入的了解；能够熟练使用互联网和电脑；有心理学和消费者行为学方面的知识；有良好的书面和口头沟通技能；有创造性思维的能力。

身体素质强调：一是体力较好，二是性格也要好。

【相关链接 1-3】

市场调查与预测相关的工作职位的职责描述

一、市场调研副总裁
这是企业负责市场调查与预测工作的高级职务。他制订本部门的工作计划与目标，全面负责企业的市场调查与预测工作，是企业最高管理层的成员。

二、调研总监
这是一个高级职务，负责企业所有市场调查与预测项目的制定与执行。

三、助理调研总监
此职位是调研总监的行政助手，负责指导与监督其他人员的工作。

四、项目经理
此职位全面负责某一市场调查与预测项目的设计、执行和管理工作。

五、统计师或数据处理专家
此职位是统计技术、理论和应用的专家，职责包括实验设计、数据处理和分析。

六、高级分析师

此职位参与项目的制定并指导所承担项目的执行，常与初级分析师和其他人员一起制订计划和收集数据，撰写最终的调研报告，控制项目进度与成本。

七、分析师

此职位处理项目执行过程中的具体工作，负责问卷设计与测试，进行数据的初步分析。

八、初级分析师

此职位完成日常工作，如分析二手数据、编辑问卷和对数据进行编码，进行简单的统计分析。

九、现场经理

此职位负责调查员和其他现场工作人员的遴选、培训、监督和考核工作。

十、作业督导

此职位负责现场调查、数据编辑和编码的监督指导工作，有时也参与编程和数据分析。

(资料来源：庄贵军. 市场调查与预测[M]. 2版. 北京：北京大学出版社，2014.)

三、市场调查机构的选择步骤

(一)初步选择

选择一个符合具体需要的市场调查代理公司是一项要求十分细致的工作。选择市场调查与预测专业机构的第一步是市场调查公司的遴选。

市场调查公司的遴选是指从现有的市场调查公司名录中选出几个重点的市场调查公司，以备进一步的接触用。在这一步骤中，需要通过各种手段去收集市场调查公司名录，收集的手段包括：查114，查《电话黄页》，查《办公室问事大全》等。其他的收集手段可根据不同的情况而定，比如，在北京有不少公司在传媒上发布调查结果，这就是一条寻找市场调查公司的渠道。另外，朋友推荐也是一种常用的方法。在与这些市场调查公司接触后，再由他们推荐其他公司，也是很方便的。

在这些调查公司中，依据客户的标准，选出最符合条件的几家市场调查公司。当然，对于一些经常做市场调查的客户，他们很了解哪些市场调查公司比较符合他们的要求，他们(例如宝洁公司)甚至有自己固定的市场调查代理公司。

(二)比较选择

初步选出了为数不多的几家市场调查公司作为候选公司之后，就可以实施选择市场调查与预测专业机构的第二步——与这些公司进一步接触。

与市场调查公司接触的方式有两种，一是用电话或传真等方式与市场调查公司联系，二是登门拜访。如果公司经常做市场调查，对于这些市场调查公司的背景和实力都比较熟悉，市场调查公司对于这些客户也比较熟悉，那么用第一种方法比较好；如果公司不太经常做市场调查，或是经常做市场调查的客户希望换一家调查公司，那么登门拜访比较好。通过登门拜访可以了解市场调查公司的规模(包括人员多少、办公室面积和档次、办公设施等)，与公司职员的面谈可以了解他们的专业素质、在市场调查行业的经验、在统计方面的知识等信息。通过对市场调查公司的拜访还可以了解其他一些比较微妙的信息，得出一个整体的印象。

不管是用哪种方法与市场调查公司联系，但最后要达到的目的是相同的，就是通过联系来了解市场调查公司，以便对其进行评估。对于通过电话和传真的联系，由于不能目见，就需要得到尽可能多的书面材料以供参考。能够得到的书面材料包括：调查公司简介、人员简介、项目运作规程、收费标准、公司的客户名单等，有些市场调查公司甚至可以提供一些调查文件的范本，比如调查计划书、调查问卷、执行手册、访员工作记录、抽样图、抽样记录表、编码原则、调查报告等。还有一些公司的研究人员在市场调查中的研究心得，也乐意提供给客户，作为自己公司水平的一种说明。

有些客户对自己做市场调查的目的并不清楚，或心中只有一个大致的想法，但并不是很明确，这时与调查公司的面谈就必不可少。在面谈中，客户提供的信息越多，就越有利于调查公司了解和定义客户面临的问题，即做调查的目的、要获得的数据和这些数据的用途。有些客户会对调查公司要求提供的资料有顾虑，觉得调查公司要求了解的东西太多了，这种顾虑在绝大多数情况下是没有必要的，因为为客户保密是市场调查公司的一项基本行为准则。如果客户觉得有必要，可以在向调查公司提供资料之前，与之签订保密协议。登门拜访的客户一般回到公司后，要把自己的考察结果向高层领导汇报，所以也要获得书面材料作为自己做决策的依据。

在后续的接触中，如果客户能够先简要地说明一下想要委托的项目，那么从市场调查公司得到的回应会更有针对性。比如，你想要做的是关于顾客满意度的调查，那么市场调查公司可以在提交的材料中重点介绍这方面的内容和经验。如果你只是想了解一下该调查公司，那么你得到的材料可能就比较简单。

调查公司与客户的接洽是很重要的。一个调查项目实施的第一步是与客户的接洽与问题的定义。有些客户对市场调查很熟悉，也非常了解自己做某项市场调查的目的，甚至调查方法和需要哪些数据都一清二楚，这时他只需向调查公司提供一份书面的"调查纲要"，对做这次调查的背景、目的、所需数据和数据的应用做简要说明即可。市场调查公司通常要求客户提供的信息包括下述各点。

(1) 提供充分的背景材料。
(2) 说明是什么问题促使他们考虑要进行调查，即解释调查的目的。
(3) 说明解决问题所需信息的类型，即解释需要什么样的数据。
(4) 说明依据调查的结果可能要做的决策、选择或行动，即解释调查结果的作用。
(5) 在考虑潜在危险或花费的基础上，估计所获信息的价值。
(6) 说明项目完成的时间要求及可能提供经费的一般水平。

提供"调查纲要"后，可以要求市场调查公司根据具体调查项目的要求，提出一份"调查计划书"，以便再做研究。市场调查公司所提交的计划书的内容一般应该包括下列事项。

(1) 说明可能采用的调查方法。
(2) 说明完成全部调查工作可能需要占用的时间。
(3) 说明完成全部调查工作需要支付的各项费用。

当收到几家市场调查公司所提交的"调查计划书"后，就可以集中对比，从中选出一家最适合的市场调查公司，并与之商议，签订市场调查委托合同等。

(三)评估调查机构

在评估市场调查公司时，一般要考虑的因素有以下几个方面。

1. 声誉

声誉好的调查公司起码能做到以下几方面。
(1) 按时间要求完成调查项目。
(2) 高质量完成调查项目。
(3) 有职业道德标准。

2. 规模

一个市场调查公司的规模能部分地反映它能做什么，能做到什么程度。公司规模可以细分为人员多少，办公室面积和档次，专业设施，分支机构多少等方面。一般来说，在中国的市场调查公司，其人员一般可分为专职人员和兼职人员两种。公司的研究人员、技术人员等一般是专职人员，而访问员、复核员、编码员、行业专家等一般是兼职人员，实地督导有些是专职的，有些则是兼职的。这些可以量化的指标是判断公司实力的一种比较硬性的标准。

不同的市场调查公司要求的专业设施有所不同。比如，一个擅长做电话调查的市场调查公司应该有专门的电话调查设备，如隔开的电话间等；一个经常做定性研究的公司应该有为举行团体座谈而准备的单面镜房间。

3. 经验

经验一方面指一个市场调查公司成立时间的长短，另一方面也应包括该公司主要人员的从业经验。市场调查公司成立的时间越长，对该行业的发展状况就越了解，其管理制度越趋于成熟，各种规范就越完善。

主要人员的从业经验也很重要，在市场调查行业的经验越多，就越能准确地定义客户的问题，对各种调查方法的优缺点也越了解。对实际执行中易出现的问题能够及时把握。对于定量调查如此，对于定性调查，从业经验就尤为重要，定性研究最常用的方法是焦点团体座谈，一个有经验的主持人能够从容地控制座谈的进程，调节气氛，调动每个参加者的主动性，说出自己的观点，一个有经验的主持人与一个没有经验的主持人得到的信息不仅在数量上不同，在质量上也不一样。

除从业经验外，主要人员在某行业的市场调查的经验也能直接影响一个市场调查项目的质量，有些市场调查公司有自己的市场定位，他们或者只做电信业的调查，或者只做包装消费品的研究。一些综合性的市场调查公司也着意培训一些研究人员成为行业专家，比如对OTC药品市场调查非常精通的人员。这样的行业经验使得研究人员对某行业的背景资料、存在问题等非常了解，对于该行业产品特性、客户构成、分销渠道、促销手段等也有深刻认识，这种了解和认识不仅有助于研究人员设计调查方案，而且在进行数据分析时也能够从自身知识出发解释数据，给出切实可行的建议。

4. 报价

市场调查公司的报价自然是客户在做选择时的一项重要考虑因素。每个公司都有自己的报价体系和方法。各个调查公司的报价只有在调查方法、质量、地域等都相同时才具有可比性。

除以上几个方面外，还有一些其他因素会影响客户的选择，比如文本的制作水平、项目完成所需时间等。综合起来可以归纳为两个大类，一是关于调查公司的调查质量，二是调查公司的报价。客户自然是希望能找到价廉质高的市场调查公司为自己服务，但高质量的调查意味着更多的劳动和投入，也就意味着花费的增多，所以在选择市场调查公司时，最重要的一点不是选择报价低的公司，而是找到价钱与质量相当的，并且质量符合客户要求的公司。在价钱和质量的权衡上，需要重点考虑的是该项市场调查对决策的重要性大小，如果该调查结果将作为以后五年市场计划和策略的基础，那么该调查就必须委托给质量最有保证的公司来做，以避免数据的误差而导致公司的决策失败。

(四)签订代理合约

在正式委托或承接某项具体的市场调查工作之前，由双方协商订立一份完整而又详细的市场调查委托合同，可以尽量避免浪费时间和日后可能产生的误解或其他某些不愉快的争议。市场调查委托合同的基本内容一般包括下列各项。

1. 调查的范围与方法

可以参照"调查纲要"所提出的，将需要进行调查的问题作为委托调查项目的调查范围在合同上加以明文规定。至于调查方法，可以将经过双方协商并一致同意的方法作为一项条款列明在合同上。如果还有其他类似规定，例如，安排人员走访的次数和方式，委托人应向代理公司提供有关调查工作需要的材料，委托人如对代理公司的工作表示满意，应在规定的时间内以书面形式向对方表示认可等，若有必要并经双方协商同意，也可在合同上注明。

2. 付款条件

市场调查公司要求的付款条件通常是：签约时先按双方确认的付款金额预付50%，其余部分在调查项目的全部工作结束后付清。如有其他费用开支，需要另做安排结算偿付的话，具体各项费用的结算与偿付的办法，用什么货币进行结算与偿付，全部费用累计总值的最高限额是多少等，均应在合同中详加规定。

3. 预算

关于调查费用预算限额的规定必须绝对明确，这是丝毫不能忽视的。有些市场调查公司经常喜欢提议订立"无限制"的合同，即要求"费用按日结付"，对委托人来说，这是绝对不能接受的。整个调查项目所需费用开支的预算总额应是多少，须在双方开始接洽时加以明确限定，纵使预计有可能发生某些意外情况而需要增加预算开支，但增加的幅度最多也不能超过原定预算金额的10%，并且在合同中应加列条款规定，以示明确。

4. 人员配备

市场调查公司指派负责完成这一调查项目的全体工作人员名单及各自担负的职务均应在合同中具体列明。作为有关调查项目的委托人则有权与全体人员经常保持直接的个人联系和接触。有时，承接该项调查工作的市场调查代理公司可能将其中部分专题再承包给当地其他机构代办，比如说，聘请当地新闻通讯社的记者代办全部有关人员走访的工作等。这样做当然是无可非议的，但由此而产生的一切费用须由该公司承担。实际上，这些费用均已包括在合同规定的预算限额之内，因此，无须另作偿付。

5. 期限

完成全部调查工作的期限，以及各个阶段的工作进程的期限，应在合同中分别加以明文规定，务求整个调查项目的工作能按计划如期圆满结束。

6. 临时性报告

如果委托人希望市场调查公司在执行调查合同过程中能安排某些临时性报告，介绍有关代办调查项目的工作进展情况和已经搜集到的资料，可以作为一项要求提出来与对方进行协商，并将双方一致同意的安排，包括提交这些临时性报告的次数和具体时间，作为一项双方必须遵照的条款明确地写进合同。

7. 最终报告的特定要求

当整个调查项目的工作结束后，市场调查公司需向委托人提交一份终结性的市场调查报告。有些市场调查公司在所提交的终结性报告中，只是单纯地报告调查的结果；另一些市场调查公司不但报告调查结果，而且要从中引出结论，提出有关如何组织产品销售行动的建议或其他某种可行性的建议。此外，委托人有时候还会要求对方在终结性的调查报告的全部附件中，应包括一份有关当地市场有兴趣经营某类产品的进口商或代理商的详细名单，以便日后联系，组织产品推销，但也要先在合同上加以明文规定，然后才能要求对方照办。

【阅读案例】

项目市场调查合同书范例

项目市场调查合同书

委托方(以下称甲方): _____
受托方(以下称乙方): _____
协议签订地点: _____

甲乙双方经过协商一致同意由乙方向甲方以书面报告或电子文件提供_____
_____研究报告，并依下列条件进行有关市场调研活动:

1. _____。
2. 调研项目内容、形式、验收标准和进度要求。
(详见附件一: _____)
3. 协议酬金总金额和支付方式:
3.1 本协议酬金总金额为人民币_____元。
3.2 协议签订后_____日内甲方付给乙方本协议酬金总金额_____%的预付款。
3.3 乙方按照本协议及附件约定如期完成项目并经甲方验收合格后，甲方于验收合格之日起_____日内付清余款。
4. 调研项目的进行。
4.1 甲方有权对乙方为调研项目所做工作进行监督检查，乙方同意在调研项目进行过程中接受甲方的监督检查。
4.2 乙方应如实将调研项目的进行情况以及在项目进行中遇到的问题和取得的进展及时向甲方报告。

5. 调研项目的完成验收。

5.1 乙方应按照协议及附件约定的方式及进度进行调研工作，并于_____年_____月_____日前按照协议和附件的约定向甲方提交调研报告及有关文件。

5.2 甲方在收到乙方调研报告之日起_____日内按照附件一约定的标准进行验收，验收不合格但甲方认为调研报告经过补充或修改能够达到约定标准的，乙方应在收到甲方通知之日起_____个工作日内按照甲方要求修改完成并提交甲方，否则乙方应承担违约责任。

6. 知识产权及保密条款。

6.1 本调研项目的成果特指乙方因完成本协议项下市场调研工作而形成的所有分析报告、分析数据、分析结论，所有这些统归乙方所有，乙方对于报告中所涉及的基础数据享有再次使用并提供第三方的权利。甲方不得将上述报告、数据、结论向第三方提供并从中获利，但甲方有权自行使用。

6.2 本条第2款(6.2)所约定之保密，期限为_____，自本协议签订之日起计算，保密期限不受本协议有效期的限制。在该保密期限届满后，乙方仍应尊重并保证不侵犯甲方因本调研项目获得之成果及其所附的一切权益。

6.3 乙方应告知并以适当方式要求其参与本调研项目之雇员遵守本条规定，若参与本调研项目之雇员违反本条规定，乙方应承担连带责任。

7. 保证条款。

7.1 乙方保证在为甲方提供服务时，未经甲方书面同意，不把该服务项目的全部或部分工作委托第三方。

7.2 乙方保证提交甲方之数据、资料及任何信息没有侵犯任何第三方的知识产权等其他权益。

8. 违约责任。

8.1 乙方未按照约定日期完成调研项目并向甲方提交有关文件的，每逾期一天，乙方应向甲方支付本协议酬金总金额_____%的违约金。

8.2 超过协议约定时间_____日(宽限期)仍未完成项目的，甲方有权解除协议，乙方除退还甲方已付酬金外，还应向甲方支付本协议酬金总金额_____%的违约金。

8.3 乙方虽按期完成任务，但提交的结果不符合双方所约定的标准时，若甲方认为调研报告经过补充或修改能够达到约定标准的，乙方应在收到甲方通知之日起_____日(宽限期)内按照甲方要求修改完成并提交甲方，每延期一天，乙方应向甲方支付本协议酬金总额_____%的违约金。

8.4 乙方虽按期或在宽限期内完成任务，但提交的结果不符合双方所约定的标准时，视为乙方违约，甲方有权解除协议，乙方除退还甲方已付酬金外，还应向甲方支付本协议酬金总额_____%的违约金。

8.5 甲方未按照约定向乙方支付调研项目酬金的，每逾期一天，向乙方支付本项调研工作酬金总值_____%的违约金；逾期超过_____日，甲方除继续履行协议外，应向乙方支付本协议酬金总金额_____%的违约金。

9. 争议的解决：因本协议引起的一切争议，双方首先应当友好协商解决，协商不成，可向本协议签订地法院提起诉讼。

10. 生效及其他事项。

10.1 本协议一式两份，甲乙双方各执一份。

10.2 本协议签订于_____年_____月_____日，于签订之日起生效，任何于协议签订前经双方协商但未记载于本协议之事项，对双方皆无约束力。

10.3 本协议及其附件对双方具有同等法律约束力，但若附件与本协议相抵触时以本协议为准。

10.4 本协议包括如下附件。

10.4.1 附件一。

10.4.2 附件二。

10.5 未尽事宜由双方友好协商解决。

甲方：   乙方：
签字：   签字：
盖章：   盖章：

(资料来源：https://www.youshang.com/content/2010/10/29/75308.html)

(五)与市场调查机构合作

选定了某家市场调查公司或当地商业咨询服务机构之后，委托人就必须切实地与之一道协同工作。随着调查工作的逐步深入，市场调查公司经常会感到有必要适当修正原定的调查范围、使之更加符合客观情况变化的需要。双方可以通过合作，及时发现还有哪些是需要填补的空缺的资料，并找出双方一致认为是行之有效的解决办法。

本 章 小 结

市场营销调查是指运用科学的方法系统地、客观地辨别、收集、分析和传递有关市场营销活动的各方面的信息，为企业营销管理者制定有效的市场营销决策提供重要的依据。行之有效的经营决策要以科学的市场预测为前提条件，这就必须以及时掌握市场信息、搞好市场调查为基础。

按市场调查涉及的生产经营活动的阶段划分，市场调查可以分为事前调查、事中调查和事后调查；按市场调查的侧重点划分，市场调查可以分为市场识别调查、市场策略调查、市场可行性调查；按研究性质划分，市场调查可以分为描述性调查、因果性调查、预测性调查；按购买目的划分，市场调查可以分为消费者市场调查和生产者市场调查；按调查采用方法的不同，可分为文案调查和实地调查，实地调查又可分为询问调查、观察调查和实验调查。

市场调查内容是相当广泛的，但不同企业和不同行业、相同企业在不同时期对市场调查的内容会因需要的不同而有所侧重和选择。一般来说，市场调查的内容主要涉及以下五个方面：社会环境调查、消费者需求调查、市场供给调查、产品调查、市场营销活动调查。

国外市场调查经历萌芽阶段(1920年以前)、发展阶段(1920—1950年)、成熟阶段(1950年后)三个发展时期；国内市场调查的发展经历非专业市场调查组织、专业调查机构的成长，目前面临着互联网对市场调查行业的冲击。

市场调查机构是指专门或主要从事市场调查活动的单位或部门，是一种服务型的组织机构。从承担的功能看，从事市场调查的机构类型可以分为四个层次：第1层是信息的最

第一章 市场调查基本理论

终使用者(企业内部市场调查部门)；第2层是信息使用者(广告公司)；第3层是调查设计及提供者；第4层是数据收集者。市场调查机构人员主要有管理人员、研究人员、督导、访问员或调查人员、电脑录入人员、资料人员等。总体来说，市场调查人员应该具备思想品德素质、业务素质、身体素质三方面的素质。

市场调查机构选择的步骤是：初步选择、比较选择、评估调查机构、签订代理合约、与市场调查机构合作。

练习与思考

一、名词解释

市场调查　探测性调查　描述性调查　文案调查　实地调查

二、判断题(正确打"√"，错误打"×")

1. 描述性调查不仅要回答"什么""何时""如何"等问题，还要回答"为什么"的问题。（　）
2. 只有大企业才有必要搞市场调查。（　）
3. 企业开展了市场调查就可以使决策成功。（　）
4. 市场调查主要是针对社会环境展开的调查。（　）

三、简述题

1. 什么是市场调查？企业为什么要实施市场调查？
2. 按照不同的标准，市场调查可以分为哪些类型？
3. 市场调查的内容有哪些？
4. 简述市场调查的发展历史。
5. 如何选择市场调查机构？
6. 简述市场调查的程序。

四、案例分析题

【案例分析一】

高招迭出的市场调查

市场调查与预测作为一种营销手段，对于许多经营企业来说已成为一种竞争武器。市场调查与预测自1919年美国柯蒂斯出版公司首次运用成功，即在世界范围内迅速扩展开来，并由最初的简单收集、记录、整理、分析有关资料和数据，已发展成为一门包括市场环境调查与预测、消费心理分析、市场需求调查与预测、产品价格适度、分销渠道、促销方法、竞争对手调查与预测、投资开发可行性论证等在内的一门综合性科学。随着世界经济的不断发展，国际上一些著名企业更是把精确而有效的市场调查与预测作为企业经营、发展的必修课。相应地，市场调查的方法也是高招迭出。

1. 开设"意见公司"

日本企业家向来以精明著称，这方面自不甘落后。这家意见公司由日本实践技术协会开设，有员工近百人。他们与不同年龄、不同层次的消费者建立固定联系，经常请他们对各种商品提出建议,同时还刊登广告征求意见,并提供相应报酬。他们将收集到的各种意见整理分类,及时反馈给有关企业,从中得到回报。公司的人员来自各个层次,知识结构也力求搭配合理。

2. 免费电话巧问计

美国一家生产日用化学品的著名厂家,为了听取用户意见,别出心裁地推出免费电话业务,向消费者征询意见。他们在产品包装上标明该公司及各分厂的 800 电话号码,顾客可以随时就产品质量问题打电话反映情况,费用全部记在公司账上。公司对所有来电给予回复,并视情况给予奖金。1995 年该公司就接到近 25 万个顾客电话,从中得到启发并开发出的新产品的销售额近 1 亿美元,而公司的电话费支出不过 600 万美元,一进一出让老板喜不自禁。

3. 研究垃圾

一般人认为是荒唐之举,对经营决策不会有什么影响,但事实恰恰相反。著名的雪佛龙公司重金聘请大学教授威廉·雷兹对垃圾进行研究。教授每天尽可能多地收集垃圾,然后按垃圾的内容标明其产品的名称、重量、数量、包装形式等予以分类,获得了有关当地食品消费情况的精确信息。用雷兹教授的话说:垃圾决不会说谎和弄虚作假,什么样的人就丢什么样的垃圾。雪佛龙公司借此作出相应决策,大获全胜,而其竞争对手却始终也没搞清雪佛龙公司的市场情报来源。

4. 巧设餐馆

日本企业界有一则流传甚广的故事:日本人对英国纺织面料在世界久享盛誉一直不服,却无从得知其中奥秘,于是便萌生一计——集中本国丝绸行业的部分专家进行烹调培训,然后派往英国,在最有名的纺织厂附近开设餐馆。有很多人前来就餐,日本人便千方百计收集情报,结果还是一无所获。不久餐馆宣布破产,由于很多"厨工"已经同工厂的主管人员混熟,所以部分人就进入这家工厂工作。一年后日本人分批辞职回国,成功地将技术带回日本,并改进为更先进的工艺返销给英国。为了得到技术情报,日本人可谓煞费苦心,打了一个迂回战。有人指责说这完全超出了市场调查方法的内容范畴,近乎间谍行为。

5. 皱眉信息

秘鲁一家百货公司经理库克先生,提出了要捕捉"皱眉信息",即当看到顾客挑选商品时,若皱眉便说明顾客不满意,售货员要主动承认商品不足之处,于是商场便在营销方法上加以改进,库克这一招使百货公司效益魔术般上升。

6. 顾客的影子

找人充当顾客影子是美国一些市场调查公司的杰作,这些公司专门为各商场提供市场调查人员,当这些人接受商场聘请之后,便时刻不离顾客左右,设法了解顾客购买哪些商品,停留多久,多少次会回到同一件商品面前以及为什么在挑选很长时间后还是失望地离开,等等。美国许多企业得益于这项调查,并因而使经营更具针对性,更贴近消费者。

7. 住进顾客家里

有一天,一个美国家庭住进了一位"不幸"的日本人。奇怪的是,这位"落难者"每天都在做笔记,记录美国人居家生活的各种细节,包括吃什么食物、看什么电视节目等。一个月后,日本人走了。不久,丰田公司推出了针对当时美国家庭需求而设计的价廉物美的旅行车,大受欢迎。举一个例子就能说明,美国男士(特别是年轻人)喜爱喝玻璃瓶装的饮料,而非纸盒装的饮料,日本设计师就专门在车内设计了冷藏并能安全放置玻璃瓶的柜子。

直到此时，丰田公司才在报上刊登了他们对美国家庭的研究报告，并向那户人家致歉，同时表示感谢。

8. 经理捡纸条

在澳大利亚昆士兰州，许多远道而来的顾客，特别是生怕忘事的家庭主妇，到商店购物前总喜欢把准备购买的商品名字写在纸条上，买完东西后则随手丢弃。一家大百货公司的采购经理注意到了这一现象后，除了自己经常捡这类纸条外，还悄悄发动其他管理人员也行动起来。他以此作为重要依据，编制了一套扩大经营的独家经验，结果可想而知，许多妇女从前要跑很远的路才能购买的商品，现在到附近分店同样也能买到。

他山之石，可以攻玉。愿我国的企业家们也能从中吸收经验，在进入市场之初，根据本企业的实际情况，做一番市场调查与预测，谁说赢家还注定是别人呢？

以上的一些实例对我们认识市场调查与预测的作用与意义有何启发？

(资料来源：胡华穗. 市场调查与预测[M]. 2版. 广州：中山大学出版社，2010.)

【案例分析2】

一次失败的调查

20世纪80年代初，虽然可口可乐在美国软饮料市场上仍处于领先地位，但由于百事可乐公司通过多年的促销攻势，以口味试饮来表明消费者更喜欢较甜口味的百事可乐饮料，并不断侵吞着可口可乐的市场。为此，可口可乐公司以改变可口可乐的口味来对付百事可乐对其市场的侵吞。对新口味可口可乐饮料的研究开发，可口可乐公司花费了两年多的时间，投入了400多万美元的资金，最终开发出了新可口可乐的配方。在新可口可乐配方开发过程中，可口可乐公司进行了近20万人的口味试验，仅最终配方就进行了3万人的试验。在试验中，研究人员在不加任何标识的情况下，对新老口味可口可乐、新口味可口可乐和百事可乐进行了比较试验，试验结果是：在新老口味可口可乐之间，60%的人选择新口味可口可乐；在新口味可口可乐和百事可乐之间，52%的人选择新口味可口可乐。从这个试验研究结果看，新口味可口可乐应是一个成功的产品。到1985年5月，可口可乐公司将口味较甜的新可口可乐投放市场，同时放弃了原配方的可口可乐。在新可口可乐上市初期，市场销售业绩不错，但不久就销售业绩平平，并且公司开始每天从愤怒的消费者那里接到1500多个电话和很多的信件，一个自称原口味可口可乐饮用者的组织举行了抗议活动，并威胁除非恢复原口味的可乐或将配方公布于众，否则将提出集体诉讼。迫于原口味可口可乐消费者的压力，在1985年7月中旬，即在新可口可乐推出的两个月后，可口可乐公司恢复了原口味的可口可乐，从而在市场上新口味可口可乐与原口味可口可乐共存，但原口味可口可乐的销售量远大于新口味可口可乐的销售量。

(资料来源：www.docin.com/p-1881224841.html，有改动)

阅读案例1和案例2，回答以下问题。

1. 案例中反映了市场调查的存在有何意义？
2. 从案例中，您觉得市场调查这一行业的发展趋势如何？
3. 在案例2中，调查失败的原因是什么？新口味可口可乐配方的市场调研的内容应包括哪些方面？

单 元 实 训

【实训项目一】

市场调查目标与调查内容的确定。

1. 实训目的

通过实训，使学生熟悉并掌握市场调查的主要内容，能够认识到市场调查的重要意义，提升学生市场调查的基本能力。

2. 实训要求

通过实训，要求学生掌握常见市场调查的主要内容；能够根据企业具体的营销问题开展市场调查活动，确定调查目标和调查内容，从而依靠市场调查解决企业实际问题。

3. 实训任务

隶属某高校的汽车驾驶学校有多年建校历史，有上万名的师生潜在顾客，但目前学员仅有 200 多人，尽管多次降价促销，其市场份额依然非常小，远远达不到预测水平。为了扩大市场，该驾校决心开展一次市场调查活动，了解市场实际情况，然后有针对性地调整营销策略。

如果你是市场调查机构的一员，你将如何进行调查？调查内容大致包括哪些方面？

4. 实训知识准备

(1) 市场调查的含义及意义。

(2) 市场调查的主要内容及步骤。

5. 实训步骤

(1) 学生分组，4～6 人一组，选出小组负责人。

(2) 小组讨论，可以从不同角度去思考，确定调查的目标和主要内容。

(3) 结合材料，以小组的形式展示各组的分析结果，并进行答辩。

6. 实训考核

教师根据小组分析成果及答辩发言情况综合打分，确定小组成绩。同时根据实训过程考核和个人发言表现情况在小组成绩的基础上进行个人综合成绩评定。

【实训项目二】

评估和选择调查机构。

1. 实训目的

通过实训，使学生认识到市场调查公司组织的基本结构；各职能部门的分工与职责；学会评估和选择市场调查机构，为将来从事市场调查工作打好基础。

2. 实训要求

通过实训，要求学生能够进一步熟悉调研机构的基本职能与具体分工情况；了解全球及国内的主要调研机构情况；能够有针对性地评估与选择合适的调研机构。

3. 实训任务

某日化企业想要了解本省 80 后、90 后、00 后人群对头发定型产品的了解程度、使用态度以及选购途径，请你为其分析并确定可以委托哪家机构实施调查，并拟定一份委托调查合同。

4. 实训知识准备
(1) 市场调查机构的类型。
(2) 市场调查机构的人员构成及其职责。
(3) 市场调查机构的评估与选择。

5. 实训步骤
(1) 查阅全球、国内及省内的主要调查机构。
(2) 选择有代表性的市场调查机构，分析每一机构的业务范围、业务特长等信息。
(3) 针对收集到的调研机构的信息，进行比较、评估，最终确定最合适的公司。
(4) 写出一份有关主要全球调查机构业务范围、业务特长等信息的分析报告。
(5) 拟订一份委托调查合同。

6. 实训考核
教师可根据学生提交的分析报告和委托合同进行实训成果打分，同时结合实训过程考核，给定个人最终实训成绩。

第二章　市场调查设计

【本章导读】

> **旅游市场调查**
>
> "十一"黄金周期间，万绿湖景区开展的旅游市场问卷调查结果显示，接受调查的215人中有133人认为万绿湖景区市场开发前景大。
>
> 为了提高景区的管理水平和服务质量，10月1日至7日，万绿湖景区共向游客发出517份问卷调查表，调查主要围绕景区的宣传、景区基础设施建设、完善景区设施等方面进行，以此向游客征求意见和建议。
>
> 此次调查共收回215份有效问卷。问卷结果显示：广州、深圳、东莞三个城市仍是万绿湖景区的主要客源地；游客以学生、自由职业者、企业员工、教师等为主；90%的游客认为万绿湖生态自然风景是吸引他们前来旅游的主要原因；接受调查的215人中有80人表示是从家人或亲朋好友那里了解到万绿湖景区的；在交通工具方面，215人中有145人使用自备交通工具，自驾车游客占67%。
>
> 在调查问卷表的建议栏中，游客都提出了自己的建议，其中大多数游客认为景区娱乐活动项目太少，应增加一些旅游娱乐项目和表演节目，搞一些游客参与性强的节目；还有一些游客认为万绿湖景区要加大停车场的建设力度，完善部分景点的码头等基础设施。
>
> （资料来源：http://www.southcn.com/news/dishi/heyuan/jingji/200510080245）

市场调查是一项复杂又细致的工作，所有环节的设计与执行必须牢牢遵守"六个必须坚持"，切实用党的二十大精神统一思想和行动，把党的二十大精神运用到实际的调查工作中。

第一节　市场调查设计概述

市场调查是以科学的方法收集、研究、分析有关活动的资料，以便帮助企业管理者和相关部门解决有关市场管理或决策问题的研究。它是针对企业生产、经营中所要解决的问题而进行的活动，所以调查活动必须具有很强的目的性。在调查目标确定以后，必须对整个调查活动进行全面设计，按照一定的程序进行。从准备到方案的制定，直至最后的实施和完成，每一阶段都有特定的工作内容，以保证调查工作有秩序地进行，减少盲目性，从而最大限度地节约调查费用和时间。只有市场调研方案策划周密，市场调查的各个环节才能有条不紊地进行，调查工作才能保质保量地完成。

一、市场调查设计的意义

市场调查设计是全部调查活动的开始，为了在调查过程中统一思想、统一认识、统一内容、统一方法、统一步调并圆满完成调查任务，就必须制订出科学、严密、可行的工作计划和组织措施，使所有参加调查工作的人员都步调一致、有章可循。因此，市场调查设计是顺利完成市场调查工作的首要环节，其意义主要表现在以下三个方面。

(一)从认识上讲，调查设计是定性认识和定量认识的连接点

市场调查方案设计是从定性认识过渡到定量认识的开始阶段。虽然市场调查工作所收集的许多资料都是定量资料，但应该看到，任何调查工作都是先从对调查对象的定性认识开始的，没有定性认识就不知道应该调查什么和怎样调查，也不知道要解决什么问题和如何解决。如果要研究一个企业的生产经营状况，就必须先对该企业生产经营活动过程的性质、特点等进行详细了解，设计出相应的调查指标以及收集、整理资料的方法，然后去实施市场调查。

(二)从工作上讲，调查设计起着统筹兼顾、统一协调的作用

现代市场调查可以说是一项复杂的系统工程，对于大规模的市场调查来讲更是如此。在调查中会遇到很多复杂的问题，其中一些属于调查本身的问题，也有不少问题则并不是调查本身的问题。如抽样调查中样本量的确定，按照抽样调查理论，可以根据允许误差和可靠程度的大小，计算出相应的必要抽样数目，但这个抽样数目是否可行，还要受到调查经费、调查时间等多方面条件的限制。在实际应用中，采用普查方法能够取得较为全面、准确的资料，但普查工作时间长，工作量大，需要动用的人力、物力十分庞大，这些都需要各方面的通力合作。像人口普查、第三产业普查等全国性的调查，通常要由国家有关部门牵头组织，并不是个别调查机构的力量所能胜任的。因此，只有通过调查设计，设置好市场调查工作的流程，才能分清主次，根据需要和可能采用相应的调查方法，使调查工作有序进行。

(三)从实践要求上讲，调查方案设计能够适应现代市场调查发展的需要

现代市场调查已从单纯的收集资料活动变成把被调查对象作为一个整体来反映的调查活动。与此相适应，市场调查过程相应地被视作市场调查设计、资料收集、资料整理和资料分析的一个完整的工作流程，调查方案设计正是这一系统工程的第一步。

二、市场调查设计的特点和原则

(一)市场调查设计的特点

1. 可操作性

这是决定该市场调查方案实践价值的关键环节，也是任何一个实用性方案的基本要求。否则市场调查设计就意味着失败，市场调查就失去了它存在的价值。

2. 全面性

调查设计本身带有全局性和规划性特点，它必须像指挥棒一样统领全局、直至调查目的的实现，因此全面性是其显著特征。

3. 规划性

市场调查设计本身正是对整个调查的统筹规划，是对整个调查工作各个环节的统一考虑和安排，未雨绸缪，谋划未来。

4. 最优性

调查方案的最后定稿是经过多方反复协调磋商、多次修改和完善而确定的，这样可以保证调查方案的实施效果最好而费用较少。作为商业调查机构，有时客户还会要求同时拿出两个以上的方案供其最后选择定案。

(二)市场调查设计的原则

1. 科学性原则

设计调查必须遵循科学性原则，这是毋庸置疑的。但在市场调查中，违背科学性的案例也有不少。例如，如何使用调查资料与采集这些资料的方法密切相关。如果希望用调查资料对总体的有关参数进行估计，就要采用概率抽样设计，并有概率抽样实施的具体措施，否则设计就是不科学、不完善的。再如，确定样本量是方案设计的一项重要内容，样本量的确定方式有多种，有些情况下需要计算，有些情况下可以根据经验或常规人为确定。如果调查结果要说明总体参数的置信区间，样本量的确定就必须有理论依据，即根据方案设计中具体的抽样方式及对估计的精度要求，采用正确的样本量计算方式。还有，在因果关系的研究中，为了验证实现的假设条件，有些调查需要采用实验法收集资料，社会经济现象中调查与实验室里的试验毕竟有很大差异，因为它不可能像实验室中那样能够把其他影响因素完全控制住。如果采取试验法，就必须有因素控制设计的具体实施措施，选择的控制因素是合理的，符合架设中的理论框架，这样才能说明调查结果的有效性。

2. 可行性原则

设计方案必须符合实际情况，不仅要科学，而且要具有可行性。只有操作性强的调查方案才能真正成为调查工作的行动纲领。例如，进行概率抽样要具备抽样框。没有合适的抽样框，就难以实施真正的概率抽样。再如，对调查中的敏感性问题，受访者的拒访率通常是比较高的。如果这些敏感性问题不是特别必要，在设计中就可以删去，以便为调查创造一个宽松的环境。如果这些问题十分必要，不能删除，就要从可行性的角度制定一些措施，降低问题的敏感性，使调查不会由此而受到影响。如何控制其他影响因素？有没有操作性强的实施措施？如果设计的要求在实施中难以达到，调查的最终目标就无法实现。所以，调查方案各项内容的设计都必须从实际出发，具有可行性。尤其对一些复杂群体和复杂内容的调查，可行性是评价调查方案优劣的重要标准。

3. 有效性原则

方案设计不仅要科学、可行，而且要有效。对于有效性，不同的人可以给出不同的定义。这里的有效性是指在一定经费的约束下，调查结果的精度可以满足研究目的的需要。实质上，这是一个费用和精度的关系问题。众所周知，在费用相同的条件下，精度越高或在精度相同条件下费用越少，调查设计越好。但实际中的问题可能要更复杂一些。可以说，设计是在费用与精度之间寻求某种平衡，而有效性则是进行这种平衡的依据。所以在方案设计中追求科学、可行的同时，还要考虑到调查的效率。能够很好地兼顾这些方面的调查方案就是较好的调查方案。

三、市场调查设计的内容

市场调查设计是对市场调查的总体规划，它涉及调查活动的各个环节，规划不好，调查工作就很难顺利完成。调查方案是否科学、可行，关系到整个调查活动的成败。当我们确定好课题之后，要想进行调查的实际运作，就必须通过设计调查方案加以执行和落实。市场调查方案设计的内容包括：确定调查目的；确定调查对象和调查单位；确定调查内容；设计调查工具；确定调查人员；确定调查时间、地点和调查期限；确定调查方法和抽样方法；确定调查项目的定价与预算；确定调查资料的整理和分析方法；确定提交报告的方式以及制订调查的组织计划等内容。

1. 确定调查目的

确定市场调查的目的，即明确我们为什么要调查？在调查中要解决哪些问题？通过调查要取得什么样的资料？取得这些资料有什么用途等。例如，某企业在经营过程中出现商品销售量下降的情形，此时确定的调查目的可能是"发现导致企业销售量下降的原因"。而这些原因可能是：商品结构不合理；服务质量下降；消费者购买能力下降；企业资金不足，周转缓慢；企业促销不力；竞争者产品大幅度降价等。这些问题涉及面广，比较笼统，需要找出主要原因。调查目的决定了调查的内容和方式，在方案设计中，只有明确调查的目的，才能设计调查方案的其他内容。衡量一个调查方案是否科学的标准，主要就是看方案的设计是否体现调查目的的要求，是否符合客观实际。

【阅读案例 2-1】

调查中如何界定调查目的

某电脑企业的营销主管组织调查人员进行市场调查，这时必须首先把握住调查问题的范围。如果营销主管告诉调查人员："去了解你所能够发现的客户需要的一切。"这肯定会使调查人员感到无所适从，虽然他们也能调查出客户对企业的一些要求，但通过这种调查往往得到的更多的是无用信息。为了保证调查结果的正确性和实用性，必须先将调查目的确定下来。比如经过讨论，营销人员最后将问题定在："企业送货上门是否能引起客户的兴趣？"最后，营销主管认为这项调查的目的应该是：（　　）。

A. 客户需要企业送货上门的主要原因是什么？
B. 哪些客户最有可能需要提供送货服务？
C. 这一服务能使企业的客户增加多少？
D. 这一举措能为企业的形象产生多少有长期意义的影响？
E. 与其他工作相比，送货服务的重要性如何？

问题：您认为，营销主管的决定是否合理？

（资料来源：蒋萍. 市场调查[M]. 2版. 上海：上海人民出版社，2013.）

2. 确定调查对象和调查单位

调查对象是根据市场调查目的选定的市场参与者，是依据调查的任务和目的，确定本次调查的范围及需要调查的那些现象的总体，就是解决向谁调查的问题。它是由某些性质相同的调查单位所组成的。

调查单位是指被收集资料的每个单位，也就是调查对象中所要调查的具体单位，即我们在调查中要进行调查研究的一个个具体的承担者，是解决由谁来提供资料的问题。调查单位主要有两类：一类是客观存在的实体，如个人、家庭、企业、机关、学校等；另一类是已经发生的行为、事件和现象等。在全面调查中，调查对象的每个单位都是调查单位；在非全面调查中，调查单位是调查对象中被收集资料的部分单位。例如，为了了解某市各大超市的经营情况及存在的问题，需要对全市的超市进行全面调查，那么该市所有的超市就是调查对象，每一个超市就是调查单位。

3. 确定调查内容

确定调查内容就是确定调查项目。调查项目是指取得资料的项目，它是表明调查对象特征的各项标志，也就是明确向被调查者了解什么问题。例如，调查对象是消费者，可供选择的调查项目有姓名、住址、收入、职业和文化程度等内容。调查项目可以有多种选择，选择的原则取决于调查目的和调查目标，也就是说，应该依据调查目的和调查目标选择调查项目。调查项目是为了取得资料而设计的，是调查内容的具体化。在确定调查项目时，除了要考虑调查目的和调查对象的特点外，还要注意以下问题。

（1）确定调查项目应当既是调查任务所需，又是能够取得答案的。符合条件的列入调查项目中，否则不要列入。项目不宜过多。

（2）调查项目的表达必须明确，要使答案具有确定的表达形式，否则被调查者会产生不同理解而给出不同的答案，造成汇总的困难。

（3）调查项目之间应尽可能相互关联，使取得的资料相互对照，以便了解现象发生变化的原因、条件和后果，从而检查答案的准确性。

（4）调查项目的含义要明确、肯定，必要时还可以附以调查项目的解释。

4. 设计调查工具

调查项目确定后就要进行调查工具的设计。如采用访问法进行调查，就应事先对调查问卷进行设计。问卷设计中的关键是提什么问题以及提问的方式。如采用观察法或实验法，则需要设计记录观察结果的记录表和登记表，还要考虑进行观察、实验时用何种仪器和设备等。在设计上述各种调查工具时，应考虑到被访问者或参加观察、实验的人的文化水平、专业技术等方面的因素。

在调查中，我们经常使用调查表。调查表一般由表头、表体和表脚三部分组成。表头包括调查表的名称、调查单位的名称、性质和隶属关系等。表体包括调查项目、栏号和计量单位等，它是调查表的主要部分。表脚包括调查者或填报人的签名和调查日期等，其目的是明确责任，一旦发现问题，便于查找。调查表拟定后，为便于正确填表和统一规格，还要附填表说明。内容包括调查中各个项目的解释、有关的计算方法以及填表时应注意的事项等，填表说明应力求准确、简明扼要、通俗易懂。

5. 确定调查人员

确定调查人员，主要是确定参加调查人员的条件和人数，包括调查人员的必要培训。由于调查对象来自各种各样的群体和个人，文化水平和思想认识差异较大，因此要求调查人员必须具备一定的思想水准、较强的沟通能力和丰富的业务知识；能正确理解调查提纲、表格和问卷内容，能比较准确地记载调查对象反映出来的实际情况和内容。为了保证调查任务的顺利完成，调查人员必须具备一定的素质：踏实的工作态度，良好的职业道德；较好的人际沟通能力；比较敏锐的观察力。

6. 确定调查时间、地点和调查期限

调查设计除了前面所列举的内容外，还要考虑调查时间。调查时间是指调查在什么时间进行，需要多少时间完成。不同的调查课题和不同的调查方法，有不同的最佳调查时间。例如，对于入户调查，最好的调查时间是晚上和周末休息日，这时家中有人的概率大，成功率高；若采用观察法掌握超市的人群流量，为了使样本具有较好的代表性，应选择不同的时间段。因为一天中不同的时间范围内，人群流量存在较大差异，在一周中，工作日和休息日人群流量也有很大不同。只有对观察的时间段进行精心设计，才能科学、合理地推断结果。另外，调查的方法和规模不同，调查工作的周期也不同。例如，邮寄调查的周期较长，而电话调查的周期较短。

调查地点与调查单位通常是一致的，但也有不一致的情况，二者不一致时，必须规定调查地点。例如，人口普查规定调查登记常住人口，即人口的常住地点。若登记时不在常住地点，或不在本地常住的流动人口，则需要明确规定处理办法，以免调查资料出现遗漏和重复。

调查期限是规定调查工作的开始时间和结束时间，包括从调查方案设计到提交调查报告的整个工作时间，也包括各个阶段的起始时间，其目的是使调查工作及时开展、按时完成。为了提高信息资料的时效性，在可能的情况下，调查期限应适当缩短。通常，一个中等规模调查课题的研究工作需要花费 30～60 个工作日，一些大规模社会调查有时会持续 6 个月甚至 1 年的时间。

7. 确定调查方法和抽样方法

在调查方案中，还要规定采用什么样的方法取得调查资料。调查的方法多种多样，如入户调查、电话调查、邮寄调查等。市场调查常用方法有探索性调查、描述性调查、因果关系调查以及上述各种方法的有机组合。在调查时，采用何种方法不是固定和统一的。一般来说，调查方法应该适应调查对象和调查任务，但同一个调查对象可以采用不同的调查方法，同一调查方法也可以适用不同的调查对象。

确定抽样方法主要涉及样本数的多少、取样的比例分配以及取样的范围等。抽样方法有随机抽样和非随机抽样。在随机抽样中有简单随机抽样、系统抽样、分层抽样、分群抽样等方法可以选择；在非随机抽样中有判断抽样、方便抽样、配额抽样、滚雪球抽样等常用方法可供选择。选择不同的调查和抽样方法，调查结果会有所不同，有时还会产生很大差别。

8. 确定调查项目的定价与预算

确定调查项目的定价与预算是调查设计的重要内容。调查的开支费用会因调研课题的

不同而不同。在制定预算时，应当制作较为详细的细分工作项目费用计划。通常在调查前期，计划准备阶段的费用安排大概应占到总预算的 20%。具体实施调查阶段的费用安排可占到总预算的 40%左右，而后期分析报告阶段的费用安排也将占总预算的 40%。因此，我们必须全面考虑各个不同阶段的费用支出情况，避免节外生枝。

9. 确定调查资料整理和分析方法

实地调查方法得到的原始资料大多是零散、不系统的，只能涉及事物的表象，无法深入反映事物的本质和规律性，也难免出现虚假、差错、短缺等现象，甚至加上调查人员的偏见，难以反映调查问题的本质与特征。这就要求调查人员对原始资料进行加工汇总，使之系统化、条理化。这一阶段的工作包括整理初级资料、证实样本的有效性、编表和资料分析。

1) 整理初级资料

资料收集完成后要进行整理。首先要审查初级资料，将不合逻辑、可疑或明显不正确的部分剔除掉，补充不完整的资料，统一数量单位，适当分类，加以编辑，以供编表使用。具体做法如下所述。

(1) 检查调查资料的真实性和准确程度。真实性检验，既可以根据以往的实践经验对调查资料进行判断，也可以根据调查资料的内在逻辑关系进行判断。如收入和支出之间，如果调查资料显示支出大大超过了收入，显然不符合收支间的逻辑关系。还可以通过各种数字运算进行检查，如检查各分组数字之和是否等于总数各部分的百分比，相加之和是否为 100%。

(2) 检查收集到的资料是否齐全，有无重复或遗漏。

(3) 检查记录的一致性和口径的统一性。经过检查，对含混不清的资料或记录不准确的地方，应及时要求调查人员辨认，必要时，应反复核查更正。对于不合格的调查资料应剔除不计，以保证资料的完整性和准确性。如果不合格资料占的比例过多，则需要重新进行调查，予以补充。

2) 证实样本的有效性

企业主管经常怀疑样本的真实性，如何证明样本的真实性和可靠性，可以采用以下方法。

(1) 利用随机抽样法，此法可估计样本本身的统计误差。

(2) 采取配额式抽样，先决定样本是否足够大，即样本的稳定性如何，然后与其他来源相对照，以查看样本的代表性。

(3) 比较样本与普查资料。这一方法比较常用。如核查消费者样本，可比较样本与普查资料二者在性别、年龄、经济阶层等种种特征方面是否有重大差异。如为工业研究，可以比较样本与普查资料在厂商的规模、类型、地点等各方面的差异。如以中间商为样本，则可比较样本与普查资料中有关商店、经销商品和商店类型的分配情况。

3) 编表

为了对资料进行分析与对比，必须将整理过的资料根据调查目的和重要程度进行统计分类，制成表格或图形，使资料简洁明了。一般来说，资料较少时可人工列表，资料较多时，可用计算机列表。

4) 资料分析

资料分析的方法主要有统计分析和理论分析两种。

(1) 统计分析。统计分析包括两个方面的内容：描述统计，主要依据样本资料计算样本的统计值，找出这些数据的分布特征，计算出一些有代表性的统计数字，它是描述调查观察的结果，包括频数、集中趋势、离散程度、相关分析和回归分析等；推论统计，是在描述统计的基础上，利用数据所传递的信息，通过样本对全体的特征加以推断，即以样本的统计值去推断总体的参数值，包括区间估计、假设检验等内容。

(2) 理论分析。理论分析是分析数据阶段的重要环节，其任务是在对资料整理、汇总、统计、分析的基础上进行思维加工，从感性认识上升到理性认识。这个程序是各种科学认识方法的结合，即从抽象上升到具体方法，分析综合方法包括：归纳法、演绎法、类推法、公理法、系统法及其他方法的综合。

10. 确定提交调查报告的方式

调查报告是调查项目的重要部分，是呈交给客户的最终产品，研究者必须有足够的时间和精力，认真准备好书面报告和口头汇报。提交调查报告的方式主要包括调查报告的形式和份数、报告书的基本内容等。关于调查报告的有关内容将在有关章节讲述。

11. 制订调查的组织计划

调查组织计划主要是调查实施过程中的具体工作计划，如调查的组织领导、调查机构的设置、各工作环节的人员配备与工作目标、调查的质量控制措施、调查员的挑选与培训等。

对于规模较大的调查机构，调查组织计划要处理好几种关系，包括方案设计者、数据采集者、资料汇总处理者以及资料开发利用与分析者的相互关系；调查中的人、财、物各因素的相互关系以及调查过程中各个环节、各程序、各部门之间的相互关系。这些关系处理好，任务的安排就能做到科学、合理、平衡和有效。

需要强调指出的是，以上分别介绍的内容并非相互独立，而是密切联系的，某一个内容上的变化往往会影响到其他内容的执行。因此，对整个调查过程要有通盘考虑，在制定调查方案时应对以后的步骤有所预见。综上所述，在调查过程的若干环节上，调查人员面临着设计上的选择。

第二节 市场调查策划书的内容及撰写

市场调查设计是在市场调查运行之前，根据调查研究的目的，有的放矢地对调查工作的各个方面和全部过程进行全面考虑和计划，制定相应的实施方案和合理的工作程序。市场调查设计的结果就是形成调查实施的行动指导文件，即市场调查策划书。

一、市场调查策划书的内容

(一)说明调研的目的和意义

先要说明调查什么，目的何在？即通过本次调查要解决什么问题？解决到什么程度？是要了解一般情况，还是进一步深入了解某一单位某一地区的情况，进而探究现象之间的因果关系？调查研究究竟要起到什么作用，是供领导决策者参考，还是要影响社会舆论？然后是阐明研究课题，说明这一研究要解决哪些问题？这些问题是如何形成的？是从哪些角度出发提出来的？等等。

(二) 确定调查范围和调查对象

说明在什么时间、在哪些地区进行调查；分析单位是什么，个人还是组织或是群体；调查对象范围有多大，是普查还是抽样调查等。

(三) 确定调查研究的类型和调查的方式

首先说明调查研究是描述性、因果性还是预测性研究课题，是综合研究还是专题研究；采用何种调查方式，是指根据调查研究课题的需要及客观条件，确定采用普查还是典型调查或是抽样调查的方式，还是采取以一种方式为主，辅之以其他的方式。

(四) 确定调查内容和研究方法

调查内容主要是指根据研究课题提出的问题，并通过对概念的分解和界定，从而确定出调查的对象有哪些方面以及要收集哪些方面的资料。在确定了调查内容以后，还要进一步设计调查提纲、表格和问卷等工具。

研究方法包括收集材料和整理分析材料的方法，统一调查课题可以采取不同的方法，在一项调查中往往是采取以一种方法为主，辅之以其他的方法。例如在收集材料时，可以同时采用问卷法、访问法、观察法，也可以主要采用问卷法，辅之以访问法和观察法。这些方法都各有优点和缺点，综合使用一般比单独使用要好。在进行方法的选择时，应该对即将进行的调查做一些估计，充分估计各种情况，才能选择合适的方法。

(五) 调查研究经费的筹措

开展任何一项调查，都需要一定的经费。如调查人员的差旅费、课题资料费、调查人员的劳务费和资料处理费用等。

(六) 调查人员的组织和培训

任何调查研究，都要依靠人去完成，要根据调查研究的目的和任务，确定调查人员的人选，接受专门的培训。

二、市场调查策划书的撰写

(一) 撰写的作用

首先，市场调查策划书可用来提供给雇主或调查委托方审议检查之用，也可以作为双方执行协议的一部分；其次，可用于市场调查人员的工作指导。

(二) 撰写的顺序

(1) 前言部分。
(2) 市场调查课题的目的和意义所在。
(3) 市场调查课题的内容和范围界定。
(4) 市场调查将采用的方法。

(5) 课题的研究进度和有关经费开支预算。
(6) 附件部分。

(三)市场调查策划书的格式

市场调查策划书的主要内容一般包括以下几部分。

(1) 前言部分。简明扼要地介绍整个调查课题出台的背景原因。

(2) 调查课题的目的和意义。较前言稍微详细一些,应指出项目的背景,想研究的问题和可能的几种备用决策,指明该项目的调查结果能给企业带来的决策价值、经济效益和社会效益,以及在理论上的重大价值。

(3) 课题调查的内容和范围界定。指明课题调查的主要内容,规定所必需的信息资料,开列出主要的调查问题和相关的理论假说,明确界定此次调查的对象和范围。

(4) 调查研究的方法。指明所采用研究方法的主要特征,抽样方案的步骤和主要内容,所取样本的大小和所要达到的精度指标,最终数据采集的方法和调查方式,调查问卷设计方面的考虑和问卷的形式,数据处理和分析的方法等。

(5) 课题的研究进度和有关经费开支预算。

(6) 附件部分。开列出课题负责人及主要参加者的名单,并可扼要介绍成员的专长和分工情况,指明抽样方案的技术说明和细节说明,调查问卷设计中有关的技术参数,数据处理方法和软件等。

(四)市场调查策划书的可行性分析与评价

1. 调查方案可行性分析的方法

(1) 经验判断法:经验判断法是指通过组织一些有丰富市场调查经验或者相关领域的专家等,对初步设计的市场调查策划方案凭借经验进行评估,以确定该方案是否具备科学性和可行性。

(2) 逻辑分析法:逻辑分析法是指从正常的逻辑层面对调查策划方案进行把关,考察其是否符合逻辑和常理。

(3) 试点调查法:试点调查法是小范围地选择部分调查单位进行试验性调查,对调查方案进行实地检验,以确定市场调查策划方案的可行性。

2. 调查方案模拟实施

模拟调查结果的分析非常重要,是下一步正式大规模调查工作成败的关键。

3. 调查方案设计的总体评价

市场调查方案设计的总体评价涉及以下三个方面:方案设计是否体现调查目的;调查方案是否具有可操作性;方案设计是否科学和完整。

【阅读案例 2-2】

A 学校学生网购习惯的市场调查策划书

(一)前言

网购即网上购物,就是通过互联网检索商品信息,并通过电子订购单发出购物请求,然后填上私人支票账号或信用卡的号码，厂商通过邮购的方式发货，或是通过快递公司送货上门。目前，网上购物已经成为一种不可阻挡的趋势，网购的习惯在各个年龄阶段都正在逐渐形成。

为配合本网店扩大在A学校的市场占有率，评估A学校的大学生网购群体的行销环境，制定相应的营销策略，预先在A学校进行网购习惯的市场调查大有必要。

(二) 调查目的

要求详细了解A学校网购市场的各方面情况，为本网店在A学校的扩展制订科学合理的营销方案提供依据，特撰写此市场调查策划书。

(1) 全面摸清网购在A学校学生中的接受度、渗透率、美誉度和忠诚度。
(2) 全面了解淘宝商户及其主要竞争者在A学校的销售状况。
(3) 全面了解A学校主要竞争者的销售状况、价格、广告、促销等营销策略。
(4) 了解A学校学生对网购消费的观点、习惯。
(5) 了解A学校在校学生的人口统计资料，预测网购市场容量及潜力。

(三) 调查内容

市场调查的内容要根据市场调查的目的来确定。市场调研分为内、外调研两个部分，此次我们针对大学生的网购习惯的调查主要运用外部调研，其主要内容如下。

1. 行业市场环境调查

主要的调研内容有：A学校网购市场的容量及其发展潜力；A学校网购各种产品的经销状况；学校环境如交通、教学等对网购的影响。

2. 消费者调查

主要的调研内容有：消费者在网购时的购买形态(购买过什么类型的物品，什么品牌的，选购标准，购买方式)与消费心理(必需品、偏爱、经济、便利、时尚等)；消费者对网购的了解程度(包括功能、方式、特点、网店等)；消费者对网购的意识及忠诚度；消费者平均每月的开支及消费比例的统计；消费者理想的网购的描述。

(四) 调研对象及方法

因为网购方式正在逐渐普及，所以全体在校学生都是调查对象，但各种条件的差异，全校学生月生活支出还是存在较大差距的，可能导致消费购买习惯的差异性，因此他们在网购时的选购标准就不同。为了准确、快速、有效地得出调查结果，此次调查小组决定采用随机抽样和等距离抽样的方法：先将全校三个校区的宿舍结合在一起，然后进行分配，最后在每个校区运用随机抽样的方法进行宿舍选取。宿舍选定后就运用等距离抽样的方法，将整个宿舍进行划分，选取调查对象。具体情况如下。

东区宿舍有13栋，西区有5栋，南区有3栋。调查学生100人，要选取8个宿舍进行调查，所以运用分层抽样，最终结果是东区5栋，西区2栋，南区1栋。然后运用等距离抽样，每栋宿舍抽取12个寝室，选取12人进行调查。还有四个会分摊在东区的宿舍，会特别说明。

(五) 调查人员的安排和培训

1. 人员安排

根据我们的调查方案，在A学校进行本次调研需要的人员有三种：调查督导、调查人员和复核员。具体说明如下：督导：1名(进行访谈、收发和检查问卷)；调查人员：4名(小组4人全部进行调查工作)；复核员：1~2名(由我们组两个男生进行复核工作)。

2. 培训

培训必须以实效为导向，本次调查人员的培训决定采用集中讲授和集思广益的方式，针对本次调查让小组每个人谈一下自己的想法和调查技巧及经验。要进行思想道德方面的教育，让我们组的每一个人都明白市场调查的重要意义，从而提高我们组每个人的事业心和责任感，端正态度，激发调查工作的积极性。

(六)调查程序及日程安排

市场调查大致可以分为准备、实施和结果处理三个阶段。

准备阶段：它一般分为界定调研问题、设计调研提纲和调研问卷三个部分。

实施阶段：根据调研要求，采用多种形式，由我们小组的调研人员广泛地收集与调查活动相关的信息。

结果处理阶段：将收集的信息进行汇总、归纳、整理和分析，并将调研结果以书面的形式——调查报告表述出来。

具体的时间安排如下：

调研方案、问卷的设计	…………半个工作日
调研方案、问卷的修改、确认	…………半个工作日
项目准备阶段(人员培训、安排)	…………半个工作日
实地调查阶段	…………一个半工作日
数据预处理阶段	…………半个工作日
数据统计分析阶段	…………一个工作日
调查报告撰写阶段	…………一个工作日
论证阶段	…………一个工作日

(七)调查费用预算

问卷调查费：20元　　　　　伙食费：100元

总计：120元

(八)数据处理与分析方法

数据的处理主要是运用电脑软件进行分析，如 SPSS 软件，然后运用 E-views 对数据进行线性的分析和处理。最后小组进行总结。

(九)资料来源

主要是外部来源，如行业资料、出版物、电视广播、调研报告和专家的演讲等。

(十)附录

参与人员：

项目负责人：

调查方案、问卷的设计：

调查方案、问卷的修改：

调查人员：

调查数据分析：

调查报告撰写：

论证人员：

(资料来源：https://wenku.baidu.com/view/6917f3de27fff705cc1755270722192e45365815.html. 百度文库)

第三节 调查问卷设计

一、问卷与问卷设计的含义

1. 问卷的含义

调查问卷是一种广泛应用于访问调查法中，用来了解被调查者的态度、意见和反应的调查工具，是收集第一手资料最常用的工具。具体来说，问卷就是以书面的形式系统地记载调查内容，了解调查对象的反应和看法，以此获得资料和信息的载体，也称调查表或访问表格。调查问卷的实质是由精心设计的从被调查者处获取信息的一系列问题。

市场调查的基本目标是获取足够的市场信息资料。第一手资料的收集占据十分重要的地位，访问调查是收集第一手资料的基本方法。常用的访问调查法有面谈访问(小组访谈、个人面谈)、电话访问、信函访问及网上问卷调查等，无论采用哪种访问调查法，都离不开问卷。

2. 问卷设计的含义

问卷设计是调查者根据研究目的和内容的要求，明确调查所需要的信息，精心设计一系列问题的格式和措辞，并逻辑性、技巧性地排列，组成调查问卷的过程。

调查问卷中的问题设计、提问方式、遣词造句、答案设计以及问卷形式等，都直接关系到是否能有效实现市场调查的目标。

问卷设计具有一定的基本格式、设计原则和规范程序。虽然遵循这些规则可以避免错误，但一份完整合理、设计得体的调查问卷还有赖于设计者的精心构思、辛勤劳动，有赖于设计者的知识、能力、经验和创造性思维甚至是天赋，设计者通常可借鉴他人成功的经验。

二、问卷的作用

问卷设计在市场调查中是很重要的一个步骤，任何问卷都有三个特殊的目标。

第一，它必须将所需要的信息翻译成一组调查对象能够并愿意回答的特定问题。设计出调查对象能够并且愿意回答，同时又能生成想要的信息的问题是一件困难的事，两种看上去相似的提问方式可能会产生不同的结果。因此，这一目标是个挑战。

第二，问卷必须促使、激励和鼓励调查对象在访谈中变得投入、合作并完成访谈。在设计一张问卷时，研究人员应该争取尽量减少调查对象的疲劳、厌倦和工作量，以使不完整率和拒答率降到最低。

第三，问卷应该将回答误差减到最小。将误差最小化是问卷设计中一个十分重要的目标。

问卷在数据收集过程中起着重要的作用。如果问卷设计得不好，那么所有精心制作的抽样计划、训练有素的访问人员、合理的数据分析技术和良好的编辑编码都将徒劳。不恰当的问卷设计将导致不完全的信息、不准确的数据，而且导致必然的高成本。问卷是调研过程中的一个非常重要的因素，调查问卷的设计直接影响所收集到的数据的质量。即使有经验的调研者也不能弥补问卷上的缺陷。

问卷在调查过程中的主要作用如下所述。

1. 提供标准化的数据收集程序

问卷提供了标准化和统一化的数据收集程序，它能促使问题的用语和提问的程序标准化。每一个应答者看到或听到相同的文字和问题；每一个访问人员问完全相同的问题。如果没有问卷，每个访问员随感而问，不同的访问人员以不同的方式提问，调研人员将陷入困惑，即应答者的回答是否受到了访问员用词、试探或解释的影响？对不同应答者进行比较的有效基础就不存在了，一堆混乱的数据从统计分析的角度来看也难以处理。从这个意义上讲，问卷是一种控制工具。

2. 适用于各种范围和对象的市场调查

从调查内容的范围上来看，问卷既可以适用于国际市场调查、全国市场调查，又可以适用于区域市场调查。从对象的广度上来看，问卷既可以针对消费品市场调查、生产资料市场调查，又可针对服务市场调查。因此，问卷适用于各种范围和对象的市场调查。

由于采用文案调查法查找资料时，不可能获得调查目标所要求的全部资料和信息；采用面访调查和电话调查时，又要求调查者具备相当高的询问技巧和记录技巧，在具体实施中还难免会出现对有些问题回答不完全或回答得模棱两可的情况。采用问卷这种形式可以将所要问的问题全部以"提问"的方式写在卷面上，大多数情况下，还可以同时提供多种备选答案，由被调查者从中选择。因此，采用问卷形式进行调查，形式上方便，表达上容易为被调查者所接受；同时问卷也不要求调查者一定要具备很高的交流技巧，实施起来比较方便，只要调查者说清意图，并能回答被调查者的问题就可以执行调查任务了。

3. 有利于对资料进行统计处理和分析

市场调查中应用的各种问卷，除了少数需要被调查者通过文字表述做出回答的以外，绝大多数题目是给出备选答案，由被调查者从已给的这些答案中标示出与自己的观点和看法相同或相近的答案。因此，问卷这种方式与实地采访或其他调查方法相比要方便得多，便于通过人工或计算机对问卷中的每一题目的答案进行汇总和整理，可以很准确地将每一题目的答案汇总、归类出来，然后进一步进行定量分析。

4. 节省时间，调查效率高

由于问卷中的问题绝大多数是给出了备选答案。在答卷中，除非有特殊情况，一般不需要被调查者再对各种问题进行文字方面的解答，只需对所选择的答案做上记号即可。这样就节省了调查时间，节省了在调查中用于详细解释沟通的时间，提高了调查效率。

三、问卷的类型

问卷的类型，可以从不同的角度进行划分。如按问题答案划分，可分为结构式、开放式和半结构式三种；按调查方式划分，可分为自填问卷和访问问卷；按问卷用途划分，则可分为甄别问卷、调查问卷和复核问卷等。

(一)按问题答案划分

按问题答案不同，问卷可分为结构式、开放式和半结构式三种基本类型。

1. 结构式

结构式通常也称为封闭式，这种问卷的答案的选项已经限定在某种范围内，备选答案的选项已经给定或者基本给定，回答者只需做出某些选择即可表达自己的看法或者意见，回答者能够表达自己更为开放的信息的自由空间很小。

2. 开放式

开放式通常也称为开口式，指问题的答案事先是不确定的，问卷设计者给回答者自由回答的空间，回答者可以针对问题的主题畅所欲言，表达自己的看法和意见。

3. 半结构式

这种问卷介于结构式和开放式两者之间，问题的答案既有固定的、标准的，也有让被调查者自由发挥的，吸取了两者的长处。这类问卷在实际调查中运用是比较广泛的。

(二) 按调查方式划分

按调查方式不同，问卷可分为自填问卷和访问问卷。

自填问卷是由被访者自己填答的问卷。访问问卷是访问人员通过采访被采访者，由访问人员填写答案的问卷。自填式问卷由于发送的方式不同而又可分为发送问卷和邮寄问卷两类。发送问卷是由调查员直接将问卷送到被访问者手中，并由调查员直接回收的调查形式。而邮寄问卷是由调查组织者直接邮寄给被访者，被访者自己填写答案后，再邮寄回调查研究单位的调查形式。以上几种调查形式的特点是：访问问卷的回收率最高，填答的结果也最可靠，但是成本高，费时长，这种问卷的回收率一般要求在 90% 以上；邮寄问卷，回收率低，调查过程不能进行控制，因此可信度与有效性都较低。由于回收率低，会导致样本出现偏差，影响样本对总体的推断。一般来讲，邮寄问卷的回收率在 50% 左右就可以了；发送式自填问卷的优缺点介于上述两者之间，回收率要求在 67% 以上。

(三) 按问卷用途划分

按问卷用途的不同，问卷可分为甄别问卷、调查问卷和复核问卷(回访问卷)。

1. 甄别问卷

甄别问卷是为了保证调查的被访者确实是调查产品的目标消费者而设计的一组问题。它一般包括对个体自然状态变量的排除、对产品使用频率的排除、对产品评价有特殊影响状态的排除和对调查拒绝的排除等几个方面。

(1) 对个体自然状态变量的排除。对个体自然状态的排除主要是为了甄别被访者的自然状态是否符合产品的目标市场。主要的自然状态变量包括年龄、性别、文化程度等。我们以某种品牌白酒的市场调查的甄别问卷为例来说明对个体自然状态不适用的排除。

对年龄的甄别。例如，白酒的消费者具有明显的年龄倾向，要排除 18 岁以下的青少年，所以年龄的甄别问题设计如下所述。

您的年龄：
18 岁以下　　终止访问
18～25 岁　　继续

25～45 岁　　继续
45～55 岁　　继续
55 岁以上　　继续

对性别的甄别。假设此品牌白酒消费者以男性为主，那么对性别的甄别问卷的设计如下所述。

您的性别：
女　　终止访问
男　　继续

(2) 对产品使用频率的排除。很明显，如果消费者喝酒的频率过低，就不可能成为调查产品的目标消费者，所以对消费者喝酒频率的甄别问题的设计如下所述。

您平时多长时间喝一次酒？
几乎不喝酒　　终止访问
每月一次以下　　终止访问
每周一次或以上　　继续

(3) 对产品评价有特殊影响状态的排除。这种排除主要是为了将职业习惯可能对调查结果有影响者排除掉。它一般有固定的设计格式，人们对产品评价有特殊影响状态的甄别问题的设计如下所述。

您和您的家人是否有在以下单位工作的？
市场调查公司或广告公司　　　　终止访问
社情民意调查机构、咨询公司　　终止访问
电台、电视台、报社、杂志社　　终止访问
化妆品生产或经销单位　　　　　终止访问
以上都没有　　继续

在过去 6 个月里，您是否接受过市场调查公司的访问：
是　　终止访问
否　　继续

(4) 对调查拒绝的排除。对拒绝调查的甄别问题的设计如下所述。

您是否愿意帮助我完成这次访问：
是　　继续
否　　谢谢被访者，终止访问

2. 调查问卷

调查问卷是问卷调查的最基本方面，也是研究的主体形式。任何调查，可以没有甄别问卷，也可以没有复核问卷，但是必须有调查问卷，它是分析的基础。

3. 复核问卷

复核问卷又称回访问卷，是指为了检查调查员是否按照访问要求进行调查而设计的一种监督形式的问卷。

四、问卷的结构和内容

问卷表的一般结构有标题、说明、筛选/过滤、主体、编码、背景资料、结束语等。

1. 标题

每份问卷都有一个研究主题。研究者应开宗明义定个题目，反映这个研究主题，使人一目了然，增强填答者的兴趣和责任感。例如，"长春市白酒消费状况调查"，这个标题简明扼要，既明确了调查对象，又突出了研究主题。

2. 说明

问卷前面应有一个说明，通常以书信的形式说明这个调查的目的和意义、填答问卷的要求和注意事项，下面同时署上调查单位名称和年月，因此又称说明信。问卷的说明是十分必要的，对采用发放或邮寄办法使用的问卷尤其不可缺少。我们调查某个问题的目的、意义和方法，不仅要使所有参加调查工作的人知道，而且要使被调查者都知道，为什么要去做，怎么去做。当他们明白了目的、意义和方法，就会给予很大的支持，积极认真地配合。问卷说明的长短由内容决定，但要尽可能地简短扼要，务必摒弃废话和不实之词。

3. 筛选/过滤

筛选/过滤主要是为了选择符合调查要求的被调查者而设立的。如在上述某品牌白酒的调查中，就需要在调研主题介绍前先提出过滤题，否则，后续的问题就很难进行。因此，首先要筛选被调查者是否喝白酒，如果是，则可继续提问，否则就终止提问。

4. 主体

这是研究主题的具体化，是问卷的核心部分。问题和答案是问卷的主体。从形式上看，问题可分为开放式和封闭式两种；从内容上看，可分为事实性问题、断定性问题、假设性问题和敏感性问题等。

事实性问题要求调查对象回答有关的事实情况，如姓名、性别、出生年月、文化程度、职业、工龄、民族、宗教信仰、家庭成员、经济收入、闲暇时间安排和行为举止等。

断定性问题是假定某个调查对象在某个问题上确有其行为或态度，继续进一步了解另外一些行为或态度。这种问题由两个或两个以上的问题相互衔接构成。前面一个问题是后面一个问题的前提，如长年订阅或坚持阅读《人民日报》的读者才需要转折回答第二个问题，如果回答"否"，就不必填答第二个问题：你经常阅读的是哪些版面和专栏？所以这类问题又叫转折性问题。

假设性问题是假定某种情况已经发生，了解调查对象将采取什么行为或什么态度。

敏感性问题是指涉及个人社会地位、政治声誉，不为一般社会道德和法纪所允许的行为以及私生活等方面的问题。针对这类问题，大多数被调查者往往企图回避，不愿意合作。因此，要了解这些敏感性问题，必须变换提问方式或采用一些特殊的调查技术。

5. 编码

编码并不是所有问卷都需要的项目。在规模较大又需要运用计算机统计分析的调查，要求所有的资料数量化，与此相适应的问卷就要增加编码内容。也就是在问卷主题内容的右边留统一的空白，顺序编上 1、2、3 等号码用以填写答案的代码。整个问卷有多少种答案，就要有多少个编码号。

6. 背景资料

这部分一般放在问卷的最后。背景资料主要是一些人文统计信息，一般包括了被调查者的性别、年龄、婚姻状况、家庭人数、家庭/个人收入、职业、受教育程度等信息。

7. 结束语

结束语的任务就是要告诉受访者和访问员问卷结束，访问完毕了。不过，不同问卷的结束语会略有不同，如邮寄问卷的结束语可能是"再次感谢您参与访问，麻烦您检查一下是否还有尚未回答的问题后，将问卷放入随附的回邮信封并投入信箱"。而一份拦截访问中的问卷的结束语可能会是"访问到此结束，谢谢您，这里有一份小礼品送给您，请签收。谢谢您，再见。"访问员最后还要签写姓名和日期。

以上问卷的基本项目，是要求比较完整的问卷所应有的结构内容。但通常使用的如征询意见及一般调查问卷可以简单些，有标题、主题内容和致谢语及调查研究单位就行了。问卷设计的程序和技巧不同的调查目的和要求，不同的调查对象、调查内容以及不同的调查方式等因素，可能会决定不同的问卷类型、结构和特征。在市场研究中，调查内容无所不包，每个调查项目都有各自的特点，因此，相应的问卷设计也要各有侧重。此外，对于相同条件下的同一调查项目，很难确定出一份最优的问卷。但是，问卷设计也并非完全无规律可循，大多数问卷设计的总体目的、基本原则与设计程序是相同的。

【阅读案例2-3】

千家伴超市调查问卷

同学：

您好！

随着高校的大规模扩招，各高校学生数量不断增加，下沙作为杭州市最大的高教园区，拥有庞大的学生消费市场。千家伴超市作为下沙高教园区的日常购物超市之一，为了能够更好地为您服务、提高服务质量及满意度，以及了解消费者购买情况，特进行一次市场调查(问卷以不记名的方式进行)。感谢您的参与！

1. 您了解千家伴超市吗？(　　)
　　A. 非常了解　　　　B. 比较了解　　　　C. 一般了解　　　　D. 不了解
2. 您在千家伴超市消费过吗？(　　)(已在千家伴超市消费过的请填写第3~9题)
　　A. 是的　　　　　　B. 没有
3. 您是通过哪些途径了解千家伴超市的？(　　)
　　A. 同学或朋友介绍　B. 杂志　　　　　　C. 网络
　　D. 报纸　　　　　　E. 其他
4. 您去千家伴超市的频次是(　　)。
　　A. 一星期1~3次　　B. 一星期4~7次　　C. 一星期7次以上　　D. 不去
5. 您购买以下商品的频率由多到少依次为(　　)。
　　A. 饼干或面包类　　B. 泡面类　　　　　C. 饮料类
　　D. 学习用品类　　　E. 生活用品类　　　F. 其他＿＿＿
6. 您对千家伴超市的商品陈列环境的满意度为(　　)。

A. 非常满意　　　　　B. 比较满意　　　　C. 一般满意
　　D. 不好　　　　　　　E. 不清楚
7. 您对千家伴超市的综合印象为(　　)。
　　A. 非常好　　　　　　B. 比较好　　　　　C. 一般
　　D. 不好　　　　　　　E. 不清楚
8. 您对千家伴超市员工服务态度的满意度为(　　)。
　　A. 非常满意　　　　　B. 比较满意　　　　C. 一般满意
　　D. 不好　　　　　　　E. 不清楚
9. 通常您喜欢在哪里购物？(　　)
　　A. 生活区超市　　B. 生活区便利店　　C. 外面大型超市　　D. 不清楚
10. 若您选择购物场所，您的理由是(　　)。
　　A. 方便　　　　　　　B. 便宜　　　　　　C. 服务态度好
　　D. 便利　　　　　　　E. 从众心理　　　　F. 不清楚
11. 您一星期的购物消费费用大致为(　　)。
　　A. 60元以下　　　B. 60～110元　　　C. 111～200元　　　D. 200元以上
12. 请您用简短的语句谈谈千家伴超市在哪些方面需要改进。
　　_____
13. 您对一些超市或便利店的"假一罚十"有何看法？
　　_____
14. 您的性别：_____；籍贯：_____；所在院校：_____.
再次感谢您的合作！

(资料来源 张万万，陈灵燕等.《关于千家伴超市市场调研策划方案》
www.doc88.com/p-4384721358537.html. 道客巴巴)

【相关链接】

问卷速成探索

　　对于初学者或不够老练的问卷设计人员而言，在设计问卷前常常是难以下手的。这时，如果有一份类似问卷的参考清单，可能是引导思维的好材料。从实践经验和关于问卷设计的一些理论中，我们分析、整理、归纳了下面一些问卷速成的方法。

　　1. 已有问卷对照法

　　作为一种基准借鉴的好办法，我们鼓励参与问卷设计的有关人员多多收集各种现成的问卷，以备学习和日后参考，我们把这种方法称为已有问卷借鉴法。由于调查行业在国际、国内市场的高速发展，收集各种各样设计精妙的问卷较为容易，而发现一些问卷设计中的败笔也成为可能。问卷初学者在认真分析和对比各类问卷的架构、措辞和设计风格后，比较容易勾画出自己所要设计的问卷的蓝图，然后，"依样画葫芦"，开始自己的问卷设计。经过几次修改，并经过问卷预测试和修改，必然能设计出不错的问卷。

　　2. 4P思考法

　　这是一种问卷速成的思维方法，即在开展市场调查的问卷设计前，围绕传统营销的基础——产品、价格、渠道和促销，即4P，展开问卷的设计。可以先列出每个P所有有关的重要信息或问题，然后综合权衡整体调查的需要，补充一些有关企业或社会环境的必要问题后，对问题依重要性和必要性进行排列，之后进行逻辑顺序和文字上的相应处理，再套用比较合适的问卷结构，即可生成初步的问卷。

3. 问题/答案发想点参照法

在许多营销专业书刊中，都有问卷生成的问题发想点。这些发想点是市场调查专家穷年累月、千锤百炼之结晶，凡一般人想不到的问题细节，都罗列无遗。活用这一速成法，可以触类旁通，激发思考，能在极短的时间内，拟出完美的问卷。其速成法内容包括以下几方面。

(1) 有关商品资料范围的分类。
(2) 每一分类的调查项目。
(3) 问题方式和测验方法。
(4) 针对调查项目所必需的、典型的回答范围，以及询问问题范例等。

(资料来源：陆军，梅清豪. 市场调研[M]. 3版. 北京：电子工业出版社，2012.)

五、问卷的设计技术

(一) 问卷设计的基本要求

调查问卷中的问题设计、答案设计、提问方式、问卷形式以及遣词造句等，都直接关系到是否能有效实现市场调查的目标。一份完整合理、设计得体的调查问卷应该具备如下条件。

1. 语言简单扼要

调查问卷中的问题应该简短，不应过长。冗长的问题容易给被调查者造成心理负担，产生应付的心理；问题的措辞也不应烦琐，以免造成被调查者的混乱，使被调查者难以理解。

例如："假设你注意到冰箱中的自动制冰功能并不像你刚把冰箱买回来时的制冰效果那样好，于是打算去修理一下，遇到这种情况，你脑子里会有一些什么顾虑？"简短的问题应该是："若你的制冰机运转不正常，你会怎样解决？"

2. 内容全面周到

一份调查问卷中问题的数量是有限的，所设计的问题要满足调查目的的需要，以获取足够、适用、准确和系统的信息资料。要在问卷初稿设计出来后，反复推敲，去除那些似是而非的问题。调查问卷中既不浪费一个问句，也不遗漏一个问句。

3. 包括数个过滤性问题

以测试被调查者是否诚实与严肃，提高有效问卷的比例。

例如：您在本市居住了多长时间？
A. 两年以上　　B. 不到两年
您是否吃过××糖果？
A. 吃过　　　　B. 没吃过

4. 便于被调查者无顾忌的回答

让被调查者觉得回答此问题于己无害，便于被调查者无顾忌地回答。有些敏感的或涉及被调查者隐私的问题，提问时要有技巧性，使被调查者毫无顾虑地回答。比如调查关于收入、年龄、文化程度等。例如："您的月收入是多少？"这样的问题，如果直接询问一般不易得到真实的答案。

5. 方便评价，易于分析

问卷回收后，就需要对问卷中的信息资料进行处理，最终得出结论，实现市场调查的目标。为此，问卷的设计要充分考虑到在调查完成后，能够方便地检查其正确性和适用性，方便对调查结果进行整理、统计、分析，减少市场调查的成本，提高信息处理的效率和效果。

6. 将问卷回答误差控制到最小

回答误差是指被调查者给出不准确的答案，或者他们的答案被误记录或误分析时所产生的误差。

7. 问卷应该简洁、有趣味性、内容明确、具有结构性和逻辑性

于被调查者而言，简洁、有趣味性的问卷能增强其完成问卷的兴趣和信心；内容具体明确、结构严谨、逻辑性强的问卷能保证其准确作答，实现调查目的。

(二)问卷设计的程序

问卷设计是调查准备阶段的重要任务之一，也是一个创造性的过程。要提高调查问卷的设计水平，使其既科学合理，又实际可行，就必须按照一个符合逻辑的程序进行。一般来说，问卷设计包括以下程序。

1. 明确所需获取的信息

问卷设计的第一步，就是对调研主题和目的进行初步的探索性研究，将其转化为具体理论假设与所需获取的信息。问卷设计的首要任务就是把调查目标转化为调查内容。调查的主题和目的是问卷设计的灵魂，决定着问卷的内容和形式。问卷设计要紧紧围绕着调查主题和目的展开，问卷中必问什么问题、不必问什么问题都将严格受其制约。

这一阶段工作与调研前期工作密切相关。因为调研的第一步就是研究调查目的和调查主题，如果调研者在这一步已进行了细致、准确的研究，则这一阶段的工作任务将会很容易完成。

许多调查都要求设计者对所调查的问题有一定的研究，提出一些理论假设，即根据相关问题领域内的一定理论或现象，对有关本次调查主题各因素间的关系做推断与判断。当然，探索性调查的目的主要在于发现思想或见解，设计初期对问题了解较少，只是一些粗略的思想，可能难以提出理论假设。设计初期，设计者应尽可能列出能想到的所有假设和所需信息，再联系主题对其进行筛选，排除不必调查的内容，便可以得到本次调查的基本目结构。然后，分析检验这些假设与获取这些信息需要进行哪些统计分析，这也就决定了调查主题和调查内容。

为了保证问卷的内容与调查主题和目标相一致，调研人员要认真讨论调研的目的、主题和理论假设，并细读研究方案，向方案设计者咨询，与他们进行讨论，将问题具体化、条理化和操作化，即变成一系列可以测量的变量或指标；问卷内容应当完备有效，要设计出全部问题，能为调查人员提供充分的信息；问卷问题的设计应当遵循效率的原则，在满足调查要求的前提下，确定的问题一定要精简。该阶段应该注意以下几个问题。

(1) 问卷内容应与调查发起者的需求相一致。

有时，调查发起者可能自己都不知道真正需要获得哪些信息。例如，某次关于某类电视广告效果调查的前期，调查发起者只能说出想了解该类广告的影响效果，再深入就不清楚了。如果仅根据这一句话确定问卷内容，结果则很难满足调查发起者的真正需求。因此，要求调查设计人员与调查发起者必须反复进行沟通交流，深入了解调查发起者的真正需求。

(2) 问卷内容完整。

反复检查或通过预调查，分析有无遗漏重要信息，要保证信息的完整性，能充分满足调查发起者的需要。

(3) 问卷应保证数据的准确性。

有时设计人员对项目相关领域了解不多，也没有深入研究问题，很难了解到真正需要哪些信息，更无法提出理论假设。在这种情况下，盲目确定所要调查的信息，结果当然不会令人满意。另外，即使设计人员认识到需要的信息，并提出理论假设，最终也无法达到调查目的。因此，一定要把握主题，深入研究具体需要哪些信息，提出正确的理论假设，与分析人员交流要得到这些信息需分析哪些问题、涉及哪些变量，只有这样，最终确定的问卷信息才有可能满足调查发起者的需要。

(4) 注意信息的可行性分析。

实践中，设计人员可能会忽略获取信息的可行性分析。

例如，某计算机公司为了解竞争产品的销售情况，决定对经销公司进行问卷调查。调查发起者与调查设计人员对所要了解的信息若属于商业机密，不应该放入问卷中，否则不仅调查无法进行，还可能使被调查者对调查产生敌意。因而，除删除没有必要询问的信息之外，对被调查者难以理解、回忆不起来的问题也要慎重考虑，否则即使得到了答案，也可能是无效的。对被调查者不愿回答或不愿真实回答的问题，寻找有无可能采用隐藏题型或随机化技术，如上例中的商业机密问题最好删除。

(5) 遵循效率原则。

按照这一原则，确定的信息一定要精简。调查发起者可能希望一次调查能尽可能地获取所有所需的信息。基于这一想法，某些调查发起者将一些与调研目的关系很小的甚至无关的问题都列入问卷，结果问卷涵盖内容太广，拖沓冗长，结构松散，使调查难度增加，成本增加，还经常会增大非抽样误差。因而，在确定所需获取的信息时，应将与调查目的无关的信息一律删除。

2. 确定问卷类型

明确所需获取的信息之后，设计人员就要确定问卷的具体类型。具体来说，在确定问卷类型时要考虑以下几方面的因素。

(1) 调查对象。

调查对象的类型和特点对问卷类型的选择和设计有显著的影响。对问卷中某些问题的理解与被调查者的人口统计特征有关，如在手机消费行为的调查中，对大学生适合的问题也许不适宜于家庭主妇。调查对象的群体差异越大，就越难设计一份适合整个群体的问卷。所以在正式进行问卷设计时应明确何时、何地调查什么样的人，调查对象的职业、文化程度、性别、年龄、分布状况、可接触性以及他们配合调查的意愿如何等。

(2) 信息获取的可行性。

市场调查所需用的信息要通过适当的问卷来获得，如果选择的问卷类型不恰当，就会引起很多不良后果，徒增调查误差。例如，某调查者既希望设计的问卷内容详细而全面，又想避免增加调查费用，选用了电话访问式问卷来进行，结果适得其反，很难取得调查所需的资料。这是因为问卷冗长而复杂正是电话访问法问卷的禁忌。显然，如果调查所需信息与问卷类型不匹配，调查结果就不会令人满意。

(3) 调查费用和调查期限。

尽管调查者希望与一些大公司的销售经理做深度访谈，但往往受到差旅费超出预算或者调查时间的限制，不得不采用电话访问等费用比较低的调查方式。因此调查费用和所需时间也会制约问卷的类型选择。

总体来说，人员访问式问卷调查数据准确、成功率高，但成本较高，而且调查时间比较长。邮寄式问卷可用于规模较大、调查内容不复杂的一些项目。电话访问式问卷随着电话普及率的提高，适用面越来越广。网上访问式问卷成本低、速度快，随着网络的广泛普及，使用率越来越高。不同的调查问卷各有不同的优缺点，应根据以上因素来选择恰当的问卷类型，使问卷设计可行、准确和有效。

3. 确定问卷中各问题的内容

问卷的类型确定后，下一步就是确定每个问题的内容，即每个问题应包括什么，以及由此组成的问卷应该问什么，是否全面与切中要害。在此，针对每个问题，我们应反问"这个问题有必要吗？""是需要几个问题还是只需要一个就行了？"确定问题的内容看似一个比较简单的过程，然而在实际应用中会涉及个体的差异性，有些问题在设计者看来好像很容易，但对被调查者来说却很难。因此，在确定问题的具体内容时，最好与调查对象联系起来。分析被调查者群体，有时比盲目地分析问题效果更好，能使所设计的每一个问题都力求获取有用的市场信息。

1) 问题内容设计的具体原则

(1) 遵循完整性和一致性原则。

如果问卷内容反映的信息不完整或不一致，有些必要的信息可能在问卷中反映不出来。因此，应反复检查各问题的内容能否有效地反映前面确定的所需获取的信息，以及有没有遗漏信息。

(2) 遵循准确性原则。

遵循准确性原则即检查问题的内容能否准确反映所需信息。实践中有些被调查者喜欢隐瞒自己的收入、年龄、酒量等，而夸张自己的受教育程度、职位等。因而确定问题内容时要想办法克服或修正这些偏差，如用家庭拥有的家用电器来修正收入。

确定问题内容时原则上应一题一问，尽量避免一题多问。一个问题如果事实上包含着若干个问题的内容，结果得到的回答反而会含混不清，不知道应归属于哪一个问题。例如，客户需要了解消费者对某种产品的价格和它的服务质量是否满意的信息，在设计问句时，询问消费者："您对这种产品的价格和它的服务质量是否满意？"该问题实际上包含价格和服务两个方面的问题,结果对"对价格满意但对服务不满意""对服务满意但对价格不满意"或者"价格和服务都不满意"的消费者都有可能回答"不满意",这样,客户就无法了解到消费者有关的准确信息,应该把该问题分为两个问题来设计,即:a. 您对该产品的价格满意吗? b. 您对该产品的服务质量满意吗?

(3) 检查各问题内容的可行性与可靠性。

有些问题的内容虽然作为问卷设计人员很想知道,但是对于被调查者而言可能要求过高,被调查者难以回忆起来或超过被调查者回答问题的能力范围而不知道问题的答案,结果造成资料缺失太多,使数据可信度下降。即使勉强得到了答案,也可能不准确。例如,被调查者不愿在某些方面示弱,可能会对自己不知道、没有理解或没有思考过的问题表述意见,或对事实进行隐瞒或夸张。还有些问题被调查者不愿回答,原因可能是被调查者认为问题太麻烦,或认为问题涉及隐私,或认为问题根本没有必要回答等。因此,确定问题内容时应注意被调查者愿意准确回答,可以准确回忆(可以在帮助下),能够准确理解并给出有意义回答的可能性。

被调查者愿意回答问题的原因主要有:慷慨地帮助别人;喜欢谈论自己或自己的观点;问题对自己无害等。如果回答问题的可行性小,又不可能通过其他方法提高回答率或找到替代问题,则只能将其放弃。

提高问题回答率的方法主要有:取得有名望的组织单位的支持;采用隐藏性问卷,使被调查者消除戒备;借助辅助措施帮助被调查者回答;采用随机化选答技术等。

(4) 问卷中问题的数量要适当。

问卷中对于问题的确定虽没有具体数量上的要求,但这并不意味着问题可多可少。相反在确定题量时一定要审慎考虑,要把握好合理的"度",注意效率原则。许多人认为问题越多越好,在问卷中加入了与本次调查无关的内容。还有的问卷由于结构不清,致使信息重复询问,这些多余的问题会加大整个调查的工作量和难度。如果问卷中多设计一个变量,后面阶段的数据收集、录入、处理和分析都会相应地增加很多工作量。尤其是在大规模调查中,问卷中一个可要可不要的变量会耗费大量的人力和费用,然而最终分析时却可能弃之不用。将这些人力、费用投入质量控制中,可能对减少误差大有帮助,而且事实证明,冗长的问卷可能会使被调查者兴趣下降,无关或重复的问题可能会引起被调查者的反感或分散其注意力,从而增大计量误差。

因此,确定问题内容时,既不要为节省成本而省略重要信息,也不要为多获取好处而忽略可行性和功能性,盲目地增加题量,两者都会降低效率。尤其是在电话调查中,对问卷题量的限制要求更高,在所需信息较多的情况下,可考虑采用分离问卷的方法。

必须指出,以上探讨仅仅是从单个角度出发。总体把握时,由于不同原则之间可能有冲突,需要进行权衡。例如,为了保证数据的可靠性,需要在问卷中设置逻辑检查题,这样会增加题量,进而加大成本。

2) 被调查者"不能答"或"不愿答"的问题处理

在确定每个问题的内容时,调研者不应假设被调查者能够对所有的问题都提供准确或合理的答案,也不应假定他一定愿意问答每一个知晓的问题。对于被调查者"不能答"或"不愿答"的问题,调研者应当想法避免这些情况的发生。

(1) 被调查者"不能答"情况。

"不能答"情况的发生,可能是被调查者"不知道""回忆不起来"或是"不会表达"。

① 对于"不知道"的情况应在询问前先问一些"过滤问题",即测量一下过去的经验、熟悉程度,从而将那些不了解情况的被调查者过滤掉。

② 被调查者可能对有些调查内容回忆不起来。研究的结果表明,回忆一个事件的能力受三个因素的影响:事件本身;事件发生的时间跨度;有无可能帮助记忆的其他事件。问卷中回忆的问题可以是无帮助的,也可以是有帮助的。无帮助的回忆一般会产生对实际情况低估的结果。要避免单纯依靠被调查者的记忆回答问题,应提供一定的提示或选择。

例如要被调查者在没有任何提示的情况下回答题目:"您上周都看过哪些产品的电视广告?"这就是无帮助回忆的一个例子。

而如果列出一系列的产品或企业的名称,然后问:"您上周看了下列的哪些企业或产品的广告?"这就是有帮助的回忆,即通过给出一些提示来刺激被调查者的记忆。

③ 对有些类型的问题被调查者是不能表达其答案的。例如,询问他们喜欢到什么气氛的饭店吃饭,被调查者往往很难准确地表达。如果给出一些描绘饭店气氛的可供选择的答案,被调查者就可以指出他们最喜欢的那一种。如果他们不能表达,他们就可能忽视该问题并拒绝回答问卷的其余部分。因此应当提供一些帮助,如图片、地图、描述性词汇等,来协助他们回答。

(2) 被调查者"不愿答"的情况。

被调查者"不愿答"的问题有几种类型:其一是答卷人要花大力气来提供资料;其二是调查的某些问题与调查的背景不太符合(例如普通商品的消费与个人隐私问题放在同一问卷中就不相称);其三是调查的合理目的,被调查者不愿意接受没有合理目的的调查;其四是敏感的问题。

鼓励被调查者提供他们不愿提供信息的方法,有以下几种。

① 将敏感的问题放在问卷的最后。此时,被调查者的戒备心理已大大减弱,愿意提供信息。

② 给问题加上一个"序言",说明有关问题(尤其是敏感问题)的背景和共性,消除被调查者担心自己的行为不符合社会规范的心理。

③ 利用"第三者"技术来提问题,即从旁人的角度涉入问题。

(四)确定各个问题的形式

问题类型的设计和选择主要有下列几种形式。

1. 问题形式设计

市场调查问卷中的问题按答案的形式可以分为封闭性问题和开放性问题。优先采用哪种题型一直存在争议。其实,两种题型各有其优缺点与适用范围。

1) 封闭性问题设计

封闭性问题又称限定性问题,就是限定被调查者在调查者划定的答案选项中作出选择的问题。

(1) 封闭性问题的类型。

封闭性问题主要形式有两项选择问题、多项选择问题、排序题以及双向列联式等。

① 两项选择问题。两项选择问题又称是非问题,是封闭性问题的一个特例,一般只设两个选项,如"是"与"否","有"与"没有"等。

例如：1. 最近一个月，您使用过某种品牌的牙膏吗？

   A. 使用过 B. 没有使用过

  2. 您喜欢网上购物吗？

   A. 是   B. 否

两项选择问题的特点是简单明了，便于被调查者回答问题；缺点是所获得的信息量太少，两种极端的回答类型有时往往难以了解和分析被调查者群体中客观存在的不同态度。

② 多项选择问题。多项选择问题是从多个备选答案中择一或择几个。这是各种问卷中采用最多的一种问题类型。多项选择问题不可能包括所有可选择的答案，而且被调查者无法详尽地表述答案，这个问题可以通过增加"其他"选项来解决。

例如：您现在使用的是您的第几部手机？(择一)

A. 1 部

B. 2 部

C. 3 部

D. 3 部以上

例如：您认为将 250 毫升小包装啤酒六个一组包装在一起销售如何？(择一)

A. 好主意

B. 不好

C. 无所谓

例如：您为什么喜欢网上购物呢？(择几)

A. 安全 B. 快捷 C. 诚信 D. 品种多样 E. 价格实惠 F. 时尚 G. 其他

多项选择问题的优点是便于回答，便于编码和统计；缺点是问题提供的答案的排列次序可能引起被调查者的偏见。这种偏见主要表现在下述三个方面。

第一，对于没有强烈偏好的被调查者而言，选择第一个答案的可能性远远高于其他答案的可能性。解决问题的方法是打乱排列次序，制作多份问卷同时进行调查，但这样做的结果是大大增加了调研成本。

第二，如果被选答案均为数字，没有明显态度的人往往选择中间的数字而不是偏向两端的数字。

第三，对于 A、B、C 字母编号而言，不知道如何回答的人往往选择 A，因为 A 往往与高质量、好等相关联。

③ 排序题。排序题又称顺位式简述题或序列式简述题，是在多项选择问题的基础上，要求被调查者对询问的问题答案，按自己认为的重要程度或喜欢程度顺位排列。

例如：您选择空调时主要考虑的因素是(请将所给答案按重要顺序 1、2、3 等填写在右边的括号中)。

价格便宜( ) 经久耐用( ) 外形美观( ) 制冷效果好( )

牌子有名( ) 维修方便( ) 噪音低( ) 其他(请注明)( )

④ 双向列联式。双向列联式问句是将两类不同问题综合到一起，通常用表格来表示，表的横向是一类问题，纵向是另一类问题。这种问题结构可以反映两方面因素的综合作用，提供单一类型问题无法提供的信息，同时也可以节省问卷的篇幅。

例如，某汽车厂商想了解消费者对汽车不同特征的重视程度，问卷可设计成如表 3.1 所示。

表 3.1 双向列联式表

汽车特征	重　要	不　重　要	无　意　见
价格低廉			
外形美观			
耗油量低			
完全性强			

(2) 封闭性问题的优缺点。

封闭性问题的优点体现在下述各点。

① 易于回答，回答率较高，有利于提高问卷的回收率。

② 访问员误差低。

③ 答案标准化程度高，可以大大减少编码和录入数据时的误差，调查结果易于处理，易于定量分析。

④ 调查得到的结果可以直接进行被调查者之间的比较。

⑤ 节省被调查者完成问卷的时间。

封闭性问题的局限如下所述。

① 调查人员须花费很多时间来斟酌答案选项，要事先做一些探索性研究工作。

② 答案选项的排列会带来次序偏差，即在其他因素不变的情况下，被调查者对排在前面的和最后的答案有优先选择的倾向。研究表明，对陈述性答案，被调查者趋向于选第一个或最后一个答案，特别是第一个答案。而对一组数字(数量或价格)则趋向于取中间位置的。为了减少顺序偏差，可以准备几种形式的问卷，每种形式的问卷答案排列的顺序都不同。

③ 被调查者的选择可能不能准确表达自己的意见和看法。

④ 给出的选项可能会对被调查者产生诱导，或误解了问题而选错答案。

2) 开放性问题设计

开放性问题又称随意性问题，是一种只提问题，不给出答案选项，由被调查者根据自身实际情况自由作答的问题类型，可以给被调查者以广阔的空间去自由发挥。

例如：1. 您为什么喜欢耐克的电视广告？

2. 您对污染怎样看，您认为有必要增加反污染法规吗？

开放式问题的优点有下述各点。

(1) 被调查者可以充分表达自己的意见和看法。

(2) 调动被调查者的积极性。

(3) 防止固定选项对被调查者的诱导。

(4) 从回答中可以检查被调查者是否误解了问题。

开放性问题可以让被调查者充分地表达自己的看法和思想，并且比较深入，有时还可获得研究者始料未及的答案。

开放性问题的缺点有下述各点。

(1) 标准化程度低，调查结果不易处理，无法深入定量分析。

(2) 要求被调查者有一定的文字表达能力。

(3) 回答率比较低。

(4) 需要占用较多的时间。

另外在面访时对于开放式问题而言，调查员的记录直接影响着调查结果，因记录应答者的答案大多是由调查者执笔，如果调查者有偏见，极可能失真，或并非应答者原来的意思，如果调查者按照自己的理解来记录，就有出现偏见的可能，并且由于回答费事，可能遭到拒答；搜集到的资料中无用信息较多，资料整理与统计分析的困难增加。各种应答者的答案可能不同，所用字眼各异，因此在答案分类时难免出现困难，整个过程相当耗费时间，而且免不了夹杂整理者个人的偏见。

开放性问题在探索性调研中对调查者是很有帮助的，具体适用于下列三种情形。

(1) 被调查者回答的答案可能有多种，无法全部列出。

(2) 想要充分了解被调查者的多种想法或者要在调查报告中引用答案作为例子。

(3) 要调查的消费者行为十分敏感或不受到普遍赞同时，如对吸烟、饮酒行为进行调查时。

开放性问题一般只适用于对文化程度较高的消费者和对本企业产品较喜爱的忠诚顾客的调查。

2. 询问方式设计

市场调查中的问题按询问方式可以分为直接性问题、间接性问题和假设性问题。

1) 直接性问题

直接性问题是指在问卷中通过直接提问的方式得到答案的问题。

例如：您喜欢在什么场所购买衬衫？

A. 品牌专卖店　　　　B. 大型百货商场

C. 超市品牌专柜　　　D. 其他地方

例如：您购买雕牌洗衣粉的主要原因是什么？(选择最主要的两种)

A. 洗衣较洁白　　　B. 售价较廉　　　C. 任何商店都有出售　　　D. 不伤手

E. 价格与已有的牌子相同，但分量较多　　　F. 朋友介绍　　　G. 其他

2) 间接性问题

间接性问题是指采用间接性提问方式得到答案的问题。有些问题被调查者是不敢或不愿意表达自己真实的意见的，用间接性问题提问，会使应答者认为回答的是旁人的观点，这些观点和意见已经被其他人提出来了，他们所要做的只不过是对这些意见加以评价罢了。

例如：有些消费者认为名牌衬衫的价位太高，另一些消费者认为名牌衬衫的价位应与其品牌相称，您怎么看待呢？

例如：有些人认为目前的个人所得税起征点应该提高，有些人认为目前的个人所得税政策仍是合适的，您怎么认为呢？

3) 假设性问题

假设性问题是指通过假设某一情景或现象存在而向被调查者提出问题。此类问题可用于了解消费者潜在的动机、态度和选择，探测被调查者未来的行为。

例如：如果××晚报涨价至 2 元，您是否将改看另一种未涨价的晚报呢？

A. 是　　　　B. 否

例如：如果××牌洗衣粉跌价 1 元，您是否愿意使用它呢？

A. 肯定用　　　B. 也许用　　　C. 不一定

D. 也许不用　　　　　　E. 肯定不用

例如：如果您想再次购买××品牌衬衫，但当它的价格上涨多少时，您会改变主意购买其他品牌的衬衫吗？

A. 100 元　　　　B. 101～300 元　　　　C. 301～500 元　　　　D. 501 元以上

3. 问题性质设计

市场调查中的问题按收集资料的性质可以分为事实性问题、动机性问题和态度性问题。

1) 事实性问题

事实性问题主要是要求被调查者回答一些有关事实性信息的问题。

例如：您是否使用过××品牌的化妆品？

您通常什么时候看电视？

事实性问题的主要目的在于求取事实资料，因此问题中的字眼定义必须清楚，让应答者了解后能正确回答。

市场调查中，许多问题均属"事实性问题"，例如应答者个人的资料：职业、收入、家庭状况、居住环境、受教育程度等。这些问题又可称为"分类性问题"，因为可根据所获得的资料而将应答者分类。在问卷之中，通常将事实性问题放在后面，以免应答者在回答有关个人的问题时有所顾忌，因而影响以后的答案。

2) 动机性问题

动机性问题是指了解被调查者行为的原因或动机的问题。

例如：您为什么选择××品牌的化妆品？

A. 质量可靠　　　　B. 使用效果好　　　　C. 价位适合
D. 广告宣传　　　　E. 朋友介绍　　　　　F. 其他

3) 态度性问题

在问卷中，往往会询问被调查者一些有关态度、意见或评价等的问题。

例如：与您使用前的期望相比，您对××品牌化妆品的总体质量作何评价？

A. 很满意　　　B. 满意　　　C. 无意见　　　D. 不满意　　　E. 极不满意

例如：你是否喜欢××电视节目？

A. 很喜欢　　　B. 喜欢　　　C. 一般　　　D. 不喜欢　　　E. 很不喜欢

设计态度调查问题固然要考虑应答者是否愿意表达他真正的态度，更要考虑态度强弱也有不同，如何从答案中衡量其强弱，显然也是一个需要克服的问题。通常，应答者会受到问题所用字眼和问题次序的影响，即不同反应，因而答案也有所不同。对于事实性问题，可将答案与已知资料加以比较。但在意见性问题方面则较难做比较工作，应答者对同样问题所做的反应各不相同。因此意见性问题的设计远较事实性问题困难。

4. 选择问题形式时应注意的问题

(1) 尽量为被调查者考虑，预防由调查者引起的计量误差。设计者如果仅从提问的角度选择问卷形式，忽略被调查者的感受，主观假定被调查者对不同形式问题的反应无显著差异，结果必然导致计量误差。

(2) 采用的问题形式应尽量简单简化。以某项邮寄调查为例，调查者为得到详细住处设计了大量的交叉列表和排序题，有些排序题的选项多达 20 个，结果问卷回收率远低于预期值，回收的问卷中也含有大量的项目缺失，许多表格空缺，还有一些被调查者没有理解题意，排序题当成多选题。根据这些问卷，最后推算的结论明显缺乏说服力。

例如：在某羊毛毛毯的市场调查中，需询问家庭结构。最初设计的问题为：您家庭的结构为(　　)。

A. 一人　　　　　B. 夫妻两人　　　C. 两代家庭
D. 三代家庭　　　E. 四代家庭或四代以上家庭

【分析】该题选项存在着不少缺陷，不能满足分析的需要。例如，同是两代家庭，可能是中老结构，也可能是中青结构，还可能是青少结构，这三类两代家庭的消费模式显然是不同的。另外，还有离婚、分居等情况难以选择，于是把该题转化为若干简单问题，组合为家庭结构，这样得到的信息更为准确详细，也利于被调查者回答。

(3) 充分考虑敏感性问题对被调查者的影响。以最常见的收入问题为例，对大部分调查者来说，收入背景资料必不可少，但许多被调查者不愿意真实回答，故意隐瞒自己的收入。实践表明，把收入分层让被调查者选择的题型效果明显优于让其直接填写收入的题型，但即便如此，调查所得收入值仍明显偏低。目前，采用何种问题形式可以准确反映被调查者的收入还在积极探索之中。一般来说，对于敏感性问题，可考虑采取随机化回答方式、隐藏性问题形式，消除被调查者的疑虑。

(4) 采用的问题形式应能准确反映总内容，尽量满足分析要求。在确定总形式的同时，决定具体指标类型和可能得到的指标值，这也就决定了能够进行分析的深度和广度。

有些设计者在选择总形式时，仅考虑如何得到数据，却没有考虑最终分析对数据的要求。仍以收入分类为例，收入可以 500 元、1000 元或 2000 元为间隔平均划分，也可以不等距划分。若不考虑分析目的而盲目分层，例如，在某高档消费品市场调查中，不对高收入阶层进行细分，仍像一般调查一样，简单地把收入最高档设为人均月收入 3000 元以上，则最后分析时无法对主要消费者细分，悔之已晚。因此，在选择问题形式时，要多与分析人员交流，尽量满足分析的需要。如上面在对高档消费品的调查中，收入的分层应侧重于高收入的细分，不要盲目套用其他调查对收入的分类。

(5) 保证问卷标准化。在满足分析目的的前提下，应尽量保持指标口径的通用性，以便于对比可移植使用，有些设计者在设计指标时没有考虑到标准化问题，设计的指标单独从问题或本次调查本身看没有问题，如果前后联系或与同类问卷比较，则可能口径不一，缺乏可比性，使数据的可利用价值大大降低。

随着具体内容的千差万别，问题的形式呈现多样化。因而，在具体选择问题形式时，应兼顾问卷设计的原则，避免以上问题的产生。

(五)决定每个问题的措辞

措辞就是把问题的内容和结构转化为通俗易懂的语言。表面看来，这一阶段的工作不过是确定用词语气，然而其作用却是至关重要的。措辞不当，被调查者可能会拒绝或错误地回答问题，从而导致调查结果出现偏差，影响数据的质量，事后弥补非常困难，而且成本太高。

1. 决定措辞过程中经常出现的问题

(1) 词不达意，问题的措辞没有准确反映问题的内容。
造成这类问题的原因一般有：措辞错误，无法表达原意；模棱两可，令人产生歧义；

缺少重要句子成分等。例如，在某调查中有单选题询问"贵公司从事的生产活动"，而现实中许多公司兼营多种经营活动，选择时仅按照备选答案的顺序，选出第一个见到的自己公司从事的产品活动，而非最主要的产品活动，显然得出的答案有偏差。

(2) 被调查者无法正确理解问题。

其原因主要有：①缺少必要的定义说明。调查对象是非专业人员时，可能不理解某些专业词语的含义。②用词生僻或过于专业。在一般调查中，调查对象文化程度参差不齐，生僻、专业的词语会阻碍被调查者对问题的理解。③词语过于复杂，也容易使被调查者理解错误。

(3) 被调查者不能准确回答。

其主要原因有：①问题、答案选项的措辞诱导被调查者的思维。②问题给出的答案选项含义模糊或相互交叉，使被调查者无法准确表达自己的意见和看法。例如：询问被调查者对某品牌商品的购买时间，选项中有"最近三个月内购买"和"最近一年内购买"，如果被调查者是上周购买的，则选这两个选项都对。③问题要求被调查者回忆、估计，而回忆是造成计量误差的主要原因。经常有些市场调查要求被调查者回忆以前三个月甚至半年、一年之内的购买情况，这显然取决于被调查者的记忆力和合作程度。某次汤料市场调查询问被调查者每次做几碗汤，尽管说明了碗的大致容量，但这种估计明显会有很大的计量误差。④问题含有假定性，使被调查者无法准确回答。

(4) 缺少必要说明引起计量误差。

由于缺少必要的说明，特别是当问题或选项较抽象时，会使被调查者回答的口径不一，引起计量误差，甚至使数据无效。例如，询问消费者购买VCD的平均单价，但没有对单价进行定义说明。有人认为是一盒的价格，有人认为是一张盘的价格，结果得到的数字有数百元的，也有几元的。这样的结果根本无法用于推断总体。有些问题含有"偶尔""许多""大致"等含义模糊的词语，不同的被调查者的理解显然也是不同的。

(5) 问题的措辞可能会影响回答率，使被调查者不愿意回答或不愿意真实回答。例如，直接询问一些敏感性问题总会使被调查者产生反感而拒答。又如，被调查者可能不愿示弱或怕被看不起而说谎。所以，在决定措辞时要注意研究被调查者的心理。

(6) 问题中出现褒义词、贬义词或否定问题都会影响被调查者的回答。

2. 在问题的措辞上要注意的原则

问题措辞的确定具有很大的灵活性和创造性，不同设计者往往具有不同的风格。这里主要针对以上问题提出预防和控制措施，建议设计者反复推敲，尽量避免措辞引起的误差。

1) 问题表述应清楚、明确，避免用"经常""通常""偶尔"等词汇

一个问题对于每个被调查者而言，应该代表同一主题，只有一种解释。在没有任何提示的情况下，如果有两个以上的被调查者对一个问题中的词语理解相同，就可以认为这个问题的表述是清楚明确的。定义不清的问题会产生很多歧义，使被调查者无所适从。

例如："您通常几点上班？"就是一个不明确的问题。这到底是指你何时离家？还是在办公地点何时正式开始工作？问题应改为："每天您几点离家去上班？"

例如："您使用哪个牌子的洗发液？"这个问题表面上有一个清楚的主题，但仔细分析会发现很多地方含糊不清，假如被调查者使用过一个以上的洗发液品牌，则他对此可能会有四种不同的理解或回答：①回答最喜欢用的洗发液品牌；②回答最常用的洗发液品牌(最

常用但并不一定是最喜欢用的，例如受支付能力的影响）；③回答最近在用的洗发液品牌；④回答此刻最先想到的洗发液品牌。另外，在使用时间上也不明确：上一次？上一周？上一月？上一年甚至更长时间？都可由被调查者随意理解，这样的问题显然无法搜集到准确的资料。

问题及答案中应避免使用含糊的形容词、副词，特别是在描述时间、数量、频率、价格等情况的时候。像有时、经常、通常、偶尔、很少、很多、相当多、几乎这样的词，都缺少适当的时间参照系和空间参照系，对于不同的人有不同的理解。所以被调查者会自己选择一个参照物，这将导致得到的调查结果无法在被调查者之间进行比较。一个表述清楚的问题应尽可能地把人物、事件、时间、地点、原因和方式等方面的信息具体化。

例如：您上街购物是否常去同一商场？
　　　您通常在哪里购买日用品？
　　　您最常用餐的餐馆是哪家？
　　　您通常每周锻炼多少次？

在上面几个问题中，没有给被调查者提供充分的时间参照系和空间参照系，他们理解问题时就会产生偏差。因为被调查者的情况是不尽相同的，这样的提问会让被调查者在回答时产生疑惑。如被调查者有的在三个月前常去甲商场，最近三个月内却喜欢去乙商场购物；有的被调查者一个月以前每周锻炼只两三次，而最近一个月内却每天早晨都锻炼……

比较好的提问应该是：

例如：最近三个月内，您上街购物是否常去同一商场？
　　　在过去的三个月内，您最常去用餐的餐馆是哪家？
　　　在过去的一个月内，您一周锻炼几次？
　　　对于这样的问题，答案也应该用定量描述代替，以做到统一标准。

例如：在过去的一个月内，您一周锻炼几次？
A. 少于一次　　　　B. 一到两次　　　　C. 三到四次　　　　D. 超过四次

2) 使用通俗易懂的词汇，忌用专业术语

问题的提问要多用普通用词、语法，问题中所选用的词汇应该简单、直截了当，应该为被调查者所熟悉、理解，访问时可运用方言，在被调查者回答问题时，不需要他们具备太多的专业知识。忌用专业术语，如果问题中不可避免要用到专业术语，则必须对专业术语加以解释。

例如：您认为××饮料的分销充分吗？

绝大多数被调查者根本不理解"分销"的含义，被调查者面对这样的问题时不知如何回答。比较好的提问应该是：

例如：当您想买××饮料时，您是否很容易买得到？

3) 使用明确的词汇

问题中所选用的词汇应该含义明确，否则应加以说明或界定。

例如"收入"、"利润"这两个词有多种含义，被调查者可能把"收入"理解成月收入或年收入，可能理解成家庭收入或个人收入，也可能理解成基本工资收入或总收入。而对"利润"，可能理解为销售利润或利润总额、净利润或利润总额等，所以在提问中要有明确的界定或说明。

4) 避免使用诱导性、暗示性或倾向性的问题及答案

诱导性或倾向性问题是指揭示出调查人员的观点或明确暗示出答案。有些暗示出现在问题中。

例如：很多人认为安利的产品价格过高，您认为呢？

我们是应该提高生产率以便建造更多的住房和更好的学校，还是应该保持生产率不变？

人们都说A牌电视机比B牌电视机好，您是不是也这样认为？

显然，第一个问题是诱导被调查者赞同安利产品"价格过高"这个观点，而第二个问题是诱导被调查者同意"提高生产率"这个观点，那么第三个问题则是诱导被调查者选择A牌电视机比B牌电视机好。这样的问题带有诱导性倾向，都会影响被调查者的选择。

在有外界压力存在的情况下，被调查者提供的是符合压力施加方偏好的答案，而不是他自己真正的想法。因此，提问应尽量客观，提问应创造被调查者自由回答的气氛，避免诱导性倾向。

有些暗示出现在答案中，即在表述答案时采用带有感情色彩的词语，包括"公平的利润""激进的"等。

例如：您认为××品牌的化妆品对您的吸引力在哪里？

A．合适的价格　　　　B．芳香的气味　　　　C．迷人的色泽
D．满意的使用效果　　E．精美的包装　　　　F．其他

应改为：

您认为××品牌的化妆品对您的吸引力在哪里？

A．价格　　　　　　　B．气味　　　　　　　C．色泽
D．使用效果　　　　　E．包装　　　　　　　F．其他

5) 避免间接提问出现困窘性的问题，以免伤害被调查者的自尊心

困窘性问题是指应答者不愿在调查员面前作答的某些问题，回答问题会让被调查者很难堪，很难回答，这样就不容易得到准确的答案。比如关于私人的问题、伤害被调查者自尊心的问题，或不为一般社会道德所接纳的行为、态度，或有碍声誉的问题。

例如：您家没有购买液晶电视的原因是(　　)。

A．买不起　　　　　　B．住房狭小　　　　　C．不会使用

应该改成：

例如：您家没有购买液晶电视的原因是(　　)。

A．价格不合适　　　　B．住房不允许　　　　C．用处不大

又如：平均来说，每个月您打几次麻将？如果您的汽车是分期购买的，一共分多少期？您是否向银行抵押借款来购买股票？除了你工作收入外，还有其他收入吗？

这类问题直接提问往往会遭拒绝，要想获得困窘性问题的答案，避免被调查者作不真实回答，可采用间接询问法或联想式提问法，让被调查者认为回答的是旁人的观点。所以在告知被调查者"多数人对这个问题是这样看待的……"再加上问题："你同他们的看法是否一样？"旨在获取被调查者的真实看法。

6) 避免提出双重问题

双重问题是指一个问题中需要向被调查者询问的内容涉及两个方面或两个以上，问题中的某个方面可能是被调查者同意的，但其余方面是不太同意的，这样得到的答案是无法

在被调查者之间进行比较的。

例如：您对××商场的服务质量和购物环境是否满意？

应该改成：您对××商场的服务质量是否满意？

您对××商场的购物环境是否满意？

例如：您对××商场商品的价格和便利性是否感到满意？

应该改成：您对××商场商品的价格是否感到满意？

您对××商场服务的便利性是否感到满意？

7) 避免推论或估计

避免问题中包含过多的计算，问题的设计应着眼于取得最基本的信息。在被调查者回答问题时，应使被调查者不必做推论或估算。例如在调查家庭每年每人在日用品上的支出时，如果问"您家中每年每人在日用品上的支出是多少？"时，被调查者必须将每月在日用品上的支出费用乘以12，确定每年的支出，然后将年支出数额除以家庭中的人口数，被调查者需付出额外的努力，进行复杂的计算。绝大多数被调查者不能进行这些计算，所以应该向被调查者问两个更简单的问题：您家中每月在日用品上的支出是多少？您家中有几口人？然后在数据处理阶段由调查人员进行统计计算或通过计算机程序进行计算，这样可以减少被调查者的负担。

(六)安排问题的顺序

一旦各个问题的内容和形式、措辞都已确定，设计者就应该考虑怎样把这些问题组合成问卷，即安排问题的排列顺序与结构。

1. 不当顺序引起的常见问题

排列顺序和结构的不同可能引起回答上的差异，主要会出现以下问题。

(1) 引起被调查者的反感。例如，问卷结构很乱，问题排列没有逻辑顺序，致使被调查者回答时思维来回跳跃，很容易产生反感。又如，问卷开始就是一些较复杂或敏感的问题，使被调查者紧张或厌烦，会影响他们对后面问题的回答。

(2) 造成调查员提问和被调查者回答错误。问题排列顺序、结构混乱，不利于调查员提问，也容易使被调查者疲劳。尤其对于较复杂的问卷，调查员提问和被调查者回答都可能出错。例如，出现该跳问处没有跳问，漏问、漏答、错问、错答等现象，得到的结果甚至可能前后矛盾。

(3) 问题排列顺序不当可能产生诱导。例如，对某品牌的产品进行市场调查，一开始就询问对该品牌的看法，之后才询问消费者所喜欢的产品品牌，结果反映出对该品牌的喜欢程度明显偏高。

2. 相应的解决方法

(1) 为满足问卷设计功能性原则的严格要求，可以按问题所能提供的信息及被调查者能够感觉到的逻辑性对问题分组。从被调查者感兴趣的方面入手，由熟悉到生疏，由易到难，由浅入深，由表及里，层层深入、细化，尽量减少由调查员和被调查者引起的计量误差。

(2) 先一般后特殊，避免诱导。将敏感性问题放在最后，这样，由于调查后期气氛比较融洽，被调查者的警惕性降低，有助于提高回答率。

(3) 问题或选项排列顺序不同，可能会影响被调查者的回答。例如，在量表中经常有一系列的问题从不同的角度正面或反面评价某对象，分别征询被调查者的意见。显然正面语句有导致正偏差(设为 b_1)的倾向，反面语句有导致负偏差(b_2)的倾向。如果正(或反)面语句连续排列，更会加大误差。这时把正反问题交叉排列，有助于调动被调查者的积极性，避免被调查者不加思考而习惯性回答。此外，可以借鉴试验设计的思想，把两类将导致反向误差的问题随机分配给样本，这样所得结果的偏差(设为 b)肯定小于 b_1 和 b_2(因为 b_1 和 b_2 符号相反)，而且 b_1 与 b_2 越接近，调查结果越准确(b 越小)。

(4) 满足可维护性原则，问卷应该结构清晰，最好采用模块化设计方法，即把问卷分为若干个功能块，每个功能块由若干道题构成。各功能块内部具有较强的联系，而功能块之间应保持相对独立。

(七)确定问卷的版面格式

把确定版面格式作为一个步骤似乎有些小题大做，然而，实践表明，问卷的版面格式也会影响调查的质量。主要问题如下所述。

(1) 调查人员为节省费用而压缩版面，问题间隔太小，不仅调查者回答时容易疏漏或串行，而且数据编码录入也容易出错。另外，如果开放题留出的用于答题的空间太小，将导致回答者不予以重视，只给出很少的信息。

(2) 低档的纸张和粗糙的印刷会引起负效应，尽管说明文中一再强调本次调查的重要性，但低质量的问卷外观会破坏被调查者对调查的印象，轻视该次调查，从而直接影响调查质量。

(3) 问卷中重要的地方没有突出，尤其对于自填式问卷，如果答题的规则或跳问的提示不醒目，很容易被忽略掉，致使被调查者回答错误。

因此，问卷版面格式的设计也不容忽视。外表要求质量精美，非常专业化；适当的图案或图表会调动被调查者的积极性；内部要留出足够的空间，方便提问、回答、编码以及数据处理；文中重要的地方注意加以强调，以引起被调查者的注意。此外，应注意把同一份问卷装订在一起，以防止部分数据丢失。

(八)对初稿的评估、测试、修改与付印

问卷的初稿很可能存在一些潜在的问题，因此初稿成型后，要由相关的市场调研人员和聘请有丰富经验的专家对问卷进行初步的检测、评估和修改，必要时重复检查上述七个步骤，反复推敲每个问题的每个词语。这一阶段，耐心、严谨、认真非常重要。然而，即使经过认真的检查，一些潜在的问题未经实际调查，还是发现不了。因此，在正式使用问卷之前，一般要对它进行充分测试，在与正式调查的环境相同时进行调查，观察调查方式是否合适，向调查者和被调查者询问问卷设计有何问题，对试验调查得到的回答进行编码、试分析，检验问卷是否能够提供需要的信息等。出现问题的，需要立即修改问卷，必要时删除不能提供所需信息的问题。

1. 问卷评估的具体内容

(1) 问卷主题是否明确。

(2) 问卷是否体现调查目的。
(3) 问卷与调查对象类型、特点的适应程度。
(4) 问卷与询问调查形式的适应程度。
(5) 问卷是否便于被调查者回答。
(6) 问卷所提问题是否合理。
(7) 问卷是否冗长、杂乱。
(8) 问卷所获得的信息是否便于处理。
(9) 问卷编排是否合理。
(10) 问卷的形式是否合理美观。
(11) 问卷的印刷是否精良等。

2. 问卷的测试

问卷在没有经过充分试答的情况下是不应该被用于正式调查的，所以问卷的测试是不可或缺的步骤。选择拟调查的对象进行试答，拟调查的对象应该与正式调查中的调查对象在背景特征等方面类似。问卷试答能够检验问卷的内容是否被调查对象所理解，能否通过问卷的调查获取所需的市场信息资料，发现问卷中可能存在的问题和不足。

3. 问卷的修改

在评估和测试过程中发现问卷存在缺陷和不足时，应及时进行修改和完善，对经过较大修改和完善的问卷最好再进行第二次试答。对问卷进行必要的试答次数越多，所产生的效果越好。

4. 付印采用

上述工作全部完成以后，就可编制一份正式调查所用的问卷了，具体涉及制表、打印和印刷。

问卷设计过程是一个创造性的过程，应因人、因时、因条件制宜。上述基本程序可以在问卷设计实践中参考。

本 章 小 结

市场调查一般可分为五个阶段：准备阶段、设计阶段、实施阶段、总结阶段、跟踪阶段。

市场调查设计具有可操作性、全面性、规划性和最优性的特点。

(1) 可操作性：这是决定该市场调查方案实践价值的关键环节，也是任何一个实用性方案的基本要求。否则市场调查设计就是一个失败的设计，市场调查就失去了它存在的价值。

(2) 全面性：调查设计本身带有一种全局性和规划性特点，它必须像指挥棒一样统领全局、直至调查目的的实现，因此全面性是其显著特征。

(3) 规划性：市场调查设计本身正是对整个调查统筹规划而出台的，是对整个调查工作各个环节的统一考虑和安排，未雨绸缪，谋划未来。

(4) 最优性：调查方案的最后定稿是经过多方反复协调磋商、多次修改和完善而确定的，这样可以保证调查方案的效果最好而费用较少。作为商业调查机构，有时客户还会要求同时拿出两个以上的方案供其最后选择定案。

市场调查策划书的内容包括下列各点。

(1) 说明调查研究的目的、意义和解释研究课题。
(2) 确定调查范围和调查对象，主要包括调查的时间、地点和调查的分析单位。
(3) 确定调查研究的类型和调查的方式。
(4) 确定调查内容和研究方法。
(5) 调查研究经费的筹措。
(6) 调查人员的组织与培训。

问卷就是以书面的形式系统地记载调查内容，了解调查对象的反应和看法，以此获得资料和信息的载体，也称调查表或访问表格。调查问卷的实质是从被调查者处获取信息。问卷按问题答案不同，可分为结构式、开放式和半结构式三种基本类型；按调查方式不同，问卷可分为自填问卷和访问问卷；按问卷用途不同，问卷可分为甄别问卷、调查问卷和回访问卷(复核问卷)。

问卷的一般结构有标题、说明、筛选/过滤、主体、编码、背景资料、结束语等。

一份完整合理、设计得体的调查问卷应该具备如下条件：语言简单扼要、内容全面周到、包括数条过滤性问题、便于被调查者无顾忌的回答、方便评价，易于分析、将问卷回答误差控制到最小、问卷应该简洁、有趣味性、内容明确、具有结构性和逻辑性。

问卷设计程序包括：明确所需获取的信息；确定问卷类型；确定问卷中各问题的内容；决定各个问题的形式；决定每个问题的措辞；安排问题的顺序；确定问卷的版面格式；对初稿的评估；测试；修改与付印。

练习与思考

一、名词解释

描述性调查　　成本控制　　市场调查　　市场调查策划　　调查问卷　　问卷设计
开放式问题　　封闭式问题

二、判断题(正确打"√"，错误打"×")

1. 市场调查阶段可分为调查准备阶段、调查设计阶段、调查跟踪阶段。　　　　(　　)
2. 探索性调查是一种非正式的或试探性的调查。　　　　　　　　　　　　　　(　　)
3. 在实际调查中，确定调查区域、调查对象以及设计抽样方案应分别进行。　　(　　)
4. 从定性认识到定量认识的转换是市场调查策划的基本作用。　　　　　　　　(　　)
5. 确定调查内容就是确定调查项目。　　　　　　　　　　　　　　　　　　　(　　)
6. 调查问卷是市场调查中唯一的调查工具。　　　　　　　　　　　　　　　　(　　)
7. 问卷中的问题设计得越多，越有利于企业收集更全面的市场信息。　　　　　(　　)
8. 问卷中的问句表述要清晰，用词要通俗易懂。　　　　　　　　　　　　　　(　　)

9. 类别量表是最低级别的量表。　　　　　　　　　　　　　　　　　　(　　)
10. 问卷设计应尽善尽美。　　　　　　　　　　　　　　　　　　　　(　　)

三、简述题

1. 市场调查的一般步骤是什么？
2. 市场调查设计的意义是什么？
3. 如何进行市场调查过程管理？
4. 市场调查策划书都包括哪些内容？
5. 调查问卷有哪些基本特征？
6. 调查问卷有哪些功能？
7. 问卷设计的基本步骤有哪些？
8. 开放式问题与封闭式问题的优缺点分别有哪些？
9. 设计问卷时要注意哪些问题？
10. 一份完整的调查问卷有哪些基本结构？各部分的主要内容是什么？

四、案例分析

【案例分析1】

××大学单放机市场调查策划书

一、前言

单放机又称随身听，是一种集娱乐性和学习性于一体的小型电器，因其方便实用而在大学校园内广为流行。目前各高校都大力强调学习英语的重要性，湘潭大学已经把学生英语能否过英语四级和学位证挂钩，为了练好听力，湘大学子几乎人人都需要单放机，市场容量巨大。

为配合某单放机产品扩大在湘大的市场占有率，评估湘大单放机行销环境，制定相应的营销策略，进行湘大单放机市场调查大有必要。

本次市场调查将围绕市场环境、消费者、竞争者为中心来进行。

二、调查目的

要求详细了解湘大单放机市场各方面情况，为该产品在湘大的扩展制订科学合理的营销方案提供依据，特撰写此市场调研计划书。

1. 全面摸清企业品牌在消费者中的知名度、渗透率、美誉度和忠诚度。
2. 全面了解本品牌及主要竞争品牌在湘大的销售现状。
3. 全面了解目前湘大主要竞争品牌的价格、广告、促销等营销策略。
4. 了解湘大消费者对单放机电器消费的观点、习惯。
5. 了解湘潭大学在校学生的人口统计学资料，预测单放机市场容量及潜力。

三、调查内容

市场调研的内容要根据市场调查的目的来确定。市场调研分为内、外调研两个部分，此次市场调研主要运用外部调研，其主要内容如下。

(一)行业市场环境调查

主要的调研内容如下。

1. 湘大单放机市场的容量及发展潜力。
2. 湘大该行业的营销特点及行业竞争状况。
3. 学校教学、生活环境对该行业发展的影响。
4. 当前湘大单放机种类、品牌及销售状况。
5. 湘大该行业各产品的经销网络状态。

(二)消费者调查

主要的调研内容如下。

1. 消费者对单放机的购买形态(购买过什么品牌、购买地点、选购标准等)与消费心理(必需品、偏爱、经济、便利、时尚等)。
2. 消费者对单放机各品牌的了解程度(包括功能、特点、价格、包装等)。
3. 消费者对品牌的意识、对本品牌及竞争品牌的观念及品牌忠诚度。
4. 消费者平均月开支及消费比例的统计。
5. 消费者理想的单放机描述。

(三)竞争者调查

主要的调研内容如下。

1. 主要竞争者的产品与品牌优、劣势。
2. 主要竞争者的营销方式与营销策略。
3. 主要竞争者市场概况。
4. 本产品主要竞争者的经销网络状态。

四、调研对象及抽样

因为单放机在高校的普遍性，全体在校学生都是调查对象，家庭经济背景存在差异，全校学生月生活支出还存在较大的差距，导致消费购买习惯的差异性，因此他(她)们在选择单放机的品牌、档次、价格上都会有所不同。为了准确、快速地得出调查结果，此次调查决定采用分层随机抽样法：先按其住宿条件的不同分为两层(住宿条件基本上能反映各学生的家庭经济条件)——公寓学生与普通宿舍学生，然后进行随机抽样。此外，分布在湘大校内外的各经销商、专卖店也是本次调查的对象，因其规模、档次的差异性，决定采用判断抽样法。

具体情况如下：

消费者(学生)：　　　300 名，其中住公寓的学生占 50%。
经销商：　　　　　　10 家，其中校外 5 家
大型综合商场：　　　1 家
中型综合商场：　　　2 家
专卖店：　　　　　　2 家
校内：　　　　　　　5 家
综合商场：　　　　　3 家
专卖店：　　　　　　2 家

消费者样本要求如下。

1. 家庭成员中没有人在单放机生产单位或经销单位工作。
2. 家庭成员中没有人在市场调查公司或广告公司工作。
3. 消费者没有在最近半年内接受过类似产品的市场调查测试。

4. 消费者所学专业不能为市场营销、调查或广告类。

五、调查员的规定、培训

(一)规定

1. 仪表端正、大方。
2. 举止谈吐得体，态度亲切、热情。
3. 具有认真负责、积极的工作精神及职业热情。
4. 调查员要具有把握谈话气氛的能力。
5. 调查员要经过专门的市场调查培训，专业素质好。

(二)培训

培训必须以实效为导向，本次调查人员的培训决定采用举办培训班、集中讲授的方法，针对本次活动聘请有丰富经验的调查人员面授调查技巧、经验，并对他们进行思想道德方面的教育，使之充分认识到市场调查的重要意义，培养他们强烈的事业心和责任感，端正其工作态度、作风，激发他们对调查工作的积极性。

六、人员安排

根据我们的调研方案，在湘潭大学及市区进行本次调研需要的人员有三种：调研督导、调查人员、复核员。具体配置如下。

调研督导：1 名

调查人员：20 名(其中 15 名对消费者进行问卷调查、5 名对经销商进行深度访谈)

复 核 员：1~2 名可由督导兼职，也可另外招聘

如有必要还将配备辅助督导(1 名)，协助进行访谈、收发和检查问卷与礼品。问卷的复核比例为全部问卷数量的 30%，全部采用电话复核方式，复核时间为问卷回收的 24 小时内。

七、市场调查方法及具体实施

1. 对消费者以问卷调查为主，具体实施方法如下。

在完成市场调查问卷的设计与制作以及调查人员的培训等相关工作后，就可以开展具体的问卷调查了。把调查问卷平均分发给各调查人员，统一选择中餐或晚餐后这段时间开始进行调查(因为此时学生们多数待在宿舍里，便于集中调查，能够给本次调查节约时间和成本)。调查员在进入各宿舍时说明来意，并特别声明在调查结束后将赠送被调查者一份精美礼物以吸引被调查者积极参与、得到正确有效的调查结果。调查过程中，调查员应耐心等待，切不可督促。一定要求其在调查问卷上写明学生姓名、所在班级、寝室、电话号码，以便以后的问卷复核。调查员可以在当时收回问卷，也可以第二天收回(这有利于被调查者充分考虑，得出更真实有效的结果)。

2. 对经销商以深度访谈为主。

由于调查形式的不同，对调查者所提出的要求也有所差异。与经销商进行深度访谈的调查者(访员)相对于实施问卷调查的调查者而言，其专业水平要求更高一些。因为时间较长，调查员对经销商进行深度访谈以前一般要预约好时间并承诺给予一定报酬，访谈前调查员要做好充分的准备、列出调查所要了解的所有问题。调查者在访谈过程中应占据主导地位，把握着整个谈话的方向，能够准确筛选谈话内容并快速做好笔记以得到真实有效的调查结果。

3. 通过网上查询或资料查询调查湘大人口统计资料。

调查者查找资料时应注意其权威性及时效性，以尽量减少误差。因为其简易性，该工

作可直接由复核员完成。

八、调查程序及时间安排

市场调研大致来说可分为准备、实施和结果处理三个阶段。

1. 准备阶段：它一般分为界定调研问题、设计调研方案、设计调研问卷或调研提纲三个部分。
2. 实施阶段：根据调研要求，采用多种形式，由调研人员广泛地收集与调查活动有关的信息。
3. 结果处理阶段：将收集的信息进行汇总、归纳、整理和分析，并将调研结果以书面的形式——调研报告表述出来。

在客户确认项目后，有计划地安排调研工作的各项日程，用以规范和保证调研工作的顺利实施。按调研的实施程序，可分八个小项来对时间进行具体安排。

调研方案、问卷的设计	3个工作日
调研方案、问卷的修改、确认	1个工作日
项目准备阶段(人员培训、安排)	1个工作日
实地访问阶段	4个工作日
数据预处理阶段	2个工作日
数据统计分析阶段	3个工作日
调研报告撰写阶段	2个工作日
论证阶段	2个工作日

九、经费预算

1.	策划费	1500元
2.	交通费	500元
3.	调查人员培训费	500元
4.	公关费	1000元
5.	访谈费	1000元
6.	问卷调查费	1000元
7.	统计费	1000元
8.	报告费	500元
	总计	7000元

十、附录

参与人员：

项目负责人：×××

调查方案、问卷的设计：待定

调查方案、问卷的修改：待定

调查人员培训：待定

调查人员：待定

调查数据处理：待定

调查数据统计分析：待定

调查报告撰写：待定

论证人员：待定

调查计划书撰写：×××

(资料来源：陈启杰. 市场调研与预测[M]. 上海：上海财经大学出版社，2008.)

根据上述资料，分析：
1. 该调查策划书有哪些不足？
2. 该调查策划书中的调查内容是否围绕着调查目的展开？请说明理由。

【案例分析2】

某班有两个不同的研究小组 A 和 B 都选择了《如何利用音乐调节人的情绪》作为研究课题，在选择研究方法时也都确定了问卷调查法为其中的一项重要方法。经过两组同学的认真设计，各自拿着打印好的调查问卷分别深入同学中进行调查。可在收回问卷、整理分析后，两组的调查结果却产生了很大差别，以至于最后研究成果的水平也相差很远。问题究竟出在了哪里呢？后来经过老师和同学们的比较与分析发现，原因出在两个小组设计的这两份不同的调查问卷上。下面请你仔细比较这两份问卷的区别，并结合所学内容，以小组合作的形式，作如下研讨。

1. 你觉得哪份问卷设计得比较好？好在哪里？
2. 通过比较和分析两份问卷，谈谈设计一份科学合理的调查问卷所应该注意的问题。

问卷 A

音乐对情绪的调节作用调查问卷

亲爱的同学：

你好！为了让大家能很好地利用音乐调节自己的情绪，更为了找到一把开启快乐之门的钥匙，让我们的生活更加和谐美好，我们"跳跃音符"调查小组设计了此次调查问卷。希望拿到这份问卷的朋友用心填写，您的回答对我们的研究会很有价值，谢谢！

1. 当你情绪低落时，会听什么音乐？
   A. 流行　　　　B. 民族　　　　C. 欢快　　　　D. 其他
2. 当你心情烦躁时，会听什么音乐？
   A. 抒情　　　　B. 劲爆　　　　C. 欢快　　　　D. 其他
3. 当你听自己喜欢的音乐时，能让情绪变得好一点吗？
   A. 可以　　　　B. 不一定　　　C. 没有效果
4. 为了舒缓内心的压力，排解压抑的情绪，你会听哪种类型的音乐？
   A. 轻音乐　　　B. 抒情音乐　　C. 流行　　　　D. 其他
5. 课余时间，你喜欢听哪种类型音乐来放松和娱乐？
   A. 爵士乐　　　B. 古典音乐　　C. 流行音乐　　D. 其他
6. 你认为不同类型的音乐对人的心情有什么不同的影响？（简答题）

问卷 B

音乐与情绪的调查问卷

你好！请配合填写此次调查问卷！谢谢！

1. 你经常听音乐吗？
   A. 经常　　　B. 有时　　　C. 偶尔　　　D. 极少　　　E. 从不

2. 你认为,中学生听音乐的利弊关系是怎样的?
   A. 利大于弊   B. 弊大于利   C. 没关系
3. 人开心的时候会很喜欢听欢快的音乐吗?
   A. 是   B. 否
4. 你喜欢的音乐方面的明星是哪个地区的?
   A. 内地   B. 港台地区   C. 日韩   D. 欧美
5. 你经常是哪种情绪多一些?
   A. 喜   B. 怒   C. 哀   D. 恐惧
6. 你认为音乐与人的情绪有关系吗?
   A. 关系密切   B. 有点关系   C. 毫无关系   D. 不清楚
7. 当情绪低落时,你认为人们会喜欢听伤感的音乐吗?
   A. 是   B. 否
8. 请你准确地说出音乐的分类。
9. 请你准确地说出人的情绪分类。
10. 你喜欢听什么类型的音乐?
11. 你认为什么样的音乐对人的心情有什么样的影响?
12. 请你对本次问卷调查作一评价。

(资料来源:http://wenku.baidu.com/view/5d5e9e553c1ec5da50e2705d.html)

单 元 实 训

【实训项目一】

市场调查策划方案(策划书)的设计。

1. 实训目的

通过该实训,培养学生的市场调查方案的策划能力、沟通表达和文字的表达能力,增强学生的团队合作精神。

2. 实训要求

通过实训,要求学生明确市场调查方案设计的意义;掌握市场调查方案设计的基本内容和方法;能够结合实际,设计一个周密的市场调查方案。

3. 实训任务

大学生是一个独特的消费群体,知识水平相对较高,愿意尝试也容易接受新鲜的事物和理念。虽然当前的消费能力相对偏低,但人数庞大,消费领域相对集中。更重要的是,现在的大学生在不久的将来就是整个中国社会的中坚力量和消费主体,谁抓住了他们,谁就抓住了未来的市场。由此,国内外众多的厂商纷纷把目光投向了大学校园,如飞利浦公司放弃中国足协杯,转而赞助中国大学生足球联赛就是一个很好的例子。现在,我们拟对某城市(学生所在地)大学校园内的商业推广活动进行调查,以深入了解大学生这个特殊消费群体,挖掘其中蕴藏的商机,为商家提供决策依据。

请你为某商家(自选或虚拟)设计一份校园推广活动调查策划书。

4. 实训知识准备

市场调查策划及策划方案的含义及意义。

市场调查策划方案的主要内容。

5. 实训步骤

(1) 由指导教师介绍实训的任务、目的和要求；对"市场调查设计"的实践应用价值予以说明和强化，调动学生实训操作的积极性。

(2) 由指导教师总结市场调查策划方案的基本内容。

(3) 组建实训团队(组)，每组 4～6 人，确定小组负责人，小组研讨设计思路及框架。

(4) 学生查阅市场调查策划书范例，进一步明确设计思路。

(5) 学生实际策划，教师随时指导。

(6) 提交团队设计成果，并口头汇报。

6. 实训考核

小组自评；小组互评；教师总结评分，并给定综合成绩。

【实训项目二】

市场调查问卷设计。

1. 实训目的

通过实训，培养学生利用调查问卷有效收集市场信息资料的基本技能。掌握这一基本技能对学生胜任将来营销工作岗位，或自己创业都是非常重要的。这是一项必需的营销基础性工作。通过实训，培养学生设计市场调查问卷的能力。

2. 实训要求

(1) 认识到市场调查问卷在市场调研中的重要作用；认识到调查问卷具有时效性强的优势，有利于第一手市场信息资料的收集。它是收集第一手资料最常用、最有效的工具。

(2) 熟悉调查问卷的基本结构。

(3) 能够根据调查要求，动手设计一份市场调查问卷，掌握问卷设计的基本结构、步骤及相关要求等。

3. 实训任务

学生以小组形式，自选背景企业或项目进行一份市场调查问卷设计。

4. 实训知识准备

(1) 问卷的基本类型。

(2) 问卷的基本结构和内容。

(3) 问卷设计的基本程序。

(4) 设计问卷的基本要求和技巧。

(5) 附问卷样稿，请学生研究问卷设计的基本设计思路。

5. 实训步骤

(1) 由指导教师介绍实训的具体任务、目的和要求，对"市场调查问卷设计"的实际应用价值给予说明，调动学生实训操作的积极性。

(2) 由指导教师介绍问卷的基本结构和设计程序、问卷设计的基本内容、方法及要求等。

(3) 将学生按实际情况分成若干小组，每组 4～8 人为宜，确定小组负责人。每组成员深入研讨，确立问卷设计背景或虚拟委托客户。

(4) 学生阅读市场调查问卷设计范例，作为操作参考。

(5) 以小组为单位设计问卷，撰写问卷成稿和实训报告。

(6) 问卷成稿研讨、点评。

6. 实训考核

(1) 教师对设计成果打分评价。

(2) 问卷成稿研讨，根据研讨过程中的同学表现给予适度加分。

第三章 市场调查的方式

【本章导读】

某厂空调品牌 a 的广告效果调查方案

一、问题的提出

空调生产厂家生产的某品牌空调在 A 市的市场占有率很低,为了挖掘 A 市市场需求的潜力,扩大产品销售,提高市场份额,选择了该市的卫视台已进行了为期五个月的电视广告活动,该厂家亟须了解广告是否收到了预期的信息传播效果和促销效果,以便改进和完善广告设计和广告策略,故委托某市场调查公司进行此次调查。

二、调查的目的与任务

本次调查的目的在于通过对 A 市场的该品牌空调的电视广告、实际播放测定和广告效果追踪的调查研究,获取有关数据和资料评价,广告的传播影响沟通效果、行为效果、促销效果,揭示存在的主要问题,为改进完善广告设计和广告策略提供信息支持。调查的任务主要是获取广告主体、广告诉求、广告主题、广告效果、广告媒介等方面的信息。

三、调查项目与内容

(1) 广告主体调查,主要包括该品牌空调的认知度、美誉度、偏好度、忠诚度。

(2) 广告诉求调查,主要包括被调查者的年龄、性别、职业、受教育程度、年收入以及家庭空调的拥有量、品牌、购买时间、购买因素、满意度等。

(3) 广告主题调查,主要包括被调查者对广告内容的记忆度、理解度、说服力、接受度、喜好度等。

(4) 广告效果调查,主要包括认知度、到达率、购买意向度、销售增长率等。

(5) 广告媒体调查,主要了解该市居民对各种广告媒体的接受情况。

四、调查对象与范围

本次广告效果调查的对象是 A 市全部常住居民家庭(凡居住并生活在一起的家庭成员和其他人或单身居住生活的均作为一个住户),其中每一个居民家庭为总体单位,从 A 市的统计年鉴了解到,该市有 4 个市辖区,50 个居委会,42.8 万户居民,其中东区有 13 个居委会 11.13 万户居民,西区有 10 个居委会,8.56 万户居民,南区有 14 个居委会,12.04 万户居民,北区有 13 个居委会,11.07 万户居民。

五、调查的组织方式

由于 A 市居民户数有 42.8 万户,无法采用全面调查,为节省时间和调查经费,拟采用抽样调查方式,鉴于总体单位数太多,不可能直接从总体中抽取样本户组成调查样本,决定先分别从 4 个区抽选居委会,然后从选中的居委会中抽选调查户。居委会的抽样框,就是按区分列的居委会名单,调查户抽取所依据的抽样框是中选居委会居民家庭名册或名录库。

六、样本量与分配

本次调查厂家要求总体广告达到率及看过该广告的户数比该市拥有电视机的家庭户数的抽样极限误差不超过 4%,区间估计的置信概率为 95%,由于该市总体广告达到率未知,按照抽样调查理论计算总体比例样本容量时，可直接用 P(1-P)的最大值 0.25 替代，据此，必要的样本容量为：考虑到可能有少数居民家情况某种情况不回答，样本容量增加到 635 户，调查的总体接触率规定为 95%，同时，为了使样本单位能均匀地分布在 A 市的各个区，经研究决定在全市中抽取 8 个居委会，样本量的分配如下：

区名	样本户数	抽中的居委会及户数分配
东区	165	东 2/80 户、东 9/85 户
西区	127	西 6/60 户、西 10/67 户
南区	179	南 5/86 户、南 11/93 户
北区	164	北 4/74 户、北 8/90 户
合计	635	

其中，中选的居委会是在各区中用抽签法随机抽取的。中选居委会的调查户数是按中选居委会的户数规模的比例确定的，各中选居委会的最终样本户的抽取，拟根据中选居委会编制的居民家庭名册实行等距抽样(实施过程略)。

七、调查方法

(1) 用调查问卷对被调查者进行询问测试，即派调查员上门访问。

(2) 派员到 A 市主要商场观察，了解空调的销售情况，重点是 a 品牌空调的销售走势。

(3) 直接利用该厂对 A 市该品牌空调的销售记录，统计广告前后空调的销售量。

(4) 利用 A 市统计年鉴，搜集有关数据，如空调家庭普及率。

八、调查时间与进度安排

资料搜集的时间为本年 8 月 10~15 日，全部调查工作起止时间为 8 月 1 日至 9 月 30 日(进度安排略)。

九、数据处理与分析(略)。

十、调查经费预算(略)。

十一、调查组织计划(略)。

(资料来源：https://www.docin.com/p-1881224841.html，豆丁网)

第一节　市场调查方式概述

科学的市场调查，必须根据调查研究的目的和调查对象的特点，选择合适的调查方式。具体的调查组织方式，可以从不同的角度，按不同的标准进行分类。

一、市场调查方式的分类

(一)全面调查和非全面调查

按调查对象所包括的范围不同，市场调查可分为全面调查和非全面调查两种。

1. 全面调查

全面调查是为了收集比较全面、精准的市场信息资料，对构成调查对象的所有总体单位进行逐一的、无遗漏的专门调查。全面统计报表和普查，都是全面调查。

在市场调查时选择全面调查，其目的在于了解市场的一些至关重要的基本情况，以便对市场状况作出全面、准确的描述，从而为制定市场有关政策、计划提供可靠的依据。例如对某类商品的库存量、供货渠道以及消费对象的全面调查，都是为了掌握某种市场现象在一定时点上的整体情况而专门组织的一次性全面市场调查。

全面市场调查的特点主要有三个：一是收集的市场信息资料准确性高；二是费用庞大；三是调查内容标准化程度高。

全面调查实施的具体要求：一是调查时间必须统一，即调查所收集到的市场信息资料必须是反映同一时间段或时点上的基本情况；二是调查项目必须简明，即市场调查项目必须简明扼要，只针对一些重要的基本情况进行调查，调查对象能够在较短的时间内完成问题；三是要统一部署，协调一致。由于参加全面调查的工作人员数量众多，必须有一个组织机构来对整个调查活动统一部署，在调查方法和步骤上要求协调一致，以确保整个市场调查过程的完整和规范。

2. 非全面调查

非全面调查是指对构成调查对象的一部分总体单位，进行调查登记的一种调查方法。重点调查、典型调查和抽样调查，都是非全面调查。

例如，为了了解某地区居民的消费水平情况，并不需要对该地区所有的居民进行调查，只需要搜集各个收入层次的一部分居民消费水平方面的实际资料即可；对某批产品进行质量鉴定，也不需要对所有产品逐个进行质量检验，只需要抽出一部分产品进行检验即可。这些调查都属于非全面调查。

(二)经常性调查和一次性调查

按调查登记时间是否连续，市场调查可分为经常性调查和一次性调查。

1. 经常性调查

经常性调查是指随着调查对象的发展变化，连续不断地进行调查登记的方法。例如，要对某项工程的质量水平进行调查，就需要随着工程进度的延伸，连续不断地调查登记此项工程的质量情况和相关情况，直至工程全面竣工、验收。这种调查就属于经常性调查。

2. 一次性调查

一次性调查是指间隔一定时间的非连续性调查。例如，人口数、学校数、固定资产原值等指标，因为短时间内的变化不会太大，所以没有必要进行经常性调查。只需间隔一定时间了解其在一定时点上的状况，可采用一次性调查。

(三)统计报表和专门调查

按调查的组织方式不同，市场调查可分为统计报表和专门调查。

1. 统计报表

统计报表是按一定的表式和要求，自上而下统一布置、自下而上逐级提供和报送调查统计资料的一种调查方式。

我国建立了规范的统计报表制度，所有的企事业单位和基层行政机关，都要遵守《统计法》，按照上级部门规定的表式、项目、日期和程序向上级部门提交统计报表。这种调查组织方式在我国的统计工作中占有重要的地位。负责编制和报送统计报表的组织机构，是常设或固定的。统计报表属于经常性调查。

2. 专门调查

专门调查是指为了研究某些专门问题而专门组织的调查。这种调查的组织机构不是常设的，而是根据研究目的和任务临时设置的。专门调查属于一次性调查，包括普查、重点调查、典型调查和抽样调查等。

市场调查还可以从其他的角度分类，并且各种分类也不是相互排斥的。如普查，从调查对象所包括的范围来看，属于全面调查；从调查时间的连续性来看，属于一次性调查；从组织方式上看，又属于专门调查。

二、市场调查的基本方式

(一)普查

1. 普查的含义

普查是为了掌握某种事物的客观规律而专门组织的一次性全面调查。有些客观事物不需要或不可能进行经常性调查，但又需要掌握它的准确情况，就需要采用普查的方式搜集资料。

普查是一种重要的调查方式，世界各国在进行本国的国情国力调查时，都采用普查的方式来完成。

2. 普查的特点

1) 普查是一次性调查

普查一般用来调查属于一定时点现象的总量。由于时点现象的总量在短期内往往变化不大，不需要进行经常性调查，通常要间隔一段较长的时间进行一次调查。例如，我国第五次与第四次人口普查相隔了10年。

2) 普查是全面调查

普查的对象范围广，总体单位数量大，指标的内容详细，并且规模宏大，所以，普查比其他任何调查方式更能掌握大量、全面的统计资料。例如，人口普查的对象是全中国的所有公民(不包括港澳台地区)，调查的内容不仅仅是人口数量，还有各种构成资料和社会特征资料，如性别构成、年龄构成、民族构成、生育率、死亡率、教育特征、经济特征等各方面的情况。

3) 普查的工作量大

普查涉及面广、时间性强、复杂程度高、对组织工作的要求高，需要耗费大量的人力、物力和财力，因而普查不宜经常进行。

3. 普查的实施过程

根据普查的特点，在组织实施中，要加强领导，发动群众，统一部署，统一行动，制订周密的普查方案。具体的实施过程如下所述。

(1) 成立专门的组织机构，领导和组织实施普查工作。

由于普查的工作量巨大，任务繁重，必须自上而下地建立各层次的组织机构，配备专门人员负责普查工作。我国在历次人口普查工作中，首先在国务院成立全国人口普查领导小组，在各省、自治区和直辖市的各级政府也相应地建立普查办公机构，各部门、各单位成立专门工作机构，配备专门人员负责人口普查工作。

(2) 确定统一的调查时间，即标准时间。

因为普查的客观现象一般为时点现象，必须规定某一时点作为标准时间，主要是由于时点现象在各个时点上的状况变化频繁，如果不规定准确的时点，在登记时容易重复或遗漏。例如，第五次人口普查的标准时间是 2000 年 11 月 1 日零时，就是由于人口基数比较大，在每时每刻都有新出生人口和死亡人口，只有确定标准时间，才能准确反映标准时间内的人口数量。在 11 月 1 日零时之前死亡的人口和 11 月 1 日零时以后出生的人口，都不能进行登记；而 11 月 1 日零时之前出生的人口和 11 月 1 日零时以后死亡的人口，均应该予以登记。

(3) 普查人员业务培训。

普查登记工作开始之前，要对普查人员进行业务培训，使他们明确普查的要求，掌握相应统计指标的含义、计算口径、登记方法，以保证工作效率和工作质量。

(4) 制定严格的质量控制办法。

对普查工作的各个环节实行全面的质量管理和控制，可以明确责任，逐级负责，层层把关，保证普查资料的准确性和普查质量。

(5) 规定各阶段的工作进度和要求，使各个环节互相衔接，有计划、按步骤进行。

各有关部门纵向服从统一领导，横向保持必要的联系，彼此步调一致，协同工作，保证在规定的时间内完成任务。加强宣传，通过媒体广泛动员全社会全面参与、支持和配合普查工作，为普查工作的开展创造良好的舆论环境。

(二)统计报表制度

1. 统计报表制度的含义

统计报表制度是基层单位(或下级单位)按照上级部门颁发的统一的表式、统一的调查纲要、统一的报送程序和时间，自下而上逐级报告统计资料的制度。这种以表格形式提供统计资料的书面材料，被称为统计报表。

统计报表的种类，可以按照不同的角度来划分。

按调查范围划分，可分为全面统计报表和非全面统计报表。

按实施范围划分，可分为国家统计报表、部门统计报表和地方统计报表。

按统计报表报送周期的长短划分，可分为日报表、旬报表、月报表、季报表、半年报表和年报表。其中，年报表是总结全年经济活动的报表，其内容全面、指标多、分组细，是制订计划、发布公报的重要依据，是最主要、最常用的统计报表。

按填报单位划分，可分为基层报表和综合报表。

2. 统计报表制度的内容

(1) 表式，是指统计报表的具体格式。不同的调查任务有不同的格式，但基本上由三部分组成，即表头(报表标题、表号、报表期别、填报单位、制表单位、计量单位等)、表身

(具体填报数据和资料)和表脚(备注、填表人签章、审核人或负责人签章等)。

(2) 填表说明，包括调查目的、要求和办法、统计范围、分组体系、各种统计目录、指标解释、报送日期、报送方式等，它可使填报单位明确填报任务和填报方法。

3. 统计报表的资料来源

统计报表资料来自基层单位的原始记录和统计台账。

(三)重点调查

重点调查是在调查对象中选择一部分重点单位进行的一种非全面调查方式。重点单位是指调查对象中的一小部分，但其某一主要标志总量在总体标志总量中却占绝对比重，重点单位的特征可以反映总体的基本情况。

例如，为了解我国工业企业发展的基本情况，对一些国有特大型企业进行调查，如鞍钢、首钢、上海宝钢、大庆油田、胜利油田等，它们的数量不多，但在国民经济的发展中，无论是资产总量，还是所创利税，都占全国所有工业企业相关指标的60%以上。对这些重点单位所进行的调查，属于重点调查。

所以，重点调查虽然属于非全面调查，但通过重点调查却可以了解总体的主要情况和发展变化的基本趋势，在一定程度上，起到全面调查的作用。重点单位要根据研究任务和研究对象的特点而定，选择重点单位要进行具体分析。由于重点调查是小范围的调查，所以节省人力、物力和财力，时效性强，研究的问题也比全面调查更深入。一般来说，当调查的目的任务不要求全面性和高度准确性，而部分单位又能比较集中地反映所研究的标志或指标时，宜采用重点调查的方式。

(四)典型调查

典型调查是根据调查的目的和任务，在调查对象中有意识地选择若干具有典型意义或有代表性的单位进行专门调查。这种调查方式是在对调查对象作全面分析、比较的基础上，有意识地选择少数具有代表性的调查单位作为典型，对其进行比较系统、深入的调查。典型调查的目的，不仅仅是停留在对典型单位的认识上，而且是通过对典型单位的调查来认识同类市场现象总体的规律性及其本质。人类对于客观事物的认识是一个从特殊到一般，又从一般到特殊的循环往复的过程。典型调查方式就是一种由特殊到一般的认识过程，是典型单位进行的一种非全面调查方式。为了研究成功的经验或总结失败的教训，就应该选择调查对象中先进或落后的单位作为典型单位；如果是为了了解总体的一般数量表现或一般发展趋势，则可选择中等的带有普遍性的单位作为典型单位。

1) 典型调查的主要特点

(1) 典型调查是深入细致的调查，可用来研究某些比较复杂的专门问题。

(2) 典型调查单位少，因而调查研究的指标可以多一些；可节省人力、物力和财力。

(3) 典型调查是一种比较灵活的调查方式，典型单位的选择和确定，是根据研究任务，在对调查对象进行初步分析的基础上，有意识地加以选择的。

(4) 典型调查的调查单位是根据调查者的主观判断来选择的，难以完全避免主观随意性。

(5) 用部分调查单位的调查结果来判断调查对象的特征，缺乏有力的科学依据，并且往往难以对总体进行定量分析，对于调查结论的适用范围，只能根据调查者的经验判断，无法用科学的手段和技术作出准确测定。

(6) 缺乏一定的连续性和持续性。在应用典型调查时应该注意扬长避短，在其适用范围内充分发挥其应有的作用。

2) 典型调查的实施要求

(1) 必须正确选择典型单位。正确选择典型单位，是保证典型调查科学性的关键。所谓典型单位，是指对总体具有代表性的单位，它必须具有市场现象的一般性。要做到正确选择典型单位，不能按照人的意志去臆想，必须根据客观实际情况，采取实事求是的态度，保证典型单位的代表性。在选择典型单位之前，对市场现象的总体情况要进行必要的分析。如果对总体情况没有一般了解，就无法判定哪些单位对总体具有代表性。一般来说，在选择典型单位时大致有两种做法：一种是从总体中直接选择；另一种是在对总体进行分类后，从各类中选择典型单位。前者适用于市场现象的发展比较平衡，总体各个单位之间无明显差异的情况。在这种情况下，从总体中直接选择典型单位即可保证对总体的代表性。后者适用于市场现象总体发展不平衡，总体内部某些单位之间存在较明显的差异，且这种差异可将总体划分为若干不同类型的情况。在这种条件下，应该从各类中选择典型单位。这种情况在市场现象中比较常见，如某市场中居民的收入水平有高、中、低之分，从而决定了居民的消费水平也有高、中、低的差异，此时应该应用先分类，再选择典型单位的方法。

(2) 典型调查必须把调查与研究结合起来进行。典型调查绝不满足于对典型单位的简单了解，它必须在调查过程中伴以深入、细致的研究，即不但要说明现象目前的情况，还要研究现象是如何发展变化的，有时还必须研究现象未来的发展变化趋势。典型调查只有在调查过程中认真研究现象，才能从特殊事物中认识它的一般性，进而对市场现象的本质和规律性加以认识。

(3) 要正确使用典型调查的结论。典型调查的目的是通过对典型单位的调查，认识同类市场现象的本质和规律性。通过典型调查能否正确认识总体，不仅取决于所选择的典型单位是否对总体有代表性，还取决于是否能正确应用典型调查的结论。正确应用典型调查的结论，关键在于严格区分典型单位所具有的代表同类事物的普遍性一面和典型单位本身由一定条件、环境和因素所决定的特殊性一面，必须对这两方面的内容加以科学的区分和说明，而且要特别说明其普遍性所适用的范围。切不可不加以区分地把典型调查的结论作为普遍性的结论，也不可不分时间、地点、条件地将普遍性结论生搬硬套。

如果对调查推断精度要求较高，就不适宜采用典型调查的形式，而应采用随机抽样的方式。在调查对象的差异较小，所选调查单位具有较大代表性的前提下，用典型调查获得的资料来推断调查对象的总体情况，也能得到较为满意的结果。

例如，为了了解国有工业企业扭亏为盈的情况，可以在事先摸底的基础上，选择一些该项工作成绩显著的企业作为典型单位，深入研究其扭亏为盈的办法，总结经验，为其他企业树立榜样；如果要调查工业生产环境污染问题，可以初步分析污染的严重程度，然后选择污染治理工作效果差的企业作为典型单位，进而研究其原因以及给社会带来的严重问题和后果等，这些都属于典型调查。

(五)抽样调查

抽样调查是指在调查对象中抽取一部分总体单位作为样本，根据样本资料推断总体特征的一种调查方式。

抽样调查是专门组织的非全面调查。由于全面调查的范围广，工作量大，需要耗费大量的人力、物力和财力，而且有时也不需要或不可能进行全面调查，但又要了解客观现象的总体情况，就可以采用抽样调查的方式(具体内容见下一节内容)。

【案例思考】

某县盛产椪柑、蜜橘、金橘等橘类产品。投资商 A 拟在该县投资兴办一家橘类产品加工厂，他想知道该县的橘类产品的资源分布、产品产量和结构、投资环境、有无同类产品加工厂及其生产能力？他想论证和评估市场需求、项目背景、技术方案、环境保护效益、风险投资规模、项目实施条件等方面的可行性。你认为应采用哪些调查方式，可采用哪些调查方法？

(资料来源：https://max.book118.com/html/2017/0329/97828562 作者有修改)

第二节　抽样调查基本理论

在市场调查中，抽样调查是非常有效和重要的方式。绝大多数市场调查工作的目的是获取研究总体的信息及其特征，而市场现象总体是由千差万别的调查单位所组成的，对市场总体进行调查，若能够做到全面、普遍的调查，其所得到的资料当然是最能反映市场总体特征的。但在许多情况下对市场实施全面调查是非常困难的，甚至是根本不可能的，而重点调查和典型调查的结果又不能很好地代表总体的情况，有时还很难确定重点或典型，因而这几种方式都不能作为了解总体特征时的常用调查方式。市场调查必须寻求一种既能很好地反映总体，又切实可行的调查方式，这就只能选择抽样调查方式。

一、抽样调查的含义及其特点

(一)抽样调查的概念

抽样调查也称为抽查，是指从调研总体中抽选出一部分要素作为样本，对样本进行调查，并根据抽样所得的结果推断总体的一种专门性的调查活动。抽样调查是一种被广泛使用的调查组织方式。

(二)抽样调查的特点

抽样调查最主要的特点在于其应用科学的方法，在总体中抽取有代表性的调查对象进行调查，克服了普查的组织难、费用高、时间长的缺点，也克服了传统调查方法(如重点调查、典型调查)的主观随意性和样本代表性不强的弱点，具有较强的代表性和科学性，是比较科学和客观的一种调查方法。

1. 抽样调查的优点

(1) 时间短、见效快。抽样调查涉及面较小，取得调查结果比较快，能在较短的时间内获得同市场普查大致相同的调查效果，还可以运用抽样调查技术来检验普查及有关资料的正确性,并给予必要的修正。

(2) 质量高、可信程度好。抽样调查是建立在数理统计基础之上的科学方法,只要由专门人才主持抽样调查,严格按照抽样调查的要求进行抽样,就可以确保获取的信息资料具有较强的可靠性和准确性,对那些无法或没有必要进行普查的项目具有很好的适用性。

(3) 费用省、易推广。由于抽样调查把调查的对象降低到较少的程度,又能保证调查的有效性,从而可以大大地减少工作量,降低费用开支,提高经济效益。同时,由于抽样调查需较少的人力、物力,企业容易承担、容易组织、容易推广。

2. 抽样调查的不足

由于抽样调查所调查的对象是调查对象中的一部分,抽样调查的结果是从抽取样本中获取的信息资料推断出来的,所以,抽样调查存在着抽样误差。抽样误差是客观存在的,在一定范围内也是允许的。

二、抽样调查的适用范围

抽样调查主要适用于以下几种情况。

(1) 调查总体范围较大,调查对象较多时。例如,全国(省/市)城乡居民生活水平调查,因范围广、数量多,一般不会进行普查。因为采用科学的抽样方法,会使个体的偶然现象趋向于相互抵消,总体呈现出稳定的统计规律性,样本的情况接近总体的情况。

(2) 不可能进行全面调查时。有时不可能进行全面调查,或是因为对总体的范围把握不了,如对大气或海洋的污染情况的调查;或是因为调查会带来灾难性的后果,如汽车的受撞击程度的调查、产品的质量检查。在这些情况下,自然只能采取抽样调查。

(3) 不必进行全面调查时。许多现象可以进行全面调查,但是进行全面调查的成本很高,而样本单位之间又存在很大的相似性,就没有必要进行全面调查。例如,城乡居民收支调查,可按地区、家庭、个人逐一进行登记,但工作量太大,并且很多地区、家庭和个人的消费之间有着许多相似之处,只需要抽取其中一小部分进行调查,就可以据之推算全体,不必进行全面调查。

(4) 对全面调查的资料质量进行检验时。如对人口普查的资料进行检验,不可能再进行一次全国范围内的全面调查,只能抽取部分单位进行复查。

三、抽样调查涉及的基本概念

(一)总体与总体单位

总体又称全及总体,是由客观存在的、具有某种共同性质的许多个别事物组成的集合体。构成总体的个别事物,就是总体单位。抽样调查中的总体是根据调查计划的目的所规定的调查整体。如欲对某市的个体工商户进行调查,则该市所有的个体工商户就构成一个总体,而其中的每一个个体工商户则是总体单位。市场调查者应该在明确调查总体后,再实施相应的市场调查活动。定义总体是要解决总体的范围、性质和构成。例如,一家生产空调的企业希望了解未来消费者对某种新产品的接受程度,其经营者将总体定义为"可能使用新产品的一切用户"。由于企业拥有比较完整的客户资料,负责样本设计的调查者将总体定义为"现有客户"。由此可见,管理层与调查者在总体的定义上存在着明显的差异。因此,调查人员必须与管理者进行多次反复的沟通,以达成一致意见和看法。

总体的单位数通常都是很大的,甚至是无限的,这样才有必要组织抽样调查,进行抽样推断。构成总体的单位总数称为总体单位数,一般用符号 N 表示。

(二)样本与样本单位

样本又称子样,是指从总体中抽取出来的一部分总体单位构成的子群体或子集。构成样本的单位称为样本单位。样本的单位数是有限的,样本单位数一般用符号 n 表示,也称样本容量。

(三)总体指标和样本指标

总体指标又称参数,是根据总体各单位的标志表现计算的综合指标。

对于总体中的数量标志,可以计算的总体指标有总体平均数、总体方差 σ^2 (或总体标准差 σ)。

设调查总体中变量 X 的取值为:X_1,X_2,…,X_N,则

$$\overline{X} = \frac{\sum X}{N} \text{ 或 } \overline{X} = \frac{\sum XF}{\sum X}$$

$$\sigma^2 = \frac{\sum (X - \overline{X})^2}{N} \text{ 或 } \sigma^2 = \frac{\sum (X - \overline{X})^2 F}{\sum F}$$

对于总体中的品质标志,由于各单位品质标志不能用数量来表示,可以计算的总体指标有总体成数、总体成数方差或总体成数标准差 σ_P。

设 P 表示总体中具有某种性质的单位数在总体单位数中所占的比重,Q 表示总体中不具有某种性质的单位数在总体单位数中所占的比重。在总体 N 个单位中,有 N_1 个单位具有某种性质,N_0 个单位不具有某种性质,$N=N_1+N_0$,则

$$P = \frac{N_1}{N}, \quad Q = \frac{N_0}{N} = \frac{N - N_1}{N} = 1 - P$$

如果总体中的品质表现只有"是""非"两种。例如,产品质量的标志表现为合格和不合格,人口性别的标志表现为男性和女性,则可以把"是"的标志表现表示为 1,而"非"的标志表现表示为 0。那么成数 P 就可以视为(0,1)分布的相对数,并可以计算相应的方差(或标准差)。其计算公式为

$$\overline{X}_P = \frac{\sum XF}{\sum X} = \frac{0 \times N_0 + 1 \times N_1}{N_0 + N_1} = \frac{N_1}{N} = P$$

$$\sigma_P^2 = \frac{(0-P)^2 N_0 + (1-P)^2 N_1}{N_0 + N_1} \frac{P^2 N_0 + Q^2 N_1}{N} = P^2 Q + Q^2 P = PQ(P+Q) = P(1-P)$$

在抽样推断中,总体指标的意义和计算方法是明确的,但总体指标的具体数值事先是未知的,需要用样本指标来估计它。

样本指标又称统计量。它是根据样本各单位的标志表现计算的、用来估计总体指标的综合指标。可以计算的样本指标有样本平均数、样本方差 s^2 和样本成数 p 等。

设样本变量 x 的取值为 x_1,x_2,…,x_n,则

$$\bar{x} = \frac{\sum x}{n} \text{ 或 } \bar{x} = \frac{\sum xf}{\sum f}$$

$$s^2 = \frac{\sum(x-\bar{x})^2}{n} \text{ 或 } s^2 = \frac{\sum(x-\bar{x})^2 f}{\sum f}$$

$$\bar{x}_p = \frac{n_1}{n} = p$$

$$s_p^2 = p(1-p)$$

总体指标是客观真实的非随机变量，在抽样调查中，总体指标仅仅是个理论数值，实际应用中需要根据样本指标来推断。在抽样推断中，样本指标的计算方法是确定的，但它的取值随着样本的不同，有不同的样本变量。所以，样本指标本身是随机变量，用它作为总体指标的估计值，有时误差大一些，有时误差小一些；有时会产生正误差，有时又会产生负误差。

(四)抽样误差

1. 抽样误差的含义

样本是总体的一部分，虽然具有代表性，但并不等于总体。用样本的统计指标去估计或推断总体指标时，或多或少会产生一定的误差。这种误差是由于抽样这种方式决定的，因而被称为抽样误差。抽样误差描述了样本指标与总体指标之间的离差绝对数，在用样本指标估计相应的总体指标时，它可以反映估计的准确程度。但是由于抽样误差是随机变量，具有取值的多样性和不确定性特点，因而就不能用它的某一个样本的具体误差数值来代表所有样本与总体之间的平均误差水平，应该用抽样平均误差来反映抽样误差平均水平。

2. 抽样误差的影响因素和计算

抽样误差是指随机抽样调查中必然发生的代表性误差，通常用符号 μ 表示。抽样平均误差是用样本指标推断总体指标时，计算误差范围的基础。抽样平均误差的计算，与抽样方法和抽样组织形式有直接关系，不同的抽样方法和抽样组织形式计算抽样平均误差的公式是不同的。在抽样调查中，抽样误差是客观存在和不可避免的，但这并不意味着可以任其存在或对其无所作为，相反，对抽样误差的控制是十分必要的。在抽样调查中，抽样误差是可以计算并加以控制的。

因为抽样调查是以样本代表总体，以样本综合指标推断总体综合指标，所以平均误差是不可避免的，但这种误差一般不包括技术性误差即调查过程中的工作误差。

1) 影响抽样误差大小的因素

(1) 总体单位之间的标志变异程度。总体单位之间标志变异程度大，抽样误差则大，反之则小，所以抽样误差大小与总体标准差大小呈正比例关系。

(2) 样本单位的数目多少与抽样误差大小有关。样本单位数目越多，抽样误差越小，样本单位数目越少，抽样误差则越大，所以抽样误差的大小同样本单位数呈反比的关系。

(3) 抽样方法的不同，抽样误差大小也不相同。一般来说，简单随机抽样比分层、分群抽样误差大，重复抽样比不重复抽样误差大。

2) 抽样误差的计算

在实际工作中,只求得一个样本指标,无法得到抽样平均误差(即样本指标的标准差),因而常常是根据抽样平均误差和总体标准差的关系来推算。样本平均数的抽样平均误差计算公式如下:

$$\mu_{\bar{x}} = \sqrt{\frac{(x-\overline{X})^2 f}{\sum f}}$$

在一般情况下,总体平均数是未知的。当样本较多时,可用样本平均数来代替(这已经得到证明)。而在实际工作中,通常只需从总体中抽取一个样本,这样就可以根据总体标准差和样本单位数的关系来计算了。

(1) 重复抽样条件下平均指标抽样误差的计算。数理统计可以证明:在重复抽样条件下,抽样平均误差与总体标准差成正比,与样本单位数的平方根成反比。故在已知总体标准差的条件下,可用下面的公式计算样本平均数的抽样平均误差:

$$\mu_{\bar{x}} = \frac{\sigma}{\sqrt{n}}$$

式中:$\mu_{\bar{x}}$——抽样平均误差;
　　　σ——总体方差;
　　　n——样本单位数。

在大样本($n>30$)下,如果没有总体标准差 σ 的资料,可用样本标准差 s 来代替,其公式如下:

$$\mu_{\bar{x}} = \frac{s}{\sqrt{n}}$$

(2) 重复抽样条件下成数抽样误差的计算公式:

$$\mu_p = \sqrt{\frac{P(1-P)}{n}}$$

式中:μ_p——成数(相对数)抽样误差;
　　　P——成数(相对数);
　　　n——样本单位数。

同样,在大样本下,如果 P 未知,可用样本成数 p 来代替,即

$$\mu_p = \sqrt{\frac{p(1-p)}{n}}$$

总体成数方差还有一个特点,就是它的最大值是 0.5×0.5=0.25,也就是说,当两类总体单位各占一半时,它的变异程度最大,方差为 25%,标准差则为 50%。因此,在总体成数方差值未知时,可用其最大值来代替,这样会使计算出来的抽样平均误差偏大一些,一般而言这对推断认识有益而无害。

(3) 不重复抽样条件下平均指标抽样误差的计算:

$$\mu_{\bar{x}} = \sqrt{\frac{\sigma^2}{n}\left(1-\frac{n}{N}\right)}$$

(4) 不重复抽样条件下成数抽样误差的计算公式:

$$\mu_p = \sqrt{\frac{p(1-p)}{n}\left(1-\frac{n}{N}\right)}$$

不重复抽样的平均误差和重复抽样的平均误差公式,两者相差的因子$\left(1-\dfrac{n}{N}\right)$永远小于1。在不重复抽样条件下,抽中的单位不再放回,总体单位数逐渐减少,余下的每个单位被抽中的机会就会增大,所以不重复抽样的抽样平均误差小于重复抽样的抽样平均误差,这就是用因子$\left(1-\dfrac{n}{N}\right)$作为调整系数来修正原式的道理。但在抽中单位占全体单位的比重很小时,这个因子接近于1,对于计算抽样平均误差所起的作用不大。因而实际工作中不重复抽样有时仍按重复抽样的公式计算。

【例 3-1】 某企业调查职工每月的消费支出,已知职工平均每人每月消费支出的标准差为 30 元,如果从全体职工 20000 人中抽取 160 人进行抽样调查,试计算:

(1) 重复抽样条件下,该企业职工月平均消费支出的抽样误差。
(2) 不重复抽样条件下,该企业职工月平均消费支出的抽样误差。

解析:根据已知条件可知:$N=20000$,$n=160$,$\sigma=30$,根据抽样误差计算公式得:

(1) $\mu_{\bar{x}} = \dfrac{\sigma}{\sqrt{n}} = 30/12.6491 = 2.3717$(元)。

(2) $\mu_{\bar{x}} = \sqrt{\dfrac{\sigma^2}{n}\left(1-\dfrac{n}{N}\right)} = 2.2749$(元)。

【例 3-2】 某企业生产的产品,按正常生产经验,合格率为 90%,现在从 5000 件产品中抽取 50 件进行质量检验,在重复抽样和不重复抽样条件下分别计算合格率的抽样误差。

解析:根据题意,产品合格率 $P=90\%$,$N=5000$,$n=50$,根据抽样误差计算公式得:

重复抽样条件下 $\mu_p = \sqrt{\dfrac{P(1-P)}{n}} = \sqrt{\dfrac{90\% \times 10\%}{50}} = 4.24\%$

不重复抽样条件下 $\mu_p = \sqrt{\dfrac{P(1-P)}{n}\left(1-\dfrac{n}{N}\right)} = \sqrt{\dfrac{90\% \times 10\%}{50} \times \left(1-\dfrac{50}{5000}\right)} = 4.22\%$

从以上计算公式和实际计算结果可以看出,在其他条件相同的情况下,采用不重复抽样,其抽样误差比重复抽样误差小,相差的程度取决于修正系数$\left(1-\dfrac{n}{N}\right)$的大小。当总体单位数量庞大时,重复抽样的抽样误差与不重复抽样的抽样误差很接近,差别不大,此时,为了简化计算,可以使用重复抽样的抽样误差计算公式来代替不重复抽样的抽样误差计算公式。

抽样平均误差的计算,在抽样调查中占有相当重要的地位。抽样调查的优点在于它能计算出抽样平均误差,且以抽样平均误差作为用样本指标推断总体指标的重要补充指标。

3. 抽样误差的控制

在抽样调查中,可以通过如下方式对抽样误差加以控制,使之减小。

(1) 要准确选定抽样方法。选择正确的抽样方法,有利于使抽取的样本能真正代表样本的总体,减少误差。抽样方法可分为随机抽样和非随机抽样两大类,每一类又可分为很多具体小类。对抽样方法的选择,要根据调查目的和要求,以及调查所面临的主客观、内外部条件进行权衡选择。一般条件下,随机抽样法具有更大的适用性。

(2) 要正确确定样本数目。一般而言,样本数与抽样误差呈反比关系,即样本数越多,抽样误差越小,反之亦然。但是,抽样误差又与调查总体中有关特征差异有关。总体中差异越大,在同样样本数的条件下,误差越大;总体中的差异越小,在同样的样本数的条件下,误差越小。换言之,在确保同样的差异误差的前提下,如果总体中的差异大,则需抽取的样本单位数应该多一些,反之亦然。而且,抽取的样本大小又与调查的成本有关,样本越多,费用越高,反之亦然。所以,确定样本数要综合考虑对抽样误差的允许程度、总体的差异性和经济效益的要求等因素。

(3) 要加强对抽样调查的组织领导,提高抽样调查工作的质量。要以科学的态度对待抽样,特别是要由专门人才,或经过严格培训的人员承担抽样调查工作。抽样方法要适当,工作程序要规范,严格按照所选用的抽样方法的要求进行操作,确保整个抽样工作科学合理。

(五)抽样极限误差

1. 抽样极限误差的含义

抽样极限误差是从另一个角度来考虑抽样误差问题的。用样本指标推断总体指标时,要想达到完全准确和毫无误差,几乎是不可能的。样本指标和总体指标之间总会有一定的差距,所以在估计总体指标时就必须同时考虑误差的大小。我们不希望误差太大,因为这会影响样本资料的价值。误差越大,样本资料的价值便越小,当误差超过一定限度时,样本资料就毫无价值了。所以在进行抽样调查推断时,应该根据所研究对象的变异程度和分析任务的需要确定允许的误差范围,在这个范围内的数字就算是有效的。这就是抽样极限误差的问题。

抽样极限误差是指样本指标和总体指标之间抽样误差的可能范围。由于总体指标是一个确定的数,而样本指标则是围绕着总体指标左右变动的量,它与总体指标可能产生正离差,也可能产生负离差,样本指标变动的上限或下限与总体指标之差的绝对值就可以表示抽样误差的可能范围。

设 $\Delta_{\bar{x}}$、Δ_p 分别表示样本平均数的抽样极限误差和样本成数的抽样极限误差,则有:

$$|\bar{x} - \overline{X}| \leq \Delta_{\bar{x}}$$
$$|p - P| \leq \Delta_p$$

上面的不等式可以变换为下列不等式关系:

$$\overline{X} - \Delta_{\bar{x}} \leq \bar{x} \leq \overline{X} + \Delta_{\bar{x}}$$
$$P - \Delta_p \leq p \leq P + \Delta_p$$

上面第一式表明样本平均数是以总体平均数 $\overline{X}$ 为中心,在 $\overline{X} - \Delta_{\bar{x}}$ 至 $\overline{X} + \Delta_{\bar{x}}$ 之间变动的,区间 $(\overline{X} - \Delta_{\bar{x}}, \overline{X} + \Delta_{\bar{x}})$ 称为样本平均数的估计区间,区间的长度为 $2\Delta_{\bar{x}}$,在这个区间内样本平均数和总体平均数之间的绝对离差不超过 $\Delta_{\bar{x}}$。同样,上面第二式表明,样本成数是指以调查总体成数 P 为中心,在 $P - \Delta_p$ 至 $P + \Delta_p$ 之间变动的,在 $(P - \Delta_p, P + \Delta_p)$ 区间内样本成数与总体成数的绝对离差不超过 Δ_p。

由于总体平均数和总体成数是未知的,它需要用实测的样本平均数和样本成数来估计,因而抽样极限误差的实际意义是希望估计区间 $\bar{x} \pm \Delta_{\bar{x}}$ 能以一定的可靠程度覆盖总体平均数

$\overline{X}$，$P \pm \Delta_p$，能以一定的可靠程度覆盖总体成数 P，因而上面的不等式应变换为

$$\overline{x} - \Delta_{\overline{x}} \leq \overline{X} \leq \overline{x} + \Delta_{\overline{x}}$$
$$P - \Delta_p \leq P \leq p + \Delta_p$$

2. 抽样极限误差的计算

基于概率估计的要求，抽样极限误差通常需要以抽样平均误差 $\mu_{\overline{x}}$ 或 Δ_p 为标准单位来衡量。把抽样极限误差 $\Delta_{\overline{x}}$ 或 Δ_p 分别除以 $\mu_{\overline{x}}$ 或 Δ_p，得相对数 t，它表示误差范围为抽样平均误差的若干倍，t 是测量估计可靠程度的一个参数，称为抽样误差的概率度。

$$t = \frac{\Delta_{\overline{x}}}{\mu_{\overline{x}}} = \frac{[\overline{x} - \overline{X}]}{\mu_{\overline{x}}} \text{ 或 } \Delta_{\overline{x}} = t\mu_{\overline{x}}$$

$$t = \frac{\Delta_p}{\mu_p} = \frac{|p - P|}{\mu_p} \text{ 或 } \Delta_p = t\mu_p$$

抽样估计的概率度是表明样本指标和总体指标的误差不超过一定范围的概率保证程度。由于样本指标随着样本的变动而变动，它本身是一个随机变量，因而样本指标和总体指标的误差仍然是一个随机变量，并不能保证误差不超过一定范围这个事件是必然事件，而只能给予一定程度的概率保证。因此，就有必要计算样本指标落在一定区间范围内的概率，这种概率称为抽样估计的概率保证程度。根据抽样极限误差的基本公式 $\Delta = t\mu$ 得出，概率度 t 的大小要根据对推断结果要求的把握程度来确定，即根据概率保证程度的大小来确定。概率论和数理统计证明，概率度 t 与概率保证程度 $F(t)$ 之间存在着一定的函数关系，给定 t 值，就可以计算出 $F(t)$ 来；相反，给出一定的概率保证程度 $F(t)$，则可以根据总体的分布，获得对应的 t 值。

在实际应用中，因为我们所研究的总体大部分为正态总体，对于正态总体而言，为了应用的方便，编有《正态概率表》以供使用。根据《正态概率表》，已知概率度 t 可查得相应的概率保证程度 $F(t)$；相反，已知概率保证程度 $F(t)$ 也可查得相应的概率度 t。

从抽样极限误差的计算公式来看，抽样极限误差 Δ 与概率度 t 和抽样平均误差 μ 三者之间存在如下关系。

(1) 在 μ 值保持不变的情况下，增大 t 值，抽样极限误差 Δ 也随之扩大，这时估计的精确度将降低；反之，要提高估计的精确度，就得缩小 t 值，此时概率保证程度也会相应降低。

(2) 在 t 值保持不变的情况下，如果 μ 值小，则抽样极限误差 Δ 就小，估计的精确度就高；反之，如果 μ 值大，抽样极限误差 Δ 就大，估计的精确度就低。

由此可见，估计的精确度与概率保证程度是一对矛盾，进行抽样估计时必须在两者之间进行慎重的选择。

思考：在一定的误差范围要求下，（　　）。

① 概率度大，要求可靠性低，样本数目相应要多
② 概率度大，要求可靠性高，样本数目相应要多
③ 概率度小，要求可靠性低，样本数目相应要少
④ 概率度小，要求可靠性高，样本数目相应要少
⑤ 概率度小，要求可靠性低，样本数目相应要多

(六)抽样数目的确定

抽样数目即样本容量(样本单位数),在抽样调查中必须确定必要的样本单位数。样本单位数过多,会造成人力、物力、财力和时间的不必要浪费;样本单位数过少,会影响调查结果的精确度,造成较大的误差,所以必须确定能够反映总体特征的样本数目。

1. 影响抽样数目多少的因素

(1) 总体中各单位之间标志值的变异程度。变异程度越大,需要抽选的样本数目越多;反之,需要抽选的样本数目越少。

(2) 允许误差的大小。允许误差又称极限误差或最大可能误差,是指抽样误差的范围。允许误差是以符号 Δ 表示。其计算公式为:$\Delta = t\mu$,式中 t 代表概率度,是指扩大或缩小抽样误差范围的倍数,μ 代表抽样误差,允许误差等于 t 倍的抽样误差。允许误差大,抽样数目可以少一些;允许误差小,抽样数目可以多一些。允许误差的大小要根据调查的目的要求和条件来确定。一般来说,调查准确度要求高,费用充足,允许误差要小一些;反之,允许误差可取大一些。

(3) 不同的抽样方法也会影响抽样数目的多少。一般来说,随机抽样比非随机抽样样本数目少一些,不重复抽样比重复抽样样本单位数少一些。

2. 抽样数目的计算公式

1) 根据平均指标的抽样极限误差确定样本单位数

影响抽样误差的因素之一,是样本单位数的多少。在抽样调查中,事先确定必要的样本单位数,是一项重要的工作。由于样本单位数 n 是抽样极限误差公式的组成部分,所以可以根据抽样极限误差公式推导出样本单位数。以简单随机抽样为例,测定总体平均数所必需的样本单位数 n。

(1) 重复抽样条件下抽样数目的计算公式:

$$n = \frac{t^2 \sigma^2}{\Delta_x^2}$$

(2) 不重复抽样条件下抽样数目的计算公式:

$$n = \frac{t^2 \sigma^2 N}{N\Delta_x^2 + t^2 \sigma^2}$$

2) 根据成数指标的抽样极限误差确定样本单位数

(1) 重复抽样条件下抽样数目的计算公式:

$$n = \frac{t^2 p(1-p)}{\Delta_p^2}$$

(2) 成数指标不重复抽样数目的计算公式:

$$n = \frac{t^2 N p(1-p)}{N\Delta_p^2 + t^2 p(1-p)}$$

t 值小,允许误差范围小,把握程度就大,反之就小。因为在抽样调查时,每 100 次抽样中有 95.45 次的正负误差不会超过 2,其余 4.55 次则会超过,其概率度值为 2,把握程度即可信程度为 95.45%。它们之间的相互关系,可参照概率表,如表 3.1 所示。

表 3.1　概率截取表

概率度 t	把握程度 F	允许误差 $\Delta = t\mu$
1.00	0.6827	1.00μ
1.50	0.8864	1.50μ
1.96	0.95	1.96μ
2.00	0.9545	2.00μ
3.00	0.9973	3.00μ

【例 3-3】 欲对一批零件(共 10000 件)的平均耐磨时数进行抽样调查，根据经验知道平均耐磨时数标准差为 51.95 小时，要求抽样的最大允许误差不超过 10 小时，把握程度为 95.45%，试用重复和不重复抽样两种条件下计算应该抽取的样本单位数。

解析：根据已知条件知：$s=51.91$ 小时，$\Delta_{\bar{x}}=10$ 小时，$F(t)=95.45\%$

通过查概率表，当 $F(t)=95.45\%$ 时，$t=2$。

(1) 重复抽样条件下：

$$n = \frac{t^2 \sigma^2}{\Delta_{\bar{x}}^2} \approx \frac{2^2 \times 51.91^2}{10^2} = 107.78 \approx 108 \text{ (件)}$$

(2) 不重复抽样条件下：

$$n = \frac{t^2 \sigma^2 N}{N\Delta_{\bar{x}}^2 + t^2 \sigma^2} = \frac{2^2 \times 51.91^2 \times 10000}{10000 \times 10^2 + 2^2 \times 51.91^2} = 106.63 \approx 107 \text{ (件)}$$

【例 3-4】 在例 3-3 的数据资料基础上，还知道产品合格率为 90%(耐磨时数达 1000 小时以上比重)，要求允许误差不超过 4%，概率保证程度为 95.45%，试确定应抽样的样本单位数。

解析：根据题意知：$p=90\%$，$F(t)=95.45\%$，$\Delta_p = 4\%$

查概率表，当 $F(t)=95.45\%$ 时，$t=2$，依公式得：

(1) 重复抽样条件下：

$$n = \frac{t^2 p(1-p)}{\Delta_p^2} \approx \frac{2^2 \times 91\% \times 10\%}{4\%^2} = 225 \text{ (件)}$$

(2) 不重复抽样条件下：

$$n = \frac{Nt^2 p(1-p)}{N\Delta_p^2 + p(1-p)} \approx \frac{10000 \times 2^2 \times 90\% \times 10\%}{10000 \times 40\%^2 + 2^2 \times 90\% \times 10\%} = 220.04 \approx 221 \text{ (件)}$$

3. 确定必要样本单位数应注意的问题

在确定必要样本单位数的过程中，可能会遇到一些应用性问题，主要应注意以下几个方面。

(1) 总体指标未知的问题。公式中涉及总体标准差与总体成数资料时，一般可利用以前的经验数据或样本数据来代替。若遇到有不止一个经验数据或样本数据时，宜选择最大的一个。若总体成数未知，可选取使成数方差达到最大(0.25)或接近最大的 P 值代入。

(2) 估计对象导致数目不相等的问题。对于同一资料，既要估计平均数又要估计成数时，根据这两种估计所求的必要样本单位数可能不相等，这时应选择其中样本单位数较大的进行抽样,以保证抽样推断的精确性和可靠性。

(3) 抽样方式导致数目不相等的问题。按重复抽样公式计算的必要样本单位数要比按不重复抽样公式确定的必要样本单位数大。在条件允许的情况下,为保证抽样推断的精确度和可靠程度,原则上,一切抽样调查在计算必要样本单位数时,都可采用重复抽样公式进行计算。

【阅读案例 3-1】

样本量的确定

在顾客满意度调查中,假定持满意态度的顾客的真实比例是 $p=0.5$。调查使用简单随机抽样抽取样本,并在 95% 的概率保证程度下 0.05 的抽样误差范围,对总体比例进行估计。表 3.2 显示了不同大小的总体所需的样本量。

从表 3.2 中可以看出,为满足要求的精度水平,随着总体大小的增加,样本量增加的比率逐渐减小到零。对于单元总数为 50 的调查总体,需要 44 个有效样本量,对于两倍于此的调查总体,达到同样进度要求的样本量为 79,而不需要将样本量翻倍,即 88 个。

表 3.2　用简单随机抽样估计 p 时所需的样本量

总体大小	所需的样本量
50	44
100	79
500	217
1000	278
5000	357
10000	370
100000	383
1000000	384
10000000	384

对于 $N=5000$ 或更大的调查总体,所需的样本单位数快速地逼近 $n=384$。因此对于简单随机抽样,在真实总体比例为 $p=0.5$ 的情况下,384 份有效问卷对于大于 5000 的总体,已足以满足给定的精度要求。

(资料来源:张灿鹏,郭砚常. 市场调查与分析预测[M]. 北京:北京交通大学出版社,2013.)

基于现实复杂考虑的样本量的计算,对于一般抽样设计,假定调查回答率小于 100%,在给定比例估计精度条件下,确定样本单位数的过程是从计算初始样本容量开始的,然后根据总体大小、设计效应和回答率分别对它进行调整和修正,最终求得样本单位数。

【相关链接 3-1】

各种运作限制对样本单位数影响的考虑

在样本单位数的计算讨论中,所涉及的知识确定样本单位数过程中最重要的指标估计值的精度要求。然而在实际应用中,在确定样本容量时,不考虑费用和时间是不可思议的。

大多数调研机构(和客户)都不可能忽视这些限制条件。最终确定的样本单位数必须与可获得的经费预算和允许的时限保持一致。

实际中经常会出现这种情况,在确定实施调查细节之前,就已经确定了预算,并限定了完成调查的最后期限。结果发现,实施调查所需要的样本单位数大于现有经费所能支撑的样本单位数,调研项目如果不能得到更多的经费,就得削减样本容量,从而降低精度要求。对于时间因素也是一样,如果时间不充裕,也需要限制样本量,以保证按时完成调查任务。

除了时间和费用之外,其他一些现场操作因素,如数据收集的方法,有无合适的现场调查人员,数据编码和审核人员,以及处理数据的设备等,都会对样本单位数的确定产生一定的影响。有时,这些因素的影响还可能是决定性的。例如,个人面访虽然有助于复杂信息的收集,并得到较高的回答率,但是面访所需的费用却是非常昂贵的。因此,对大样本调查来说,面访是不太可行的。

最终样本单位数的确定需要在精度、费用、时限和操作的可行性等相互冲突的限制条件下进行协调。它还可能需要重新审核初始样本量、数据需求、精度水平、调查计划的要素和现场操作因素,并作出必要的调整。

(资料来源:张灿鹏,郭砚常. 市场调查与分析预测[M]. 北京:北京交通大学出版社,2013.)

(七)抽样估计

抽样估计又叫抽样推断。抽样调查的目的是通过对抽中的样本进行调查,得到样本资料和数据,然后根据样本结果推断总体结果,这个过程即为抽样估计或抽样推断。实际应用中抽样估计有两种方法:点值估计和区间估计。

1. 点值估计值的计算

点值估计是直接以样本指标作为总体指标的估计值,不考虑抽样误差,仅作近似估计。例如,某地区有居民 10 万户,据某年 1 月底抽样调查,在 1000 户样本中得到空调机家庭普及率为 20%,以此作为全地区居民空调机在 1 月底的社会保有量,即为 100000×20%=20000(台)

2. 区间估计值的计算

区间估计值是在一定把握程度下,根据抽样指标(平均数指标或成数指标)和抽样误差范围,对指标估计值落入的区间范围作出的估计。计算公式为

$$\bar{x} \pm \Delta_x \text{ 即 } \bar{x} - \Delta_x \leqslant \bar{X} \leqslant \bar{x} + \Delta_x$$

$$p \pm \Delta_p \text{ 即 } p - \Delta_p \leqslant P \leqslant p + \Delta_p$$

式中:$\bar{x}$——抽样平均指标;

p——抽样成数指标。

这种计算结果比点值估计正确、可靠,灵活性比较强,又考虑到多种因素的影响,是比较科学的推断方法。

四、抽样调查的一般程序

一般来说,开展抽样调查大致可以按照以下五个步骤进行。

(一)确定调查总体

确定调查总体，即明确调查的全部对象及其范围。确定调查总体是抽样调查的第一个步骤，是抽样调查的前提和基础。只有对象明确，才能有的放矢，取得真实、可靠、全面的信息资料。只有明确调查总体，才能从中进行正确的抽样，并保证抽取的样本符合要求。如果调查的目的已经定义得很好，总体也会很好地描述出来。例如，汽车消费者：在过去12个月中购买了新汽车的消费者。啤酒消费者：18岁以上、在最近一个月内喝过啤酒的人。

为了满足调查目的的需要，应该详细说明提供信息或所需信息有关的个体或实体(如公司、商店等)的特征，确定调查范围及总体单位。一般来说，调查总体可以从以下几个方面来描述。

1. 地域特征

地域特征是指总体单位的活动范围或区域，可能是一个街区、一个省市、整个国家或者许多国家，有时指的是总体单位的户籍所在地或长期居住地。例如，当需要在某城市进行产品推广、制定广告媒体策略时，消费者的地域特征就是该城市。

2. 人口统计特征

考虑到市场调查目标和企业产品的目标市场，要郑重考虑在人口统计变量方面具有某些特征的总体单位。人口统计变量主要包括性别、年龄、学历、职业、家庭结构和家庭收入水平等。例如，想要进行剃须刀市场调查时，被访者主要应为男性，其中，年龄在18~55岁的被访者的意见是至关重要的，而了解60岁以上或18岁以下的被访者意见的意义则不是很大。

3. 产品或服务使用情况

除了上述因素以外，总体单位的共同特征通常可根据产品或服务的需求情况来定义。例如，在对消费者的满意度进行调查时，被访者应该是某产品或服务的消费者。有时通过一定时间内消费者是否使用该产品或服务和使用的频率来描述。

4. 对产品或服务的认知度

企业在传递其产品或服务的信息，或者进行品牌宣传时，所采取的方式是多种多样的，当想探知每一种方式传递信息的效果如何，消费者对所传递信息的理解程度如何等问题时，消费者对产品或服务的认知度就成为定义总体单位的重要特征。

(二)选择样本框和个体编号

抽样框是指对可以选择作为样本的总体单位列出名册或排序编号，以确定总体的抽样范围和结构，即提供抽样所用的所有被调查对象的详细名单。抽样框架一般可采用现成的名单，如户口册、企业名录等。应注意的是，在利用现有名单作为抽样框时，要先对该名录进行检查，避免有重复、遗漏等情况发生，以提高样本对总体的代表性。例如，以学校班级为抽样单元，则该学校80个班级的花名册就是抽样框。抽样框可以是具体的，如花名册、电话号码簿等，也可以是抽象的，如消费者抽样等，只要是符合调查条件的就有被抽取的可能。

在理想情况下，会有一个完整和准确的抽样框。但是在实际调查工作中，大多数情况下，这种理想状态是不存在的，即调查人员无法获得完整的抽样框，只能用其他的代替。在这种情况下，调查人员只能从几个抽样框中选择一个最好的。例如，对于一家准备开展一项消费者需求调查活动的公司，假定他们准备采用随机抽样方式确定访问对象后，实施"入户访问"，可供调查人员作为抽样框的是一份详细的地图，或者是由户籍管理部门或住宅小区物业管理部门提供的"住户门牌号码表"，调查人员最后就可根据"最准确""最可行""最便利"的原则确定以哪个作为自己抽样的样本框。在没有现成名单的情况下，可由调查人员自己进行编制，这就需要对总体中的个体进行编号。

个体编号，即对调查总体中的个体进行编号。在采用随机抽样的情况下，需要对总体中的每一个个体进行编号，以使抽样选出的个体更具有代表性。如果调查的范围过大，总体中的个体过多，则编号的工作量太大，因此，要尽量压缩调查范围，简化编号工作。如果调查总体很大且无法压缩，则可以将随机抽样中的分层和分群抽样方法结合使用，以减少编号工作量，当然，也可以采用非随机抽样方法，以减少编号这个环节。

(三)选择调查样本

这是在调查总体中选定具体的需对其实施调查的样本。选择调查样本，首先需确定抽样调查的方法，即确定采用随机抽样，还是非随机抽样；在总的方法确定后，要确定具体的抽样方法，如是分层抽样还是分群抽样等。其次还要确定样本的数量。在上述问题确定后，即可按预定的要求选择调查的样本。

(四)实施调查

这是对选定样本进行调查，即运用不同的调查方法对抽选的样本进行逐个调查，取得第一手资料。如果被访问的样本不在或拒绝采访，应设法改变访问技巧，再次访问。确实无法访问时，才能改变访问对象。对随机抽样而言，一般不允许随意改变样本或减少样本数，以保证样本资料的准确性与客观性。而对于非随机抽样而言，如遇原定调查对象不在或不愿接待，调查人员可以根据主观标准改变访问对象，以达到样本数为标准。

(五)测算结果

测算结果具体是指用样本指标推断总体指标的结果。测算结果是抽样调查的最后一个步骤，也是抽样调查的目的所在。具体做法可以是按百分比推算法进行推算，也可以用平均推算法进行推算。

百分比推算法，是指根据样本框中不同调查结果所占比例推断总体中的各个比例结果。例如，从总体的1000人中抽选出100人作为样本进行未来一年境外旅游计划的调查。其中在调查样本中有60人在未来的一年中有境外旅游计划，即占被抽样总数的60%，按百分比推算法，调查总体的1000人中将由600人在未来一年有境外旅游计划。

平均数推算法是指将调查的样本结果加以平均，求出样本平均数，代入平均数推算公式，即

$$总体 = 总体单位数 \times 样本平均数$$

例如，对某市200家超市的客流量进行调查，从中抽取50家超市作为样本，调查结果为50家超市的平均客流量为400人次，那么200家超市的总客流量为：200×400=80000(人次)

【阅读案例 3-2】

广东省个体工业抽样调查方案

一、调查目的

准确、全面地反映工业经济的运行状况，了解农村和城镇全部个体工业的生产经营情况，为各级政府管理非公有制工业经济提供翔实的决策依据，为国民经济核算提供客观的基础资料。

二、调查范围和对象

调查范围为辖区内未纳入企业(单位)名录库的全部农村和城镇个体工业。个体工业户必须符合以下四个条件。

(1) 有固定的生产经营组织、场所、设备和从事工业生产经营的人员。

(2) 常年从事工业生产经营活动，或从事季节性工业生产经营活动，但全年开工时间在三个月以上。

(3) 具有独立核算条件，能够独立核算收入、支出、盈亏情况。

(4) 依法经核准登记，领取工商执照，从事工业活动的个体工业户。

三、调查内容

调查全部个体工业的主要经营状况、经营规模及发展情况，具体内容见《整群抽样个体经营工业单位基层表》。主要指标有：营业收入、上缴税金、从业人数等指标。

四、抽样方法

抽样方法综合采用分层、二重、不等群整体抽样调查的方法。

(1) 以全省(A级)、市(B级)为总体，按行政区划的县(市、区)(C级)为抽样层进行分层抽样设计。全省有县区122个，分122个层，另外东莞市、中山市各作为一层，券商共124个层。

(2) 对县(市、区)(C级)总体首先依据全部城镇居委、行政村个体工业户的营业收入的规模分层，在每一层中，依据不等群整体抽样原理抽取一个样本村(居委)，并进行代表性检验，使抽样误差控制在限定范围内。对抽中的样本村(居委)内全部个体工业企业全数进行调查，依据调查资料推算出县级总体目标总量。

(3) 各市将所辖县(市、区)推算的总体总量汇总得出市总体目标总量。

(4) 以各县(市、区)抽中的样本村(居委)作为全省第二重抽样的全部总体，依据分层不等群整体抽样方法抽选省级样本村(居委)，据以推算省级总体目标总量，从而实现省级总体目标总量监控市和县级推算的目标总量。

五、样本村(居委)的抽取

1. 确定样本框

首先由各县(市、区)统计局从有关部门收集资料或组织各镇(乡)、街道对村(居委)全部个体工业户的基本情况展开摸底调查，并依次由各镇(乡)、街道、县(市、区)对本辖区内各居委、村的个体工业户营业收入进行审核把关。要求各居委、村的资料能确切地反映各居委、村的个体工业活动在本辖区的规模、水平及位次。经各市、省审核后，以此作为各县(市、区)组织实施全部个体工业抽样调查的抽样框。2001年各县(市、区)组织一次个体工业户的摸底调查，往后每两年组织一次。全省各县(市、区)的样本居委、村构成全省二重抽样的抽样框。

2. 抽选样本村(居委)

各县(市、区)样本量依据其总村(居委)数确定,根据有关资料的测算结果,一般为总村(居委)数的 2%,若 2%的样本量不足 10 个,则按 10 个村(居委)抽选。具体办法如下。

(1) 将本县全部居委、村按个体工业户经营收入总额从大到小排序,并依次累计经营收入总额。

(2) 用全部个体工业户的营业收入累计总额除以样本量计算出组距,按组距对全部居委、村进行分层。

由于各市所辖各县(市、区)一重样本确定的样本单位较少,不宜进行二重抽样,其样本总体直接由各县(市、区)样本村(居委)合并而成。

省级样本村(居委)依据分层不等群整体抽样的原理从省级二重抽样框中抽取适当比例的样本村(居委),作为省级样本村(居委)。抽中的居委为样本居委,抽中的村为样本村。

(资料来源:广东省统计局. 广东省个体工业抽样调查方案. 载佛山市统计信息网(http://www.fstjj.gov.cn))

第三节 抽样技术的具体应用

抽样技术是指抽样调查时采用一定的方法,抽选具有代表性的样本,以及各种抽样操作技巧和工作程序的总称。为了使抽选的样本更具有代表性,必须借助于各种抽样技术。从抽样的效率角度看,对不同的总体和不同的调查内容应采用不同的抽样方式,这样既可以抽出有代表性的样本,使抽样过程方便、快捷、组织高效率等,而且还能节省费用,熟悉和准确把握这些抽样方法非常重要。

一、抽样技术的类别

抽样技术分为随机抽样技术和非随机抽样技术两种,具体如图 3.1 所示。

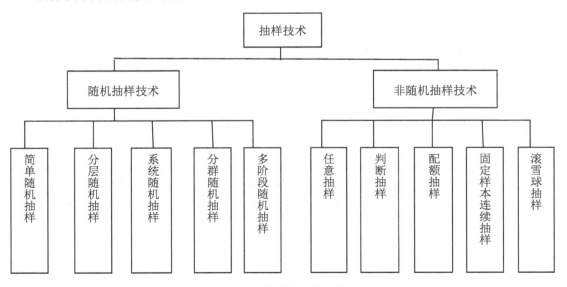

图 3.1 抽样技术的分类

1. 随机抽样技术

随机抽样技术又称概率抽样技术，是对总体中每一个个体都给予平等的抽取机会的抽样技术。在随机抽样的条件下，每个个体抽中或不抽中完全凭机遇，完全排除了人的主观因素的干扰。在具体操作过程中，由于采用的技术和调查总体的特征不同，又可细分为不同的方法。

随机抽样技术的优点在于：一方面随机抽样是总体中按照速记原则抽取一部分单位作为样本进行调查，它的调查范围和工作量比较小，又排除了人为的干扰，因此，随机抽样技术既能省时、省力、省费用，又能较快地取得调查的结果，同时抽取的样本可以在大致上代表总体；另一方面随机抽样技术能够保证调查结果的可靠程度，可以通过概率来计算推断值和实际值的差异，即抽样误差，并将该误差控制在一定范围内。

但是，随机抽样技术也存在着一定的不足，主要表现在：对总体中所有调查单位都给予均等机会，难以体现重点；需要具有一定专业技术的人员进行抽样和资料分析，一般调查人员难以胜任。

2. 非随机抽样技术

非随机抽样技术是指总体中每一个个体不具有被平等抽取的机会，而是根据一定主观标准来抽选样本的抽样技术。由于主观标准的确定和判断力的不同以及采用的具体方法、操作技巧等不同又可分为不同的非随机抽样方法。

非随机抽样技术相对于随机抽样技术而言有其自身的优缺点，优点体现在两方面：一是非随机抽样技术按一定的主观标准抽选样本，可以充分利用已知资料，选择较为典型的样本，使样本能更好地代表总体；二是可以缩小抽样范围，节约调查时间、调查人员和调查费用等。而使用非随机抽样技术也有其不足之处，即非随机抽样无法判断其误差大小，无法检查调查结果的准确性。这是因为，采用非随机抽样技术进行调查的总体中，每一个总体单位被抽取的概率不等，概率值的大小不清楚，无法借助概率理论计算抽样误差，这样调查结果的可靠程度只能由调查人员主观评定，由于主观标准不当或主观判断失误均会增大抽样误差，出现差错难以核实。

二、随机抽样技术的具体应用

(一)简单随机抽样

简单随机抽样也称纯随机抽样，就是在总体单位中不进行任何有目的的选择，完全按随机原则抽取样本单位。简单随机抽样技术是随机抽样技术中最简单的一种。这种方法一般适用于调查总体中各单位之间差异较小的情况，或者调查对象不明，难以分组、分类的情况。如果市场调查的总体范围较大，总体内部各单位之间的差异程度较大时，一般不直接采用简单随机抽样，而是要同其他随机抽样技术结合使用。简单随机抽样技术常用的有抽签法和乱数表法。

1. 抽签法

用抽签法抽取样本，就是先将调查总体的每个单位编上号码，然后将号码写在卡上搅拌均匀，从中任意抽选，抽到一个号码，就对上一个单位，直到抽足预先规定的样本数目为止。这种方法适用于总体单位数目较少的情况。

2. 乱数表法

乱数表又称随机数表，是指含有一系列组别的随机数字的表格。利用特制的摇码机器(或利电子计算机)在 0 到 9 的阿拉伯数字中，按照每组数字位数的要求(如 2 位、3 位，甚至 10 位一组等)，自动随机逐个摇出(或由电子计算机打出)一定数目的号码编成，以备查用，参照乱数表(见表 3.3)选择。

使用乱数表时，首先要把调查总体中的所有单位加以编号，根据编号的位数确定使用若干位数字，然后查乱数表。在乱数表中任意选定一行或一列的数字作为开始数，接着可从上而下，或从左至右，或一定间隔(隔行或隔列)顺序取数，凡编号范围内的数字号码即为被抽取的样本。如果不是重复抽样，碰上重复数字应舍掉，直到抽足预定样本数目为止。在这里需要特别指出的是，如果被抽中的号码大于总体数的，则应舍弃掉，继续进行抽取，直至抽够预定数额。

表 3.3　乱数表

03	47	43	73	86	36	96	47	36	61	46	98	63	71	62
97	74	24	67	62	42	81	14	57	20	42	53	32	37	32
16	76	62	27	66	56	50	26	75	07	32	90	79	78	53
12	56	85	99	26	96	96	68	27	31	05	03	72	93	15
55	59	56	35	64	37	54	82	46	22	31	62	43	09	90
01	22	77	94	39	49	54	43	55	82	17	37	93	23	78
41	11	17	53	71	57	24	55	06	88	77	04	74	47	67
61	26	63	78	59	16	95	55	67	19	98	10	50	71	75
33	21	12	86	29	78	64	56	07	82	52	42	07	44	38
57	60	17	34	44	09	47	27	96	54	49	17	45	09	62
70	28	17	12	13	40	33	20	38	26	79	83	51	03	74
56	62	37	35	18	98	83	50	87	75	83	11	25	93	47

【例 3-5】　要从 94 家上市公司中抽取 12 家作为调查样本，采用乱数表法如何抽取？

解析：可先将 94 家公司由 1 至 94 编号 N=94，然后将乱数表上任意一行(或一列)中任一个数字作为起点数，从这个数字按上下或左右顺序读起，每出现两个数字，即为被抽中的单位号码。假定本例是从第四行左边第四个数字向右顺序读起，则抽中的号码为：26　96　96　68　27　31　05　03　72　93　15　55，但是这里的第二、三个号码大于 94，应该舍掉，继续顺序抽取，补进两个符合要求的号码，最终抽中的号码应该为：26　68　27　31　05　03　72　93　15　55　59　56，共 12 个号码，则对应的 12 家公司即可作为样本。

简单随机抽样的优点如下。

调查总体名册完整时，样本抽取比较方便，操作简单。

简单随机抽样的缺点如下。

(1) 当完整的总体名册不易取得，或者取得的成本比较，大时操作较为困难。

(2) 当调查总体的单位数过多(例如总体单位数多达几万)时，抽样作业相对不便。

(3) 当样本分配比较分散时，会增加抽样调查作业难度。

(4) 当样本单位差异明显时，样本代表性不足。

建议简单随机抽样应在以下两种情况下使用。

(1) 调查总体内样本单位不多且拥有完整名册可以编号。
(2) 总体内样本单位差异不明显。

(二)分层随机抽样技术

分层抽样也称类型抽样或分类抽样，就是将调查总体单位按一定标准(调查对象的属性、特征等)分组，然后在各个类型组中用纯随机抽样方式或其他抽样方式抽取样本单位，而不是在总体中直接抽取样本单位。分层随机抽样技术在市场调查中采用较多。分层时要注意各层之间要有明显的差异，即必须有清楚的分层界限，在划分类型组时不至于发生混淆；必须知道各层中的单位数目和比例；分层的数目不宜太多，否则将失去分层的特征，不便在每层中抽样；每个层次内个体应保持一致性等。只有这样，才能使抽取的样本反映该层的特征，提高样本的代表性，减少抽样误差。

分层抽样的具体实施步骤如下所述。

(1) 确定目标总体。
(2) 确定样本单位数。
(3) 决定分层标志。
(4) 将总体按照分层标志分成若干类型组，每一类为一层。
(5) 在每一层中随机抽取足够的样本单位数。

分层抽样具体形式有下述两种。

1. 等比例分层抽样

等比例分层抽样即按各个层(或各类型)中的单位数量占总体单位数量的比例分配各层的样本数量。

【例 3-6】 某地共有居民 20000 户，按经济收入高低进行分类，其中高收入的居民为 4000 户，占总体的 20%，中等收入的居民为 12000 户，占总体的 60%，低收入的居民为 4000 户，占总体的 20%。要从中抽选 200 户进行购买力调查，采用等比例分层抽样方式应在各类型抽取多少样本单位数？

解：经济收入高的样本单位数目为：200×20%=40(户)

经济收入中等的样本单位数目为：200×60%=120(户)

经济收入低的样本单位数目为：200×20%=40(户)

样本单位数的抽取是按各种经济收入的单位数占总体单位数的比例进行样本的抽选。这种方法简便易行，分配合理，计算方便，适用于各类型之间差异不大的分类抽样调查，如果各类型之间差异过大，则不宜采用等比例分层抽样法，而应采用分层最佳抽样法。

2. 分层最佳抽样法

分层最佳抽样法又称非比例抽样法，它不是按各层单位数占总体单位数的比例分配样本单位，而是根据其他因素(如各层平均数或成数标准差的大小，抽取样本工作量和费用大小等)，调整各层的样本单位数。如按分层标准差大小调整各层样本单位数，其计算公式为

$$n_i = n \times \frac{N_i S_i}{\sum N_i S_i}$$

式中：n_i——各类型应抽选的样本单位数；
n——样本单位总数；
N_i——总体中各类型的调查单位数；
S_i——各类型调查单位平均数(成数)的样本标准差。

思考：仍以上述居民收入与购买力之间关系为例。各层样本标准差高收入者为300元，中等收入者为200元，低收入者为100元，试计算各群体中应抽取多少样本单位数？

(三)等距离抽样技术

等距离抽样又称系统抽样或机械抽样，是指将调查总体各单位按一定标志顺序排列，然后依据固定的顺序和间隔抽取样本单位。运用等距离抽样技术抽样，必须先在总体中按一定标志把个体顺序排列，并根据总体单位数和样本单位数计算出抽样距离(即相同的间隔)，然后按相同的距离或间隔抽选样本单位。排列顺序可用与调查项目有关的标志为依据，如在购买力调查中，按收入多少由低至高排列，也可用与调查项目无关的标志为依据，如按户口册、姓氏笔画的排列。

抽样间隔计算公式为：

$$抽样间隔 = 总体数(N) \div 样本数(n)$$

【例3-7】 某地区有零售店120户，采用等距离抽样方法抽选12户进行调查，应如何进行抽样？

解析：第一步，将总体调查对象(120户零售店)进行编号，即从1号至120号。

第二步，确定抽样间隔。已知调查总体 $N=120$，样本数 $n=12$ 户，故抽样间隔 $=120/12=10$(户)。

第三步，确定起抽号。用10张卡片=(即抽样间隔)，从1号至10号编号，然后从中随机抽取1张作为起抽数号。如果抽出的是5号，5号则为起抽号数。

第四步，确定被抽取单位。从起抽号开始，按照抽样间隔选择样本。即从5号起每隔10号抽选一个，直至抽足12个为止。

计算方法是：
  5
  5+10=15
  5+10×2=25
   ⋮
  5+10×11=115

即所抽单位是编号为5、15、25、35、45、55、65、75、85、95、105、115的12个零售店。

等距离抽样技术方法简单，省却了一个个抽样的麻烦，不仅适用于大规模调查，还能使样本均匀地分散在调查总体中，不会集中于某些层次，增强了样本的代表性。

(四)分群抽样技术

分群抽样又称整群抽样，是指将市场调研的总体按照一定的标准(如地区、单位等)分为若干群，再以随机抽样的方式抽取部分群，并对这些抽取出来的群中的所有单位进行调查，即对抽中的群进行全面调查。如果不是对所抽取的群体进行全面调查，而是进一步划分为若干个小群体，再按随机原则抽取一个或一部分小群体来调查，称为多段分群抽样。

分群抽样一般可采用两段式抽样法，即先采取纯随机抽样方法抽取若干群体，然后对选定的群进行全面调查。

例如，为调查某城市居民户的情况，拟抽取 1000 户作为样本。假定该市共有 500 个居委会，每一个居委会平均有 100 户居民。这样，就可以以居委会为单位，采用纯随机抽样方法抽出 10 个居委会，共 1000 户，然后把这 10 个居委会中的所有户作为样本进行调查。

思考：想调查某大学大四学生升学或就业的意愿，该校大四共有 35 个班，每班 30 名同学，要采取整群抽样从中抽取 150 名同学应该如何抽取？

运用分群抽样技术抽取样本，抽选工作比较简易方便，抽中的单位比较集中，但是由于样本单位集中在某些群体，而不能均匀分布在总体中的单位，如果群与群之间差异较大，则抽样误差就会增大。

整群抽样优缺点如下所述。

优点：节省成本和时间，抽样框架中每个元素的资料不易得到或不完整时，使用此法比较方便。例如，想要在一个拥有 100000 户家庭的城市中抽取 1000 户进行调查，按照简单随机抽样和等距离抽样都要求有一份详细的清单，即抽样框，但在实际工作中这样的名单往往是很难弄到的，这时采用整群方法就可以省去这种麻烦，使抽样工作简单易行。

缺点：选样不止一次，依调研目的可能要选两次或三次；群体内的元素值通常类似，因此估计量的精确度通常很低；分群的大小差异会影响抽样的正确性。

【相关链接 3-2】

整群抽样与分层抽样的异同

整群抽样与分层抽样有相似之处，但也有很大的区别。两种共同之处体现在：它们的第一步都是根据某种标准或标志将总体划分为一些子群体。两者明显的区别在于：所划分的子群体有很大不同，更重要的是它们的抽样方法也完全不同。相对地说，整群抽样所划分出的子群体往往规模较小、数量较多，而分层随机抽样所划分的子群体往往规模较大，数量相对较少。整群抽样是抽取若干子群体并对抽中的子群体的全部个体进行调查；而分层随机抽样则是在所有划分出的子群体中都要进行抽样，然后将每个子群中抽出的单位合起来共同构成样本。因此，整群抽样的样本单位仅仅分布在总体的几个子群体中，而分层抽样的样本单位遍布了所有的子群体。

正是由于整群抽样与分层抽样存在着上述区别，所以在实际应用中，调查人员应该根据不同的总体有针对性地选择这两种方法。如果总体中每一个子群体内部差异较小，而各个不同的子群体之间差异明显，则应该采用分层随机抽样技术进行抽样；相反，如果总体中每一个子群体内部差异很大，群和群之间差异不明显时，应该采用整群随机抽样技术进行抽样。简单地说，整群抽样适合于异质子群体，分层抽样适合于同质子群体。

(资料来源：郝渊晓. 市场营销调研[M]. 北京：科学出版社，2010.)

(五)多阶段随机抽样技术

当调查研究的总体容量很大，特别是总体的分布范围很广时，往往难以获得总体单位的名单。例如总体是某省、某市的居民或中学生等，此时，无论采用上述哪种抽样方法，都很难一次性直接抽到最终的样本。在这种情况下,研究者一般可采用多阶段抽样的方法来进行抽样调查。

多阶段抽样方法是指把抽取样本单位的过程分为若干个阶段,即先从总体中抽取若干一级单位,再从抽中的每一级单位中抽取若干二级单位,接着从抽中的二级单位中抽取若干三级单位,依次类推,直到最后才抽取样本基本单位。样本基本单位是该项调查的最小单位,是调查项目的基本承担者。例如,我国的农业产量抽样调查中一般是采用五级抽样,即从省抽县,从县抽乡,从乡抽村,从村抽地块,最后从抽中的地块中抽小面积实测产量。

运用多阶段随机抽样技术时,应该注意:一是在抽样的各个阶段究竟采用哪种具体的抽样方法(即简单随机抽样、分层随机抽样、等距离随机抽样和整群随机抽样),可以依据样本框的性质及方便程度来决定;二是要在多抽类别和少抽个体、少抽类别和多抽个体两种抽法之间保持平衡。

三、非随机抽样技术的具体应用

随机抽样虽然可以从样本去推断总体,然而在有些情况下,严格的随机抽样往往难以进行;在另一些情况下,研究者的主要目的是想初步了解调查对象的有关情况,以便建立研究假设或进行大规模的正式调查。此时,人们往往放弃科学但比较麻烦的各种随机抽样技术,而采用相对简单方便的非随机抽样技术。

(一)任意抽样技术

任意抽样技术又称便利抽样技术,就是依据方便原则进行样本的抽取。运用任意抽样技术进行抽样,一般由调研人员从工作方便性出发,在调研对象范围内随意抽选一定数量的样本进行调查。通常被调查者是由于恰巧在适当的时机出现在适当的地点而被选中。最典型的方式就是"街头拦截式访问调查"。例如,想要了解消费者对某商场服务状况的看法,在商场门口向过往的顾客询问调查问题;进行现场访问,任意选择一群消费者或者营业人员进行谈话,了解他们对商品质量的看法或购买动向等,任意抽样方法简便易行,可以及时取得所需的资料,节约时间和费用。

任意抽样技术在所有抽样技术中是成本最低、耗时最少,抽样单位易于接近、易于测量并乐于合作的方法。任意抽样技术适用于非正式的探测性调查,或调查前的准备工作。一般在调查总体中每一个体都是同质时,才能采用这类方法。但是实践中并非所有总体中每一个体都是相同的,所以抽样结果偏差较大,可信程度较低,它的样本没有足够的代表性,故在正式市场调查时,很少采用任意抽样法。

(二)判断抽样技术

运用判断抽样技术进行抽样时,由调查人员依据自己的经验抽取样本,或由某些有见解的专家选定样本。

判断抽样可以有两种具体做法。一种是由专家判断选择样本。一般用平均型或多数型的样本为调查单位,通过对典型样本的研究由专家来判断总体的状态。所谓"平均型",是在调查总体中挑选代表平均水平的单位作为样本,以此作为典型样本,再推断总体。所谓"多数型",是在调查总体中挑选占多数的单位作为样本来推断总体。另一种是利用统计判断选择样本,即利用调查总体的全面统计资料,按照一定的标准选择样本。

判断抽样法具有简便、易行、及时,符合调查目的和特殊需要,可以充分利用调查样本的已知资料,被调查者配合较好、资料回收率高等优点。但是,这种方法易发生主观判断产生的抽样误差,同时,由于判断抽样中各个调查单位被抽取的概率不知道,因而无法计算抽样误差和可信程度。如果调查者的经验丰富,知识面广,判断能力强,抽取的样本代表性就大,反之则小。

(三)配额抽样技术

运用配额抽样技术进行抽样,要按照一定的标准分配样本数额,并在规定数额内由调查人员任意抽选样本。

这种方法同分层抽样有相似的地方,都是事先对总体中所有单位按其属性、特征分类,这些属性、特征我们称之为"控制特性"。例如市场调查中消费者的性别、年龄、收入、职业、学历等。然后,按各个控制特性分配样本数额。

配额抽样可分为独立控制配额抽样和非独立控制配额抽样两大类。

1. 独立控制配额抽样

它是对调查对象只规定具有一种控制特征的样本抽取数目并规定配额的抽样方法,而不是规定具有两种或两种以上控制特征的样本抽取数目并规定配额。例如,在一个城市里欲采用配额抽样抽取一个 $n=180$ 的样本。调查对象的控制特征有年龄、性别和收入,配额是按照单个特征分配的。如各个年龄段上的配额、性别的配额和收入的配额,如表3.4、表3.5和表3.6所示。

表 3.4　按年龄特征控制配额分配

年　龄	人　数
20～30 岁	30
30～40 岁	50
40～50 岁	60
50 岁以上	40
合计	180

表 3.5　按性别控制特征配额分配

性　别	人　数
男	90
女	90
合计	180

表 3.6　按收入控制特征配额分配

收　入	人　数
高	36
中	90

续表

收　入	人　数
低	54
合计	180

从上述三个表中可以看出，虽然有年龄、性别和收入三个控制特征，但每个控制特征是按独立控制配额来抽取样本单位数的，相互之间不受牵制，也不规定三个控制特征有任何关系。这就是独立控制配额抽样的特点。独立控制配额抽样具有简便易行、费用少等优点，但也有选择样本容易偏向某一类型而忽视其他类型的缺点。

2. 非独立控制配额抽样

非独立控制配额抽样是指同时对具有两种或两种以上控制特征的每一样本数目都作出具体规定。具体操作方法是借助于交叉控制表，又称相互控制配额抽样表。

控制配额抽样法的工作程序一般可分为下述四个步骤。

第一，确定控制特征。调查人员可事先根据调查的目的和客观情况，确定调查对象的控制特征，作为总体分类的划分标准，如年龄、性别、收入、文化程度、民族等。

第二，根据控制特征对总体分层，计算各层占调查总体的比例，确定各层间比例关系。

第三，确定每层的样本数。首先确定样本总数，然后根据每层占总体的比例决定每层应该抽取的数目。

第四，配额分配，确定调查单位。在各层抽取样本数确定后，调查人员就可以在指定的样本配额限度内任意选择样本单位。

例如前例提到的要抽取180人的样本，要具有年龄、性别和收入三种控制特征来分配样本，如表3.7所示。

表3.7　相互控制配额抽样

分　组	高		中		低		合　计
	男	女	男	女	男	女	
20～30岁	3	3	4	4	8	8	30
30～40岁	5	5	7	7	13	13	50
40～50岁	7	7	9	9	14	14	60
50岁以上	3	3	7	7	10	10	40
小计	18	18	27	27	45	45	180
合计	36		54		90		

(四) 固定样本连续调查法

固定样本连续调查法是把选定的样本单位固定下来，进行长期调查，如住户调查及用户调查等。该方法的调查对象稳定，可以及时、全面取得各种可靠的资料，具有费用低、效果好等优点，缺点是调查户登记、记账的工作量较大，长年累月地记账，负担较重，难以长期坚持。固定样本连续调查的具体操作程序如下所述。

(1) 按照调查目的的要求选定固定样本户。对样本户的选定可采用适合的抽样技术。

(2) 对固定样本户进行必要的培训，提出要求，并发给预先设计好的调查登记表。

(3) 由各样本户按要求每天将需要调查的内容一一记下，如家计调查的家庭调查户，每天要记收支细分类账；零售企业调查户每天要记营业日记；用户要记录产品的使用情况等。

(4) 由调查人员定期收集各个调查户记录的材料，并进行汇总、整理、分析，得出有关的结论。

(5) 对固定调查户，每隔一段时间，进行访问，了解调查对象记录情况，并给予具体指导，发现问题及时纠正，以保证资料的真实性。访问方式可定期进行也可不定期进行。

(6) 定期召集调查户代表举行座谈会，听取意见，改进工作。

(五)滚雪球抽样技术

滚雪球抽样技术是一种特殊的抽样方法。具体操作是先从几个合适的个体开始，然后通过他们得到更多的个体。在市场调查中，当调查人员遇到无法了解总体状况的情形时，可以采用这种方法。

例如，当调查人员无法找到抽样单位时，可以先从调查总体中少数合适的成员入手，访谈后向他们询问还知道哪些符合条件的成员。然后去找被访问者推荐的那些成员调查，并同时请求他们推荐出后面的被访者，像这样的过程可以一轮接一轮地进行下去，就像滚雪球一样，样本数由小到大，所调查的成员越来越多。即使在选择最初的被访者时使用了随机抽样方式，最终的样本还是一个非随机抽样样本，与随机抽样方式相比，被推荐的人将具有与推荐的人更为相似的人口与心理特征。

滚雪球抽样的一个主要目的是估计在总体中非常稀少的某些特征，它的主要优点是显著地增加了在总体中找到具有某种属性特征的个体的可能性和便利性，同时误差和成本相对较低。

【相关链接 3-3】

抽样调查时抽样技术的选取

抽样调查时是选择随机抽样还是非随机抽样，调研人员需要根据不同的调研要求、目标及客观条件，选择合适的抽样技术，只有这样，抽样才能产生良好的调查效果。在进行实际市场调查时，需要考虑以下几个因素：研究的性质、非抽样误差对抽样误差的相对大小、总体的差异化程度以及统计上和操作上的需要等。研究的性质对抽样方法的选择有非常大的影响。在探索性研究中，调查的结论往往只是初步的，而且可能没有充分的基础使用随机抽样，故适合采用非随机抽样技术；在结论性研究中，研究人员希望用抽样结果来推断总体，则随机抽样技术更为合适。在一些研究问题中，要求有高度精确的总体特征估计值，这时随机抽样更可取，因为随机抽样能够清除选择偏差并计算抽样误差。但是随机抽样并不总是能够得到更为精确的结果，如果非抽样误差是一个重要因素，那么非随机抽样可能更好，因为通过判断能够更好地控制抽样的过程。另一个考虑的方面是总体中各单位的差异化程度大小，差异程度大的总体适合采用非随机抽样，因为确保一个有代表性的样本更重要。从统计的角度看，随机抽样更可取，因为它是大多数统计技术的基础。但是，随机抽样很复杂，要求研究人员接受过统计上的训练，所以一般比非随机抽样的成本更高，花费的时间更长。

(资料来源：简明，胡玉立. 市场预测与管理决策[M]. 3 版. 北京：中国人民大学出版社，2014.)

本 章 小 结

市场调查方式按调查对象所包括的范围不同可分为全面调查和非全面调查；按调查登记时间是否连续可分为经常性调查和一次性调查；按调查的组织方式不同可分为统计报表和专门调查。

普查是为了掌握某种客观事物的准确情况而专门组织的一次性全面调查；统计报表制度是基层单位(或下级单位)按照上级部门颁发的统一的表式、统一的调查纲要、统一的报送程序和时间，自下而上逐级报告统计资料的制度；重点调查是在调查对象中选择一部分重点单位进行的一种非全面调查方式；典型调查是根据调查的目的和任务，在调查对象中有意识地选择若干具有典型意义或有代表性的单位进行专门调查；抽样调查是指在调查对象中抽取一部分总体单位作为样本，根据样本资料推断总体特征的一种调查方式。

抽样调查也称为抽查，是指从调研总体中抽选出一部分要素作为样本，对样本进行调查，并根据抽样所得的结果推断总体的一种专门性的调查活动。抽样调查的优点包括时间短、收效快；质量高、可信程度好；费用省、易推广；缺点是存在着抽样误差。抽样误差是客观存在的，在一定范围内也是允许的。抽样调查的一般程序包括确定调查总体、选择样本框和个体编号、选择调查样本、实施调查和测算结果五步。

抽样技术可分为随机抽样技术和非随机抽样技术。随机抽样技术又称概率抽样技术，是对总体中每一个个体都给予平等的抽取机会的抽样技术；非随机抽样技术是指总体中每一个个体不具有被平等抽取的机会，而是根据一定主观标准来抽选样本的抽样技术。随机抽样技术的具体应用包括简单随机抽样、分层随机抽样技术、等距离抽样技术、分群抽样技术、多阶段随机抽样技术；非随机抽样技术的具体应用包括任意抽样技术、判断抽样技术、配额抽样技术、固定样本连续调查法、滚雪球抽样技术等。

在抽样调查中涉及的计算包括样本容量的确定、抽样误差的计算和抽样估计等内容。

练 习 与 思 考

一、名词解释

普查　　重点调查　　典型调查　　抽样调查　　样本容量
抽样平均误差　　允许误差　　分层抽样　　分群抽样　　抽样估计

二、判断题(正确打"√"，错误打"×")

1. 在抽样过程中，只要步骤严谨、方法得当，就不会出现误差。　　　　　　(　　)
2. 一般来说，调查总体中各单位之间标志值的变异程度越大，需要抽取的样本单位数越多。　　　　　　　　　　　　　　　　　　　　　　　　　　　　　　　(　　)
3. 分层最佳抽样法指的是等比例分层抽样。　　　　　　　　　　　　　　(　　)
4. 任意抽样是一种随机抽样技术。　　　　　　　　　　　　　　　　　　(　　)
5. 一般来说，简单随机抽样比分层、分群抽样误差大；重复抽样比不重复抽样误差大。
　　　　　　　　　　　　　　　　　　　　　　　　　　　　　　　　(　　)

6. 抽样调查下总体中的每个个体单位作为样本的概率是相等的。　　　　（　　）
7. 配额抽样是人为分配各类的样本的。　　　　　　　　　　　　　　（　　）
8. 调查企业产品质量最好用判断抽样技术。　　　　　　　　　　　　（　　）

三、简述题

1. 常见的调查方式有哪些？
2. 什么是抽样调查？抽样调查有哪些优缺点？
3. 具体的抽样方式有哪些？各自适合什么样的情况？
4. 随机抽样与非随机抽样有哪些异同？
5. 抽样中影响样本容量的因素有哪些？
6. 简述抽样调查的一般程序。
7. 如何有效控制抽样误差？

四、计算题

1. 市场调查空调器拥有状况，全市120万户家庭按收入分层，有高收入家庭12万户，中等收入家庭83万户，低收入家庭25万户，计划抽取样本10000户，采用分层比例抽样法应从各层中抽取多少样本？

2. 某地区居民户数为10000户，其年消费水平标准差为150元。若采取抽样调查了解其年平均消费水平，并以95.45%的置信度(相对应的函数值为2)推断总体，其样本指标与总体指标之间的允许误差范围是20元。

　　要求：用公式计算出应抽查多少居民户？

3. 某地区有居民8000户，用随机抽样方式抽选样本200户进行饮水机家庭普及率调查。调查结果，样本饮水机家庭普及率为40%。试计算：

(1) 用重复抽样，计算抽样误差。

(2) 若把握程度95.45%，试估算样本区间值及该地区饮水机保有量区间值(精确至小数点后两位)。

(3) 若该地区居民户数年递增1%，饮水机家庭普及率年递增10%，试估算三年后该地区饮水机保有量的点估计值。

4. A地区投保的车主总数为18000人，其中大约有70%为平安保险公司的客户，若平安保险公司想通过抽样调查来确认其市场份额，在95.45%的可靠性下，可允许的最大误差不超过2%，则在重复抽样和不重复抽样两种方式下各应抽取多少车主进行调查？

5. 某集团公司所属零售商店共有85家，用纯随机抽样方式，抽选出17家商店进行销售情况调查。调查结果显示，商品的平均月销售额为21000元，样本方差为4760元。根据上述资料，试分别用重复抽样和不重复抽样两种方法的计算公式计算出该商品月平均销售额的抽样误差。

单 元 实 训

【实训项目】

抽样技术的选择与应用。

1. 实训目的

通过实训，使学生能够熟悉、领会并掌握市场调查中的一些核心技能，包括抽样技术的应用，抽样中样本容量的计算、抽样误差的计算和控制、抽样推断的方法等。

2. 实训要求

通过实训，要求学生能够明确抽样调查的意义；掌握抽样调查的基本内容、步骤和方法；能够结合实际设计一个科学合理的抽样计划并实施调查。

3. 实训任务

欲对学生所在学院或系部的学生月消费水平进行调查，请学生以小组的形式进行抽样技术选择并实施抽样调查。

4. 实训知识准备

(1) 问卷的基本结构和内容。

(2) 抽样技术的具体应用。

(3) 样本容量的确定及应考虑的因素。

(4) 抽样误差的计算及控制。

(5) 抽样推断的方法和具体应用。

5. 实训步骤

(1) 指导教师介绍本次实训的具体任务和要求。

(2) 指导教师总结实训应用到的知识点，督促学生实训前做好充分的知识储备。

(3) 学生分组，每组4～6人，确定组负责人；确定各组的抽样技术，可以采用简单随机的方式确定各组采用的抽样技术。若班级人数较多，可以由教师指定重复的组别。

(4) 各组讨论本次实训的各个环节，设计抽样调查实施的具体纲要，提交老师审批。

(5) 抽样调查的具体执行。

(6) 以组为单位进行抽样推断，提交实训报告。

6. 实训考核

(1) 以组为单位，运用抽样调查法，每组要提供一份实训报告。

(2) 在班级进行交流，每个小组推荐1个人进行介绍。

(3) 由教师与学生共同评估各小组的实训报告，给出报告成绩，同时结合实训过程考核，综合评定每人的成绩。

第四章　市场调查的方法

【本章导读】

> **某品牌洗发水的产品策略研究**
>
> A 公司是国际知名的日用化工品公司，其所生产的某品牌洗发水曾经深受国内用户喜爱，但是一方面，该产品的配方已经陈旧，市场表现显示也很难进一步扩大市场份额，另一方面，竞争对手的产品对 A 公司的市场威胁越来越大，公司决策层认为必须采取果断措施，推出新产品取代旧产品，以改变这种不利局面，但是令决策层犹豫不决的是，毕竟旧产品还有一定的市场，而新产品能否为消费者所接受还很难断定，如果淘汰旧产品，而新产品又不能让消费者满意，就等于拱手把既有的消费者送给了竞争对手，还有一层更令高层担心的是，新产品较竞争对手的产品而言是否具有竞争优势？为给这些问题一个明确的答案，A 公司要求市场调查部进行产品测试。研究目的为新产品是否能被旧产品的消费者认同，从而选用新产品？新产品较竞争对手的产品而言，是否具有竞争优势？优势在哪里？市场调查部将这一项目分解为两个部分，分别抽取两个样本进行测试：①新产品是否能够留住原有消费者？这部分测试主要在产品的原有消费者中进行。②在一般消费者中新产品较竞争产品是否具有竞争力，是否能吸引他们使用该产品？这部分测试在目标市场进行。在对市场进行初步了解的基础上，经过与 A 公司决策层的沟通，确定了三个竞争产品进入第二部分的测试。
>
> 由于测试涉及多个产品，不同的测试顺序会对结果产生较大影响，为了避免这种影响，必须保障测试顺序的随机性，但是又鉴于洗发水产品的特殊性，只能采取留置测试方式，这又使访问员的控制力变弱。为此，市场调查部采用动态平衡技术与特殊的留置容器，保证了测试顺序的随机性，弄清楚了测试顺序性误差。最终，公司市场调查部门提出了保留旧产品，力推新产品的产品市场策略，得到了 A 公司决策层的认可，其后 A 公司产品的市场表现证明了市场调查部门研究的科学性。
>
> （资料来源：https://www.docin.com/p-1881224841.html，豆丁网）

本章在介绍市场调查方法的基础上，将重点介绍各种市场调查方法的具体应用方法，并结合案例加深学生对知识的理解。

第一节　文　献　法

一、文献法概述

(一)文献法的定义

文献法也称间接资料调查法，是指通过搜集各种历史和现实的动态文献资料，从中获取与市场调查主题有关的信息，并对调查内容进行分析和研究的一种调查方法。

(二)文献法的特点

文献法收集的资料是已经加工过的二手资料，具体表现为各种文献资料，采用该方法的调查偏重于从动态角度收集资料，即侧重于收集反映市场变化趋势的历史和现实资料，主要应用于相关的回归分析、市场供求趋势分析、市场占有率分析和市场覆盖率分析等方面。

1. 优点

1) 资料收集方便、灵活

与其他调查法相比，文献法比较容易开展，只要找到相关文献资料就能够开展调查，受到外界的干扰较少，尤其是对企业内部及外部文献开展市场调查时，具有较强的灵活性，能够随时根据企业经营管理的需要收集各种市场信息。

2) 没有时间和空间的限制

文献法收集的信息可以是历史的，也可以是现实的；可以是国内的，也可以是国外的，这是其他调查方法难以实现的。

3) 资料收集成本较低

文献法收集的是历史和现实的各种动态文献资料，而不需要调研人员通过观察和实地调查获得，因此资料收集消耗的人力、物力、财力都相对较低。

2. 缺点

1) 时效性较差

与其他调查法相比，文献法收集的资料大多是历史资料，而市场是在不断地运动、发展和变化的，这会使通过文献法获得的数据资料在时效性上受到一定的限制。

2) 直接应用性不强

文献法收集的数据信息通常对调查问题不能够完全直接应用，需要进一步地加工和整理后才能够与调查目的相结合。

3) 对调查人员要求较高

文献调查人员需要具有比较广泛的理论知识和针对调查主题的较深的专业技能，否则会感觉无从下手。

【相关链接 4-1】

日本人高速的信息收集与传递

日本人收集和传递信息的速度之快令人赞叹不已。例如：5～60秒可以获得世界各地金融市场行情；1～3分钟，可以查询、调用日本与世界各地进出口贸易的商品品种、规格等资料；3～5分钟，可以查询、调用国内1万个重点公司企业当年或历年经营生产情况的时间序列数据；5～10分钟，可以查询或调用政府制定的各种法律、法令和国令记录。5分钟，即可利用数量经济模型和计算机模型画出国际、国内经济因素变化可能给宏观经济带来影响的变动图和曲线，并随时可获得当天全国各地汽车销售、生鲜食品、房地产、股票交易等市场动态信息。

(资料来源：杨凤荣. 市场调研实务操作[M]. 北京：清华大学出版社，2018.)

(三)文献法的作用

鉴于文献法具有资料收集灵活、方便、超越时间和空间限制、成本相对较低的优点,因此其常常作为市场调查的首选方法。只有当现有资料不能解决实际问题时,才进行实地调查。因此,文献法可以作为一种独立的调查方法来使用。虽然这种方法往往不能完全、准确地提供调查主题所需的所有资料,但文献法有助于确定问题、定义问题、拟定问题的研究框架、阐述研究设计、回答研究问题、解释原始数据等。

文献法对企业进行市场调查的作用主要表现在下述几方面。

1. 为实地调查奠定基础

当企业面临的调查问题比较复杂时,可以通过文献法对现有资料进行分析,帮助调查人员初步了解调查对象的性质、范围、内容和重点,找出问题的症结和确定调查方向,明确调查主题,为正式开展调查奠定基础。

2. 减少实地调查误差

将通过文献法收集的数据资料与实地调查资料进行对比,可以鉴别实地调查结果的准确性和可靠性,从而减少实地调查的误差。

3. 为正式调查提供丰富信息

采用文献法收集的数据资料可以用来证实各种调查假设,即可以通过对以往类似调查资料的研究来指导实地调查的设计。

二、文献调查的资料来源

文献调查的资料来源非常广泛,从企业经营管理的角度讲,文献调查资料的收集渠道可以分为企业内部资料和企业外部资料。

(一)企业内部资料

企业内部资料主要是反映企业生产经营活动和企业市场经济活动的多种记录,主要包括企业生产经营活动资料和市场环境资料两方面内容。

1. 企业生产经营活动资料

1) 业务经营资料

业务经营资料是指反映企业生产经营业务活动的一些原始记录资料,主要包括企业在经营活动中积累的发票、销售记录、购销合同、订货单、进货单、出货单、存货单、业务员访问报告、顾客反馈信息、促销资料等。通过对各种业务资料的收集和分析,可以了解本企业的主要经营活动内容、市场对企业经营商品的需求状况和变化趋势等。

2) 财务资料

财务资料是指由各财务部门提供的各种财务、会计核算和分析资料,是企业加强管理、研究市场、反映经济效益的重要依据,主要包括企业资产、负债、权益、收入、成本、费用、利润等。通过对各种财务资料的收集和分析,有利于掌握该企业的经济效益和各类商品的经营状况。

3) 生产技术资料

生产技术资料是指企业生产技术部门在生产活动中积累的各种资料。主要包括各种台账、开发设计方案、总结、报告等。通过对生产技术资料的收集和分析，有利于了解企业的生产状况、产品状况、技术进步状况等。

4) 统计资料

统计资料是对企业各项经济活动的综合反映。它主要包括企业各类统计报表、各种统计分析资料、反映企业生产经营活动的各种数据，如工业企业的产品产值、产量、销售量、库存量、单位成本、原材料消耗量等统计数据；贸易企业的商品购、销、存统计数据以及企业在经营中的各种计划、日报、月报、季报、年报等。这些资料可以直接用于企业市场调研和营销预测。

5) 档案资料

档案资料是指企业文书、档案部门长期积累的各种规章制度、计划总结、合同文本等资料。通过对这些资料的收集和分析，能够全面地反映企业的概貌。

6) 其他资料

其他资料是指企业积累的各种调查报告、工作总结、上级文献资料、政策法规、顾客意见、照片、录音、录像、剪报、档案卷宗等资料。这些资料对企业市场调查具有一定的参考作用。

2. 市场环境资料

(1) 市场容量资料。主要包括市场大小、增长速度、市场变化趋势等。

(2) 顾客资料。主要包括购买者、购买动机、购买数量、使用人群等。

(3) 分销渠道资料。主要包括各阶段渠道成本、中间商情况等。

(4) 竞争者资料。主要包括同行业竞争者和同类可替代产品生产制造企业的产品结构、目标市场、营销策略、企业优势与劣势等。

(5) 宏观环境资料。主要包括经济形势、社会环境、政府政策等。

(二)企业外部资料

企业外部资料是文献调查法的主要资料来源。它主要包括：统计部门与各级政府主管部门已出版或未出版的资料，即统计部门、政府机构公布的资料；各类信息咨询机构、行业协会提供的相关情报；各种媒体、展会提供的资料等。

1. 各级统计部门公布的相关统计资料

国家统计局和各地方统计局定期或不定期公布的统计公报、年鉴等。内容包括人口、国民经济发展状况、就业、生活、文化、财政、教育环境、行业发展等。这些信息是市场调研必不可少的重要资料。

2. 各级政府部门发布的相关资料

它主要包括各级计委、工商、财政、税务、银行、贸易等主管部门和职能部门定期或不定期公布的有关法规、政策、价格、市场供求等信息。这些信息具有综合性较强，辐射面广等特点。

3. 各类信息中心、专业信息咨询机构、行业协会提供的市场信息和相关行业资料

其内容包括行业统计数据、市场分析报告、市场行情报告等。这些专业机构的信息系统资料齐全，信息灵敏度高，具有较强的专业性和可靠性。为了满足各类用户的需要，这些机构通常还提供资料代购、咨询、检索等服务，是获取资料的重要来源。

4. 各类书籍、报纸、杂志等公开出版物所提供的资料

其内容包括统计资料、市场行情、广告资料、预测资料等。这些资料具有信息及时、容量大等特点。

5. 各类电台、电视台等新闻媒体提供的相关市场信息

各类电台或电视台为适应市场经济形势发展的需要，都开设了经济信息栏目。这些资料具有信息量大、涉及范围广、信息速度快、成本低等特点。

6. 各级公共图书馆、专业院校图书馆、档案馆收藏的信息资料

这些图书馆、档案馆是各类文献资料的集中地，提供的资料具有真实性强、可信度高等特点。

7. 各类国际组织、商会提供的国际市场信息

其内容主要包括国际贸易中心(ITC)、国际货币基金组织(IMF)、外国使馆等提供的各类国际市场资料。

8. 各类博览会、展会、交易会、订货会等提供的专业性资料

通过参加这些会议可以搜集到大量有关新产品、新技术、新材料等生产供应信息，有时还可以直接获取产品。

9. 互联网提供的各类相关信息资料

通过互联网和在线数据库可以搜集到世界各地的数据资料，具有范围广、信息量大、传输方便、适用方便等特点。

【阅读案例 4-1】

口腔仪器的外部资料来源

某医疗器械生产企业研发了一种能够对口腔中的假牙活动情况进行三维检测的仪器。在将这种仪器批量生产之前，为确定其市场潜力，决定开展市场调查。根据调查项目的所需调查资料有以下几方面。

(1) 国内牙科诊所数量。
(2) 全国每10万人所拥有的牙医数量。
(3) 即将开业的牙病诊所数量。
(4) 未来10年新增的牙医数量。
(5) 现有牙医年龄结构。
(6) 国内牙病诊所的分布情况。

为获得上述相关资料，经分析确定出各资料来源的途径：国家卫生部门的年度统计资料;全国牙医卫生状况普查资料;牙科医学发展动态的相关学术会议、论文等;牙医行业协会的调查和研究报告。

(资料来源:栾向晶. 营销调研与预测[M]. 北京:科学出版社,2009.)

三、文献调查的方法

(一)筛选法

筛选法是指从各类信息资料中分析和筛选出与企业生产经营有关的信息数据的一种方法,主要是从印刷资料中筛选。印刷资料主要有图书、报纸、杂志、论文集、专利资料、会议资料、政策文件、各类报告等。采用筛选法收集资料,通常要根据市场调查项目的要求,有针对性地查找相关数据。筛选法具有获得数据方便、传播广泛、便于长期保存和直接利用等特点。

【阅读案例4-2】

巧妙构成的"美国商品"

某日本公司要进入美国市场,通过查阅美国的有关法律和规定得知,美国为了保护本国工业而限制进口,规定美国政府收到国外公司的商品报价单,一律无条件地将价格提高50%。而美国法律中对本国商品的定义是:"一件商品,美国制造的零件所含价值必须达到这件商品价值的50%以上。"根据这些条款,这家日本公司谋划出了一条对策:生产一种具有20个零件的产品,在日本生产19个零件,从美国进口一个零件,这个零件的价值超过商品价值的50%,在日本组装后再送到美国销售,这样就成了美国商品,可以直接和美国公司的同类商品进行竞争。

(资料来源:栾向晶. 市场调研与预测[M]. 北京:科学出版社,2009.)

(二)剪辑分析法

剪辑分析法是指从各类信息资料中,通过剪辑的方式收集和分析信息数据的一种方法。这种方法主要是从各类报纸或杂志刊登的文章中搜集和分析信息,因此也成为报刊剪辑分析法。在信息化社会,市场情况的瞬息万变经常在各类新闻报道中体现,只要用心收集和分析,就能够获得与企业生产经营相关的重要数据信息。

【阅读案例4-3】

对大庆油田的调查

日本人对大庆油田早有耳闻,直到1964年4月20日在《人民日报》上看到"大庆精神大庆人"的字句后,才判断大庆油田确有其事。但是,大庆究竟在什么位置,还没有确切的材料。后来在1966年7月的一期《中国画报》上看到一张照片,根据照片上人的服装衣着判定,大庆油田是在冬季为-30℃的北满,大致在哈尔滨与齐齐哈尔之间。之后,他们坐火车时发现油罐车上有很厚的一层土,从土的颜色和厚度证实了"大庆油田在北满"的论断。至于大庆的地点,他们从1966年第10期《人民中国》上关于王进喜的事迹中分析得到启发:"最早钻井是在安达东北的北安附近开始的,并且从钻井设备运输情况看,离火车站不会太远。"他们还注意到这样一段话:王进喜一到马家窑看到大片荒野说:"好大的油海!把石油工业落后的帽子丢到太平洋里去。"从而日本人从伪满旧地图上查到,"马家窑是位于黑龙江海伦县东南的一个小村,在北铁路上一个小车站东边十多公里处"。于是,大庆油田的准确地理位置被搞清楚了。

至于大庆油田的规模,他们根据这样一段话作出判断:马家窑位于大庆油田的北端,即北起海伦的庆安,西南穿过哈尔滨与齐齐哈尔铁路的安达附近,包括公主峰西面的大赉,南北 400 公里的范围。从而估计出从北满到松辽油田统称为"大庆"。

日本人在 1966 年第 7 期《中国画报》上发现了一张炼油厂反应塔的照片,他们通过这张照片推算出大庆炼油厂的规模。推算方法也很简单,首先找到反应塔上的扶手栏杆,扶手栏杆一般是一米多点,以扶手栏杆和反应塔的直径相比,得知反应塔内径是 5 米。因此推断大庆炼油厂的加工能力为每日 90 万升,如以残留油为原油的 30%计算,原油加工能力为每日 300 万升,一年以 330 天计算,年产量为 10 亿升。而中国当时在大庆已有 820 个井出油,年产量 360 万吨,于是估计到 1971 年大庆油田的年产量将有 1200 万吨。根据油田出油能力与炼油厂规模,日本人推断,中国在最近几年必将感到炼油设备不足,很有可能购买日本的轻油裂解设备,而且设备规模和数量必须能满足每日炼油 1000 万升的需要。据此日本化工企业提前做好了进军中国市场的准备。

(资料来源:http://www.comlawyer.net/news_view.asp? newsid=749)

(三)情报联络网法

情报联络网法是指企业在一定范围内设立情报联络网,使资料收集工作可延伸到企业想要涉及的地区。企业可在重点地区设立固定情报点,派专人负责情报收集工作,在一般地区可与同行业、同部门以及有关情报资料部门挂钩,定期互通情报,以获取各自所需的资料。互联网的普及使这种方法成为文献调查的有效方法。

(四)购买法

购买法是指通过购买信息资料收集和分析信息数据的一种方法。很多重要的信息资料如统计年鉴、企业名录等通常面向社会公开发行,企业可以通过订购这些资料获得相关数据。除此之外,各类专业信息咨询机构和市场调研机构也会提供一些重要市场调查报告的有偿服务。

【相关链接 4-2】

文献调查的技巧

1. 查找法

1) 查阅目录

目录是一种题录性的检索工具,一般只列出文献的题目、作者、出处。它是引导调查者查询资料的向导。目录主要有以下几类。

(1) 分类目录。根据资料的各种特点,按图书情报机构所采用的分组法编排的目录。

(2) 书名目录。按图书的名称编排的目录。

(3) 著作目录。按著作者的姓名排列的目录。
(4) 主题目录。按图书重要的主要标题而排列的目录。在各种目录的编序上，中文一般采用音序法、笔画法、部首法等。外文一般采用字母顺序法等。

2) 查找参考文献

查找参考文献法是利用有关著作的正文后列举的参考文献目录，或者是文中所提到的某些文献资料为线索，追踪、查找有关文献资料的方法，采用这种方法，可以提高查找效率。

3) 查找检索工具

查找检索工具是利用已有的检索工具逐个查找文献资料的方法。

依检查工具不同，检索方法主要有手工检索和计算机检索两种。

(1) 手工检索。进行手工检索的前提，是要有检索工具。因收录范围、著录形式、出版形式不同而有多种多样的检索工具。以著录方式来分类的主要检索工具有三种：一是目录，它是根据信息资料的题名进行编制的。常见的目录有产品目录、企业目录、行业目录等。二是索引，它是将信息资料的内容特征和表象特征录出，标明出处，按一定的排检方法组织排列，如按人名、地名、符号等特征进行排列；三是文摘，它是对资料主要内容所做的一种简要介绍，能使人们用较少的时间获得较多的信息。

(2) 计算机检索。与手工检索相比，计算机检索不仅具有检索速度快、效率高、内容新、范围广、数量大等优点，而且可打破获取信息资料的地理障碍和时间约束，向各类用户提供完善可靠的信息。在市场调查电脑化程度提高之后，将主要依靠计算机来检索信息。

2. 索取法

很多情况下，市场调研人员需向有关机构直接索取某方面的市场情报。如直接派员或通过信函向政府有关机构、国内外厂商等索取某方面的市场情报或所需资料文件。

3. 收听法

用人工、录音、传真等方法收听广播及新兴的多媒体传播系统中播放的各种政策法规和经济信息。

4. 咨询法

如通过电话向企业内部相关部门查询某些业务数据或要求声讯服务时，应先了解它哪些服务咨询项目。

5. 采集法

如农产品订货会、展览会等场合就可现场采集到大量企业介绍、产品介绍、产品目录等资料。

6. 互换法

如需要某些平时很少有业务往来的企、事业单位资料时，就比较适宜用交换资料的方法，通常是先寄送本企业的有关资料，然后设法换回所需的对方的资料。

7. 购买法

如从专业咨询机构、行业协会、信息中心等单位团体购买定期或不定期出版的市场行情资料和市场分析报告等。

8. 委托法

如委托专业市场研究公司收集和提供企业产品营销诊断资料等。在这里，企业必须慎重选择市场研究公司，以保证调查项目的完成质量。

(资料来源：栾向晶. 营销调研与预测[M]. 北京：科学出版社，2009.)

四、文献调查的步骤

为提高文献调查的效率,节省调查的人力、物力、财力,应遵循一定的调查步骤。

(一)确定调查目的

采用文献法进行市场调查首先要明确调查的目的,是将文献调查作为主要的调查手段还是作为其他调查手段的补充;是为提高企业经营管理效率提供帮助还是为制定企业经营策略提供依据。

(二)确定资料收集的内容

在正式开始调查之前,要根据调查目的确定具体调查内容,并根据调查内容进一步明确应收集哪些方面的信息资料,包括企业内部资料和企业外部资料。

(三)评估企业现有内部资料

评估企业现有内部资料主要包括评估企业内部已取得或已积累的统计资料、财务资料、业务资料等是否能够满足本次市场调查的需要。如果不能满足本次调研需要,则需要进一步分析还缺少哪些方面的资料,并通过其他途径进行收集。

(四)确定企业外部资料的来源

外部资料的来源很多,企业要根据所需外部资料的内容,综合考虑资料提供方的信誉、专业化程度和服务水平,确定资料收集的方向和渠道,明确向谁获取资料、获取什么资料、何时获取资料等问题。

(五)制订调查实施计划

调查实施计划内容包括下述各点。
(1) 按优先级详细列出具体调查目标。
(2) 详细列出可能使用的资料以及资料的收集方法及其来源。
(3) 详细列出调查人员名单及其具备的专业素质能力。
(4) 详细列出调查日程安排。
(5) 调查成本预算与控制。
(6) 调查人员工作分配与培训计划。

(六)调查实施与评估

根据制订的调查实施计划进行数据资料的收集。在这一阶段,调查者要随时注意调查实施是否与计划有偏差,如果有偏差,要分析其原因,并根据分析结果进行适当调整。

(七)数据整理和分析

对收集到的零星数据资料进行归纳、分类,并做相关分析。

(八)撰写调查报告

调查报告的内容主要包括调查主题、调查目的、采用的具体调查方法、调查结果和建议等内容。

第二节 访问调查法

一、访问调查法的概念及特点

(一)访问调查法的概念

访问调查法又称询问调查法,是指调查人员将所要调查的问题,以当面、电话或书面等不同的形式,采用访谈询问的方式向被调查者了解情况以获得所需要的调查资料的一种方法。访问调查法属于实地调查法范畴,是市场调查收集资料最基本、应用最广泛的方法之一。

【阅读案例4-4】

> **意见公司**
>
> 日本企业家向来以精明著称。这家"意见公司"由日本实践技术协会开设,有员工近百人。他们与不同年龄、不同层次的消费者建立固定联系,经常请他们对各种商品提出意见。同时还刊登广告征求意见,并提供相应报酬。他们将收集到的各种意见整理分类,并及时反馈给有关企业,"意见公司"也从中得到回报。公司的人员来自各个层次,知识结构也力求搭配合理。

(资料来源:彭石普.市场营销原理与实训教程[M]. 2版.北京:高等教育出版社,2014.)

(二)访问调查法的特点

访问调查法的特点是通过直接或间接的问答方式来了解被调查者的看法和意见,因此,其特点主要表现为以下两方面。

1. 访问调查法的整个实施过程是调查者与被调查者相互作用、相互影响的过程

访问调查法一般是通过访问者直接或间接地向被访问者以一对一或一对多的方式交流,获得信息资料。在访谈中,不仅是访问者向被访问者询问,而且被访问者要回答访问者的询问,因此,访问调查是一个双向沟通的过程。

2. 访问调查法的实施过程是一个特殊的人际关系交往过程

由于被访问者是有思想感情、心理活动的社会成员,所以访谈过程中访问者与被访问者的关系十分重要。访问者必须具备建立良好人际关系的能力,在获得被访问者信任,消除被访问者紧张和疑虑的情况下才能使其愉快、顺利地回答问题。因此,访问调查要取得成功,不仅要求访问者必须事先做好准备工作,熟练掌握访问技巧,而且还应根据被访问者的具体情况采取恰当的方式进行。

【阅读案例 4-5】

巧设餐馆

日本企业界有一则流传甚广的故事：日本人对英国纺织面料在世界久享盛誉一直不服，却无从得知其中奥秘。于是便萌生一计——集中本国丝绸行业的部分专家进行烹调培训，然后派往英国，在最有名的纺织厂附近开设餐馆。很多厂里人都前来就餐，日本人便千方百计收集情报，结果还是一无所获。不久餐馆宣布"破产"。由于很多"厨工"已同工厂的主管人员混熟，所以部分人就进入这家工厂工作。一年后，这些人分批辞职回国，成功地把技术带回了日本，并改进为更先进的工艺返销给英国。为了得到技术情报，日本人可谓煞费苦心打了一个迂回战。有人指责说这完全超出了市场营销调研方法的内容范围，近乎间谍行为了。

（资料来源：http://www.doc88.com/p-6071845990793/html，道客巴巴）

二、访问调查法的分类

(一)根据访问人数的多少，可分为个别访问和集体访问

个别访问是指每次访问只有一个被访问者，访问者对每个被访问者的回答分别记录，然后对收集到的资料进行整理、汇总和分析，得出访问结果。

集体访问又称小组座谈，是指每次访问把两个或两个以上被调查者邀请到一起，以座谈的形式来针对某一主题进行交谈。访问过程中，访问者与被访问者之间相互作用、相互影响。因此，要求访问者不仅要做好各种调查准备工作，还要发挥双边互动和组织协调能力。个别访问与集体访问的特点及适用范围如表 4.1 所示。

表 4.1 个别访问与集体访问的比较

调查方法	优 点	缺 点	适用范围
个别访问	回答率高 准确性高 灵活性高	调查成本高，时间长 对调查者的素质要求比较高	调查范围较小 需要通过访问找到差异性
集体访问	效率高，能够探讨原因 获取资料广泛深入 灵活性高	被访者选择不当会影响调查结果的准确性 容易受主观影响造成误判 对调查者的素质要求比较高	调查范围较大 需要通过访问寻找深层次原因

(二)根据访问者与被访问者交流方式的不同，可分为直接访问和间接访问

直接访问是指访问者与被访问者面对面地交谈，被访问者一一回答问题，访问者将答案如实地记录下来的统计分析方法。直接访问又可以分为入户访问、街头拦截访问、电话访问和计算机辅助个人访问四种。

间接访问是指访问者将要访问的内容以书面形式交给被访问者，被访问者根据访问内容一一回答问题。邮寄访问是间接访问中的典型代表。直接访问与间接访问的特点及适用

范围比较如表 4.2 所示。

表 4.2 直接访问与间接访问的比较

调查方法	优 点	缺 点	适用范围
直接访问	调查深入性强 准确性高 回答率高 灵活性强	调查成本高 调查时间长 易受其他因素的干扰	调查范围较小 调查项目比较复杂的情况
间接访问	节省时间 调查成本低	调查内容有限制 真实性较差	调查范围较大 调查项目相对简单

(三)根据访问内容是否在访问前进行统一设计，可分为标准化访问和非标准化访问

标准化访问也称有结构访问，是指调查者按照事先设计好的、有一定结构的访问问卷进行访问，整个访问过程是在高度控制下进行的。标准化访问常用于研究不直接观察的市场现象，如消费者的愿望、倾向、态度等，这些现象不能直接看见，但可以通过交谈反映出来。标准化访问的标准化主要体现在选择访谈对象的方法一致；访谈的内容一致、访谈的方式一致、访谈问题的顺序一致、对被访者回答问题的记录方式一致等。

非标准化访问也称为无结构访问，是指访问者事先不制定访问问卷，只是根据访问目的列出大致的访问提纲，访问者与被访问者根据提纲进行自由交谈。在整个访谈过程中，访谈双方都不受严格的约束。标准化访问与非标准化访问的特点及适用范围如表 4.3 所示。

表 4.3 标准化访问与非标准化访问的比较

调查方法	优 点	缺 点	适用范围
标准化访问	便于资料整理和分析 有利于研究现象的总体特征	灵活性较差 不利于发挥调查双方的主动性 调查内容不能更改	调查不适宜直接观察的市场现象 调查总体较大
非标准化访问	有利于发挥调查双方的积极性和主动性 可以进行深入调查 灵活性较强	调查结果整理和分析工作量大	事先无法设想调查结果的问题 调查项目相对简单

三、访问调查的具体方法

(一)面谈调查

面谈调查属于直接调查范畴，是指访问者将制定好的访问提纲或问卷直接向被调查者进行面对面的口头提问，并当场记录被调查者回答内容的一种调查方法。

根据调查地点和使用调查工具的不同，面谈调查可分为入户访问、拦截访问和计算机辅助面访。

1. 入户访问

入户访问是指访问者到被访问者家中进行访问的一种调查方法。入户访问是目前最常用的一种面谈调查法。

入户访问具有回答完整率高、调查结果准确性高、资料收集量大、易于复核等优点，同时也具有调查费用高、拒绝访问率高等缺点，并且入户访问在访问过程中对访问人员的控制性较差，容易出现访问人员弄虚作假情况，对访问人员的专业素质要求较高。

2. 拦截访问

拦截访问是指在特定场所，如超市、商场等拦截符合条件的访问对象进行访问的一种调查方法。拦截访问也是面谈调查普遍使用的一种方法。

拦截访问具有访问效率高、访问费用低、便于对访问人员进行监控等优点，同时也具有样本代表性差、拒绝访问率高、调查时间受限制等缺点。拦截访问一般是在公共场合进行的，因此访问后复核难度很大。

【阅读案例4-6】

蒙牛的市场调查

蒙牛乳业威海分公司为全面了解威海市场信息，更好地进行市场定位和制定更为合理的营销策略，委托山东大学威海分校在威海市区范围内进行一次专项市场调研。

此次市场调研的主要目的如下。

(1) 对蒙牛牛奶在威海市的品牌进行分析，包括蒙牛牛奶的知名度、美誉度、主要竞争者分析等。

(2) 了解消费者购买行为的特点，包括购买动机、购买渠道、一次购买量、平均消费量等，为今后更加优化产品组合，提出更切合消费者需求的促销方式等提供依据。

(3) 探查消费者对蒙牛乳业公司"超级女声"广告的认知程度、接受程度，并探究广告对其消费决策的影响。

(4) 了解店头营销及渠道经销中存在的问题，并与主要竞争对手进行比较，分析蒙牛在这个方面的竞争优势和劣势。

因为此次调查内容包括调查消费者对奶制品的消费习惯、日消费量、购买渠道、喜欢的促销方式等，调研小组在进行样本选择时，采用如下标准甄选目标被访者。

(1) 15~25周岁的威海市区区域内常住居民。

(2) 本人及其家属不从事相应的与奶制品有关的工作。

(3) 在过去六个月未接受或参加过任何形式的相关市场调研。

此次调研除了采用街头拦截访问之外，还设了小组座谈会。小组座谈成员由随机选取的消费者以及蒙牛渠道成员组成。小组成员依据调查目的围绕主要问题进行充分的讨论；蒙牛渠道成员通过与消费者的交谈，总结问题并不断提出新的话题进行讨论，产生出了许多对于蒙牛乳业威海分公司今后发展大有帮助的建设性意见，找出了经营中存在的问题，总结出了更迎合消费者心理的促销方式，有助于开拓威海市场。

(资料来源：陈友玲. 市场调查预测与决策[M]. 2版. 北京：机械工业出版社，2019.)

3. 计算机辅助面访

计算机辅助面访是指访问人员以笔记本电脑为调查工具，将事先设计好的调查提纲或问卷存入电脑内，按照电脑屏幕上的提示向被访问者进行面谈调查的一种方法。可应用于入户访问和拦截访问调查。

【相关链接 4-3】

访问调查中细节的重要性

国内某一知名的空调生产企业的市场调研部门分成两组调查"列举您会选择的空调品牌"项目。出乎意料的是，两组调查人员根据调查结果，得出了两种不同的结论。其中一组的调查结论是：有 15% 的消费者选择本企业的空调；另一组的调查结论是：有 38% 的消费者表示本企业的产品将成为其购买的首选。同样的调查问卷，完全相同结构的抽样，两组数据结论却差异巨大。这让公司高层非常恼火，为什么完全相同的调研抽样，会有如此巨大的差异？公司决定聘请专业的调研公司来进行调研诊断，找出问题的真相。

调研公司执行小组受聘后，与该公司参与调查的访问员进行交流，并很快提出了诊断结论：第二组在调查执行过程中存在误导行为。第一，调研期间，第二组的成员佩戴了本公司统一发放的领带，领带上有本公司的标志，其尺寸足以让被访问者猜测出调查的主办方；第二，第二组在调查过程中，把选项的记录板(无提示问题)向访问者出示，而本公司的名字处在候选题板的第一位。以上两个细节，向被访问者泄露了调查的主办方信息，影响了消费者的客观选择。

市场调查是直接指导企业生产经营的大事，是非对错可以通过市场进行验证，只是人们往往忽视了市场调查本身带来的风险。所谓"错误的数据不如没有数据"说明了市场调查中细节对调查结果的重要性。

(资料来源：http://www.scopen.net/file_post/display/read.php? FileID=56883 经笔者部分改编)

(二)电话调查

电话调查属于直接调查范畴，是指访问者通过电话向被访问者提出有关问题，以获得所需信息资料的一种调查方法。随着现代科学技术的进步，电话调查法可分为传统电话调查和计算机辅助电话调查。

1. 传统电话调查

传统电话调查是指使用传统电话为主要调查工具进行访问调查。通常情况下，经过培训的调查人员会利用现有的电话号码簿作为抽样框，利用随机数生成器或随机数码表拨打电话号码，或按照等距抽样的方法抽取号码；也可以根据调查地区的具体情况和抽样方案先确定拨打号码的前几位，然后按照随机原则确定后几位进行调查。

传统电话调查要求访问人员发音准确、口齿清楚、语速适中、听力良好。在电话调查过程中还需注意的是，如果被抽中的访问者暂时联系不上时，应该记住该号码，另选时间再打，不要连续追打 3~5 次。

2. 计算机辅助电话调查

计算机辅助电话调查是指在一个装有计算机辅助电话调查设备的中心地点，访问员坐在计算机终端或个人电脑前，在电话被接通后，根据电脑屏幕上提示的问题和选项向被调查者提问，并将被调查者的答案直接记录在计算机中的一种调查方法。

计算机辅助电话调查省略了数据编辑和录入的步骤，也避免了部分录入误差。例如，某问题有四个备选答案：A、B、C、D，若访问人员输入 E，则计算机会发出错误提示，并要求访问人员重新输入答案。

3. 电话调查的特点

电话调查是一种使用非常广泛的访问调查方法，它的优点包括下述各点。

(1) 获取信息资料的速度快。电话调查不需要登门访问，因此访问人员在单位时间里的访问量比入户访问量大得多。

(2) 调查费用较低。对于调查公司而言，需要支付给每位电话访问员的劳务费要比入户访问人员低。

(3) 调查范围广。电话调查可以对任意有电话的地区进行调查。

(4) 氛围轻松。由于被访问者与访问者不见面，被访问者不会受到访问者在场的心理压力，可以比较自由地回答问题，双方交谈气氛轻松。

(5) 适宜访问不易接触到的被访问者。有些被访问者由于工作繁忙等不容易接触到，短暂的电话访问比较适合。

电话调查的缺点主要表现在以下几方面。

(1) 只能调查简单问题。由于通话时间有限，访问者只能向被访问者提出便于回答的简单问题，难以对问题进行深入调查。

(2) 拒绝回答率高。电话访问对被访问者的状态无法判断，因此拒绝回答率较高。

(3) 调查获得的信息资料精确度不高。被访问者有时会由于不了解访问者的意图而无法回答。

(4) 被访问者只限于在通电话的地区。

(5) 访问时间有限。由于访问者与被访问者只能通过声音进行沟通和交流，无法面对面进行情感交流，因此访问时间不宜过长，否则会导致中断访问情况的发生。

【相关链接 4-4】

电话调查样本的确定

先将各城区电话号码的全部局号找到，按所属区域分类排列，此为样本的前三位或前四位电话号码，后四位电话号码则利用随机数生成器随机抽取出来。然后将前三位或前四位电话号码与后四位电话号码相互交叉汇编，组成不同的电话号码。

例如：××城市的电话号码局域号有 3811,3812,3813,…，后四位电话号码库有 1893,2894,3895,…，则抽样出的电话号码为：

38111893,38112894,38113895,38121893,38122894,38123895,38131893,38132894,38133895…，依次类推。

(资料来源：根据 http://www.ecwang.cn/yx/546.htm 部分改编)

(三)邮寄调查

邮寄调查是指通过邮寄的方法将设计好的调查问卷寄给选定的被访问者,请被访问者按照调查问卷的填写要求填好后寄回的一种调查方法。这种调查方法可以通过四种不同方式来完成:一是通过邮局邮寄;二是利用媒体,如报纸、杂志等;三是在特定场地发放问卷;四是通过网络以电子邮件形式邮寄。

1. 邮寄调查的特点

邮寄问卷的优点主要体现在以下几方面。

(1) 调查成本低。邮寄问卷无须向访问人员支付劳务费,调查投入的人力、物力、财力相对较小。

(2) 调查范围广。所有邮政或网络能够到达的地方都可以进行调查。

(3) 调查时间充分。由于不受时间的限制,被访问者可以有充足的时间来回答问题。

(4) 干扰因素少。由于被访问者回答问题时访问者不在场,所以不会受到访问人员倾向性意见的干扰。

(5) 无访问人员误差。邮寄调查的答案由于不用访问人员记录,所以避免了来自访问人员记录的误差。

邮寄调查的缺点主要体现在以下几方面。

(1) 回收率较低。对于邮寄问卷而言,回收率为 30%称为高回收率,回收率为 15%～20%称为中等回收率,但实际调研过程中,回收率往往低于 10%。

(2) 调查时间长。被访问者由于这样或那样的原因可能不会收到问卷后立即作答,即使立即作答,也可能不会立即寄回,调查回收期长,因此,在一定程度上也会影响调查数据的时效性。

(3) 对被访问者的要求较高。由于被访问者不在现场,被访问者可能会对调查内容的理解出现偏差,要求被访问者具有一定的文字理解能力和表达能力,所以不适用于文化程度较低的被调查者。

(4) 无法判断被访问者回答的可靠性。由于访问者不在访问现场,无法判断被访问者的性格特征和回答态度,从而无法判断被访问者回答的可靠性。

2. 邮寄调查的技巧

邮寄调查面临的主要问题就是回收率低,因此可通过一些技巧提高邮寄调查的回收率。

(1) 催收提醒。可以通过跟踪信、跟踪电话、邮寄明信片等方式来提醒未邮寄问卷的被访问者。相关研究表明,催收提醒一般可以将问卷回收率提高 10%。

(2) 奖励刺激。如果在邮寄调查中附赠一些小礼物或在问卷回收之后对寄回问卷的被访问者邮寄一些小礼物,既有利于提高问卷的回收率,又有利于保证问卷答案的准确性。

(3) 邮资保障。对于使用传统邮寄方式寄出的问卷,在回邮信封上贴足邮资,减少被调查者的经济负担,有利于提高邮寄调查的回收率。

(4) 提高调查主题的趣味性。如果被访问者对调查主题非常感兴趣,调查项目又容易回答,可以提高被访问者的填答概率,从而提高邮寄调查的回收率。

(四) 焦点小组访谈法

焦点小组访谈法,又称小组座谈法,就是采用小型座谈会的形式,挑选一组具有同质性的消费者或客户,在一个装有单向镜和录音录像设备的房间内,在主持人的组织下,就某个专题进行讨论,从而获得对有关问题的深入了解。

1. 焦点小组访谈法的特点及应用

焦点小组访谈法不是一对一的调查,而是同时访问若干个被调查者,可以观察到受访者的相互作用,这比同样数量的人做单独陈述时所能提供的信息多。

优点:资料收集快、效率高;取得的资料较为广泛和深入;能将调查与讨论相结合;可进行科学检测;结构灵活。

缺点:对主持人要求较高;容易造成判断错误;小组成员选择不当会影响调查结果的准确性和客观性;因回答结果散乱,使后期对资料的分析和说明都比较困难;有些涉及隐私、保密的问题,很难在会上讨论。

所以,焦点小组访谈法主要应用于了解消费者对某产品的认识、偏好及行为;消费者对老产品的新想法;获取对新产品概念的印象;研究广告创意;获取消费者对具体市场营销计划的初步反应。

2. 实施步骤和要点

(1) 做好会前准备工作。

确定会议主题,设计详细的座谈提纲;确定会议主持人;选择参加会议的人员,一般以 8~12 人为宜;选择场所及时间,一般是 1~3 个小时为宜;确定会议的次数,次数取决于问题的性质、细分市场的数量、座谈会产生的新想法数量和时间经费等;准备好会议所需的设备和工具;需要同声翻译时,应让翻译熟悉讨论内容。

(2) 组织和控制好座谈会的全过程。

主持人要善于把握座谈会的主题,做好与会者之间的协调工作;做好会议记录,包括笔记、录音和录像等工作。

(3) 做好座谈会的后续工作。

整理会议记录;回顾和研究座谈会情况,通过反复听录音、看录像和笔记,回想会议进程是否正常,反映的情况是否真实,观点是否具有代表性,然后对会议结果作出评价,发现疑点和存在的问题;做必要的补充调查,对关键或重要的资料进一步核实,对因故没出席或出席没发言的人,采用适当的形式(面访、电话等)进行补充调查;分析和解释结果,做假设检验和调查报告总结。

(五) 留置调查

留置调查是指将事先设计好的调查问卷当面交给被访问者,并说明填写要求,留下问卷,待被访问者填好后由访问人员在规定时间统一收回的一种调查方法。这种调研方法介于面谈调查和邮寄调查之间,比邮寄调查更灵活、具体。

1. 留置调查的优点

(1) 回收率高。访问者当面将调查问卷交给被访问者,并说明填写要求和方法,解释被访问者的疑问，因此只要在回收时确认填答情况就可以减少误差，提高回收率。

(2) 时间自由、充分。被访问者可以有比较充分的时间来自由安排填答时间，不受调查人员的影响，做出比较准确的回答。

(3) 成本较低。问卷填答过程中不需要访问人员在场，因此在一定程度上降低了调查的成本。

2. 留置调查的缺点

(1) 调查范围有限。由于访问者需要当面将调查问卷交给被访问者，并要在规定的时间取回问卷，因此，使调查范围受到一定限制。

(2) 调查时间较长。由于被访问者不能将调查信息立即反馈，一般至少需要一周时间才能取回反馈信息。

(3) 无法控制调查过程。由于调查问卷是由被访问者自行填答，访问者不在现场，因此被访问者是否按照调查说明要求填写问卷无法控制。

(六)网络调查

网络调查是指访问者利用网络信息传递与交换技术将所需的市场信息通过网络进行收集、处理和分析，以获取有价值的信息资料的一种调查方法。据统计，80%的专业市场调查人员在调查活动中使用了互联网。

1. 网络调查的特点

网络调查的优点主要体现在以下几方面。

(1) 调查成本较低。通过互联网进行调查，节省了邮寄调查、电话调查等调查实施过程中的印刷费、录入费等费用，因此调查成本较低。

(2) 时效性强。节省了印刷、邮寄、录入等过程，因此较其他调查方法的时间大大缩短，甚至可以在几小时内完成一项网上调查。

(3) 客观性较高。被访问者是在自愿和完全独立思考的环境下接受调查，不会受到访问人员及其外在因素的干扰和误导，因此，能够最大限度地保证调查结果的客观性。

(4) 交互性较强。网络调查可以运用动画、声音、影像等多种媒体来与被访问者进行交流，具有较强的交互性。

网络调查的缺点主要体现在以下几方面。

(1) 样本的代表性不强。虽然我国近年来网民数量有了大幅度增加，但网络普及率还不高，上网人群以年轻人和受过高等教育的人群为主，这类人群不能够完全代表全国人民总体，因此，调查结果的正确性会受到一定的影响。

(2) 容易出现无限制样本问题。由于网络上的任何人都能够填写问卷，很可能出现一人重复填答的情况。

(3) 网络的安全性问题。网络调查时可能会有木马软件、网络攻击等问题扰乱调查工作的正常进行。

(4) 问卷长度受限制。网络调查的被访问者注意力集中时间较短，因此问题最好控制在30个字以内，以免被访问者失去填答兴趣，中止填答问卷。

2. 网络调查的技巧

(1) 调查时间尽可能缩短。网络调查的被访问者注意力集中时间有限，因此为保证回收率，调查时间要尽可能缩短，一般情况下要保证被访问者 15 分钟之内填答完毕。

(2) 限制被访问者重复填答。一个比较好的办法是：当某个网址或 E-mail 地址填答后立即进行记录，以防止多次填答。

(3) 给予奖励。比如参与填答的被访问者会有机会领取一份小纪念品等。

(七) 日记调查

日记调查是指对作为固定连续样本的被调查者发放日记本，由被调查者逐日逐项进行记录，并由调查人员定期加以整理汇总的一种调查方法。

日记调查法的优点主要有下述两点。

(1) 能够使调查者与被调查者建立长期合作的关系，因此样本回收率较高。

(2) 能够及时反映被调查者的情况，及时进行资料整理和分析。

日记调查的缺点主要有下述两点。

(1) 有些调查内容需要被调查者每天进行记录，因此记录的工作量较大。

(2) 记录过程中存在许多被调查者的主观因素，这些主观因素有可能影响调查的准确性和客观性。

【相关链接 4-5】

日记调查在广告媒体中的应用

日记调查常用于电视收视率的调查。其操作步骤是通过一定的抽样设计抽取被调查的家庭，然后将调查问卷送到被调查家庭中，一般是请被调查家庭主妇将每天看电视的人按性别、年龄分别记录在问卷上。选择家庭主妇是因为她们通常比较仔细和认真，得到的调查结果相应地也会比较准确。

例如，调查沈阳影视频道、沈阳新闻频道和辽宁都市频道、辽宁新闻频道的收视率时，将这些频道全天的所有节目印在调查问卷上，一般一个调查回收期为一周，所以要准备一本 7 份的调查问卷。

等到周末，由访问员上门回收调查问卷，并且附上下一周的调查问卷。然后将收回的调查问卷进行整理和分析，得到各节目频道收视的频数和频率。

(资料来源：陈友玲. 市场调查预测与决策[M]. 2 版. 北京：机械工业出版社，2019.)

第三节 观察调查法

一、观察调查法的概念及特点

(一) 观察调查法的概念

观察调查法简称观察法，是指观察者根据调查目的，有组织有计划地运用自身的感觉器官(视觉、听觉、味觉、嗅觉、触觉)或借助科学的观察工具和手段,直接搜集当时正在发生的被调查者活动和现场事实的相关资料。

(二)观察调查法的特点

1. 优点

(1) 可靠性较高。被调查者与调查者不直接接触,因此被调查者没有心理压力,完全是一种自然的表现,调查结果可靠性较高。
(2) 直观性较强。观察法收集的资料是被调查者的自然行为,因此直观性较强。
(3) 干扰性较弱。观察法是调查者的单方面活动,不依赖于语言交流,因此不会受到被调查者意愿和回答能力等问题的干扰。

2. 缺点

(1) 观察法调查需要大量调查人员进行现场调查,因此调查只适合小范围。
(2) 观察法通常需要长时间观察,因此调查费用较高。
(3) 观察法要求调查人员具有敏锐的观察力,因此对调查人员的技术水平要求较高。

二、观察调查法的分类

(一)按照观察内容的标准化程度,可分为结构式观察和非结构式观察

1. 结构式观察

结构式观察是指事先制订好观察计划,规定观察范围、对象、内容、程序等,并在观察过程中严格按照计划执行。结构式观察的特点是观察过程标准化程度高,因此,得到的调查资料比较系统,容易整理。

2. 非结构式观察

非结构式观察也称无结构式观察,是指事先对观察内容、程序、手段等不做严格的规定,只要求观察者有一个总的观察目的和原则,观察内容和范围不做严格的限定,在观察过程中采取随意的方式进行记录。非结构式观察的特点是灵活性较强,能够发挥观察者主观能动性,但搜集的资料整理和分析难度较大。

【阅读案例4-7】

娱乐实验室里的观察

在Fisher-Price公司的娱乐实验室里,公司邀请一群孩子在实验室里玩玩具。玩具设计者观察孩子们对他们的玩具以及其他厂家玩具的反应。通过观察,设计者们发现孩子们不喜欢玩公司过去设计的割草机。有一位设计者通过观察发现孩子们对肥皂泡很感兴趣。于是他设计了一台能够喷出肥皂泡的割草机,这种玩具在第一年就卖了100多万台。

(资料来源:[美]小查尔斯·兰姆等. 市场营销学[M]. 6版.陈启亮,朱洪光,译. 上海:上海人民出版社,2005.)

(二)按照观察形式的不同,可分为直接观察和间接观察

1. 直接观察

直接观察是指调查人员直接深入调查现场,对正在发生的行为和市场活动进行观察和记录。

直接观察法要求事先规定观察对象、范围、过程、地点等,并采用合适的观察方式来进行观察。直接观察法具有简单、直接、受限制较少等优点。直接观察法具体包括:顾客观察法和环境观察法。

(1) 顾客观察法是指观察者作为一个旁观者,冷静地观察现场所发生的情况。这种观察方式要求观察者选择一个适当的位置把自己隐藏起来,使自己的观察工作不会引起被观察者注意,以保证观察结果的可靠性。

(2) 环境观察法也称为伪装购物法,是指以普通顾客身份对被调查者的所有环境因素进行观察,以获取调查资料的方法。如:观察者充当售货员观察顾客的购买行为。这种观察方式要求观察人员具有较强的注意力和良好的记忆力。

【阅读案例 4-8】

Discreetly 的直接观察

Discreetly 是一个著名的汽车制造商,它的调查人员常常观察汽车购买者在展示厅里选购汽车时的行为。观察的内容包括购买者的穿着打扮、他们是否自信或腼腆、他们是否踢车的轮胎,以及他们会问什么样的问题等。

(资料来源:[英]托尼·普罗克特. 营销调研精要[M]. 吴冠之等,译. 北京:机械工业出版社,2004.)

2. 间接观察

间接观察是指调查者对自然物品、行为痕迹等现场遗留下来的事物进行观察,以便间接反映调查对象的状况和特征,获取相关信息。在一些不适合调查人员亲临现场进行调查的情况下,可以根据调查目的和要求,在调查现场设置摄像机、红外探测器等设备自动采集有关调查信息。采用这种调查方式一次性投资较大,应用范围较小。

(三)按照观察手段的不同,可分为人员观察、仪器观察和痕迹观察

1. 人员观察

人员观察是指调查人员通过感觉器官或借助机器设备进行观察。例如,调查人员想要了解某产品的市场销售状况,可以到销售现场进行观察,或到用户群体中进行观察。这种方式要求观察者具有敏锐的观察力、较强的应变力和记忆力,以及迅速的记笔记能力。人员观察的感官和观察工具如表 4.4 所示。

表 4.4 感觉及辅助工具汇总表

感 觉	感觉器官	在市场调查中的作用	辅助工具
视觉	眼睛	行为观察	望远镜、显微镜、照相机等
触觉	手	表面检验	触式测试仪、金相仪
嗅觉	鼻子	食品、香料检验	味料分析仪

续表

感　觉	感觉器官	在市场调查中的作用	辅助工具
听觉	耳朵	谈话观察	助听器、录音机、噪声测量仪
味觉	舌头	品味	化学分析仪、味料专用分析仪

2. 仪器观察

仪器观察是指通过仪器设备来观察被调查者。例如，在超市里安装摄像装置观察顾客行为。仪器设备是人感官的延长，在特定的环境中，仪器观察比人员观察更经济、准确。

【阅读案例4-9】

Pretesting公司的阅读器

Pretesting公司发明了一种叫阅读器的仪器，这种仪器看起来像一盏台灯，之所以这样设计是为了让被测者坐在它面前时不会意识到这一机器正在记录阅读者眼睛的反应。通过阅读器和特别设计的隐藏式照相机的应用，Pretesting公司能记录许多有关阅读习惯和不同广告的使用情况以及品牌名称回忆等方面的信息。

(资料来源：范冰，范伟达. 市场调查教程[M]. 上海：复旦大学出版社，2008.)

3. 痕迹观察

痕迹观察是指调查者不直接观察被调查者行为，而是通过一定的途径来了解他们行为的痕迹。例如，通过摩托车修理厂可以了解摩托车不同零件的损坏率，从而反映出摩托车产品设计或制造中存在的问题。

【阅读案例4-10】

小纸条中的大学问

在日本九州，很多远道而来的顾客，特别是生怕忘事的家庭主妇，到商店购物前，总喜欢把准备购买的商品名称写在纸条上，买完后随手弄丢。一家百货公司的经理经常捡起这种纸条，并以此作为重要的分析依据。这位经理还经常装扮成顾客，在电梯或休息处悉心了解顾客对商品的要求。他也由此总结了一套扩大经营的独家经验，生意做得格外红火。

(资料来源：根据http://www.topo100.com/tjdy/scdy/2007-06-14/31924.html 部分改编)

(四)按照观察对象是否参与调查活动，可分为参与性观察和非参与性观察

1. 参与性观察

参与性观察是指调查者参与到被调查群体中，并成为其中一员，直接与被调查者接触，收集资料的一种调查方法。在参与性观察中，调查者要隐瞒自己的身份，长时间置身于被调查群体之中。参与性观察常常通过"伪装购物法"或"神秘购物法"来组织实施。

2. 非参与性调查

非参与性调查是指调查者以旁观者的身份，置身于调查群体之外对被调查者进行观察、

记录，以获取所需信息的一种调查方法。在非参与性观察中，观察者不参与被调查者的任何活动，只是像记者一样记录调查者的行为过程。为保证调查的准确性，应尽量保证观察者的隐蔽性。

【阅读案例 4-11】

> **丰田旅行车家庭调查**
>
> 一天，一个美国家庭住进了一位日本人。奇怪的是，这位客人每天都在做笔记，记录美国人居家生活的各种细节，包括吃什么食物、看什么电视节目等。一个月以后，这位日本人走了。不久，日本丰田公司就推出了针对当今美国家庭需求而设计的价廉物美的旅行车，深受消费者欢迎。例如，美国年轻男士喜欢喝玻璃瓶装的饮料，日本设计师就专门在车内设计了能冷藏并能安全放置玻璃瓶的柜子。直到此时，丰田公司才在报纸上刊登了其对美国家庭的研究报告，并向那户人家致歉，同时表示感谢。

(资料来源：彭石普. 市场营销原理与实训教程[M]. 2版. 北京：高等教育出版社，2014.)

(五)按照观察进行的时间不同，可分为纵向观察、横向观察和横纵结合观察

1. 纵向观察

纵向观察又称时间序列观察，是指在不同时间内对调查对象进行观察，获得一连串的观察记录的一种调查方法。通过纵向观察，可以了解调查者在时间上发展变化的过程和规律。例如，要了解某娱乐场所的生意是否兴隆，可以利用纵向观察，通过人员观察或仪器观察，记录下不同时间段进出该场所的人数。

2. 横向观察

横向观察是指在某特定时间内对若干个调查者同时进行观察记录，将观察结果进行比较，从而全面地了解被调查者情况的一种调查方法。例如，某调查机构要了解某客运企业的服务水平，该调查机构同时选取了不同线路的多台客车的服务过程进行观察，通过对多台客车服务过程进行比较和评价，得到对客运企业服务水平的一个整体评价。

3. 纵横结合观察

纵横结合观察是指在时间上有延续，同时选取多个调查对象进行调查的一种调查方法。这种方法较横向观察和纵向观察，能取得更全面可靠的资料，但调查时间长和调查费用较大。例如，某新产品进入市场，要了解其在市场上的销售情况，就要在较长时间内，从销售量、顾客反映情况、售后反馈等多方面进行观察。

三、观察法的记录技术

记录技术的好坏直接影响着调查结果。科学的记录技术能够准确、及时地记录观察信息，为资料整理和分析提供方便。常用的记录技术包括：观察卡片记录、速记、头脑记忆、机械记录、符号记录。

(一)观察卡片记录

观察卡片记录是指在卡片上列出观察项目和每个项目可能出现的各种情况。使用观察卡片记录时,观察人员可以直接在卡片上填写观察记录。客流量观察卡片如图4.1所示。

```
被观察单位:
观察地点:              观察人员:
观察时间:    年    月    日    时至    时
人数:
入向:                  出向:
```

图 4.1　客流量观察卡片

(二)速记

速记是指用简便易写的线段、圈点等符号系统来代表文字记录的方法。在文字记录中,也可以用符号代表在观察中可能出现的各种情况。在记录时,调查人员根据调查内容记下相应的符号,或在事先写好的符号上打钩即可,速记可以加快记录的速度。

(三)头脑记忆

头脑记忆是指在调查中,采用事后追忆的方式进行的记录,这种记录方法多用于调查时间急迫或在不宜现场记录的情况下进行记录。由于人的记忆力有限,在记忆时容易遗漏重要信息。

(四)机械记录

机械记录是指在调查中,运用录音机、录像机、照相机等专用仪器进行记录。这种记录方法能详尽地记录所要观察的现象,以减轻调查人员的负担。

(五)符号记录

符号记录是指在记录时根据出现的各种情况记录下相应的符号,不需要用文字叙述。符号记录能够加快记录速度,便于资料整理。

第四节　实验调查法

一、实验调查法的概念及特点

(一)实验调查法的基本概念

实验调查法是指在既定条件下,调查人员有目的、有意识地改变或控制一个或几个影响因素,通过实验对比,对调查现象中的因果关系及其发展变化过程进行分析的一种调查方法。因此,实验调查法也称为因果关系调查法。

(二)实验调查法的相关概念

1. 自变量

自变量也称为实验变量或独立变量,是指在实验过程中引入的变量,是指实验者在实验过程中可以进行控制、处理,并且效果可以测量和比较的变量,如产品的价格、包装等。

2. 因变量

因变量也称为相应变量,是指实验过程中通过测量自变量对实验对象效果的变量。如在商品价格与销售量的关系中,销售量就是因变量。

3. 外来变量

外来变量也称为干扰变量,是指除自变量以外一切能够影响因变量变化的其他所有变量。外来变量还可以分为可控制变量和不可控制变量,其中,可控制变量是指调查人员能够加以控制的影响因素,如价格、广告、包装等;不可控制变量是指调查者难以控制的影响因素,如季节、气候等。

4. 实验对象

实验对象也称为实验单位,它可以是个人,也可以是组织或其他实体。

5. 因果关系

因果关系即某个起因 A 影响或引起某个结果 B。A、B 之间存在的因果关系应至少符合以下三个条件:存在相关关系;存在适当的时间顺序;不存在其他可能的原因性因素。在实验调查法中,A 与 B 存在因果关系,最多只能推断 A 是 B 的起因中的一个,而不能证明 A 是 B 的起因。

6. 实验组

实验组是指一组被实验的对象,可以是人,也可以是物。

7. 控制组

控制组也称为对比组,是指在实验过程中由自变量保持不变的个体组成的组。

(三)实验调查法的特点

1. 实验调查法的优点

(1) 能够检验市场环境中不明确的因果关系。这是其他调查方法不能提供的。

(2) 实验结果客观性强、可靠性高。实验调查法是在一种真实的或模拟真实环境下进行的,因此,结果具有较强的真实性。

(3) 实验主动性强。实验调查法可以主动进行变量控制,观察各种影响因素之间的相互关系,因此,实验主动性较强。

(4) 实验结果说服力较强。在实验调查中,实验变量、实验设计、实验环境都基本相同,因此,实验结果具有较强的说服力。

2. 实验调查法的缺点

(1) 实验成本较高。为保证实验的实现，有的实验需要有多个控制组合对照组，因此，实验调查法在费用和时间方面比其他调查法要高。

(2) 保密性差。现场实验容易暴露实验者的商业机密，容易使竞争对手做出应对措施。

(3) 实施难度大。在实验交叉中，既要考虑不影响被调查企业日常工作，又要考虑取得实验对象的合作，同时还要控制外来因素的影响，因此，实施难度较大。

(4) 实验局限性较大。实验调查法只能识别特定实验变量与影响因素之间的关系，而不能解释众多影响因素，也不能分析过去或未来的情况，因此实验局限性较大。

二、实验调查法的分类

根据实验场所的不同，可以将实验调查法分为实验室实验和现场实验。

1. 实验室实验

在模拟的人造环境中进行实验，容易操作，所需时间较短，费用较低。

2. 现场实验

在实际环境中进行实验，操作性较差，所需时间较长，费用较高。现场实验又可以分为产品实验和销售实验。

(1) 产品实验是指对产品的质量、性能、色彩等方面的市场反应进行调查。

(2) 销售实验是指产品在大量上市之前，以有限的规模在有代表性的市场内试销，得出销售效果。

【阅读案例4-12】

虚拟购物

在计算机图表和三维模型方面取得的进展大大拓宽了模拟市场测试的应用范围。为什么呢？因为营销者可以快速、方便地在计算机屏幕上复制出一种真实零售店的感觉。

例如，一位消费者能看到装满各种产品的货架。购物者通过触摸监视器上货物的图像就可以选择货架上的物品。然后，产品会移到屏幕的中心。在屏幕上，购物者可以利用一种三维的追踪球来转动产品，以便从各个侧面查看产品。要想购买产品，顾客只需触摸运货车图像，然后产品就会移到车上，这与顾客在一家商店里购买时把产品放到手推车里一样。在购买过程中，计算机会毫无困难地记录下顾客购买每类产品所花的时间、检验包装的每一侧面所用的时间、购买产品的数量以及购买产品的顺序。

计算机模拟的环境，就像刚才描述的那一种，提供了许多优于传统研究方法的优点。第一，不像焦点小组访谈、创意测试和其他实验室方法那样，虚拟商店可以将一个实际的市场完全加以复制。顾客能在一个更现实和复杂多样的环境中购物。第二，调查人员能迅速地实施并改善这些测试。一旦产品图像被计算机扫描，调查人员便可以几分钟内在货架空间方面做出改变，包括各种品牌的集合、产品包装、价格以及促销。因为由购买而产生的信息，能被计算机自动地捕获并储存，所以数据收集迅速而简洁。第三，由于展示是在电子操作的基础上创造的，所以测试成本低。一旦硬件和软件都就绪，测试的成本就基本取决于被测者的人数。一般来说，对参与受试者要给予小的鼓励。第四，这种模拟具有高度的灵活性，已经能用于测试整个新的营销观念或用于调整现有的计划。这种模拟还可以排除或者至少控制现场实验中存在的大量噪声。

然而，这种调研方法最重要的好处还是它赋予市场研究人员实现他们想象的机会。它将模拟市场测试从发生在实验计划后期的一个"做还是不做"的障碍转变为一种可以试验新思想的有效的营销实验室。不必实际制造产品和支出广告费及促销折扣，不会提醒竞争者，不必首先了解新思想是好还是坏，是糟糕还是奇妙，产品经理就能测试新的创意。

(资料来源：栾向晶. 营销调研与预测[M]. 北京：科学出版社，2019.)

三、实验调查的基本方法

(一) 无控制组事前事后对比实验

无控制组事前事后对比实验是一种相对简便的实验调查方法，是指在没有控制组进行对比的情况下调查人员只选择一组实验对象作为实验组，先对实验组的正常情况进行测量，然后测量实验后实验组的结果，将实验前后的测量情况进行比较，通过对比分析了解实验变化的结果。

例如，某饮料公司生产三个品种的饮料，用无控制组事前事后对比实验的方法对饮料调价后的销售量的变化情况进行分析。具体做法如下所述。

(1) 选定实验对象 A、B、C。
(2) 对实验对象在实验前一季度的销售量进行统计。
(3) 对实验对象改变价格后一个季度的销售量进行统计。
(4) 比较实验前后不同时期销售量的增减情况。

实验情况如表 4.5 所示。

表 4.5 饮料调价实验汇总表

饮料品牌	每瓶售价(元)		销售量(箱)	
	实验前 x_1	实验后 x_2	实验前 y_1	实验后 y_2
A	4	3.8	200	250
B	3.8	3.5	215	260
C	3.5	4	230	210
总计			645	720

通过表 4.5 可以看出，改变三种饮料的价格以后，每种饮料的销售量都发生了变化。其中，饮料 A 的价格降低了 0.2 元，销售量增加了 50 箱，饮料 B 的价格下降了 0.3 元，销售量增加了 45 箱，饮料 C 的价格上升了 0.5 元，销售量下降了 20 箱。通过对比和计算，不难发现，改变价格对总体销售量和销售收入的增加是有效果的。

(二) 实验组与控制组对比实验

在无控制组的事前事后对比实验中，由于不能排除其他非实验因素的影响，只能粗略地估计实验结果，如果要排除其他非实验因素的影响，就需要进行实验组与控制组的对比实验。实验组与控制组对比实验是指将实验组与控制组的实验对象在同一时间内进行对比。在同一实验期间内,把两组情况相同或相近的实验对象分别指定为实验组和控制组,两组按照一定的实验条件进行实验,然后对两组的实验结果进行比较和分析。

例如,某企业想了解店内海报对其销售量是否具有促销作用,决定采用实验组与控制组的对比实验来进行调查。该企业从其经销商中选择了10家卖场,其中5家卖场作为实验组,5家卖场作为控制组,实验期为1个月。实验组自实验开始日起在店内张贴商品宣传海报,而控制组不张贴店内海报。实验期间,分别记录两组的销售量。实验结束后,实验组的销售量为5000件,控制组的销售量为3200件。由此可见,在店内张贴宣传海报可以增加销售量。

采用这种实验方法需要注意的是,实验组和控制组必须在相同的时间内进行实验,并且实验组和控制组的情况应当相同或相近。

(三)有控制组事前事后对比实验

无控制组事前事后对比实验、实验组与控制组对比实验都具有简单易行的特点,但都无法排除非实验因素对因变量的影响。如果想要消除非实验因素的影响,就必须先确定非实验因素对实验效果的影响程度,再将其从实验结果中剔除。采用有控制组事前事后对比实验能够获得较好的效果。

有控制组事前事后对比实验是指在实验对象中挑选两组,一组指定为实验组,另一组指定为控制组,实验组按照实验条件进行实验。在事前事后两段相同的实验期内,分别对实验组和控制组情况进行测量,然后对两组的实验结果进行比较和分析。

例如,某糕点公司决定采用有控制组事前事后对比实验来调查该公司经营的某品牌糕点采用新包装后的效果,具体做法如下所述。

(1) 选定实验组和控制组,在1个月内,不改变包装进行销售,分别用 x_1、x_2 表示。

(2) 进行为期一个月的实验,实验组采用新包装进行销售,用 y_1 表示,控制组不改变包装进行销售,用 y_2 表示。

(3) 测量两组实验情况,如表4.6所示。

表4.6 糕点新包装实验汇总表

组　别	实验前销售量(盒)	实验后销售量(盒)	销售量变动	实验效果
实验组	100	180	80	35%
控制组	110	120	10	

通过表4.6可以看出,采用新包装后,实验组的销售量增加了80盒,提高了40%,而没改变包装的控制组的销售量增加了10盒,提高了不到5%,所以实验效果提高了35%。由此可见,采用新包装对增加糕点的销售量是有效果的。

(四)完全随机对比实验

完全随机对比实验是指随机地选取一个影响因素,对同一个实验对象在该因素的不同状态下进行实验,将实验结果进行比较和分析。

例如，选取两家超市对不同季节的销售额进行对比。具体做法如下所述。
(1) 选择两家销售额相同或相近的超市作为实验对象。
(2) 分别对这两家超市在不同季度销售额进行记录，并进行比较分析，如表 4.7 所示。

表 4.7 不同季节销售实验汇总表

季 度	超市 A(万元)	超市 B(万元)
1	50	60
2	90	85
3	75	80
4	20	30
合计	235	255

(五)分组随机对比实验

调查人员除了可以对自变量的影响因素进行实验外，还可以就某个主要因素单独进行研究，进行分组随机对比实验。例如，将商店规模和价格条件单独提取出来进行实验，对其销售量进行对比，具体做法如下所述。
(1) 将商店规模按照销售额大于 10 万元、6 万～10 万元、小于 6 万元进行划分。
(2) 对销售价格按照 4.5 元、5 元、5.5 元进行划分。
(3) 对不同商店规模和价格的销售量进行对比分析，如表 4.8 所示。

表 4.8 不同商店规模和价格条件下销售量对比

商店规模	不同价格下的销售量/件		
	4.5 元	5 元	5.5 元
大于 10 万元	500	400	350
6 万～10 万元	400	350	300
小于 6 万元	350	320	300
合计	1250	1070	950

【阅读案例 4-13】

以市场调查试探市场

脑白金、黄金搭档等保健产品在全国大范围上市之前，总是要选择重点区域进行试销，也包括广告的试投放。严格来讲，这也是一种市场调研。通过市场反馈来分析产品价格、渠道、广告等策略执行情况，为研究并制定其他区域市场推广的相关决策作参考，从而可以有效降低新产品的入市风险。其实，上述情况在商业领域里更是常见。很多大型商业企业正式开业之前，总会有为期一个月左右的试营业，甚至更长时间。这些商家除了想通过试营业来理顺一下内部运营目的以外，更重要的是想了解外界的反应，尤其是消费者的反应。再有，在房地产行业，新楼盘正式开盘以前，往往只制定一个大约的价格，并在开盘前举办"内部认购"活动，也是为了试探客户对价格的反应，待正式开盘时再拿出成熟的价格方案。上述几个例子足以说明，无论前期营销准备工作做得多充分，计划也没有变化快，需要调整计划，但小规模调整总比大规模调整成本费用低，更主要是风险小。

(资料来源：http://www.top100.com/tjdy/scdy/2007-06-04/31927.html)

四、实验调查法的实施步骤

1. 根据调查目的和要求，提出研究假设和相关变量

例如，某种新产品在哪个地区销售量好，不同的广告设计方案对促销的效果是否具有显著性差异等。

2. 根据实验要求，确定实验方法

根据实验要求，选择恰当的实验方法对实验效果至关重要。

3. 选择实验对象

根据确定的实验方法，对实验组、控制组等进行选择。

4. 实施实验

在实验过程中，应对实验结果进行认真测量和记录，并运用统计方法进行分析和推断。

5. 撰写实验报告

实验报告应包括实验目的说明、实验方法、实验实施过程，以及实验实施结果，并根据实验结果提出有价值的分析和推断。

本 章 小 结

企业进行市场调查必须选择适合的调查方法。一般来说，市场调查方法主要包括文献法、访问调查法、观察调查法、实验调查法。每种调查方法中又包含多种不同的调查方式。每种调查方法均具有各自的优缺点和适用范围。企业在进行市场调查时，应根据调查目的和要求，以及企业自身条件选择调查方法。通常情况下，一次调查以一种调查方法为主，并由其他几种调查方法辅助。

文献法是指通过搜集各种历史和现实的动态文献资料，从中获取与市场调查主题有关的信息，并对调查内容进行分析和研究的一种调查方法。文献法的具体方法包括筛选法、剪辑分析法、情报联络网法和购买法。

访问调查法是指调查人员将所要调查的问题，以当面、电话或书面等不同的形式，采用访谈询问的方式向被调查者了解情况以获得所需要的调查资料的一种方法。访问调查法可以分为多种具体调查方式，如：根据访问人数的多少，可分为个别访问和集体访问；根据访问者与被访问者交流方式的不同，可分为直接访问和间接访问；根据访问内容是否在访问前进行统一设计，可分为标准化访问和非标准化访问。

观察调查法是指观察者根据调查目的，有组织有计划地运用自身的感觉器官(视觉、听觉、味觉、嗅觉、触觉)或借助科学的观察工具和手段，直接搜集当时正在发生的被调查者

活动和现场事实的相关资料。按照观察内容的标准化程度，可分为结构式观察和非结构式观察；按照观察形式的不同，可分为直接观察和间接观察；按照观察手段的不同，可分为人员观察、仪器观察和痕迹观察；按照观察对象是否参与调查活动，可分为参与性观察和非参与性观察；按照观察进行的时间不同，可分为纵向观察、横向观察和横纵结合观察。

实验调查法是指在既定条件下，调查人员有目的、有意识地改变或控制一个或几个影响因素，通过实验对比，对调查现象中的因果关系及其发展变化过程进行分析的一种调查方法。根据实验场所的不同，可以将实验调查法分为实验室实验和现场实验。通常，实验调查法的基本方法包括无控制组事前事后对比实验、实验组与控制组对比实验、有控制组事前事后对比实验、完全随机对比实验、分组随机对比实验。

练习与思考

一、名词解释

文献法　　访问调查法　　观察调查法　　实验调查法　　筛选法　　情报联络网法
面谈调查　　电话调查　　邮寄调查　　留置调查　　网络调查　　结构式观察
非结构式观察

二、判断题（正确打"√"，错误打"×"）

1. 文献法收集资料的时效性较强。　　　　　　　　　　　　　　　　　　　　（　　）
2. 业务经营资料主要包括企业在经营活动中保存的发票、销售记录、购销合同、订货单、进货单、出货单、存货单。　　　　　　　　　　　　　　　　　　　　　（　　）
3. 采用情报联络网法，企业可在重点地区设立固定情报点，派专人负责情报收集工作。（　　）
4. 访问调查法的整个实施过程是调查者与被调查者相互作用相互影响的过程。（　　）
5. 标准化访问也称非结构访问。　　　　　　　　　　　　　　　　　　　　（　　）
6. 电话调查属于间接调查范畴，是指访问者通过电话向被访问者提出有关问题，以获得所需信息资料的一种调查方法。　　　　　　　　　　　　　　　　　　（　　）
7. 计算机辅助电话调查是指在一个装有计算机辅助电话调查设备的中心地点，在电话被接通后，根据电脑屏幕上提示的问题和选项向被调查者提问，无须访问员配合。（　　）
8. 留置调查具有回收率高的优点。　　　　　　　　　　　　　　　　　　　　（　　）
9. 观察法调查需要大量调查人员进行现场调查，因此调查只适合小范围。（　　）
10. 人员观察是指调查人员通过感觉器官或借助机器设备进行观察。（　　）
11. 机械记录是指在调查中，运用录音机、录像机、照相机等专用仪器进行记录。这种记录方法能详尽记录所要观察的现象，减轻调查人员的负担。（　　）
12. 实验调查法可以主动进行变量控制，观察各种影响因素之间的相互关系，因此，实验主动性较强。（　　）

三、简述题

1. 文献法的特点是什么？
2. 分别从调查时间、费用、回收率三个方面对访问调查法、观察调查法、实验调查法进行比较和评价。
3. 如何在实验调查中控制外来因素的影响？
4. 简述企业内部资料来源和外部资料来源主要包括的内容。
5. 简述直接访问与间接访问各自的优缺点。
6. 简述电话调查的特点。
7. 比较横向调查、纵向调查、纵横结合调查的特点和适用范围。
8. 实验调查法的特点是什么？
9. 比较三种基本实验调查方法的适用范围。

四、案例分析题

【案例分析1】

怀胎三年　一朝"分娩"
——宝洁的新品牌"润妍"是这样做出来的

1997年，宝洁公司在中国酝酿一个新的产品：推出一种全新的展示现代东方女性黑发美的润发产品，取名为"润妍"，意指"滋润"与"美丽"。从主意产生到产品上市，"润妍"品牌"怀胎"了将近三年。

"润妍"产品的目标定位：成熟女性。这类女性不盲目跟风，她们知道自己美在哪里。融传统与现代为一体的、最具表现力的黑发美，也许就是她们的选择。这就是宝洁最初的构思。

1. 先做产品概念

按照宝洁公司的惯例，在研制产品之前要进行产品概念测试。首先要找准目标消费者的真正需求，研究全球的流行趋势。为此，宝洁公司先后请了300名消费者进行产品概念测试。在调查中，宝洁公司又进一步了解到，东方人向来以皮肤白皙为最美，而头发越黑，越可以反衬皮肤的白皙美。经过反复三次的概念测试，宝洁公司基本把握住了消费者对心目中的理想护发产品的期望——滋润而又使黑发具有生命力。

从消费者的需求出发进行技术创新，根据市场也就是消费者的普遍需求，宝洁的日本技术中心研制开发出了冲洗型和免洗型两款"润妍"润发产品。其中，免洗型润发露是专门为忙碌的职业女性创新研制的。

产品研制出来后，宝洁公司并没有马上将其投放市场，而是继续请消费者做试用测试，并根据消费者的要求，再进行产品改进。最终推向市场的"润妍"倍黑中草药润发露强调专门为东方人设计，在润发露中加入了独创的水润中草药精华(含何首乌)，融合了国际先进技术和中国传统中草药成分，特别适合东方人的发质和发色。把技术优势与市场优势紧密结合，这是宝洁成功的重要原因。此外，宝洁公司专门设立了模拟货架，将自己的产品与不同品牌特别是竞争品牌的洗发水和润发露放在一起，反复请消费者观看，然后调查消费者究竟记住什么、忘记什么，并据此进行进一步的调整与改进。

2. 让消费者选择她们最喜欢的广告

公司先请专业的广告公司拍摄一组长达六分钟的系列广告，然后组织消费者来观看，请消费者选择她们认为最好的三组画面；最后，根据绝大多数消费者意见，将神秘的女性、头发、芭蕾等画面进行再组合。广告片的音乐组合也颇具匠心，现代的旋律配以中国传统的乐器古筝、琵琶等，进一步呼应"润妍"产品的现代东方美的定位。

3. "润妍"的最终诉求

让秀发更黑、更漂亮，内在美尽情释放，这是"润妍"的最终诉求。具体的介绍是："润妍"蕴含中国人使用了数千年的护发中草药——何首乌，是宝洁公司专为东方人设计的，也是首个具有天然草本配方的润发产品。

宝洁人一丝不苟为之准备了将近三年时间，被称为"润妍"的一种润发露终于款款上路了。

(资料来源：http://www.doc88.com/p-9582936505054.html. 作者节选)

分析：
1. 宝洁公司推出润妍润发露采用了哪种市场调查方法？
2. 这种调查方法的特点是什么？
3. 采用这种调查方法对企业推出新产品有什么意义？

【案例分析2】

广告效果调查

先选定一两个实验地区刊播已经设计好的广告，然后同时观察实验地区与尚未推出广告的地区，根据媒体受众的反映情况，比较实验区与一般地区之间的差异，就可以对广告促销活动的心理效果做出调查。

美国史达氏公司采用此法时，制定了三种阅读评分标准。

1. 注意分：即声称以前在杂志上看过这则广告的人数在目标阅读者中所占的百分比。计算公式为

$$\text{注意分} = \frac{\text{被调查者中看过某则广告的人数}}{\text{被调查者总人数}} \times 100\%$$

2. 领悟和联想分：是指能够正确地将广告作品与广告主对上号的人在读者中所占的比例。计算公式如下：

$$\text{领悟和联想分} = \frac{\text{被调查者中将广告作品与广告主对上号的人数}}{\text{被调查者总人数}} \times 100\%$$

3. 大部分阅读分：是指声称读过广告文案一半以上的人在读者中所占的比例。计算公式如下：

$$\text{大部分阅读分} = \frac{\text{被调查者中知晓广告大部分内容的人数}}{\text{被调查者总人数}} \times 100\%$$

截至1990年，该公司已经对120000则印刷媒体广告和6000则电视广告进行了效果调查。

G&R公司进行广告心理效果调查的步骤如下。

第一，评估市场上各则广告的表现。

第二，分析整个广告策划活动及其策略的效果，并与该产品以前的广告宣传活动或者与其他相同产品的广告宣传活动作比较。

第三，针对同一类型产品或某一行业销售效果进行评估。

G&R 公司的调查人员每次抽样调查样本约 150 人(男女都有)，年龄在 18 周岁以上，分布在美国各地。被调查者均可以选择自己常看的杂志广告接受调查，他们必须看过最近四期(杂志广告)中的两期，但没有看过最新的一期。调查人员不事先告诉媒体受众调查的内容，同时要求被调查者不要在访问的当天阅读有关杂志。电话访问时，首先询问被调查者在某一杂志的所有广告中，记得哪几则广告，以便确定这些广告的阅读率；了解媒体受众记得的广告后，就可以请他们回答以下问题：那则广告是什么模样？内容是什么？该广告的销售重点是什么？您从该广告中获得了哪些信息？当您看到该广告时，有何心理反应？您看完该广告后，购买产品的欲望是增加了还是减少了？该广告中，什么因素影响您对购买该产品的欲望？仅最近购买这种产品的品牌是什么？

广告策划者通过将上述问题的答案汇总、整理、分析、综合以后，就衡量出该则广告的以下效果：吸引读者记住或想起某则广告的能力；媒体受众对该广告的心理反应或对广告销售重点的了解程度；广告说服媒体受众购买产品的能力，即媒体受众看了该广告后，购买该产品的欲望，受影响的程度。

(资料来源：http://jpkc.cuit.deu.cn/kecheng/%CD%B3%C6%CF%B5/%CA%D0%B3%A1%B5%F7%B2%E9%D3%EB%D4%A4%B2%E2%E2/wd.htm)

分析：
1. 该公司在调查中应用了哪些调查方法？这些调查方法是否恰当？
2. 该公司为这次广告效果调查都做了哪些准备？
3. 这次广告效果调查都调查了哪些内容？

单 元 实 训

【实训项目一】
访谈法的设计与实施。
1. 实训目的
通过实训，熟练掌握访谈调查的基本方法和步骤，强化学生实际调查能力。
2. 实训要求
通过实训，要求学生掌握访谈调查的基本方法和步骤，熟悉访谈调查的基本技巧；理解收集一手资料的重要作用；要求学生能够结合实际，走出课堂，走向市场，以小组为单位开展实地访问调查，获得一手资料。
3. 实训任务
某调查机构欲了解大学生就业心理问题，请学生以小组形式为其设计一份关于大学生就业心理的访谈提纲，以调查人员的身份对身边即将面临就业选择的同学进行调查，并对调查结果进行整理和分析。
4. 实训知识准备
(1) 访谈调查的基本方法。

(2) 访谈调查的基本步骤。
(3) 访谈提纲的设计内容。
(4) 访谈技巧。

5. 实训步骤

(1) 将实训学生分成若干组,每组 4~6 人组成访谈小组,确定小组负责人。
(2) 小组研讨,拟定访谈提纲。
(3) 以调查人员的身份根据访谈提纲进行访谈。
(4) 将访谈结果进行整理,并进行适当分析。

6. 实训考核

教师根据小组设计的访谈提纲质量以及小组成员团队分工合作的情况、学生出勤、课堂讨论发言情况等综合给定学生成绩。

【实训项目二】

文献法的应用。

1. 实训目的

通过实训,使学生学会并掌握文献调查法;掌握收集二手资料的途径;能够使用搜索引擎收集资料的方法,并能够将收集的信息进行初步的整理和分析,提升学生的实际调研技能。

2. 实训要求

通过实训,要求学生通过文献法的实际应用,深刻理解文献法的重要作用;掌握文献法的使用方法和技巧;能够结合实际,以小组为单位真正开展文献调查工作,获得有用的二手信息。

3. 实训任务

李芳是某大学毕业生,供职于一家著名的管理咨询公司。目前,该公司的一位主营快速消费品的客户希望能在房地产领域内投资,以进行企业的多元化经营。他需要咨询公司提供投资的具体方向和进攻策略。李芳被任命为该项目的执行人员之一。

该项目的第一阶段是对不同地区的房地产行业进行背景分析(如:一线城市、二线城市、三线城市……)。若干名分析人员被分派到不同的地区进行背景研究。李芳被分派到一线城市的房地产行业做背景研究。她需要在两天的时间内完成初步分析,以便在讨论会上汇报分析结果以及对该地区房地产市场前景和未来发展趋势给予初步预测。在时间非常有限的条件下,李芳知道,要按时完成她的调查工作,唯一的途径是找到所需的资料。她采取的办法是借助互联网来进行资料搜集。

如果你是李芳,请你利用互联网来搜集相关资料,并完成一份至少 1500 字的报告,要求内容至少包括以下几点。

(1) 目前一线城市房地产的市场规模。
(2) 一线城市房地产市场的增长趋势。
(3) 在一线城市房地产市场中领先的行业企业。
(4) 一线城市房地产市场的行业竞争情况。
(5) 根据你的调查,你认为客户在一线城市房地产市场是否有发展机会?如果有,请你给出投资方向的建议。

4. 实训知识准备

(1) 文献法的具体应用。

(2) 收集二手资料的主要途径。

(3) 网上收集资料的技巧。

5. 实训步骤

(1) 由指导教师介绍实训的任务、目的和要求，对网络调查法的实践应用价值给予说明，充分调动学生的实训热情和积极性。

(2) 由指导教师总结网上调查的基本方法和技巧。

(3) 学生认真学习使用搜索引擎的有关知识。

(4) 进行网上资料的实际收集操作。

(5) 对搜集的资料进行整理和分析。

(6) 将分析结果写成一份至少1500字的调查报告。

6. 实训考核

教师根据学生的实训出勤、实训态度、收集信息的质量、实训成果完成的时间等进行综合成绩评定。

【实训项目三】

观察法的应用。

1. 实训目的

通过实训，学生可以了解观察法的主要应用范围，掌握观察法的实施技巧。通过实训强化培养学生运用观察法进行调查的技能。

2. 实训要求

通过实训，要求学生通过观察法的实践操作，理解观察法对收集一手资料的重要作用；掌握观察法实施的具体方法和技巧；能够结合实际，以小组为单位真正开展观察，获得第一手市场资料。

3. 实训任务

如果你是一家调研机构的负责人，某书店老板请你为其做一次神秘顾客调查，你认为这次调查应该包括哪些方面的观察内容？请以小组为单位设计一份暗访评分表，并选择一家书店进行至少三次实地观察，并对观察结果进行分析和总结。

4. 实训知识准备

(1) 观察法的应用范围。

(2) 应用观察法时应注意的问题。

(3) 观察法的应用方法和技巧。

(4) 观察提纲的设计。

5. 实训步骤

(1) 指导教师布置本次实训的任务及目的、要求，并进行实训必备知识总结。

(2) 将学生分组，2~4名学生组成调查小组。

(3) 根据调查目的，以组为单位设计一份暗访评分表。

(4) 选择观察地点，每名学生进行至少三次实地观察。
(5) 对观察结果进行分析和总结，形成书面材料。

6. 实训考核

教师根据各组的团队合作情况、实训设计和观察成果质量、完成时间等评定小组成绩，并结合学生在实训过程中的出勤、讨论发言表现等给出学生的个人综合成绩。

第五章　市场调查资料的整理与分析

【本章导读】

58同城报告：乡镇汽车消费市场将迎来增长期

3月29日，58同城发布《2019城镇汽车市场消费趋势报告》(以下简称"58同城城镇汽车报告")，报告显示，由于经济和政策等因素的综合影响，国内消费者购车趋势呈现出新特征。报告指出：二手车交易量持续增长，置换市场潜力较大；乡镇与城市居民购买力差距越来越趋近，乡镇居民购车需求更显著。

58同城副总裁丛林表示："高歌猛进20多年的中国汽车消费市场已然从增量转为存量。对于车企而言，有困境，有挑战，就意味着重新洗牌，中国的汽车以及中国经济的发展，在三四线城市都是一个比较好的发力点。"丛林强调，无论是对于中国的经济发展，还是对于汽车行业来说，农村市场是下一个红利期。

1. 乡镇居民收入逐年增加，消费增速紧追城市消费者

经济基础是决定消费的主导指标，58同城城镇汽车报告数据显示，从2018年开始，农村居民收入增长、消费支出增长均快于城镇居民，尤其在部分经济较发达地区，乡镇居民收入消费水平已接近二线城市。

报告分析认为，首先，城镇化进程与经济的快速发展引领乡镇经济腾飞，乡镇居民收入水平持续稳定增长，根据报告调研数据显示，乡镇用户月收入8000元以上占比已和中国网民收入结构比例接近，5000～8000元收入的占比已高于中国网民平均收入结构比例。充分说明乡镇用户在收入层面已不是传统认识中的低收入群体，其购买力显著提升。

其次，互联网可触达的乡镇用户中30～35岁占了最大比例，这部分人群是家庭生活主力，也是消费维度和消费需求最多的群体。

最后，乡镇居民置业压力要明显小于城市地区，尤其小于一二线城市，这也意味着乡镇消费者拥有更多的可支配资金去购置除房产之外的大件消费品汽车。

2. 多项政策利好，刺激下沉市场释放消费需求

2019年年初，国家再次发布利好政策以促进农村汽车消费，由国家发展改革委等十部委共同发布的"政策"，指出将重点扶持老旧汽车报废更新、新能源补贴、农村汽车更新换代等措施。

事实上，国家近十年来一直在努力推动乡镇汽车消费发展，这也与国家促进"三农"的国策相吻合。2009年，财政部、商务部等七部委也曾颁布利好消息，直接促进2009年、2010年中国汽车市场分别同比增长46.15%、32.37%。而近两年来政策刺激周期的下行也充分体现在汽车消费数据中，近两年乘用车整体市场走势低迷，居民消费需求被抑制。

58同城报告认为，此次新政公布，将极大地促进农村汽车的更新换代，充分释放下沉市场消费需求。业内预计，在当前车市低迷形势下，此次新利好政策的颁布，或将带动汽车市场2019年3%～5%的销量增长。

3. 乡镇用车是"刚需"，汽车消费关注度高

一直以来，人们普遍认为大城市用车需求更大，但事实上，乡镇居民用车也是"刚需"。

58同城报告指出，首先，许多乡镇在城市化改造进程中都确立了较大的城市建设范围，这一改过去小镇的生活模式。根据调研数据显示，61%的乡镇用户的上下班通勤距离超过5公里，同时，开车上下班的占比仅为12%，74%的居民采用公共交通通勤，这其中又有超过六成的用户表示对公共交通不够满意，这意味着大量用户有改善通勤方式的强烈诉求。

同时，乡镇交通压力明显较小，67%的乡镇用户表示自己上下班的路况并不拥堵，而发达城市居民的这一比例仅为11%，这也免除了很多乡镇消费者的用车顾虑。因此，从外部条件和自身需求动机上，乡镇居民都有极大的购买潜力。

这一趋势也体现在乡镇居民的注意力焦点中，调研数据显示，15%的乡镇用户会经常浏览汽车内容，明显高于一二线城市用户比例。在对乡镇和城市30岁以下年龄段居民的未来两年购车意向调研数据中显示，乡镇居民的占比达到42%，1~3线城市居民的占比仅为22%。可见，乡镇用户对于买车用车的关注程度极高，拥有一部自己的车成为许多乡镇居民的愿望。

通过58同城城镇汽车报告分析，乡镇消费者无论在经济条件上还是购买意愿上，对于汽车的需求都更强烈，汽车消费在乡镇及低线市场潜力巨大，同时，加上政策利好的刺激，可以预见，未来几年乡镇地区购买力将进一步增强，消费需求的释放将促进乡镇汽车消费进入增长快车道。

(资料来源: http://www.sohu.com/a/304545636_120031546 搜狐网，作者节选)

在市场调查活动结束后，对所收集的资料进行相应的整理与开展市场调查活动同样重要。市场调查资料的处理是保证资料完整性与真实性的必要步骤，同时也是提炼有效信息的重要手段。市场调查收集来的数据往往是零乱的，无规律可循的，资料整理是市场分析预测的基础，只有经过整理分析才能揭示市场经济现象的内在联系和本质，为企业决策提供依据。

本章在介绍市场调查资料整理的含义与审核、录入等步骤的基础上，将重点介绍资料整理的制图和制表等统计分析方法。

第一节 市场信息资料的整理

一、市场信息资料整理概述

(一)市场信息资料整理的含义

资料的整理是指根据市场分析研究的需要，运用各种方法对获得的大量复杂、零散的资料进行审核、分组、汇总、列表等，或对二手资料进行再加工，将资料转变成易于理解和解释的形式的过程。其目的在于使市场调查资料综合化、系列化、层次化，为进一步的分析研究准备数据。市场调查所搜集的资料一般可分为数据资料和文字资料。前者是通过结构化的调查问卷及访问表格得来的，它涉及大量调查对象，对此可进行统计分组和汇总；后者多为无结构的观察、访谈材料和文献资料，一般是少数典型或个案的材料。这两类资料的整理过程大致相同，但整理方法略不同。

(二)市场信息资料整理的意义

1. 市场信息资料整理是对市场调查结果进行科学分析的起点

市场调查活动得到的结果是原始的,未经加工过的信息资料,若直接使用这些资料在每次使用前都需要有进行重新查找,不但费时费力,还会造成一定的误差,也不便于对信息资料的再利用。因此,需要一个信息加工处理环节。对市场信息的加工处理,可以使收集到的信息资料统一化、系统化、实用化,从而便于对调查结果进行科学分析。

2. 市场信息资料整理是对市场调查活动的检验和升华

市场调查活动的最终目的是获取有用的市场信息,为市场营销决策提供依据。市场调查活动所收集到的信息庞杂,由于误差的影响,其中难免存在错误信息。资料整理是一个去伪存真、去粗取精的过程,这样将大大提高了市场信息的准确性,从而使杂乱无章的市场调查资料得到升华,整理成有体系和价值的信息。

3. 市场信息资料整理是激发新信息产生的源泉

在信息资料的处理过程中,通过调查人员的智力劳动和创造性思维,使已有的信息资料相互印证,从而有可能在此基础上产生一些新的信息资料。在接下来的市场预测过程中,这些新的信息资料将成为潜在的有用信息,为验证预测结果提供依据。

(三)市场信息资料整理的原则

1. 系统性原则

市场调查各信息之间、各信息与整体信息之间、信息与市场调查环境之间存在着有机的联系,它们相互作用、相互影响,构成一个信息整体。市场信息的性质和规律,只有从整体上才能显示出来。在资料整理信息时坚持系统性原则,才能使整体信息有序、分层次和开放排列,同时,依据系统性的原则还可使信息资料由低级有序状态向高级有序状态发展,实现信息资料整理的动态发展,达到信息资料利用的最优化。

2. 可比性原则

信息资料整理的可比性主要包括不同类型市场调查活动之间调查指标的可比性和同一调查类型不同时期调查指标的可比性两个方面。前者强调的是横向的比较,后者强调纵向的比较。不同市场调查活动会得出不同的调查结果,将调查进行标准化处理,统一相应的指标单位,便于从横向上说明调查结果的科学性和可靠性;同一类型调查活动在不同的调查时期也会出现不同的调查结果,坚持可比性原则也便于信息资料的比较。

3. 真实性原则

真实性原则又称客观性原则,是用来确定市场调查信息资料是否真实、客观地反映市场调查活动的一项重要原则。它要求资料整理应当以实际调查为依据,真实客观地反映市场调查活动的过程和结果。真实性原则包括真实,即整理的成果应当同实际调查的结果相一致;可靠,即对信息资料整理过程中应当做到不偏不倚,以客观的事实为依据,而不能受主观意志的左右,力求信息资料的可靠;可验证,即整理完成后亦有可靠的依据以复查数据的来源及信息的提供过程。

二、市场信息资料整理的步骤

市场信息资料的整理主要包括设计和编制整理方案及信息资料的审核、编码、分组、汇总和呈现等步骤。

(一)信息资料的审核

1. 信息资料审核的含义

审核是指在着手整理市场调查资料之前,对需要整理的原始资料进行认真审查和核实的过程。市场调查资料审核,是保证市场调查工作质量的关键,是整理资料过程中不可忽视的重要一环。资料审核的主要任务是解决调查资料的真实性和合格性问题,目的在于为进一步整理和分析研究资料打下基础。在这一环节中,要求对所收集信息的工作进行监控,对某些信息资料进行初步分析处理。对于调查回收的信息资料,在进行录入之前,都要进行审核,以保证信息资料真实、可靠。

2. 信息资料审核的内容

信息资料的审核内容包括及时性审核、完整性审核、数据资料相关性审核。及时性审核是指被调查的信息是否都是按所要求的日期填写或报出,信息是否是最新、最近一个周期内的资料。完整性审核是指信息资料有无缺失,是否完好无损,某些重要信息是否获得。如果所需要的信息有很多没有获得就会影响信息资料整体的完整性。数据资料相关性审核是指所获得文字资料和数据资料是否与市场调查活动的目的相关,是否确实是实际需要的信息资料。对于相关性的审核可以根据资料内部之间的客观联系来判断,对存在明显错误的信息应及时修订,更正,以提高信息资料的可靠性和真实性。

3. 信息资料审核的方法

1) 逻辑审核

逻辑审核就是检查市场调查资料内容是否合理,各个信息之间有无自相矛盾的地方。比如在调查过程中,某个应答者在被问及受教育程度时回答是高中学历,但在后面问题的回答中,却提到因为其所拥有的大学学历而获得现在的工作。很明显第一个问题的答案是错的,在这种情况下,要作出判断常常还要有其他更精确的信息加以佐证。

2) 计算审核

计算审核是审核调查表中各项数字在计算方法和计算结果上的准确性和数字的计量单位是否正确等。比如在进行个人年收入情况的调查时,分别罗列出个人12个月的工资性收入,但审核结果却只有11个月的数值,很明显这属于计算错误,需重新计算。

3) 抽样审核

抽样审核是从全部调查资料中抽取一部分资料进行检验,用以推理全部调查资料的准确程度,并修正调查结构的方法。

(二)信息资料的编码

1. 信息资料编码的含义

编码是指将调查问题和答案转化为统一设计的计算机可识别的数值代码的过程,以便于信息资料的录入和分析处理。

2. 信息资料编码的设计

设计编码时需要确定各个问题及选项对应的名称、形式、范围及与原数据的对应关系,以便能够将调查中所得到的各种答案分成若干的类别。具体而言主要包括问卷代码、变量的定义及取值的定义等。将这些内容列成表格的形式,称为编码表。

3. 信息资料编码的方法

一般将编码设计为事前编码和事后编码两种。事前编码主要用于封闭题编码设计,事后编码则多用于半封闭和开放式问题。

1) 事前设计编码

(1) 对单项选择题只需规定一个变量,取值为选项号。

【例5-1】 您最近一年内买过空调机吗?

A. 买过　　　　　　　B. 没买过

变量的取值范围为1、2或0,其中1表示买过,2表示没买过,0表示该题无答案,这个编码是不能重复的,每一个值要对应唯一的含义。

(2) 对多项选择的问题需要使用多个变量来表示。将各个答案分别设置编码,如表5.1所示,向消费者提问"您是通过什么途径知晓我们的产品的?"将准备的五个答案,分别设置为"1""2""3""4"和"5",每一个答案对应一个变量编码。根据被调查者选择的对应编码号输入或统计。

表5.1　消费者了解产品途径编码表

电视	1
广播	2
报纸	3
街头广告	4
购物场所的广告	5

这种方法的优点是便于分析,编码的结果不用经过转化,可直接分析。缺点是不便于录入,变量随选项增多而增多。对于大样本,录入工作负担较重,而且容易出错。

(3) 排序题的变量编码设定与多选题类似,针对排序的要求不同,可分别采用两种方法。第一种方法是变量个数即选项个数,按照选项排列顺序,分别定义各变量为对应选项所排次序号,取值即为序号,如例3。第二种方法是变量个数为要求排序的项数,依照次序号排列顺序,分别定义各变量为各次序号对应的选项项数,取值即为选项号,如例4。

【例5-2】 您选择网购的原因有哪些?(请按重要程度排序)(　　　)

A. 不受交通条件限制　B. 价格便宜　C. 不受时间限制　D. 流行趋势

【例5-3】 您选择网购的最主要原因有哪些?(　　　)

其次呢？（   ）
再次呢？（   ）
A. 不受交通条件限制 B. 价格便宜 C. 不受时间限制 D. 流行趋势

2) 事后设计编码

事后设计编码主要针对半封闭题和开放式问题，是给某个没有事先编码的答案分配一个代码。首先要将回答者的答案浏览一遍，列出所有的可能答案。然后把一些本质上相同的答案合并。

【例 5-4】 您选择网购的原因有哪些？分别得到如下答案：

1. 我家周围没有购物广场。
2. 网上买东西省时。
3. 网上东西价格便宜。
4. 周围的人都在网上买东西。
5. 工作比较忙，没有时间逛街。
6. 网上买东西，性价比较高。
7. 觉得比较新鲜。
8. 比较省交通费。

可以想象，若有 100 人回答，会得到 100 个不同的答案。如果不进行归类处理，统计起来工作量非常大。所以可以先将答案进行归类处理，提炼主要原因。可将例 5-4 中的答案合并归类编码，经过答案归类，再进行编码，如表 5.2 所示。

表 5.2 选择网购的原因答案合并归类和编码

回答类别描述	答案归类	编码
不受交通条件限制	1	1
价格便宜	3、6、8	2
不受时间限制	2、5	3
流行趋势	4、7	4

(三)信息资料的分组

分组是根据研究分析任务的需要，把信息资料按照一定的标志区分为若干个组成部分的一种统计方法。分组的实质在于可以把一个较大范围的同质信息资料区分为若干个较小范围的同质的小总体。分组可以区分事物的质，观察总体的构成，以便在此基础上分析总体的结构和比例，还可以表现市场调查现象数量上的依存关系，以便在此基础上分析量的变动规律性。信息资料的分组一般按照三个步骤进行。

1. 确定分组标志

分组标志就是分组的标准或者依据。根据调查的目的和信息资料的特征差异等因素，可以有多种多样的分组标志，通常按照标志的特征可以分为品质标志和数量标志。品质标志分组是指按照反映事物属性的标志分组，如性别、职业等。数量标志分组是指按照某一标志的不同数量,将总体单位划分为若干组,如人的年龄、收入等。在选取分组标志的过程中要坚持穷举原则和相斥原则。同时还要注意的是,由于市场调查活动本身的特点,在选取分组标志的过程中还应选择那些能反映社会经济现象本质和内在联系的标志为分组标志,必须根据市场调查研究的目的和任务来确定,不能主观随意确定,分组标志的选择应具有现实意义,以保证其现实性。

2. 确定分组界限

分组界限是指划分组与组之间的边界。分组界限包括组数、组距、组限、组中值等内容。组数是按标志分组后组的个数。组距是每组中最高值与最低值之间的距离,各组距相等为等距数列,不等为异距数列。组限是各组两端的界限。组中值是上下限之间的中点数值,以代表各组标志值的一般水平。

3. 确定变量分布数列

在统计中,把各个标志的具体表现叫作变量,变量数列是指将实际获得的数据资料归入确定好的分组界限内。按一个变量分组标志进行分组的就是简单分组;选择两个或两个以上的标志分别进行简单分组就是平行分组。同时按两种或两种以上分组标志进行层叠分组就是复合分组。分组完成后就可以按照资料特征和分组标志的特点编制变量数列。

在分组过程中要尽量囊括更多的信息资料范围,不要遗漏原始资料所提供的数据,若出现不在分组范围内的数据时也要将其单独设计出类别或组别,以免丢失重要的信息资料。

(四)信息资料的汇总

汇总是指根据调查研究目的,把分组后的数据汇集到变量数列表格中,并进行计算和加总,以系统反映调查对象的数量特征。数据资料的汇总分为手工汇总和电子计算机汇总,前者适用于数量较少、答案不易统一的资料;后者适用于数量较大、答案比较整齐的资料。

1. 手工汇总

这是一种使用计算器或算盘进行汇总的方法,适用于资料比较少的情况。具体方法有划记法和卡片法。划记法是在汇总表上用划"正"字的方法进行分组计数。卡片法是把每个总体单位需要汇总的项目和数值摘录在事先准备好的卡片上,然后根据卡片进行分组和汇总计算。

2. 电子计算机汇总

电子计算机汇总包括编制程序、编码、数据录入、编辑和制表打印五个步骤。其内容包括对原始资料的加工、贮存、分组、逻辑检查、计算汇总及结果的显示。这种方法主要依托一些专门用于资料整理的软件来实现,具有误差小、便于查找、整理效率高等优点。

(五)信息资料的呈现

通常情况下必须将信息资料整理结果用统计表和统计图的形式显示出来。经过汇总整理的信息资料,按一定的顺序排列在相应的表格内,就形成统计表;还可以按照资料特征需要绘制直方图、折线图、曲线图等统计图。

1. 统计表

统计表是以二维的表格，表示变量间的关系的一种形式。其优点在于系统、完整、简明和集中。从广义上讲，调查过程中的调查表、汇总表、整理表、分析表以及公布调查统计资料所用的表，都可以归入调查统计表的范畴。根据制表方式的不同可以分为简单制表和交叉制表两种形式。

(1) 简单制表是按答案分类而形成的统计表。如【例 5-4】中"您选择网购的原因有哪些？"的问题对 100 个人进行调查，在经过对答案的归纳合并后得到统计结果如表 5.3 所示。

表 5.3 选择网购的原因分布表

原因	绝对人数/人	比例/%
不受交通条件限制	36	36
价格便宜	20	20
不受时间限制	32	32
流行趋势	12	12
合计	100	100

(2) 交叉制表是指同时将两个或两个以上具有有限分类和确定值的变量，按照一定顺序对应排列在一张表上，从中分析变量之间的相关关系。变量之间的分项是交叉对应的，从而使交叉表中每个节点的值都可反映不同变量的某一特征。还以上述【例 5-4】为例，若调查的 100 人中有男性 50 人，女性 50 人，将这一变量反映在表中，可得到如表 5.4 所示的结果。

表 5.4 选择网购的原因分布表

原因	男		女	
	绝对人数(人)	比例/%	绝对人数(人)	比例/%
不受交通条件限制	20	40	16	32
价格便宜	4	8	16	32
不受时间限制	20	40	12	24
流行趋势	6	12	6	12
合计	50	100	50	100

2. 统计图

统计图是表现数字资料对比关系的一种重要形式。其优点在于形象、生动、直观，具有较强的吸引力。与统计表相比，统计图更侧重于反映数据资料各个部分之间的比较关系。统计图的形式多种多样，主要包括比较图、结构图、动态图、依存关系图、分配数列图、面积图和组织结构图。

1) 比较图

用于描述两项事物之间的比较，适用于条状图、面积图(饼形图除外)、立体图、线图。例如某品牌小轿车 2018 年和 2019 年的销量图，如图 5.1 所示。

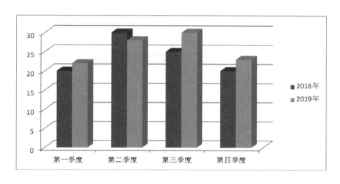

图 5.1 某品牌小轿车销量比较图(单位：万辆)

2) 结构图

用于反映总体中各部分与总体的结构关系，可适用于饼图。饼形图只适用于单选问题，整张饼图总计 100%，每一部分的面积就表示了某个变量对应取值的百分比，即比重。饼形图可以是平面的，也可以是立体的。最好将每一部分的说明尽可能地直接记在饼图中。例如，表 5.2 中关于选择网购的原因分布就可以用饼图的形式表现出来。

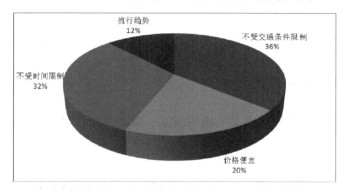

图 5.2 选择网购的原因结构分布

3) 动态图

用于描述与时间相关的事物随时间的变化而变化的状况。主要适用于条形图、立体图和线图。例如，某品牌小轿车 2018 年和 2019 年的销量图就可以用动态图表示，如图 5.3 所示。

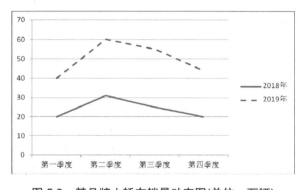

图 5.3 某品牌小轿车销量动态图(单位：万辆)

4) 依存关系图

用于描述两项事物之间的依存变化关系。例如表 5.3 选择网购的原因分布图还可以用依存关系图表示，如图 5.4 所示。与时间相关的事物随时间的变化而变化的状况。主要适用于条形图、立体图和线图。

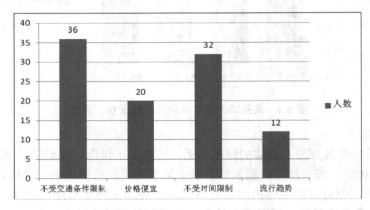

图 5.4　消费者选择网购原因分布图

5) 分配数列图

用于反映某一事物在不同阶段上的变动趋势，主要适用于线图。

6) 面积图

用于描述几种状态之间的对比。

7) 组织结构图

利用点、线、形等手段，表现某一组织或某一事物内部各层次之间和部门之间的从属、并列关系。

第二节　市场调查资料的分析

市场调查资料的统计分析是市场信息处理的重要内容，它是指对市场调查过程中收集到的各种原始数据进行适当的处理，显示一定的含义，进而反映不同数据之间的联系，并通过分析，得出某些结论。运用统计方法及与分析对象有关的知识，可以从定量与定性结合的角度研究收集到的资料。实践中对资料的统计分析可以采用定性的方法，包括比较分析和推理分析等；也可以定量的方法，进行统计数据的集中与离散趋势分析、相对程度分析以及数据的多变量分析等。

一、定性分析

定性分析方法是根据社会现象或事物所具有的属性和在运动中的矛盾变化，从事物的内在规定性来分析事物的一种方法。它以普遍承认的公理、一套演绎逻辑和大量的历史事实为分析基础，从事物的矛盾性出发，描述、阐释所研究的事物。进行定性分析，要依据一定的理论与经验，直接抓住事物特征的主要方面，将同质性在数量上的差异暂时略去。

定性分析有两个方面，一是没有或缺乏数量分析的纯定性分析，结论往往具有概括性和较浓的思辨色彩；二是建立在定量分析的基础上的、更高层次的定性研究。定性分析与定量分析既有区别又有联系，在实际研究中，两者常常配合使用。在进行定量分析之前，研究者须借助定性分析确定所要研究的现象的性质；在进行定量分析过程中，研究者又须借助定性分析确定现象发生质变的数量界限和引起质变的原因。就两者的区别而言，定性分析着重事物质的方面；定量分析着重事物量的方面。定量分析是为了更准确地定性。定性分析则依据大量历史事实和生活经验材料，定量分析依据的主要是调查得到的现实资料数据。定量研究主要运用经验测量、统计分析和建立模型等方法；定性研究则主要运用比较和推理等方法。

(一)比较分析

比较分析法也称对比分析法，是把客观事物加以比较，以达到认识事物的本质和规律并做出正确的分析。在比较分析中，选择合适的标准是十分关键的步骤，选择合适，才能做出客观的分析，选择不合适，可能得出错误的结论。例如，预测某产品技术更新后的销售量时，可以首先分析技术更新前的销售状况，得出结论，进而推断更新后产品销售量的变化规律和特点。

(二)推理分析

对市场调查资料进行推理分析，是由一个或几个已知的判断(前提)，推导出一个未知的结论的思维过程。推理分析主要有演绎推理分析和归纳推理分析。演绎推理分析是从一般规律出发，运用逻辑证明，得出特殊事实应遵循的规律，即从一般到特殊。归纳推理分析就是从许多个别的事物中概括出一般性概念、原则或结论，即从特殊到一般。

使用演绎推理分析时需要注意，推理的前提要正确，推理的过程要合理，而且要运用创造性思维。

归纳推理分析是市场调查分析中最广泛使用的一种方法，它有以下两种类型。

1. 完全归纳分析

完全归纳分析是从一类事物中每个事物都具有某种属性，推出这类事物全都具有这种属性的推理方法。根据调查问题中的每个对象的某种特征属性，概括出该类问题的全部对象整体所拥有的本质属性。应用完全归纳法要求分析者必须准确掌握某类问题，而且还要调查每个对象。但在实际应用中，调查者不容易满足这些条件，在使用中受到一定限制。

2. 不完全归纳分析

不完全归纳分析包括简单枚举法和科学归纳法两类。

1) 简单枚举法

简单枚举法是根据某类事物的部分对象具有某种属性，从而推出这类事物的所有对象都具有这种属性的推理方法。运用简单枚举法要尽可能多地考察被归纳的某类事物的对象，考察的对象越多，结论的可靠性越大。要防止"以偏概全"的逻辑错误。

2) 科学归纳法

科学归纳法是依据某类事物的部分对象都具有某种属性，并分析出制约着这种属性的原因，从而推出这类事物普遍具有这种属性的推理方法。科学归纳法有两种基本方法： 求同法，把出现同一现象的几种场合加以分析比较，在各种场合中，如果有一个相同的条件，那么，这个条件就是在各种场合都出现的那个现象的原因。求异法，某种现象在一个场合出现，在另一个场合不出现，这两个场合只有一个条件不同，那么，这个条件就是出现这种现象的原因，这叫作求异法。

推理分析的前提是一些关于个别事物或现象的认识，而结论则是关于该类事物或现象的普遍性认识。推理分析的前提与结论之间的联系不是必然性的，而是或然性的。也就是说，其前期调查资料真而结论假是可能的，但并不意味着这种推理是无价值的。

二、定量分析

(一)数据的集中与离散趋势分析

1. 数据的集中趋势分析

数据的集中趋势分析，是指数据分布趋向集中于一个中心分布，其表现是出现分布中心附近的变量值的次数较多，而出现相距分布中心较远的变量值的次数较少。常用的指标有平均值、众数和中位数。

1) 平均值

平均值是数据偶然性和随机性的一个特征值。平均值是总体中各单位数值之和除以标志值项数得到的数值，包括算术平均值、加权平均值、几何平均值、调和平均值。其中算术平均值和加权平均值在市场调查中运用比较广泛。

算术平均数是描述一组数据的集中趋势的统计量，人们通常所说的平均数都是指算术平均数。算术平均数可以用来衡量样本的总体水平、判断样本总体的情况，比较不同样本或不同对象之间的高低、优劣、好坏。平均数只说明集中趋向，并不意味着评价者的判断都是一致的。在掌握了没有分组的总体各单位的标志值或已经有了标志总量和总体总量的资料就可以采用这种方法计算。计算公式如下：

$$\overline{X} = \frac{X_1 + X_2 + \cdots + X_n}{n} = \frac{\sum X}{n}$$

简单算术平均数的大小只受各变量本身大小的影响，其平均数的大小不会超过变量值的变动范围。

有些调查中，所得的数据的单位权重并不相等，这时若要计算平均数，就不能用算术平均数，而应该使用加权平均数。一般来说，加权平均数是在算术平均数的基础上作进一步运算得到的。计算公式如下：

$$\overline{X} = \frac{X_1 f_1 + X_2 f_2 + \cdots + X_n f_n}{f_1 + f_2 + \cdots + f_n} = \frac{\sum Xf}{\sum f}$$

在影响平均数的两个因素中，起决定作用的是变量本身数值的水平，也就是 X 的大小。而在其变量值变动的区间内为什么平均数会是某一个数值，而不是另一个数值，则是次数影响的结果。在一般情况下(也就是次数分布接近正态分布的情况下)，加权算术平均数会靠近出现次数最多的那个变量值。因此，次数对平均数的大小的作用并不是可有可无，而是起着一种权衡轻重的作用。因此，次数又叫作权数，把每个变量值乘以权数的过程叫加数过程，所得结果就是标志总量。

在组距序列中，变量值不是以单个的值出现，而是以由下限到上限的组距出现的，所以在组距序列中计算加权算术平均数，需要以每个组的平均数——组中值为代表，作为每一组的变量值，而后乘以相应的次数，得出标志总量，以此再除以权数之和即可。

调和平均数是总体各单位标志值倒数的算术平均数的倒数，也称倒数平均数。调和平均数分为简单调和平均数和加权调和平均数。简单调和平均法是先计算总体单位标志值倒数的简单算术平均数，然后求其倒数，其计算公式为

$$H = \frac{n}{\frac{1}{x_1} + \frac{1}{x_2} + \cdots + \frac{1}{x_n}} = \frac{n}{\sum \frac{1}{x}}$$

加权调和平均数的计算公式为

$$H = \frac{m_1 + m_2 + \cdots + m_n}{\frac{m_1}{x_1} + \frac{m_2}{x_2} + \cdots + \frac{m_n}{x_n}} = \frac{\sum m}{\sum \frac{m}{x}}$$

2) 众数

众数是总体中各单位在某一标志上存在次数最多的变量值，也是测定数据集中趋势的一种方法。它克服了平均数指标会受到数据中极值影响的缺陷，反映了数据中最大多数数据的代表值，若出现了双众数甚至多众数的现象，则可能说明调查资料总体不具有同质性。这类结果既可以用来检验方案设计中的总体一致性问题，也可以用来帮助验证数据的可靠与否。

对组距序列众数的确定，要分别计算出其下限和上限公式。

下限公式为：

$$M_o = L + \frac{\Delta_1}{\Delta_1 + \Delta_2} \cdot d$$

上限公式为：

$$M_o = U - \frac{\Delta_2}{\Delta_1 + \Delta_2} \cdot d$$

式中，M_o表示次数；L表示众数所在组的下限；U表示众数所在组的上限；Δ_1表示众数所在组次数与前一组次数之差；Δ_2表示众数所在组次数与后一组次数之差；d表示众数所在组的组距。

3) 中位数

中位数是总体中各单位按其在某一标志上数值的大小排序时，居于中间位置的变量值，中位数的确定不受分组标志和少数极端值的影响。在某些情况下，用中位数反映现象的一般水平比算术平均数更具有代表性，尤其对于两极分化严重的数据更是如此。

根据未分组资料确定中位数时，首先应将标志值按大小顺序排列，然后根据公式$(n+1)/2$确定中位数的位置，再根据中位数的位置找出对应的标志值。

单项式分组资料确定中位数时，直接可用公式$\frac{\sum f}{2}$确定中位数的位次，再根据位次用较小累计次数或较大累计次数的方法将次累计次数刚超过中位数位次的组确定为中位数组，该组的标志值即为中位数。

组距资料确定中位数与单项式资料不同的是需要采用公式计算。

下限公式为:

$$M_e = L + \frac{\frac{\sum f}{2} - S_{m-1}}{f_m} d$$

上限公式为:

$$M_e = U - \frac{\frac{\sum f}{2} - S_{m+1}}{f_m} d$$

式中:L 表示中位数组的下限,U 表示中位数组的上限,f_m 表示中位数组的次数,S_{m-1} 表示中位数所在组以前各组的累计次数,S_{m+1} 表示中位数所在组以后各组的累计次数,$\sum f$ 表示总次数,d 表示中位数所在组的组距。

2. 数据的离散程度分析

数据的离散程度分析可用来反映单位标志值之间的差异程度,从而更全面、深刻地认识事物的特征。离散趋势是指数据分布偏离其分布中心的程度。离散趋势通常由全距、平均差、平均差系数和标准差等指标来反映。

1) 全距

全距是数据中的两个极端值的差。一般来说,全距越大,平均值的代表性越小。所以,全距可以一般性地检验平均值的代表性大小。全距是所有标志值中最大值与最小值之差,所以全距受最大值和最小值的影响,因特殊情况出现特别大或特别小的数值时,全距就不能确切地反映标志值真实的变异程度。在实际应用中,当经济现象的离散程度比较稳定时,可以使用这一指标。全距优点是说明总体中两个极端标志值的变异范围,其计算方法简便、易懂、容易被人掌握。缺点是受极端值影响很大,不能全面反映各单位标志值的差异程度。所以,在实际应用上有一定的局限性。

2) 平均差

平均差是总体各单位标志值与其算术平均数离差绝对值的算术平均数。平均数与平均数代表性的关系,与极差基本一致。不同的是,平均差的计算由于涉及总体中的全部是数据,因而能更综合地反映总体数据的离散程度。平均差的意义在于,平均差越大,则表示用众数、中位数和平均数等测算的数值的代表性越小;反之,平均差越小,平均数等的代表性越强。其计算公式为:

$$A.D. = \frac{\sum |x - \bar{x}|}{n}$$

在分组资料的情况下只需加权就可以了:

$$A.D. = \frac{\sum |x - \bar{x}| f}{\sum f}$$

平均差系数就是平均差除以算术平均数,它说明标志值差异的相对程度,还可以用来比较平均数不同的各个标志变动度的大小。它的优点是计算简便,意义明确,能反映各标志值的大小和程度。缺点是采用绝对值,不适于数理统计中的数字处理,使用受限制。计算公式为:

$$V_{A.D.} = \frac{A.D.}{\bar{x}}$$

3) 标准差

标准差和方差都是用以描述数据资料分布的离散程度。其值越大，则离散程度越大；其值越小，说明数据分布集中。标准差和平均数还是参数估计的重要指标，可以根据调查结果推断变量所在的区间。在方差分析、因子分析和回归分析等统计中，还可以根据方差的贡献率和方差累计贡献率来评估因子解释各变量的程度。标准差是测定标志变动度最重要的指标，它的意义与平均差的意义基本相同，但在数学性质上比平均差要优越，由于各标志值对算术平均数的离差的平方和为最小，所以，在反映标志变动度大小时，一般都采用标准差。标准差是反映标志变动度的最重要的指标，是指总体各单位的标志值与算术平均数离差的平方平均数的均方根。其计算公式为：

$$\sigma = \sqrt{\frac{\sum(x-\bar{x})^2}{n}}$$

分组情况下，需要加权计算，公式为：

$$\sigma = \sqrt{\frac{\sum(x-\bar{x})^2 f}{\sum f}}$$

标准差系数是标准差除以算术平均数，也叫离散系数。其计算公式为：

$$V_\sigma = \frac{\sigma}{\bar{x}}$$

全距、平均差和标准差都是说明总体某一数量标志差异大小和程度的指标，用来说明不同数值平均数的代表性大小。

3. 是非标志序列分布的概略度量

在社会经济现象中，有时把某种社会经济现象的全部单位分为具有某一标志的单位和不具有某一标志的单位。例如：全部产品中，分为合格产品和不合格产品两组，全部农作物播种面积分为受灾面积和非受灾面积两组，全部人口中分为男性和女性两组等，我们把划分出的这两部分分别用"是"或"否"，"有"或"无"表示，这种用"是"与"否"或"有"与"无"表示的标志称为是非标志或交替标志。如果用 1 表示具备所研究标志的标志值，用 0 表示不具备所研究标志的标志值，全部单位数用 N 表示。具有所研究标志的单位数用 N_1 表示，不具有所研究标志的单位数用 N_0 表示，则 $\frac{N_1}{N}$ 为具有所研究标志的单位数在全部单位中所占的比重即成数，用 P 表示；$\frac{N_0}{N}$ 为不具有所研究标志的单位数在全部单位中所占的比重也即成数，用 q 表示。两个成数之和等于 1，即 $p+q=1$。是非标志的标准差 $\sigma = \sqrt{pq} = \sqrt{p(1-p)}$。

(二)数据的相对程度分析

数据的相对程度分析是统计分析的重要方法，是反映现象之间数量关系的重要手段，可以利用相对指标说明现象的水平、速度和变化情况。通过对比的方法反映现象之间的联系程度，表明现象的发展过程，还可以使那些利用总量指标不能直接对比的现象找到可比的基础。市场调查分析中经常使用的相对指标主要有结构相对指标、比例相对指标、比较相对指标、强度相对指标、计划完成程度相对指标、动态相对指标等。

1. 结构相对指标

一个数据总体由若干部分组成。为了观察与分析总体内部的构成及其变化,要在总体分组的基础上,计算结构相对指标。它能从静态上反映总体内部构成,揭示事物的本质特征,反映事物的结构发展变化趋势和规律性。

2. 比例相对指标

比例相对指标是指同一总体内不同组成部分的指标数值对比的结果,用来表明总体各个部分之间的比例关系,通常用百分数表示,也可以一比几或几比几的形式表示。

3. 比较相对指标

比较相对指标是指不同总体的两个同类指标进行对比的比值,可以是两个总量指标相比,也可以是两个相对指标或两个平均指标相比。比较相对指标可以反映同类现象在同一时间、不同空间的差别程度,一般用倍数或百分数表示。

4. 强度相对指标

强度相对指标是指有密切联系的两种性质不同的总量值之比,它反映现象的强度、密度和普通程度。强度相对指标广泛用于空间对比,特别是在两国之间作对比分析,同时由于强度相对指标表明相互联系的两种总量之间的数量关系,经常用于指标的推算和计算。

5. 计划完成程度相对指标

计划完成程度相对指标就是以计划作为基准,将实际完成数与计划数对比,一般用百分数表示。

6. 动态相对指标

动态相对指标是不同时间、同一空间的同一现象的数值对比。动态相对指标反映的是现象发展变化的相对程度(即发展速度)。

在进行数据的相对程度分析时,要注意:第一,要正确选择对比基数,保持分子分母的可比性;第二,一种相对数只能反映一个方面的问题,为了从各个方面分析和研究问题,需要把各种相对数结合起来;第三,要把指标数值所反映的实际经济内容结合起来。

(三)数据的多变量分析

1. 相关分析

相关是指一个变量与另一个变量之间的连带性。如果一个变量的值发生变化,另一个变量的值也随之变化,则这两个变量就是相关的。在大量观察的条件下,可以发现变量之间具有某种统计规律性。从相关关系所涉及的因素多少划分,可以分为单相关和复相关;从相关关系的表现形态来划分,可以分为直接相关和曲线相关,从直线相关变化的方向划分,可以分为正相关和负相关;从相关程度来划分,可以分为完全相关、不完全相关和不相关。

相关系数是度量两个变量之间相互联系程度的统计量,取值范围在-1 和 1 之间,以小数形式表示,正负号表示相关的方向。正值表示正相关,说明一个变量的增长(或下降),另一个变量也随之增长(或下降)；负值表示负相关，说明一个变量的增长(或下降)，另一个变量则出现下降(或增长)。相关系数绝对值的大小表示相关的程度。相关系数为0时，说明两个变量不相关，不存在共变关系。

通过编制相关表和绘制相关图可对现象之间的关系做初步的了解，关系的密切程度如何，还需计算相关系数。相关系数是说明两个变量之间有无直线相关关系及相关关系密切程度的统计指标。相关系数计算方法有多种，如积差法、等级相关系数，另外，还可根据回归方程方差分析来测定相关系数，这里主要介绍积差法和等级相关系数两种方法。用积差法测定相关系数，其计算公式为：

$$\gamma = \frac{\sum(x-\bar{x})(y-\bar{y})}{\sqrt{\sum(x-\bar{x})^2 \sum(y-\bar{y})^2}}$$

据此推导可得到以下公式：

$$\gamma = \frac{\sum xy - \sum x \sum y \div n}{\sqrt{\left(\sum x^2 - (\sum x)^2 \div n\right)\left(\sum y^2 - (\sum y)^2 \div n\right)}}$$

从公式中可以看出：γ取正值或负值取决于分子，当分子为正值时，得出γ为正，x与y是正相关；当分子为负值时，得出γ为负，变量x与y为负相关。γ是一个相对数，不受计量单位的影响，无论x与y的计算单位如何，x与y相关的相关系数只有一个。γ数值有个范围，在+1和-1之间，即$-1 \leq \gamma \leq 1$。

为判断时有个标准，有人提出了相关关系密切程度的等级，下面介绍一种四级划分法。

$	\gamma	< 0.3$	弱相关
$0.3 \leq	\gamma	< 0.5$	低度相关
$0.5 \leq	\gamma	< 0.8$	显著相关
$0.8 \leq	\gamma	< 1$	高度相关

按以上标准来判断，计算相关系数的原始资料比较多，这种关系程度是可以相信的，否则相信的程度会降低，即判断相关关系的起点值要高。

等级相关也是一种直线相关分析法。这种方法是以变量的等级作为基础计算相关系数的方法。其计算公式如下：

$$R = 1 - \frac{6\sum d^2}{n(n^2-1)}$$

式中：R为等级相关系数；n为样本容量；d为两个变量的等级差数；等级相关系数R与相关系数γ的作用或者意义相同。

2. 聚类分析

从统计学的角度看，聚类分析是通过数据建模简化数据的一种方法。传统的统计聚类分析方法包括系统聚类法、分解法、加入法、动态聚类法、有序样品聚类、有重叠聚类和模糊聚类等。采用k-均值、k-中心点等算法的聚类分析工具已被加入许多著名的统计分析软件包中，如SPSS、SAS等。

聚类分析与因子分析等相结合，可以用于市场细分，也可以用于竞争对手分析。市场调研活动中经常使用R型聚类和Q型聚类。R型聚类是针对变量的聚类，通过了解个别变量之间的亲疏程度，可以了解各变量组合之间的亲疏程度。Q型聚类则是针对样本的聚类，可以用于预测因素的选择。

这种较成熟的统计学方法如果在市场分析中得到恰当的应用，必将改善市场营销的效果，为企业决策提供有益的参考。其应用的步骤为：将市场分析中的问题转化为聚类分析可以解决的问题，利用相关软件(如 SPSS、SAS 等)求得结果，由专家解读结果，并转换为实际操作措施，从而提高企业利润，降低企业成本。

例如，客户的购买动机一般由需要、认知、学习等内因和文化、社会、家庭、小群体、参与群体等外因共同决定。在按购买动机的不同来划分客户时，可以把前述因素作为分析变量，并将所有目标客户每一个分析变量的指标值量化出来，再运用聚类分析法进行分类。在指标值量化时如果遇到一些定性的指标值，可以用一些定性数据定量化的方法加以转化，如模糊评价法等。除此之外，可以将客户满意度水平和重复购买机会大小作为属性进行分类；还可以在区分客户之间差异性的问题上纳入一套新的分类法，将客户的差异性变量划分为五类：产品利益、客户之间的相互作用力、选择障碍、议价能力和收益率，依据这些分析变量聚类得到的归类，可以为企业制定营销决策提供有益参考。

销售片区的确定和片区经理的任命在企业的市场营销中发挥着重要的作用。只有合理地将企业所拥有的子市场归成几个大的片区，才能有效地制定符合片区特点的市场营销战略和策略，并任命合适的片区经理。聚类分析在这个过程中的应用可以通过一个例子来说明。某公司在全国有 20 个子市场，每个市场在人口数量、人均可支配收入、地区零售总额、该公司某种商品的销售量等变量上有不同的指标值。以上变量都是决定市场需求量的主要因素。把这些变量作为聚类变量，结合决策者的主观愿望和相关统计软件提供的客观标准，接下来就可以针对不同的片区制定合理的战略和策略，并任命合适的片区经理了。

企业制定市场营销战略时，弄清在同一市场中哪些企业是直接竞争者，哪些是间接竞争者是非常关键的一个环节。要解决这个问题，企业首先可以通过市场调查，获取自己和所有主要竞争者在品牌方面的第一提及知名度、提示前知名度和提示后知名度的指标值，将它们作为聚类分析的变量，这样便可以将企业和竞争对手的产品或品牌归类。根据归类的结论，企业可以获得如下信息：企业的产品或品牌和哪些竞争对手形成了直接的竞争关系。通常，聚类以后属于同一类别的产品和品牌就是所分析企业的直接竞争对手。在制定战略时，可以更多地运用"红海战略"。在聚类以后，结合每一产品或品牌的多种不同属性的研究，可以发现哪些属性组合目前还没有融入产品或品牌中，从而寻找企业在市场中的机会，为企业制定合理的"蓝海战略"提供基础性的资料。

3. 判别分析

判别分析是指在已知若干样本分类的情况下，根据收集到的多个变量的数据，建立差别函数，从而推断未知样本分类的统计分析方法。例如，在消费者购买倾向调查中，判别分析可以判断具有哪些特征的消费者的购买倾向高。在仅涉及两个组的判别分析中通常只需要一个判别函数。最简单且常见的判别函数为线性模型。

判别分析的方法有参数方法和非参数方法。参数方法假定每个类的观测来自(多元)正态分布总体，各类分布的均值(中心)可以不同。非参数方法不要求知道各类所来自总体的分布，它对每一类使用非参数方法估计该类的分布密度，然后据此建立判别规则。

4. 因子分析

在存在大量的变量时，可以从中总结出相对少数的变量，并通过这些少数的变量反映原有变量的绝大部分信息，以达到简化数据的目的。这些少数的新变量不是原变量的简单取舍，而是在原变量基础上重新构造和重新综合的。因子分析与聚类分析的区别在于因子是不可观测的，不是具体的变量。因子分析法是从研究变量内部相关的依赖关系出发，把一些具有错综复杂关系的变量归结为少数几个综合因子的一种多变量统计分析方法。它的基本思想是将观测变量进行分类，将相关性较高，即联系比较紧密的变量分在同一类中，而不同类变量之间的相关性则较低，那么每一类变量实际上就代表了一个基本结构，即公共因子。对于所研究的问题就是试图用最少个数的不可测的所谓公共因子的线性函数与特殊因子之和来描述原来观测的每一分量。因子分析模型描述如下：

$X = (x_1, x_2, \cdots, x_p)$，$p$ 是可观测随机向量，均值向量 $E(X)=0$，协方差阵 $Cov(X)=\Sigma$，且协方差阵 Σ 与相关矩阵 R 相等(只要将变量标准化即可实现)。$F = (F_1, F_2, \cdots, F_m)$，$(m<p)$ 是不可测的向量，其均值向量 $E(F)=0$，协方差矩阵 $Cov(F)=I$，即向量的各分量是相互独立的。$e = (e_1, e_2, \cdots, e_p)$，$e$ 与 F 相互独立，且 $E(e)=0$，e 的协方差阵 Σ 是对角阵，即各分量 e 之间是相互独立的，其矩阵形式为：$x = AF + e$。

模型中 $F_1, F_2, \cdots, F_m$ 叫作主因子或公共因子，它们是在各个原观测变量的表达式中都共同出现的因子，是相互独立的不可观测的理论变量。公共因子的含义，必须结合具体问题的实际意义而定。$e_1, e_2, \cdots, e_p$ 叫作特殊因子，是向量 x 的分量 $x_i(i=1, 2, \cdots, p)$ 所特有的因子，各特殊因子之间以及特殊因子与所有公共因子之间都是相互独立的。模型中载荷矩阵 A 中的元素(a_{ij})是为因子载荷。因子载荷 a_{ij} 是 x_i 与 F_j 的协方差，也是 x_i 与 F_j 的相关系数，它表示 x_i 依赖 F_j 的程度。可将 a_{ij} 看作第 i 个变量在第 j 公共因子上的权，a_{ij} 的绝对值越大($|a_{ij}|\pm1$)，表明 x_i 与 F_j 的相依程度越大，或称公共因子 F_j 对于 x_i 的载荷量越大。为了得到因子分析结果的经济解释，因子载荷矩阵 A 中有两个统计量十分重要，即变量共同度和公共因子的方差贡献。

因子载荷矩阵 A 中第 i 行元素之平方和记为 h_i^2，称为变量 x_i 的共同度。它是全部公共因子对 x_i 的方差所做出的贡献，反映了全部公共因子对变量 x_i 的影响。h_i^2 大，表明 x 的第 i 个分量 x_i 对于 F 的每一分量 $F_1, F_2, \cdots, F_m$ 的共同依赖程度大。

将因子载荷矩阵 A 的第 j 列$(j=1, 2, \cdots, m)$的各元素的平方和记为 g_j^2，称为公共因子 F_j 对 x 的方差贡献。g_j^2 就表示第 j 个公共因子 F_j 对 x 的每一分量 $x_i(i= 1, 2, \cdots, p)$所提供方差的总和，它是衡量公共因子相对重要性的指标。g_j^2 越大，表明公共因子 F_j 对 x 的贡献越大，或者说对 x 的影响和作用就越大。如果将因子载荷矩阵 A 的所有 g_j^2 $(j=1, 2, \cdots, m)$都计算出来，使其按照大小排序，就可以依此提炼出最有影响力的公共因子。

本 章 小 结

市场调查中，信息资料的整理和分析是一个非常重要的环节，也是一项比较复杂的工作。基本原理是通过对收集到的原始数据的整理，使其在一定程度上显现出一定的含义，并通过分析、研究，在揭示不同数据间关系的基础上，得出某些市场研究结论或推断。市场信息资料整理是对市场调查结果进行科学分析的起点；是对市场调查活动的检验和升华；是激发新信息产生的源泉。市场信息资料整理要遵循系统性原则、可比性原则、真实性原则。信息资料整理的步骤可分为信息资料的审核、信息资料的编码、信息资料的分组、信息资料的汇总和信息资料的显示五个步骤。

市场调查资料的统计分析是市场信息处理的重要内容，它是指对市场调查过程中收集到的各种原始数据进行适当的处理，显示一定的含义，进而反映不同数据之间的联系，并通过分析，得出某些结论。运用统计方法及与分析对象有关的知识，可以从定量与定性结合的角度研究收集到的资料。实践中对资料的统计分析可以采用定性的方法，包括比较分析和推理分析等；也可以采用定量的方法，包括统计数据的集中与离散趋势分析、相对程度分析以及数据的多变量分析等。

数据的集中趋势分析，是指数据分布趋向集中于一个中心分布，其表现是出现在分布中心附近的变量值的次数较多，而出现在相距分布中心较远的变量值的次数较少。常用的指标有平均值、众数和中位数。数据的离散程度分析可用来反映单位标志值之间的差异程度，从而更全面、深刻地认识事物的特征。离散趋势是指数据分布偏离其分布中心的程度。离散趋势通常由全距、平均差、平均差系数和标准差等指标反映。

数据的相对程度分析是统计分析的重要方法，是反映现象之间数量关系的重要手段，可以利用相对指标说明现象的水平、速度和变化情况。通过对比的方法反映现象之间的联系程度，表明现象的发展过程，还可以使那些利用总量指标不能直接对比的现象找到可比的基础。市场调查分析中经常使用的相对指标主要有结构相对指标、比较相对指标和强度相对指标等。

数据的多变量分析包括相关分析、聚类分析、判别分析和因子分析。

练习与思考

一、名词解释

审核　编码　分组标志　分组界限　交叉制表全距　结构相对指标　比较相对指标　强度相对指标

二、简述题

1. 简述市场信息资料整理的意义。
2. 简述市场信息资料整理的原则。
3. 简述信息资料审核的内容和方法。
4. 信息资料编码的方法有哪些？
5. 信息资料汇总的方法有哪些？
6. 试述信息资料的显示方法。
7. 简述对数据的集中与离散趋势分析是所使用的主要指标。

三、操作题

1. 某新产品上市后30天的日销售量资料如下所列。

82，92，63，98，106，51，15，88，95，120，79，45，68，65，69，35，65，95，68，86，95，76，35，89，98，85，75，64，25，87。

(1) 试将上述数据进行分组(以销售量为分组标志)、编码。

(2) 将数据处理结构用动态图的方法显示。

四、案例分析题

【案例分析1】

近四分之三上海家庭同时拥有电视、电脑和手机

根据尼尔森最新媒介跨屏受众行为研究报告，接近七成的上海家庭同时拥有和使用电视、电脑和手机。尼尔森2011年上半年媒介跨屏受众行为研究报告指出，电视和手机在上海已经高度普及，几乎人人都有，个人电脑也已经成为上海家庭常见的科技产品。

尼尔森此项研究覆盖上海12个主要城区的2000个家庭，重点观察上海消费者跨屏收视行为以及设备渗透率。研究发现，大多数(98.5%)上海家庭都拥有电视，42.4%的家庭拥有2台，9.3%的家庭拥有3台甚至更多。手机渗透也几乎是全面的，94.9%的家庭拥有至少一部手机。四分之三(74.6%)的家庭拥有电脑，其中71%的电脑具有互联网接入。

此项研究揭示的媒介消费主要发现和新兴趋势包括以下几方面。

(1) 上半年，整体电视收视率达到每月每人360分钟，与去年相比略有下降，但电视仍然是视频收视的主导媒介。

(2) 同时使用电视和互联网的现象继续增多。从2010年的15.2%增长到2011年的18%。

(3) 对比工作日和周末，电视和互联网的触达率基本相似，但是使用这些媒体的时间在周末增长了10%左右。

(4) ADSL是消费者最偏爱的数据传输方式，三分之二的家庭使用这种技术来连接网络。超过四分之三的上海家庭首选中国电信作为网络提供商。

尼尔森大中华区媒介与电信研究高级副总裁高杰(Jesse Goranson)说道："尼尔森发现，收看电视最多的上海消费者在网络视频上花费的时间同样也很多。这些热衷收视内容的受众关注的焦点并没有从一种形式的媒体转移到另一种形式的媒体，而是增加了收视的媒介种类。同时，对内容不感兴趣的消费者对于收视本身没有太大热情，不管在哪个媒介平台上。"

在之前，尼尔森发现，美国网络视频和收看电视之间呈互补关系，但在中国这种趋势还未全部表现出来。在上海，最主要的电视收看观众同样花最多时间在网上收看视频。这些对内容有着更多渴求的观众尚未从一种媒体替代到另一种媒体。但那些原本收看电视最少的观众在对节目内容稍有兴趣的时候会因为渠道的原因而增加一种收看方式。

"我们发现，尽管电视广告在中国广告整体花费中所占比例高达60%以上，电视在中国消费者生活中的角色远不像美国消费者那样根深蒂固。"另外，尽管中国的手机上网速度还比较慢，中国消费者已经开始在他们的手机上收看视频，这种趋势随着3G网络服务的普及以及价格日益平民化会得到进一步的发展。"高杰评论说："尼尔森研究发现，消费者愿意寻找甚至为高质量的节目内容而付费。这对于媒介公司和广告主来说是个利好消息。"

(资料来源：http://cn.nielsen.com/site/index.shtml，尼尔森中国)

阅读材料，回答以下问题。

通过案例，能够获得哪些有用的信息资料？我们应该如何整理和分析这些资料？

【案例分析2】

某市场研究公司某年对某市居民的二次置业进行了一次抽样调查，所得资料如下。

1. 共访问家庭1000户，其中家庭规模一人的14户、两人的119户、三人的374户、四人的258户、五人的162户、六人的52户、七人及以上的21户。

2. 在访问的1000户中家庭年收入10万元以下的227户、10万元到15万元的425户、15万元到20万元的147户、20万元到25万元的77户、25万元以上的124户。

3. 1000户家庭的户主中公务员的180人、教师230人、企业职员388人、高级经理95人、私营业主88人、自由职业者26人。

4. 在访问的1000户中，现有住房总价值五十万元以下的66户、五十万元到一百万元的161户、一百万元到一百五十万元的278户、一百五十万元到二百万元的252户、二百万元到二百五十万元的125户、二百五十万元到三百万元的70户、三百万元的48户。

5. 在1000户家庭中，已二次置业再次购买住房户的有476人，计划今年内二次置业的344户，不准备二次置业的180户。

6. 在访问的1000户家庭中，现有住房面积60平方米以下的21户、60到80平方米的73户、80到100平方米的265户、100到120平方米的356户、120到150平方米的216户、150平方米以上的69户。

7. 在二次置业和计划二次置业的820户中，再次购买住房原因的类型中，认为现有住房太旧的81户，现有住户面积太小的212户，现有住房周边环境差的84户，现有住房生活设施不配的46户，现有住房已做投资用的99户，为子女购买新房的123户，再次置业用作投资的119户，再次置业自己享用的56户。

8. 在已经和计划二次置业的820户的房产信息中，来自报纸广告445户，电视广告124户，网站广告25户，展会宣传84户，路牌广告18户，汽车广告4户，街头派发广告8户，亲朋介绍92户，其他20户。

9. 在已经和计划二次置业的820户中，二次置业选择的地域：南区168户，北区88户，东区125户，西区80户，近郊359户。

10. 在上述820户中远户标准最重要的条件，地理位置66户，价格147户，周边环境223户，交通条件145户，房屋结构与面积86户，配套设施68户，建筑质量72户，物业管理13户。

11. 在访问344户计划再次购房，总价值为80万元以下的20户，80万元到100万元的84户，100万元到120万元的92户，120万元到150万元的78户，150万元到200万元的55户，200万元以上的15户。

12. 在访问的344户计划购住房的面积要求为60到80平方米的16户、80到100平方米的78户、100到120平方米的112户、120到150平方米的81户、150平方米以上的57户。

13. 计划再次购房的344户中，在付款方式选择上，拟一次付清的52户、分期付款的136户、银行按揭的156户。

14. 计划再次购房的344户中原有住房，拟作商业用途的12户、转让他人的15户、自己留用的25户、按市值出售的49户、给亲友居住的60户、出租的183户。

15. 计划在购房的344户的户主年龄分布，25岁以下的24人，25到30岁的160人，30到35岁的59人，35到40岁的40人，40到45岁28人，45到50岁20人，50岁以上

3人。

16. 计划再次购房的344户的户主职业分布，公务员62人、教师46人、企业职员68人、高级经理82人、私营业主56人、自由职业者30人。

通过上述材料，你能够获得哪些有用的信息？通过整理和分析这些资料你能得到什么结论？

单 元 实 训

【实训项目】

市场调查资料的整理和分析。

1. 实训目的

通过实训，培养学生整理和分析市场调查资料的技能。

2. 实训要求

通过训练，要求学生熟悉调查资料整理的内容，掌握调查资料整理的方法，并能够进行数据编码和录入，最终以适当的统计表或统计图来反映调查对象的基本情况。

3. 实训任务

根据第三章单元实训各组设计的问卷进行实地资料收集，并对其进行整理和分析，得出调研结论。

4. 实训知识准备

(1) 市场调查资料整理的含义、步骤和内容。

(2) 市场调查资料整理的基本方法。

(3) 针对调查获取的数据信息进行编码和录入。

(4) Excel基本工具的应用。

5. 实训步骤

(1) 指导教师介绍实训任务、目的和要求；对市场调查资料整理的价值和意义加以强化，调动学生实训积极性。

(2) 指导教师总结市场调查资料整理的相关知识，包括资料整理的步骤、内容和方法；重点介绍资料的计算机处理技术。

(3) 教师演示整理的excel处理过程及常见的工具运用。

(4) 学生以小组形式进行实际资料整理，并形成调研结论。

(5) 资料整理结论以PPT形式进行汇报。

(6) 指导教师进行讲评、总结。

6. 实训考核

小组自评、组间互评，教师根据实训过程和结论进行综合评价给出小组成绩，综合个人表现给出个人最终成绩。

第六章 市场预测基本理论

【本章导读】

2019年中国汽车细分市场发展情况及行业发展趋势分析

一、汽车行业主要细分市场发展情况分析

1. 乘用车行业发展分析

自主品牌与合资品牌全面竞争来临。中国乘用车高速增长时期已经结束，未来将进入稳定增长时代，预计未来乘用车行业销量增速在2%左右。随着行业销量增速放缓和竞争的加剧，乘用车企业的净利润率2017年开始明显下滑。

2019年将是自主品牌与合资品牌全面竞争的一年，随着自主品牌开始发布20万元以上价格车型，合资品牌减少30万元以上价格车型，自主品牌与合资品牌将在10万~30万元价格区间带展开直接竞争。

作为自主品牌三强的上汽集团、广汽集团、吉利汽车已经做好迎战准备，三家公司的SUV市占率之和已超过40%，轿车市占率之和已超过30%。

2. 客车板块行业发展分析

客车行业2015—2017年连续3年销量同比增速为负，2018年1—11月客车销量38.8万辆，同比增长-4%。客车行业目前行业需求持续疲软，预计车企未来业绩将继续承压。2018年受补贴退坡影响，行业净利率降至2%左右，2019年新能源客车继续受到退坡影响。

我国客车的产销量连续13年位居世界第一，其份额已占世界客车市场份额的49%。全球购买的客车，几乎有一半是中国制造的；中国客车出口数量为全球第一。

中国客车企业产销规模在世界客车行业中也名列前茅，截至目前，世界客车销量前10位的企业，中国有4家以上；世界级客车生产基地，中国有4家；万辆销售规模的企业，中国有6家。另外，在中国前10家客车企业中，无一家是合资企业，且每家的产品全部为国产自主品牌，现从三个方面来看客车行业的发展前景。

2018年1—4月，我国商用车产销保持增长。客车行业分析，4月商用车产量完成39.8万辆，比上月下降7.4%，比上年同期增长12.8%。高于汽车总体0.5个百分点，比上年同期提高6.9个百分点。1—4月，商用车产量完成145.1万辆，产量比上年同期增长6.4%。分车型产销情况看，客车产量完成14万辆，比上年同期增长6.4%；货车产量完成131.1万辆，产量比上年同期增长6.4%，其中半挂牵引车产量比上年同期下降22.8%。

2018年起，新能源客车进入全面爆发期，全年销量7万多辆，同比增长355%。受益于政府补贴，与传统燃油客车相比，新能源客车经济性凸显。2018年新能源客车累计销量达13.5万辆，占客车总销量约24%，而传统客车总体下滑9.9%，新能源客车替代趋势显著。

2018年11月，我国出口客车3423辆，同比增长83.1%；2018年1—11月，我国累计出口客车3.01万辆，同比增长13.3%。2014—2017年，我国客车分别出口4.42、3.41、2.97、2.96万辆，同比分别增长40.2%、-22.9%、-12.9%、-0.4%。从车企来看，2018年11月份，厦门金龙、宇通客车(600066)、比亚迪(002594)、苏州金龙分别出口883辆、638辆、596

辆、533 辆，11 月份 4 家车企出口之和占我国客车出口总量的 77.4%。据客车行业发展前景分析，中国客车出口企业可以考虑调整海外市场的布局，重新制定出口战略。

随着我国客车的技术水平迅速提高，我国客车走出国门的速度越来越快。据海关统计，近 5 年来，客车出口的平均增长速度达到了 101.33%，可以说，在现阶段，出口已经成为客车行业发展的新的增长点，不仅能够弥补国内需求趋缓的不足，而且为行业的扩张提供了更加广阔的发展空间。

随着高铁、私家车普及带来的交通出行方式变革，截至 2018 年，我国 3.5 米以上客车销量为 24.1 万辆，预计 2019 年客车市场增长主要来源于"电动化、全球化、高端化"转型。

3. 后市场板块行业发展分析

据公安部统计，截至 2018 年年底，我国机动车保有量已达 3.27 亿辆，其中汽车保有量 2.4 亿辆，比 2017 年增加 2285 万辆，增长 10.51%。我国已经超过日本，成为全球第二大汽车保有量地区。汽车保有量不断增长的背后预示着汽车后市场规模的不断壮大。

2017 年，我国汽车后市场规模突破万亿元大关，达到 1.07 万亿元，预计 2018 年将保持 19% 以上的速度继续增长，市场规模约为 12790 亿元。

由于我国汽车行业的飞速发展，带动下游产业汽车后市场规模也不断扩张。我国汽车后市场行业增速始终保持在 14% 以上，远远超过全球汽车后市场年均 5% 的增长率，以至于我国汽车后市场在全球地位愈发重要，所占全球比重不断增加。2012 年，中国汽车后市场规模为 4690 亿元，仅占全球汽车后市场规模的 10% 左右，2017 年，中国汽车后市场规模占全球比重上升至 17.37%，预计 2018 年将会超过 20%。中国汽车后市场的重要地位愈加凸显。

后市场行业 2014 年至今净利润率稳中有升，2019 年汽车后市场将进入变革时期，随着经销商竞争的加剧和盈利能力的下降，汽车后市场将迎来集中度提升，有利于龙头企业的扩张。

2018 年下半年经销商库存同比大幅增长，11 月库销比已接近 2.0，远高于历史平均水平，预计 2019 年经销商行业将迎来"关店潮"，行业集中度开始提升。

二、2019 年汽车行业发展趋势分析

汽车行业 2018 年 1—11 月整体营收 34783 亿元，同比 -1.6%，由于 2018 年 12 月销量同比将继续下滑，预测汽车行业 2018 年全年营收同比增长 -3%。基于 2019 年汽车销量与 2018 年基本持平的预测，2019 年汽车行业营收同比为 +5%。

2018 年 Q1~Q3 乘用车板块营收同比为 +5.32%，1—11 月销量累计同比增长 -3%，预计 12 月销量同比继续下滑，预计全年乘用车销量同比 -5%，全年乘用车板块营收同比增长 -2%。预计 2019 年乘用车市场销量同比增长 -1%，得益于自主品牌单价的提升、新能源车及智能网联汽车比例的提升，预计 2019 年乘用车行业营收同比增长为 +5%。

2018 年，Q1~Q3 客车板块营收同比为 -2.74%，1—11 月销量累计同比增长 -7%，预计 12 月销量同比继续下滑，预计全年客车板块销量同比增长 -9%，营收同比增长 -7%。预计 2019 年客车市场销量同比增长为 -5%，预计 2019 年客车行业营收同比增长 -5%。

2018 年，Q1~Q3 汽车后市场营收同比增长为 -7.35%，预计全年汽车后市场营收同比增长为 -12%。汽车后市场的竞争激烈程度将从 2019 年开始减弱，预计 2019 年汽车后市场营收同比增长为 -5%。2019 年，宏观经济将呈现稳中有变的发展趋势，但增速在 6% 以上。汽车行业仍为拉动经济增长的主要动力，宏观政策上继续保持稳定。预计 2019 年全年汽车销量为 2700 万辆，少于 2018 年。其中，乘用车销售 2100 万辆，商用车销售 440 万辆，新能源汽车销售 160 万辆。

从目前中国的汽车市场情况判断，2018 年内外部环境非常错综复杂，不利和变动因素居多。中国处在经济发展动能切换以及房地产 20 年繁荣末端的关键期，居民负债率增加，消费意愿下降致使汽车需求下滑，高负债区域的汽车销量降幅更大。尽管长期看增长的空间很大，但短期的情况不容乐观，如没有政策等因素的刺激，全年预计下降 2%～3%。以目前中国汽车产业的整体发展速度来看，出台强刺激政策的可能性不大。

目前的汽车低速增长是在消费提前透支下的回落。中长期来看，汽车工业发展的前景仍比较乐观。短期的政策刺激只会增加行业的波动，不利于整体行业转型升级。

目前影响汽车行业的因素中有利因素包括潜在需求仍然很大、基础建设投资有望增速回升、蓝天保卫战促进增长、金融稳定政策。不利因素包括同期基数较高、宏观经济形势稳中有变、新能源补贴回落、2019 年的政策出台时间不明朗、房地产市场调控、中美贸易不确定性仍存在。

长远来看，中国汽车产销量仍有较大增长空间，其中新能源汽车增长潜力巨大。预计到 2050 年，中国千人汽车保有量将达到 300 辆，增量主要在乘用车市场。同时，中国新车销售由增量市场逐步转向存量市场。增量市场以首次购车用户为主，市场规模快速扩大，呈现卖方特点，企业经济效益高，制造环节利润高，以满足国内需求为主。存量市场以置换与改善为主，产品升级联动，个性化发展，市场微量增长，部分年份有负增长可能。企业竞争加剧，优胜劣汰，兼并重组频现。拓展海外市场，生产环节利润低，使用环节、二手车、回收利用环节利润提升，新商业模式涌现。

(资料来源：http://www.chyxx.com/industry/201905/739455.html 中国产业信息网，作者有修改)

企业的营销决策是现代企业经营管理的重心，营销决策涉及两大内容：一是确定企业营销战略；二是确定企业营销战术。企业营销决策的基础是信息。不论是企业确定营销战略或营销战术，都需要有一些前提；前提不同，企业的营销战略和营销战术有别。这些前提，就是企业对相关影响因素发展变化的预测。做好市场预测有助于提高决策者的市场预见能力和判断能力，有助于营销管理者着眼于未来，更深刻地分析、认识和理解环境因素的变化及其影响。市场预测越可靠，营销决策越正确，经营管理越有效。本章主要就市场预测的有关基础知识做详细的阐述。

第一节 市场预测的含义及作用

一、市场预测的含义

(一)预测的含义

古往今来，预测活动一直存在于我们的身边。预测的形式多种多样，它既包括古代玄门术数对吉凶祸福的占卜与推演，又包括现代科学对现有信息资料进行精密分析后所做出的对自然状况的预报以及各种政治理论学说对人类社会发展的推测，如易经推断、星相预测、人生预测、血型预测、经济预测、军事预测、农业预测、社会预测、技术预测、产品预测、市场预测、政策预测，等等。

市场预测属于预测的一个分支，要想了解市场预测的概念，应先了解一下预测的含义。"预测"的定义是什么？人们有多种说法：

"预测"是预先推测或测定。(现代汉语词典，商务印书馆，1978年)

"预测"是指依靠现有资料和一定的理论与方法，对未知的尚未发现的(包括即将发生的)事象的预先估计和推想。(胡学峰《"预测"释义》，《预测》杂志1986年第2期)

预测是人们对未来不确定事件进行推断和预见的一种认识活动，是人们对事物的未来发展趋势和人类实践活动的预期结果作出的分析和估计。(庄贵军《市场调查与预测》，北京大学出版社，2007年)

预测是通过对客观事实历史和现状进行科学的调查和分析，由过去和现在去推测未来，由已知去推测未知，从而揭示客观事物未来发展的趋势和规律。预测与预言的区别："天才的火花相当于预言，逻辑的思维相当于预测。"(百度百科，http://baike.baidu.com/view/58062.htm)

上述几种说法尽管互不相同，但共同之处十分明显：预测是估计、猜测、推想和研判。包含两层意思：第一，预测的时间是未知的未来；第二，预测"依靠现有资料和一定的理论和方法"。古话说："月晕午时风，日晕三更雨。"就是说今夜有月晕，明日中午就有风；今天有日晕，半夜就会下雨。这种预测不是人们的主观臆断，而是人们对过去发生过的事物经过长年累月的观察分析以后，作出的有科学依据的判断。

所以，预测是指依据已知事物的规律性，运用科学的方法和手段，去分析和推断事物的未来发展趋势，以符合逻辑的定性或定量方式表现出来的活动。

(二)市场预测的概念

在了解了预测的基础上，再来理解市场预测的含义就容易多了。市场预测是在市场调查的基础上，根据市场的历史和现状，凭经验并应用一定的预测技术，对市场发展的未来趋势进行预计、测算和判断，得出符合逻辑的结论的活动和过程。

市场预测包含4个要素，即信息、方法、分析和判断。

信息，是指对预测对象进行深入调查得到的原始资料和二手资料，它是预测市场未来情况的事实依据，是预测的基础。市场预测不是凭空的想象和主观的臆造，市场预测具有很强的科学性。其建立在大量收集历史资料的基础上，通过严密的逻辑推断，揭示预测对象与历史资料之间的联系，找到事物发展的规律，进而做出预测。

方法，是指利用有关信息和数据资料，分析预测对象与影响因素之间的相互关系，得到未来发展变化结果的科学预测分析时所采用的各种手段。它既包括在实践中积累起来的有效主观经验和逻辑判断方法，也包括先进的数学计量方法。由于客观事物的发展历程并不是历史的简单重复，它总是会受到社会发展过程中的不确定因素的影响，因此事前所做的市场预测与实际结果之间会存在一定的误差，这是不可避免的，在市场预测中，可以通过运用科学的定性预测方法或定量预测方法，将误差大致地控制在一定的范围之内。

分析是根据有关理论所进行的思维研究活动，主要包括两项内容：一是理论上要分析预测结果是否符合经济理论和统计分析的条件；二是在实际上要对预测的误差进行分析，并对预测结果的可靠性进行评价。

判断，即作出取与舍的决定。无论是预测资料的选择、预测方法的确定，还是预测结果的实施，都要进行必要的判断。但是，市场预测的判断准确度如何，除了受到外在的未来市场将会发生的、目前尚不可知的因素的影响外，还在很大程度上受到预测者的人为因素的限制,这种人为的限制表现在两个方面:一是预测者在预测的过程中,受到自身的学识、经验、分析能力以及对预测对象的认知程度等方面的限制,预测的结果不可能完全一致,或多或少会有差异,使市场预测的准确度受到影响;二是预测者对预测对象的背景资料的了解程度不同,会给市场预测的准确度带来影响。因而,判断是市场预测要素中最重要的,它可以决定整个预测的成败。

二、市场预测的作用

"人无远虑,必有近忧""凡事预则立,不预则废"。预测之所以能被人们广泛、持久地应用,是人类在自身的生产、社会实践中,领悟了"科学的预见是正确行动的先导"这一道理。

市场预测是市场经济发展的产物。最初的市场预测,早在小商品经济时代就已经出现,只不过比较简单,主要靠生产经营者的直觉和经验作出。随着市场经济的迅速发展和买方市场的普遍形成,消费者在市场交换中的主导地位日益加强,企业只有生产出满足消费者需要的产品,才能立足于市场。为此,企业必须在生产经营活动开始之前,进行准确的市场预测,根据消费者需求确定生产经营的方向、品种、数量,保证产品的市场销路,回避市场的风险,求得企业的生存与发展。

可见,企业进行市场预测是市场经济发展的客观要求,有了科学预测,就可能取得胜利和成功;如果生产经营者不进行科学的市场预测、不能准确地把握市场变化的脉搏,就难以适应瞬息万变的市场、难以在竞争激烈的市场中取胜。

(一)有利于提高市场决策的科学性

企业是市场的主体,生产经营什么,生产经营多少,怎样调整生产经营方向、规模和结构,如何制定企业的经营战略和营销策略,都必须由企业根据市场的供求状态来决定。但是,市场具有不可确定性,面对不确定性的市场要提高决策的科学性,必须认真做好市场预测。市场预测可以帮助决策者把握未来市场发展变化的趋势和规律,分析影响市场发展变化的各种影响因素,可以为决策者提供有关未来市场的规模、水平、结构、数量关系等方面的定量预测结果和对策建议,从而使决策者能根据科学的预测结果作出科学的决策,以确保决策的正确性、科学性和可行性。

(二)有利于提高企业应变能力

市场经济是一种竞争经济,企业必须主动了解市场、适应市场,主动参与市场竞争,才能在市场竞争中求得生存和发展。从进入市场那一刻起,企业就投入争夺市场份额、争夺消费者的竞争中了。其间,竞争者的出现、消费者的需求转移等情况都会导致市场发生变化,市场的变化可能给企业带来机会,也可能给企业带来威胁,这就要求企业必须建立一个高效率的市场预测系统,对企业所处的内部和外部环境的变化,迅速地作出反应,及时地向企业提出风险警告,为企业制订应急方案提供依据,使企业既可以抓住市场机会,开拓和占领新的市场,开发新的产品,扩大生产经营能力;也可以避开市场风险,减少市场风险给企业经营活动造成的不良影响。

(三)有利于提高企业经济效益

企业全部经济活动的核心是提高经济效益和社会效益,首要的是提高企业的经济效益。由于各种因素的影响,市场每天都会发生变化,企业要有效地开展经营活动,就要善于应变,充分掌握和利用市场信息,分析现状,预测未来。如果企业通过预测,对市场发展变化的趋势及消费者的消费潜力了如指掌,那么企业制定的营销策略就能真正地实现以需定产,解决产需脱节、滞销积压等问题。销售顺畅,不仅可以加速资金周转,降低流通费用,还可以提高企业的经济效益。

三、市场预测与市场调查的联系和区别

市场调查与市场预测是市场研究的两个重要的部分,并形成一门新兴的学科。但市场调查与市场预测是两个既有联系又有区别的概念。

(一)市场调查与市场预测的联系

1. 市场调查可以为市场预测提供研究方向

企业在经营管理活动中,需要研究和解决的问题很多,通过市场调查可以发现问题的症结所在,从而能为问题的解决和决策提供信息支持,同时亦可发现需要作进一步预测研究或可行性研究的课题,即为市场预测提供课题和研究方向,帮助市场研究者、经营管理者确定市场预测的目标。

2. 市场调查可以为市场预测提供信息

企业进行市场预测时,必须对市场信息进行科学分析,从中找出规律性的东西,才能得出较为准确的预测结论。而市场调查获得的大量信息资料正是市场预测的资料来源,这些资料可为市场预测模型的建立与求解提供大量历史数据和现实数据,也可为定性预测提供大量的基础性的预测分析依据,从而有助于取得较准确的预测结果。

市场预测本身就是数据分析的一个组成部分。它是用某事物现有的数据推断这一事物或与其相关的事物未来发展变化的一种数据分析。因此,市场预测并不是独立于市场调查的一套程序,它与市场调查共同组成了一套为企业市场营销活动收集、加工和提供信息的程序。

3. 市场调查方法可以丰富和充实预测技术

市场调查方法主要应用于信息的获取和处理,有的还可直接应用于市场预测分析,即预测性调查研究。市场预测的一些方法也是在市场调查方法的基础上充实、提高而形成的。如预测中的"专家意见法"就是吸收了市场调查的方法,经过反复实践而形成的,既简便适用,又避免了结果的不确定性和离散性。有些简单的市场调查方法,如问卷填表法、访问座谈法等,若在内容中加入预测项目,同样可以得到准确的预测结果。

4. 市场预测的结论可用市场调查来验证和修订

市场预测不是凭空臆想的,而是建立在认识和把握客观规律的基础之上的一种预见和推断,是在科学理论指导下作出的有一定科学根据的推断。市场预测的结论正确与否,最终要由市场发展的实践来检验。因此,市场调查不仅能够检验事前所作出预测结果,还能够分析、论证预测成功或失误的原因,总结经验、吸取教训,不断提高市场预测的水平。另外,在作出预测以后,也可以通过市场调查获得新的信息,对预测结果进行修正。

(二)市场调查与市场预测的区别

1. 研究的侧重点不同

市场调查和市场预测虽然都可研究市场上的供求关系及其影响因素,但市场调查侧重于市场现状和历史的研究,是一种描述性研究,目的是了解市场客观实际的情况,弄清事实真相,获取市场信息;市场预测侧重于市场未来的研究,是一种预测性研究,着重探讨市场供求关系的发展趋势及各种影响因素,目的是对未来的市场作出推断和估计。

2. 研究的结果不同

市场调查与市场预测的最终目的都是通过对市场的研究,为各种决策提供依据。但市场调查所获得的结果是反映市场的各种数据和资料,涉及的内容比市场预测要广泛得多,因而既可作为市场预测的依据和资料,也可直接为管理部门决策提供依据。而市场预测所获得的结果是关于未来市场发展的预测报告,是一种有一定科学根据的假定,主要为制订未来的发展计划或规划提供预测性的决策依据。

3. 研究的过程和方法不同

市场调查是获取、处理和分析市场信息的过程;市场预测是利用市场信息进行信息的深加工和作出预测结论的推断过程。从研究方法看,市场调查的方法多属于了解情况、认识市场、获取信息的研究;而市场预测的方法则多是建立在定性分析基础上的定量测算,许多方面需要运用数学方法和建立预测模型进行预测分析和推断。

总之,市场调查与市场预测是市场研究的两个重要环节,市场调查和调查预测既有区别又有联系,市场调查比市场预测的范围和作用更为广泛,市场调查是市场预测的基础,市场预测是市场调查的拓展和延伸,市场调查和预测总称市场调研。

第二节 市场预测的内容和程序

一、市场预测的内容

由于市场的主体不同、市场的性质不同、市场预测的目的要求不同,致使市场预测的具体内容也就有所不同。任何市场均可围绕市场环境、市场需求、市场供给、市场运行、市场价格、市场竞争等方面开展预测。但是,不同性质的市场在预测业务、预测范围、预测要求等方面是存在差别的。从商品市场来看,市场预测的主要内容如下所述。

(一)市场环境预测

企业的生产经营活动总是在一定的环境中进行的,与环境有着千丝万缕的联系,环境的变化,必然对企业的经营产生影响。市场环境预测是预测国际国内的社会、经济、政治、法律、政策、文化、人口、科技、自然等环境因素的变化对特定的市场或企业的生产经营活动会带来什么样的影响并寻找适应环境的对策。市场环境预测又可以从几个方面实施，例如人口总量和人口结构的变化，对产品的需求会带来什么样的影响；人口老龄化意味着什么样的商机；或通过对整个市场或某类商品的市场形势和运行状态进行市场行情预测分析、揭示市场的景气状态是处于扩张阶段，还是处于紧缩或疲软阶段；或揭示某类市场是否具有周期波动规律，以及当前和未来周期波动的走向，分析价格水平的变动趋向，为企业经营决策提供依据；或对产品的同类企业的竞争状况进行预测分析，包括对产品产量的分布格局，产品销售量的分布格局，产品行销区域格局，以及产品质量、成本、价格、品牌知名度和满意度、新产品开发、市场开拓等要素构成的竞争格局及其变化态势进行分析、评估和预测。

总之，市场环境预测应及时收集外部环境变化的信息，分析环境变化带来的威胁和机会，分析企业的优势与劣势，才能得出较为中肯的预测结论。

(二)市场需求预测

需求是消费者购买愿望与购买能力的统一体，缺少其中的任何一个条件，都不能构成需求。经济学理论把需求区分为个别需求与市场需求。个别需求是指个别消费者在一定时期内的每一个价格水平愿意而且能够购买某种产品的数量。影响消费者对一种产品需求量的因素主要有产品本身的价格、相关产品的价格、消费者的收入水平、消费者嗜好、消费者对未来的预测、政府的消费政策等。

由于市场需求的大小决定着市场规模的大小，对企业的投资决策、资源配置和战略研发具有直接的重要影响，因此，市场需求预测是市场预测的重点。一般来说，市场性质与市场层次不同，市场需求预测的内容和方法也有所不同。

市场需求预测的内容，主要包括下述几方面。

1. 市场商品需求总量预测

商品需求总量是指在一定时间和一定范围内，市场上有货币支付能力的消费者对商品需求的总量。有货币支付能力的需求总量构成了社会商品购买力。社会商品购买力按其形式可分为居民购买力、社会集团购买力和生产资料购买力，按其构成又可分为现实购买力和潜在购买力。社会商品购买力是通过一定时期内的社会商品零售额来反映的。影响社会商品购买力变化的因素主要有货币收入；银行储蓄；投资规模；价格；消费倾向；政策(金融，财政，信贷，税收等)；经济增长速度，以及市场供给变动等。

2. 市场商品需求构成预测

商品需求构成是指对市场商品需求总量按一定标准划分所得到的各类商品需求量占总体商品需求量的比重。按其性质又可分为生产资料需求构成和生活资料需求构成两大类。

影响生产资料需求构成的因素很多，但主要有生产发展的规模和结构、国家税收和信贷政策、对外贸易程度、商品价格水平、科技发展水平、购买力水平和市场可替代品种类等。

影响生活资料需求构成的因素也很多，但主要受购买力、消费者偏好、消费者个性、消费者受教育程度、商品价格和商品品牌忠诚度等制约。

3. 消费者购买行为的预测

消费者购买行为的预测是指在一定时期内对消费者购买动机、消费行为方式、购买心理等进行调查研究，预测商品需求的动向。消费行为中包括买什么、为什么买、购买者是谁、何时购买、购买地点与信息来源、购买量与如何决策等。影响消费者购买行为的因素主要有消费者个性、需求动机与偏好、家庭与社会的影响等。

(三)市场供给预测

由于市场供给的大小，能够反映市场供应能力的大小，能否满足市场需求的需要，因而，它是决定市场供求状态的重要变量。市场供求预测也是市场预测的重要内容。

市场供给预测是指在特定时间、特定范围内，对未来进入市场的商品资源总量，商品资源结构以及商品资源变动因素等进行分析预测。市场供给量大小反映了市场供给能力的高低，也表明满足市场需求的程度。因此，如果将市场供给预测与市场需求预测结合起来分析，就能判断未来市场商品供求平衡状态及其发展趋势，有利于企业及时调整经营策略，预先安排营销活动，以应付未来市场可能出现的新情况和新问题。

影响市场商品供给的因素主要有物资生产部门的生产能力和商品化程度、进出口量、国家储备量、科技水平、国家政策、市场价格、商贸部门商品库存量以及市场潜在物资等。

市场供给预测的主要内容既包括未来提供市场商品总值、类值和主要产品产量的预测，也包括商品生产能力、技术进步、能源消耗、新产品开发、资源利用程度、国家政策和国际贸易政策等方面的预测。

(四)市场价格预测

对市场商品价格预测的主要目的是预先认识和掌握市场价格变化趋势和变动规律，为企业制定商品价格策略提供信息依据。

市场价格预测的内容既包括对市场物价总水平、分类商品价格水平、主要商品价格和供求关系变化对价格影响的预测，也包括对劳动生产率、商品生产成本、利润、商品批零差价、银行利率、货币汇率等变动对价格影响的预测。

(五)市场占有率预测

市场占有率预测是指在特定的市场范围内，企业提供某种商品或劳务的销售量(额)在同一市场商品或劳务的总销售量(额)中所占的比重。市场占有率的高低直接反映企业生产经营能力、营销管理水平、产品技术含量、生产经营成本、市场竞争能力、市场控制程度和企业形象等的高低。因此，在市场营销活动中，企业应高度重视本企业产品在目标市场的未来市场份额，科学地预见和把握其变动水平和变动发展趋势，并以此作为制定企业营销管理策略的重要依据。

(六)产品生命周期预测

产品市场生命周期是指新产品从投放市场开始到完全被市场淘汰所经历的时间。产品市场生命周期一般经历四个阶段，即投入期、成长期、成熟期和衰退期。每个阶段各有其不同的特征，其成本、销售、利润潜能等都存在差别，所以产品市场生命周期预测对企业来说至关重要。通过预测，企业可以掌控产品每个阶段的发展状况，及时调整产品、渠道、价格和促销等策略，从而使企业在激烈的市场竞争中处于主动地位，提高产品市场竞争力和延缓产品市场生命周期，实现理想的经济效益和社会效益。

除了以上几种市场预测内容之外，还有市场竞争格局预测、企业经营状况预测、产品销售预测等，在此不一一赘述。

二、市场预测的程序

市场预测是一项科学的、系统的工作，是对预测目标的未来发展变化进行分析和推断的过程，具有复杂性、综合性和推断性。为了使市场预测工作顺利进行，提高预测工作的效率和预测结果的可靠性，必须遵循一定的程序，采用科学、严谨的工作步骤，市场预测操作程序如图6.1所示。

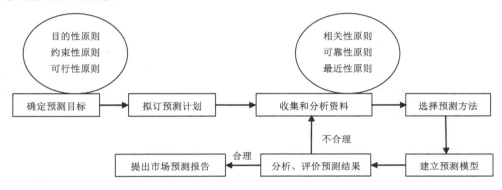

图6.1 市场预测的程序

(一)确定预测目标

预测目标是指市场预测应了解什么问题、解决什么问题、达到什么目的。整个预测活动都是围绕着预测目标展开的，它关系到整个预测活动的成败，应尽量具体、详尽。在预测目标的确定过程中要考虑几个内容：预测活动必须解决的问题，必须收集的资料，这些资料有什么样的用途等。

预测目标由预测对象、预测课题和预测目的三个基本要素构成。预测对象是市场预测的目标市场，即要预测何种性质和空间范围的市场；预测课题是市场预测的项目，即对市场的什么问题进行预测分析；预测目的是市场预测应满足何种信息需求。

预测目标的确定关系到预测内容的界定、预测资料的收集、预测方法的选择和预测精度的确定，因此，市场预测应首先确定预测目标。为此，应遵循以下原则。

1. 目的性原则

市场预测目标的确定应针对生产经营管理决策的信息需求进行选择。为此，应注意研究决策者需要解决什么样的市场决策问题，以及这个问题是否有必要通过市场预测来进行研究。只有这样，才能使市场预测目标的确定具有针对性和价值性。此外，市场调研者也应发挥主观能动性，主动围绕市场经济活动中出现的新情况、新问题、新趋势开展市场预测，主动围绕企业经营目标、经营计划、发展战略、营销策略的制定开展市场预测，为企业的经营管理和决策提供信息支持。

2. 约束性原则

市场预测目标的确定应注意三个约束条件：一是市场边界的约束，即市场预测的空间范围必须明确；二是预测期限的约束，即市场预测的时间属性是短期预测，还是中长期预测；三是预测内容的约束，即市场预测项目的界定。只有明确市场预测目标的地理边界、预测期限和预测项目，才能有效地进行市场预测。

3. 可行性原则

市场预测目标的确定应考虑预测课题的难易程度，预测内容是否明晰，预测资料是否充分，预测所需的技术手段是否具备，以评价预测是否具有可行性。如果预测目标不具备预测所需的条件或超过了预测者的能力和水平，则会导致市场预测难以有效地组织实施，也难以取得预期的效果。

(二)拟订预测计划

确定预测目标后，为了有效地、有针对性地、系统地开展市场预测，需要根据预测的目标，拟订一份预测计划，它是整个预测工作的总体设计，贯穿于整个预测活动的全过程。

预测计划包含的内容有预测的项目、预测信息的来源、预测的时间安排、预测的预算估计、预测的分析方法，预测的人员安排及预测结果的提交方式等。

(三)收集和分析资料

根据预测目标，确定应收集的有关资料和数据，是市场预测的基础。实践证明，即使预测方法很科学，预测者又具有较强的判断能力，但因所依据的数据和有关资料不准确、不系统、不全面，要取得满意的预测结果也是不可能的。因此，应重视市场预测资料的收集与整理，主要应注意以下几点。

(1) 以市场调查收集整理的数据和有关资料为基础，根据市场预测课题的预测结构和预测变量，从数据库、数据汇编、资料手册中提取历史数据和现实数据。

(2) 数据的提取应注意总括性数据与分类数据相结合，动态数据与横截面数据相结合，预测课题的主体数据与相关数据相结合，要最大限度地满足市场预测分析对数据的要求。

(3) 数据提取的时期跨度(时间样本)应注意适度、够用，以近期数据为主。市场预测所需的数据的时间跨度不是越长越好，也不是越短越好。数据时间跨度过长，会使预测模型难以重点反映近期数据隐含的趋势和规律性；数据时间跨度太短，数据太少，又会导致模型参数估计不准确。一般来说，应本着适度、够用、近期数据为主的原则，对数据的时间跨度作出选择。如一个自变量的预测模型，至少应有10年的数据，两个自变量的预测模型至少应有15年的数据。

(4) 某些预测模型的建立，如果缺少历史数据时，可用横截面数据(空间数列)进行模型估计和预测分析。但是，为了保证模型参数估计的准确性，数据的样本量应尽量大一些。

(5) 数据收集之后，应进行必要的整理，使之条理化、序列化。同时，可利用图示分析、增量分析、速度分析、比率分析等基本方法对数据进行预测处理，以显示现象发展变化的过程、特点和趋势，为预测方法的选择提供依据。

(四)选择预测方法

在市场预测中，常采用的预测方法有定性预测法和定量预测法，每一种预测方法又可分为许多具体的方法，这些细化了的预测方法具有各自的特点和适用范围，应根据预测对象的特征来选定，并尽可能地对同一预测对象采用多种预测方法进行预测，经过比较分析，选择准确度最高的预测方法。在选择预测方法时，要遵循以下三个原则。

(1) 选择的预测方法应服从于预测目标。预测方法的选择应满足预测目标的要求，企业的预测目标不同，预测的范围、预测的准确度、预测期的时间长短等方面也各不相同，选用的市场预测方法也不一样。

(2) 选择预测方法时要考虑预测对象本身的特点。不同的预测对象，具有不同的属性和内在的变化特点，选用的预测方法也不一样。例如，服装、电子产品这些生命周期短、更新换代快的产品，适合运用定性预测法(如采用对比类推法)。而对于一些在市场变化过程中表现为运动速度缓慢，平稳发展的预测对象，可以采用定量预测法，如采用趋势延伸法或因果关系法。

(3) 选择预测方法时要考虑预测的经济性和对准确度的要求。预测方法的选择必须建立在切实可行的基础上，预测的方法很多，但在实际运用时，要考虑数据资料、经费、人力、设备等方面条件的制约。如果只要求预测出一个总体发展的趋势，可选择定性预测方法，如果要求预测出一个具体数据，并要求计算出误差，就必须运用定量预测的方法。

选择预测方法进行预测时应注意以下几个问题。

(1) 定量预测法并不一定就比定性预测法准确度高，不要迷信数学模型，尤其在缺乏准确的数据资料的情况下，要根据不同的情况选择合适的方法。

(2) 不要只依赖一种预测方法，特别是在进行长期预测时，可以采用几种不同的方法进行预测，并对结果进行比较。

(3) 随着预测期限的延长，预测结果的准确性也会随之下降，所以适当地缩短预测期限可以提高预测的准确性。

(4) 不要把定量预测方法和定性预测方法绝对地区分开来。

(五)建立预测模型

建立预测模型是市场预测中的关键。可根据已掌握的数据资料，运用选定的预测方法，先求出参数估计值，再建立预测模型，即预测方程式。根据预测方程式，代入有关资料或数据，可以得到初步的预测值。建立的预测模型常有以下三类。

(1) 表示预测对象与时间之间的时间关系模型。
(2) 表示预测对象与影响因素之间的相关关系模型。
(3) 表示预测对象与其他预测对象之间相互关系的结构关系模型。

(六)分析、评价预测结果

对初步预测结果的可靠性和准确性进行验证，可以估计预测误差的大小，预测误差越小，预测的可靠性和准确性越高。如果采用的是定性预测方法，可以分别采用多种定性方法检验预测结果,缩小预测误差。如果采用的是定量预测方法,还需要运用 R 检验、R^2 检验、F 检验、D-W 检验等方式,分析预测对象的影响因素是否有显著变化,过去和现在的发展、趋势和结构能否延续到未来。分析、评价预测结果应注意以下几个问题。

(1) 评价定性预测结果时,应结合实际情况进行经济理论分析,评价定性是否准确,即对事物发展变化的方向、特点、性质和发展快慢、程度高低的判断是否切合实际。

(2) 评价定量预测结果时,应将各种假设检验和经济理论分析相结合,评价模型的合理性和拟合的优度,评价拟合误差或预测误差的大小,评价推断的预测值是否可靠,是否符合事物发展的趋势性、相关性,预测值是否偏高或偏低,是否需要作出调整和修正。

(3) 调整和修正预测结果。预测结果经过评价,如果发现预测存在质的误差,即预测结果与事物发展变化的趋势发生根本的背离,或者预测模型的统计检验和经济理论分析未通过,则预测要推倒重来。如果预测结果不存在质的误差,而是存在一定的量的误差,若量的误差较小,则可不必进行调整和修正,若量的误差较大,又要求提高预测的精确度,则应采用合适的方法调整或修正预测的估计值。

(七)提出市场预测报告

市场预测的最终目的是为决策服务的,为此,预测结束后,应用书面的方式表达预测的过程和预测的结果,以供决策者阅读和使用。

市场预测报告应对预测的目的、过程和方法作简要的交代,重点论述预测对象未来发展变化的前景和可能出现的结果及其制约未来发展变化的因素;定量预测应重点阐述预测模型建立的变量选择、参数估计、模型检验和预测推断等问题。

在市场预测报告中,还可展开必要的对策研究,提出解决问题的路径或对策。预测报告应概括预测的主要活动过程,其中需列出预测的目标、预测的对象、对相关因素的分析结果、运用哪些预测方法、建立的预测模型、对预测值的误差大小进行的控制和检验过程、确定的最终预测值以及实现预测结果的建议和补充。最后可以附上预测所用的有关数据资料等内容。

第三节 市场预测的活动形式与方法

作为一个企业,想要在市场中如鱼得水,对当前市场的预测是必不可少的。企业如何实施市场预测呢?市场预测的范围很广,时间跨度多样,常需要进行综合预测,要运用多种方法,非常有必要系统地了解市场预测活动的形式。

一、市场预测的活动形式

各领域的预测活动可谓形式繁多、各具特色。为了更好地研究预测活动的规律,可依据预测活动的特征为预测活动确立五个基本标准:主体、范围、时间、方法、模式,并对预测活动进行分类,如图 6.2 所示。

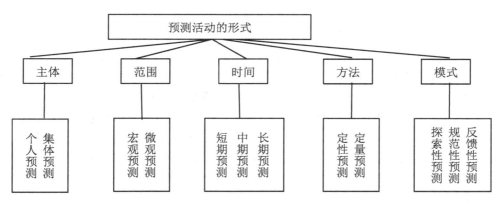

图 6.2　预测活动形式的分类

(一)按市场预测的范围分

按市场预测的范围分，市场预测的活动形式可分为宏观市场预测和微观市场预测。

宏观市场预测是指在全面充分地进行了市场调查之后，对各种影响市场供求关系的社会因素进行预测。例如，通过调查人口、经济环境、国家的政治法律等情况，对未来一段时期内市场的总供给与总需求的发展变化趋势作出估计和判断。

微观市场预测是指将预测范围缩小到某行业、某企业甚至某一类产品或某一项产品上，对行业、企业生产经营的发展变化趋势，或某类产品、某项产品的市场需求作出估计和判断。作为一个生产企业，常侧重于预测产品的未来市场需求、产品的未来销售情况等问题。

宏观市场预测活动一般由国家的经济管理部门进行定期或不定期的公布，个别有实力的大企业有时也会由于经营的需要而进行宏观市场预测。大部分企业多是借鉴宏观市场预测的信息资料，进行与企业经营密切相关的微观市场预测。总之，宏观市场预测对观察、分析和预测总体市场供求发展趋势具有决定性的重要意义，微观市场预测对企业制定经营决策和指导企业经营管理活动具有直接的作用。两者往往相互联系，相互补充，需结合起来理解。

(二)按预测期的时间长短分

按预测期的时间长短分，市场预测的活动形式可分为短期预测、中期预测和长期预测。

短期预测一般指预测期在 1 年以内的预测，以日、周、旬、月为单位。因短期预测的时间短，目标明确，背景资料接近市场现状，受外界因素干扰少，所以预测结果的准确度较高。企业经常根据短期预测的结果安排企业的年度计划、季度计划等近期计划。

中期预测。一般指预测期在 1 年以上至 5 年以内的预测。由于中期预测的不确定因素不多，数据资料较齐全，预测的准确性虽比短期预测稍差，但仍较准确。企业常利用中期预测考察市场潜力、价格变化、商品供求变动趋势等方面的情况。

长期预测。一般指预测期在 5 年以上的预测。由于长期预测的时间跨度大，不可控因素多，在预测过程中很难全面地把握和考虑每一个可能出现的影响因素，所以预测的准确度相对于中期和短期预测要低，企业不经常使用，多是在制订企业长期发展规划、产品开发研究计划、投资计划、生产规模扩充计划时采用。

(三) 按市场预测的方法分

按市场预测的方法分，市场预测的活动形式可分为定性预测与定量预测。

定性预测是凭借个人的知识、经验和能力，利用现有的直观材料，根据规范的逻辑推理程序，对预测对象进行的主观估计与预测。定性预测方法主要有集合意见法、专家意见法、联测法、转导法、类比法、领先落后指标法、扩散指数法。运用这些方法不需要高深的数学知识，可以充分利用人的经验、判断能力、想象力，能节省时间，节约费用，便于普及推广。但是，难免使预测结果带有主观片面性或数量不明确的缺点。为此，要将这类方法的运用建立在广泛的市场调查研究基础上。结合量的分析预测方法，使质的分析结果有科学的数量概念。

定量预测是依据大量的数据资料，运用统计分析和数学方法建立预测模型，描述预测对象与其影响因素的关系和规律，以计算出的结果作为预测值。

在预测过程中，为了全面地考虑问题，常常将两种方法配合使用，互为补充，以达到质的分析与量的分析相结合，提高预测准确性的目的。

(四) 按市场预测的模式分

按预测模式分，可以把预测活动分为探索性预测、规范性预测和反馈性预测。

探索性预测是使用探索性的预测技术和方法进行预测的一种活动形式。类推法、趋势外推法、包络曲线法、模拟实验法等，都是探索性预测所使用的方法。这类方法的特点是把预测对象从过去到现在的倾向线，用一定方法延长到未来，以探索预测对象未来的发展可能性。其模式是："现在—未来"。

规范性预测是采用规范性的技术和方法，根据未来社会需求、目标、价值、条件限制等规范因素，对近来预测对象的发展可能性进行分析，其基本模式是："未来—现在"。社会需求研究、系统分析、网络法、矩阵法、关联树法等就是规范性预测方法。探索性预测是以可能为基础，而规范性预测是以需求为基础，常常根据未来需求的目标，判断预测对象应该向何方向发展。

反馈性预测是建立在探索性预测和规范性预测相互补充、相互作用基础上的一种活动形式，探索性预测和规范性预测处于一个不断反馈的整体之中，往往是一个综合运用探索性预测和规范性预测思路的方法。其模式是："现在—未来"。

二、市场预测方法的比较与选择

从市场预测的活动形式看，市场预测的方法可以分为定性预测和定量预测两大类，而定性预测和定量预测的方法又有很多种，每一种预测方法都有其自身的特点。从总体上评估和把握各种预测方法的基本特点、适用预测的长度、对数据资料的要求，即可以提供的预测精度等，是进行预测方法选择的前提条件。表6.1列出了常见的预测方法及其比较。

每种预测方法对不同预测对象目标的有效性是不同的。预测方法选择不当，将大大降低预测效果及其可靠性。在选择预测方法时，需要考虑很多因素，如决策的要求、预测对象本身的特点、预测时的条件和基础等。

任何一种方法都是建立在一定条件基础之上的，选取方法不仅要考虑适合于被预测的项目，还应考虑其适合于预测的环境和条件。一般一些定量方法需要收集大量的数据，而在缺乏历史数据时要选择一些定性的预测方法。在考虑选择预测方法时，必须从不同角度探求预测对象的未来状态，分别从量的方面、质的方面探求事物的发展，各种预测方法相互补充才能获得良好的预测效果。

在精度和费用问题上，要权衡两者的轻重，要依靠自己的判断能力去断定应该用多大的力量，从而决定方法的选择。预测是为决策服务的，一定要与决策的要求一致。

表 6.1 常见预测方法及其特点比较

	定性分析预测法			定量分析预测方法			
				时间序列分析方法			因果分析法
	集合意见法	德尔菲法	类比法	移动平均法	指数平滑法	趋势延伸法	回归分析法
方法的基本原理	收集不同领域人员的意见，集思广益，凭其经验和判断共同讨论进行预测	由于匿名、反复函询，预测结果具有数理统计特性	以已知类比对象发展规律，对预测目标发展进行对比	移动平均法消除了季节性和不规则变动，据此建立预测模型	与移动平均同属平滑技术，但需要较少的数据即可通过模型预测	运用数学方程拟合时间序列数据发展变化趋势线，然后外推预测	研究两个或两个以上变量间的相关关系，通过建立回归函数进行
预测期长度	近中期	中长期	中长期	短近期	短近期	近中期	近中长期
需要的数据资料	市场的历史销售资料和相关信息	背景资料、专家的意见及其综合分析资料	类比对象发展过程中的历史资料及相关信息	预测目标历史资料，数据越多越好。最低要求5～10个	预测目标历史资料，数据越多越好。最低为 $\dfrac{2}{\alpha}$ 个	预测目标历史资料，数据越多越好。至少要有 5 个观察期数据	数据越多，预测精度通常越高
精确度	近期极好；中期较好	较好	尚好	尚好	较好	近期很好；中期较好	很好

本 章 小 结

市场预测是在市场调查的基础上，根据市场的历史和现状，凭经验并应用一定的预测技术，对市场发展的未来趋势进行预计、测算和判断，得出符合逻辑的结论的活动和过程。市场预测包含四个要素，即信息、方法、分析和判断。

企业进行市场预测是市场经济发展的客观要求，市场预测有利于提高市场决策的科学性；有利于提高企业应变能力；有利于提高企业经济效益。

市场调查与市场预测的联系表现为：①市场调查可以为市场预测提供研究方向；②市场调查可以为市场预测提供信息；③市场调查方法可以丰富和充实预测技术；④市场预测的结论可用市场调查来验证和修订。市场调查与市场预测的区别表现为：①研究的侧重点不同；②研究的结果不同；③研究的过程和方法不同。

市场预测的主要内容主要有市场环境预测、市场需求预测、市场供给预测三大类。

按市场预测的范围分，市场预测的活动形式可分为宏观市场预测和微观市场预测；按预测期的时间长短分，市场预测的活动形式可分为短期预测、中期预测和长期预测；按市场预测的方法分，市场预测的活动形式可分为定性预测与定量预测；根据预测模式，可以把预测活动分为探索性预测、规范性预测和反馈性预测。

练习与思考

一、名词解释

预测　市场预测　定性预测　定量预测　探索性预测　规范性预测　反馈性预测

二、判断题(正确打"√"，错误打"×")

1. 由于市场调查与市场预测的程序和方法不同，所以两者没有联系。　　　　（　　）
2. 市场预测的方法可分为定性和定量两种方法。　　　　　　　　　　　　（　　）
3. 定性预测法不需要任何有关市场现象的资料。　　　　　　　　　　　　（　　）
4. 市场预测就是凭经验来估计和推断。　　　　　　　　　　　　　　　　（　　）

三、简述题

1. 什么是市场预测?市场预测的要素有哪些?
2. 市场预测的作用有哪些?
3. 市场调查与市场预测有何联系与区别?
4. 简述市场预测的一般步骤。
5. 按照不同的标准，市场预测可以分为哪些类型?
6. 如何比较选择市场预测方法?

四、案例分析题

2010年蜂蜜市场回顾和2011年市场预测及对策

一、2010年我国蜂蜜市场情况回顾

2010年我国蜂蜜市场情况回顾。2010年是我国蜂蜜市场多灾多难的一年，产情变化大，市场问题多，使全国的蜂蜜行业面临严峻的考验，主要有以下特点。

1. 2010年全国蜂蜜大幅度减产

2010年是我国气候极端异常、极端恶劣的一年。春季正当油菜开花流蜜的时节，西南五省出现了百年未遇的大旱，受气候影响，四川、贵州、云南、广西等地油菜、荔枝、龙眼等蜜源植物花期提前，流蜜期缩短，产量下降50%以上。湖北、江苏、江西等地由于低温多雨，油菜花期推迟了15天左右，严重影响了油菜蜂蜜的产量，减产在50%以上。洋槐花期，河南、陕西、辽宁、甘肃等洋槐蜂蜜产地由于气候寒冷和沙尘暴的影响，致使洋槐花流蜜量减少，流蜜时间缩短，最终造成洋槐蜂蜜减产70%以上。枣花蜂蜜产地河南、山西、河北和山东等地也是受气候影响，产量降低，价格比上年提高。华北地区的荆条蜜期，前期干旱，后期多雨，产量是前低后高。荆条蜂蜜总体产量与常年相比还算可以，但无法扭转由于油菜蜂蜜和洋槐蜂蜜减产所造成的全年蜂蜜减产的总体局面。东北地区的椴树蜂蜜花期提前，结束也提前，黑龙江居于平年略歉，吉林省基本绝收。

2. 蜂蜜收购价和蜂蜜产品销售价格创历史新高

蜂蜜产量大幅度减产的结果必然造成蜂蜜收购价格的上涨。总体来看，2010年蜂蜜收购价的上涨幅度之大，是近几年没有过的。油菜蜂蜜一路飙升，平均价上涨到8000元/吨，比上年同期几乎翻了一番。油菜蜂蜜的最后一站青海，价格攀升到8000~8500元/吨。洋槐蜂蜜由于减产幅度大，与蜂农的见面价后期达到2.6万元/吨，创下了洋槐蜂蜜收购价历史新高。过去作为北方产量大、价格低的荆花蜂蜜，2010年每吨收购价也突破了万元大关。东北养蜂人从椴树蜂蜜收购价提高中得到了实惠，达到1.6万元/吨，比上年同期上涨了35%，蜂农惜售，企业抢购，养蜂人戏称为"千年等一回"。面对严峻的产销形势，中国蜂产品协会蜂蜜专业委员会于2010年6月23日在北京召开了"全国蜂蜜产销形势分析会"，来自全国蜂蜜生产加工企业的40多名代表参加了会议。会议分析了全国蜂蜜产销形势，提出了应对措施。会后，通过新华社等新闻媒体向社会发布了全国蜂蜜减产的消息，为全国各地理顺蜂蜜市场价格体系奠定了基础。初步了解，全国一些大的蜂蜜生产加工企业在2010年的七八月份，率先调高了蜂蜜产品市场销售价格，平均上调幅度为25%，个别的企业上调了40%。特别是在中央电视台曝光了低价蜂蜜造假事件后，低价蜂蜜受到了消费者质疑，各企业纷纷调高了自己蜂蜜产品的市场销售价。

3. 蜂蜜出口比上年增长较大

据海关统计，2010年我国的蜂蜜出口总量为10.11万吨，比上年同期增长了40%，实现出口金额1.82亿美元，平均1 805美元/吨，比上年同期增长了3.15%。应该说，2010年我国的蜂蜜出口形势还是不错的。但喜中有忧，出口蜂蜜的质量问题不容忽视，存在着较大的风险。

4. 蜂蜜造假有恃无恐终被曝光

2010年11月14日，中央电视台《每周质量报告》曝光了浙江杭州等地利用大米糖浆造假蜂蜜的事件，可以说是震动全国蜂产品行业的一件大事。这是继2006年7月23日中央电视台《每周质量报告》曝光武汉蜂蜜掺假事件的升级版，"4年又一回"。大家都知道，从2003年开始利用玉米糖浆造假蜂蜜已成风气，2004年，中国蜂产品协会组织对全国蜂蜜产品的市场调查中就发现，有78%的蜂蜜产品涉嫌掺假造假，这就催生了蜂蜜的国家标准GB 18796—2005的出台，其中真实性C-4检验方法就是针对玉米糖浆的。新的蜂蜜国标2005年10月26日发布，2006年实施，经过了2007年一年多的平稳期后，2008年就开始有人推销大米糖浆掺假造假蜂蜜的"新"技术。近两年来，大米糖浆造假蜂蜜愈演愈烈，有恃无恐。在前年的全国蜂产品市场信息交流会上，安徽代表顾永承惊呼：卖大米糖浆的贩子已经把糖浆送到了蜂场，如此下去，这个行业要完蛋！2010年，浙江大学教授胡福良在报告中指出：大米糖浆造假蜂蜜会给整个蜂蜜行业造成毁灭性的打击。为此，中国蜂产品协会蜂蜜专委会非常重视这一蜂蜜造假的新动向，于2010年2月3日在北京召开了"全国蜂蜜掺假检验技术研讨会"，邀请全国蜂蜜权威检测机构对大米糖浆造假蜂蜜的检验技术进行了研讨，组织了联合攻关，现已初见成效。2011年1月8日在南京召开的《蜂蜜》国家标准修订会上已初步确定了用不同的检测方法综合判定蜂蜜掺假的框架思路。可以说，对大米糖浆掺假造假蜂蜜，我们不是没有办法，也不是无能为力。

5. 消费者对低价蜂蜜开始不信任

中央电视台对大米糖浆造假蜂蜜的曝光在打击消费者对蜂蜜产品信任程度的同时，也改变了很多消费者一贯追求便宜低价蜂蜜产品的消费观念。"便宜没好货，好货不便宜"这一中国的古训再一次教育了消费者。应该说这是我们在这次蜂蜜市场危机中最大的收获。近些年，那些掺假造假的蜂蜜之所以能够快速占领市场，就是依靠所谓"低价"来赢得消费者。这一次，央视在曝光假蜂蜜的节目中，为消费者算了一笔账"蜂蜜涨价了，而蜂蜜产品的价格不但没有'水涨船高'，甚至有些蜂蜜产品的零售价比蜂蜜原料的成交价格还要低，能是真的吗？"一语道破天机。现在很多消费者对低价的、促销的蜂蜜产品开始产生怀疑了，应该说是件好事。

6. 蜂蜜知名品牌的影响力已经形成

通过央视曝光假蜂蜜不仅对低价蜂蜜是个打击，对消费者来说选购蜂蜜关注品牌的意识也有了很大提高，因为多数消费者怕买假货。所以，一些国内知名的蜂蜜品牌开始受到消费者的信任和青睐。据调查，冠生园、百花、汪氏、颐寿园、老蜂农等知名品牌的蜂蜜产品的销售，经过这次蜂蜜危机，销量不降反升，就是这个道理。

7. 蜂蜜制品市场仍然问题很多

2009年年底，中国蜂产品协会蜂蜜专委会对全国蜂蜜制品的标签标注进行过调查，有近80%的蜂蜜制品的标签标注不符合国家标准委的相关规定。2010年，中国蜂产品协会已向全国38家企业的98个不合格产品发出了警示函，多数企业回函表示改正。但从市场上的实际情况看，改进不大，不符合标签标注规范要求的蜂蜜制品仍然大量存在。

二、2011年全国蜂蜜市场的走势分析

从目前情况看，2011年又将是一个市场变化因素较多的一年，大概可以作如下分析。

1. 气候变化仍然会对蜂蜜产量造成较大影响

2010年入冬以来，南冻北旱，灾情凸显，南方"千里冰封"，北方"干旱少雪"，华北地区及黄淮六省超过百日连续无雨雪，干旱60年不遇，对2011年北方入春后植物返青极为不利。而南方的冰冻灾害，特别是湖北、安徽等地油菜种植面积大幅度减少，再加上最近云南、四川等地的"倒春寒"，致使油菜花期推迟，对2011年油菜蜂蜜的产量带来十分不利的影响，对油菜蜂蜜产量能造成多大影响，现在还难以估计。但从最近几年看，由于气候导致的自然灾害频发，2011年也很难说能风调雨顺。

2. 蜂蜜无库存糖价猛涨会造成蜂蜜开盘价走高

由于2010年蜂蜜大幅度减产，很多蜂蜜供应商无库存，再加上最近以来糖价猛涨，致使蜂农喂糖养蜂的成本增加。所以，2011年蜂蜜开盘价走高会成为必然。据了解，四川个别地区蜂农打下的头茬油菜蜂蜜开盘价已达8500元/吨，蜂农尚且惜售。但随着气候的变化和产量的增加，预计油菜蜂蜜后期应有所回落。所以我们预测2011年蜂蜜价格的走势可能会出现前高后低的情况。

3. 要特别关注蜂蜜出口的动向

2010年，我国蜂蜜出口有所增长，但质量隐患严重，2011年是什么趋势，会出现什么问题，现在还难以预料。但蜂蜜出口的数量对蜂蜜价格的影响是肯定的，如果出口量大，外商给价高还会拉动国内蜂蜜原料收购价的进一步上涨。

4. 国内蜂蜜产品销量逐步回暖

2010年央视曝光国内蜂蜜掺假造假的情况后，实事求是地说对我国的蜂蜜产品市场影响是很大的，很多消费者对蜂蜜产品心存疑虑放缓了消费的频次，再加上蜂蜜产品价格上调而多数商超不愿意接受蜂蜜调价，全国蜂蜜产品市场的总体销售是下降的。但预计这个影响到今年上半年左右的时间应该可逐步恢复到原有的销量水平。

5. 蜂蜜造假难以绝迹

2010年央视对蜂蜜造假事件曝光后，国家质检总局和各地的执法部门加大了打假的力度，2010年12月24日，国家质检总局还专门发出了888号通知，要求各地质检部门"要组织对蜂蜜生产企业实施监督检查"，在这种高压态势下，蜂蜜造假会有所收敛，但肯定不会绝迹，他们还会变换手法，逃避监督。对此我们要有长期作战的思想准备。

6. 蜂蜜制品不规范仍会冲击蜂蜜产品市场

蜂蜜制品市场的混乱主要表现在标签标注的不规范，很容易对消费者造成误导，这个问题解决不好自然会对蜂蜜产品的市场造成冲击和影响。从目前的实际情况来看，蜂蜜制品仍然存在不少问题，对蜂蜜产品的扰乱和市场冲击是必然的。

7. 国内蜂蜜品牌化趋势将会更加明显

前面讲述蜂蜜造假事件曝光后，国内一些大的知名品牌销售不降反升，就是蜂蜜市场品牌化的表现。国内的蜂蜜知名品牌应充分利用这种趋势，扩大影响，做大做强，尽快形成全国蜂蜜行业的品牌优势，也可以通过联合、合作的方法共同提高品牌的知名度。

三、关于规范我国蜂蜜市场的对策

随着国家对食品安全监管力度的加大和消费者对食品安全重视程度的提高，打击蜂蜜造假和重视蜂蜜食品安全两项工作应该是2011年我国蜂蜜行业的重中之重，应当引起业内同行的高度重视。为此，我们提出以下几点建议。

1. 尽快完成蜂蜜的国家标准修订的任务

目前，蜂蜜的国家标准修订工作已经启动。2011年1月8日第一次修订研讨会已在南京结束。初步确定了修订的框架。这次蜂蜜的国标修订的关键是关于"真实性"判定的检验方法。2010年中国蜂产品协会蜂蜜专委会已组织全国权威的检验检测机构进行了联合攻关，初见成效。现在的任务是尽快完善实验数据的比对工作，确定检验方法，完成蜂蜜国标的修订任务。对掺假造假蜂蜜检验方法的研究应当是长期的任务，不法分子会不断更新造假手段，要不断地研究应对蜂蜜掺假造假新情况的新方法。中国蜂产品协会应建立检验技术交流平台，互相沟通，互相启发，互相合作，共同为研究新的检验技术、检测方法合作攻关。

2. 配合国家执法部门加大对蜂蜜造假的打击力度

2011年是国家质检总局对蜂蜜生产加工企业实施监督管理之年。希望全国的蜂蜜生产加工企业首先要管好自己，坚决做到不掺假、不造假，还要从全国蜂蜜行业的整体利益出发，积极举报有掺假造假不法行为的蜂蜜生产加工企业。发现问题，应立即向当地质监、工商、公安部门举报，如为了避免地方保护主义也可向中国蜂产品协会举报，我们会通过国家质监总局的渠道，加大查处力度。

3. 采用综合判定的方法严把蜂蜜进货质量关

鉴于目前大米糖浆造假蜂蜜的情况，单纯靠C-4的检验方法已不能完全适应，必须采用多方法、多指标，综合判定的方法严把蜂蜜进货的质量关，这是2011年我们所有蜂蜜生产加工企业面临的新问题。中国蜂产品协会蜂蜜专委会将于2011年适当的时候举办一次蜂蜜检测验质培训班，以提高整个行业的蜂蜜进货的验质水平。

4. 推广成熟蜂蜜促进蜂蜜产品结构调整

中国蜂产品协会蜂蜜专委会已把推广成熟蜂蜜作为2011年专委会的重点工作。目前，市场已有一些成熟蜂蜜推出，但品种少，规模小，参与的蜂蜜生产厂家也不多。2011年，我们计划动员国内一些知名品牌重视成熟蜂蜜的推广工作。通过提高产品的质量，提高包装档次，提高销售价格的方法，体现优质优价，促进蜂蜜产品结构的调整，逐步形成蜂蜜中高品质、高价位的品类。应该说，南京蜂乃宝的经营之道对我们是一个非常好的启迪。

5. 积极推进"纯蜂蜜"标识使用的试点工作

据中国蜂产品协会高会长介绍，中国蜂产品协会已申请注册"纯蜂蜜"标识。2010年10月23日我专委会在京召开"全国蜂蜜产品市场研讨会"时，很多蜂蜜生产加工企业对此有强烈的要求。2011年我们将在中国蜂产品协会的统一领导下积极推进此项工作，先做试点，总结经验，逐步推开，不断提高消费者对成熟蜂蜜的认识、了解和信任程度。

6. 继续做好对蜂蜜制品标签标注的整顿工作

前面讲过，2010年中国蜂产品协会通过对全国蜂蜜制品标签标注有问题的生产厂家发出警示函的办法，使蜂蜜制品标签标注不规范的情况有所好转，但仍然存在很多的问题。2011年我们计划再组织一次对蜂蜜制品标签标注违规情况的调查，建议协会对屡教不改的会员单位采取处理措施，并向执法部门举报，促其改正。对于蜂蜜制品的规范问题，现在协会内部有两种意见：一是浙江蜂业界元老胡元强曾多次向我提出应取缔"蜂蜜制品"的名称，蜂蜜制品不允许出现"蜂蜜"两个字，以免误导消费者。二是有些同志认为蜂蜜制品是客观存在，只要标签标注规范，向消费者明示制品中的成分，不欺骗消费者，不误导消费者也行。两种意见都有道理，但不知多数业内同行赞成哪种意见，还希望大家对此发表意见。

7. 蜂蜜产品质量和食品安全要从良心做起

近几年来食品安全事故不断发生，造假者为了赚取暴利，挖空心思，千方百计逃避监管、对付检测。执法部门疲于应付，防不胜防。其实说到底，食品安全和食品质量问题是一个良心和道德问题。每一个有良心和有良知的企业家都不应该去挣那黑心钱。前两年我就说过吃蜂蜜产品的大多是老人和孩子。如果你把那些老人看成是自己的父母，把那些孩子看成是自己的子女，古语云"老吾老，以及人之老；幼吾幼，以及人之幼"，你还忍心骗他们吗？"己所不欲，勿施于人"。其实，我们行业中的那些造假者如果能把千方百计造假的心思用在合法经营上，也未必不能成功。现在，全国各行各业造假问题严重，世风日下，你在骗别人的同时，别人也在骗你，其实大家都是受害者，如此下去，中国还有希望吗？再次奉劝蜂蜜造假者，罢手吧！从我做起，做个有良知的蜂产品企业家，给别人创造幸福的人，自己也是幸福的。我们殷切希望中国蜂蜜事业能够以2011年作为新的起点，洗心革面、警醒、自律、自强，走上良性循环、健康发展之路，让甜蜜的事业不再苦涩。

（资料来源：杨寒冰. 2010年蜂蜜市场回顾和2011年市场预测及对策[J]. 蜜蜂，2011(4).）

阅读材料，回答以下问题。
1. 案例反映了哪些市场经营活动？
2. 案例体现了市场调查与市场预测的什么关系？
3. 案例中用了哪些市场预测方法？
4. 请查阅资料，总结案例中2011年蜂蜜市场市场预测的精确程度。

单 元 实 训

【实训项目】

认识市场预测。

1. 实训目的

通过实训,使学生掌握市场预测法的基本理论;掌握市场预测法的常用方法,能够进行简单的市场预测;强化学生对市场预测功能和作用的深刻理解。

2. 实训要求

通过实训,要求学生能够深刻理解市场预测的含义及作用;熟悉市场预测的基本方法和应用;能够结合实际,有针对性地选择预测方法并进行简单的市场预测。

3. 实训任务

学生上网查询、收集自己感兴趣的行业(如汽车、手机)的信息,完成如下问题,并撰写实训报告。

(1) 通过互联网收集有关信息,用经验预测法谈谈自己对该行业发展前景的预测。

(2) 行业预测的信息来源主要有哪些?可以采用哪些方法进行预测?

4. 实训知识准备

(1) 市场预测的概念及作用。

(2) 市场预测的基本步骤。

(3) 市场预测的类型。

(4) 市场预测的具体应用。

5. 实训步骤

(1) 选择某一行业,查找该行业的信息来源。

(2) 用适当的预测方法对未来行业发展趋势进行预测。

(3) 形成实训报告,并提交教师评阅。

6. 实训考核

教师根据学生的出勤情况、实训过程考核、实训成果提交时间及成果质量进行综合评分。

第七章　定性预测法

【本章导读】

2018—2019年度房地产业市场发展趋势分析报告(节选)

一、宏观经济运行稳中有进，房地产政策继续坚持"房子是用来住的、不是用来炒的"基调，继续实行差别化调控。

从宏观经济形势来看，2018年，全球经济持续扩张，但在全球贸易紧张局势加剧、全球流动性趋紧、地缘政治冲突、大宗商品价格大幅波动等因素的影响下，经济增长的下行风险在集聚，增长动能出现趋缓迹象。我国经济运行仍保持在合理区间，总体平稳、稳中有进态势持续显现，经济结构继续优化，质量效益稳步提升，民生福祉不断改善，社会发展大局和谐稳定，为实现全面建成小康社会目标打下了坚实基础，2018年国内生产总值同比增长6.6%。从产业政策环境来看，2018年，在金融财政政策定向"宽松"的同时，房地产调控政策仍然"从紧"。我国房地产政策继续坚持"房子是用来住的、不是用来炒的"基调，继续实行差别化调控。地方延续2016年、2017年因城施策的调控风格，在需求端继续深化调控的同时，更加注重强化市场监管，坚决遏制投机炒房，保障合理住房需求。在供给端则发力住房供给结构调整，大力发展住房租赁市场、共有产权住房等保障性安居住房，增加有效供给比重。

二、房地产市场运行呈回落态势，全国70个大中城市新建商品住宅价格环比上涨的城市个数先增后降，商品房销售均价同比涨幅明显提高。

2018年，房地产市场运行先升后降。从主要运行指标来看：一是，2018年房地产行业景气水平保持相对稳定，全年"国房景气指数"先升后降，但始终围绕在101点景气水平上；二是，由于土地购置费累计同比大幅上涨拉动房地产投资增速明显上升，年末房地产投资开发增速虽维持高位但上涨动力不足；三是，由于现阶段房地产调控不放松，尤其是非信贷融资渠道收紧明显，尽管总体流动性改善，但房地产开发企业到位资金增速仍然下行，且资金来源结构变化明显，自筹资金增速显著提高，个人按揭贷款降幅收窄，国内贷款出现明显收紧；四是，土地购置面积呈现"两头低，中间高"的走势，年初土地购置面积同比增速一直在低位波动，5—8月保持着稳步增长的态势，且增幅持续扩大，而后在整体楼市转冷的背景下，土地市场也受到了部分影响，房企拿地热情逐步减弱，全年土地购置面积增速微降；五是，全国商品房销售面积、金额增速自年初以来逐月下滑，至年中受企业集中备案和业绩冲刺等因素影响，小幅拉升；而步入下半年以来，随着热门城市"四限"政策效应的逐步显现，加之经济下行压力，中美贸易战等诸多外部因素影响，商品房成交规模也随之持续降低；六是，2018年以来，由于部分二线城市在相对宽松的楼市调控下迎来了住宅价格的显著增长，全国70个大中城市新建商品住宅价格环比、同比上涨的城市个数均有所增加，环比、同比最高涨幅均有所提高。由于临近年底，在销售目标等压力下部分城市有一定的降价促销动作，全国70个大中城市新建商品住宅价格环比上涨的个数逐月减少。商品房销售均价同比涨幅明显提高，为2010年以来最大的同比增幅。

三、千亿阵营实现大幅扩容，强者恒强态势持续；恒大再次蝉联榜首，十强微变百强分化。

2018年，在房地产调控政策依然从紧的背景下，全国商品房成交量增速略有放缓，但销售规模再创新高。优秀房企凭借精准的市场驾驭能力抢抓城市群发展机遇，因城施策把握市场需求，强调高质量产品的打造以及快速去化的营销策略，推动百亿军团持续扩容。根据中国指数研究院监测显示，2018年共计156家房企跻身百亿军团，较2017年增加12家，销售额共计11.4万亿元，市场份额超75%，行业集中度加速提升。根据"中国房地产开发企业500强"榜单显示，恒大集团再次蝉联第一，全年销售金额5513.4亿元。万科上升1位，排名第二，碧桂园排名第三。三强全年销售金额都超过了5000亿元。融创、保利、中海、龙湖、新城、华润和富力分列四到十位。此外，以500强房地产开发企业总部所在地作为划分标准来看，华东、华南、华北、西部、东北和中部地区分别占500强的42.3%、20.4%、14.9%、8.9%、4.0%和9.4%的席位。华东、华南与华北三区企业数量占比达到77%，华北地区继2018年之后占比继续提升，发展势头良好。

四、2019年宏观经济将保持平稳增长，房地产市场将稳中有落。

展望2019年，全球经济增长的动力依旧存在，但随着贸易紧张局势加剧、制造业活动减弱、金融市场风险因素进一步积聚，同时伴随着大国博弈加剧、地缘政治关系紧张及不断增加的气候风险，全球经济增长下行风险加大，增长势头或回落；我国发展仍处于并将长期处于重要战略机遇期，经济发展的韧性好、潜力足、空间大，长期向好的基本面没有改变。同时，我国的消费潜力依旧巨大、人才红利正在形成、改革红利加速释放、宏观政策操作空间大，我国有基础、有条件、有信心、有能力保持经济运行在合理区间。从行业政策走向来看，房地产调控面临的宏观经济环境仍然复杂，长效机制尚未完全建立，房地产调控正处于由行政措施为主向综合施策转变的关键期。在房地产市场保持稳定运行的前提下，各项调控政策仍将以稳为主，同时也将更加强调因城施策、理性施策和结构优化。从行业发展趋势来看，预计2019年房地产市场整体仍将保持稳中有落的态势，多项运行指标的涨幅将有所回落。其中，房地产开发投资增速或将继续放缓；全国商品房销售增速或将延续下滑趋势，区域分化明显；房价涨幅或将下行，区域间呈现分化。

四、机遇与风险并存，投资者应顺应趋势谋求转型升级。

"十二五"期末，我国住房市场已经从总量供不应求转向供求总体平衡、区域结构矛盾突出的新阶段，"十三五"时期乃至更长期，我国房地产市场面临的各种风险将显著增大。在经济增速回落、物价涨幅较低的背景下，低利率、低首付造成系统性房价泡沫的风险在增大；如果将稳定和拉动房地产投资作为防止经济增速过快下滑的对策，继续人为刺激房地产投资和住房新开工面积保持在较高水平，未来住房市场出现全局性供给过剩的风险将显著增大；降准所释放的流动性不仅在实体经济未见成效，行业资金仍然持续承压，同时2019年是债务到期高峰期，再融资压力仍大。对于开发企业来说，未来仍需准确把握市场周期走势，做对投资、做精产品、做好营销，不断培育内在增长动能，提升企业运营能力，以更好更灵活的发展策略应对行业变局。

(资料来源：http://d.drcnet.com.cn/eDRCnet.common.web/DocDetail.aspx?chnid=5245&leafid=20508&docid=5457033&uid=78040301&version=dReport：国研网)

第一节 定性预测法概述

一、定性预测法的含义

定性预测法又称判断分析预测法,是凭借个人的知识、经验和能力,利用现有的直观材料,根据规范的逻辑推理过程,对预测对象进行的主观估计和预测。

定性预测法是对未来市场发展的性质进行预测、分析和推断,它可以对未来市场发展的方向、性质、趋势及重大转折点等进行预测分析,也可以对未来市场发展的规模、水平、速度、结构、比例等进行判断、预测、分析。在企业市场预测中,企业的战略规划、中长期技术开发、新产品研制、经营环境分析等往往采用定性分析方法。定性预测的具体方法有德尔菲法、头脑风暴法、主观概率法、经验判断法、类推法、因素分析法和简单推算法等。

二、定性预测法的特点

定性预测法在市场预测中得到广泛的应用。它具有以下优点。

(1) 经验是感性和理性的综合,它是从实践中摸索和总结出来的,因此,定性判断具有一定的科学性。定性判断法的预测推断结果能否接近于未来的客观实际,在很大程度上取决于预测者的知识、业务水平和分析能力,以及是否掌握有关预测目标的丰富资料。如果具备了这些条件,就能取得较好的预测结果。

(2) 简便易行。一般来说,人们可以依据各自的知识、经验,运用定性判断法作出预测。它没有烦琐的计算过程,不需要复杂的计算工具。

(3) 能综合分析各种影响因素,可以弥补数学预测方法的不足。市场情况的变化错综复杂,有的难以计量,有的呈现模糊性,运用数学方法预测比较困难时,可采用定性判断法。就是在运用统计方法建立预测模型时,或者对预测方案进行评价和选择时,也需要运用定性判断法。

定性判断法也存在一些不足之处,主要表现如下所述。

(1) 欠精确。由于定性预测法不用或很少用数学模型,主要依靠预测者的主观判断进行预测,预测的结果往往只能反映预测对象发展的大致方向,对预测对象未来的变化趋势难以做出精确的说明,对各种相关因素之间的相互影响程度难以做出量的描述,难以估计预测结果的误差和评价它的可信度。

(2) 运用直观判断法易受心理、情绪影响,产生主观片面性。

(3) 个人经验判断有一定的局限性。即使是集体判断也难免有局限性,因为集体判断的基础仍然是个人经验判断。个人经验判断凭借经验和个人的知识,主观随意性过大,因此偏重于主观看法,有一定的局限性。

三、定性预测法与定量预测法的关系

定性预测与定量预测各具优点和缺点,定性预测注重事物发展在质的方面的预测,有较大的灵活性,易于充分发挥人的主观能动作用,具有简单迅速、节省时间与费用的特点。

但易受主观因素的影响和客观条件的制约，具有片面性，尤其缺乏对事物发展作数量上的精确描述。

定量预测注重对事物发展在数量方面的分析，重视对事物发展变化程度作数量上的描述，更多地依据历史统计资料，较少受主观因素的影响。但其缺点是比较机械，使用不灵活，对信息资料的质量、数量要求较高，而且有时变得不易处理，更难以预测事物发展变化的长期趋势。

定性预测和定量预测并不是相互排斥的，而是相互补充的，在实际预测中应该把两者结合起来综合运用。实际上定性预测和定量预测也不能完全割裂，定性分析包含一些量的描述，定量分析也包含主观判断，任何定量预测结果综合起来就始终包含着主观判断的过程。我们要预测事物的发展变化，必须从质和量两方面来进行把握，可以同时使用定性和定量的多种方法，对事物的未来状态进行分析，只有定量与定性相结合才能获得良好的预测效果。

四、定性预测法的应用

定性预测法有着广泛的应用领域。在实际工作中，由于缺乏历史资料或准确的数据，或者影响市场发展的因素错综复杂，难以数量化，有时甚至根本不可能用数量指标表示时，一般可采用定性预测方法。

首先，定性预测法着重于对事物发展的性质进行预测。主要凭借人的经验及分析判断能力，是一种十分实用的预测方法，特别是在对预测的历史统计资料掌握不足时，或因影响因素复杂难以分清主次，或对主要影响因素难以定量分析等情况下，定性预测法将成为适用性很强的预测方法。

其次，判断分析预测着重于对事物的发展趋势、方向和重大转折点进行预测。其主要适用于对国家经济形势的发展、经济政策的演变、市场总体形势的演变、科学技术的发展趋势、新产品的开发方向、企业经营环境分析和战略决策方向等方面的预测需求。

但是，难免使预测结果带有主观片面性或数量不明确的缺点。为此，要将这类方法的运用建立在广泛的市场调查研究基础上，必须结合量的分析预测方法，使质的分析结果有科学的数量概念。

原则上可以认为，在任何情况下，都可以运用定性预测法，但考虑到进行定量预测也需要应用条件，因此，定性预测法主要可在以下几种情况下采用。

(1) 出现复杂的、难以识别的、模糊的市场现象时。
(2) 在掌握的历史资料不多、不够准确或主要因素无法用数字描述进行定量分析时。
(3) 在宏观预测或对没有前例的偶发性事物的预测时。
(4) 在只需要进行推理判断，不需要进行大量计算，或者无法进行计算预测的情况下。

第二节　定性预测法的具体应用

一、集合意见法

集合意见法是指集合企业内部经营管理人员、业务人员等的意见，凭他们的经验和判断共同讨论市场趋势而进行市场预测的方法。由于经营管理人员、业务人员等比较熟悉市场需求及其变化动向，他们的判断往往能反映市场的真实趋向，因此它是进行短、近期市场预测常用的方法。集合意见法可分为两类：非统计性集体经验判断法和统计性集合意见法。

(一)非统计性集体经验判断法

集体经验判断法，是由经过精心挑选的、与预测相关的、具有一定经验和相关知识的一组人员共同座谈讨论，交换意见，对预测对象进行充分的分析后，对其发展变化的趋势提出集体预测结论的方法。这种方法能在一定程度上克服个人判断的局限性，提高预测的准确性。但是，集体讨论也容易产生一些互相影响和干扰的因素。为了克服这一缺点，发扬优点，可在集体讨论的基础上汇合每个预测者根据主观概率判断原理提出个人评价，再由主持者汇总推断。其特点是简便易行，不需大量统计处理，只需简单汇总推断即可。具体方法有下列几种。

1. 意见交换法

意见交换法是指参加预测的人员，通过座谈讨论，相互交换意见，当场提出个人主观的估计预测值或者事后提出个人主观的估计预测值，然后由预测主持者集中各方面的意见，综合形成一种或几种预测结果。它只适用于企业内部。

2. 意见汇总法

意见汇总法是指在对某种事物进行预测时，由企业内部所属各个部门分别进行预测，然后把各部门的预测意见加以汇总，形成集体的预测意见的一种判断预测法。例如某一个企业需对企业的销售前景作预测，先由企业下属的30个柜组，分别对其未来发展趋势作出预测，报告给企业领导层，企业领导将各柜组的预测资料加以汇总，根据自己所掌握的资料对整个企业形势进行分析，并对各个柜组的预测值作必要的调整，最后提出整个企业的销售发展趋势。在实际工作中，意见汇总法和意见交换法如能结合则效果更好。

3. 意见测验法

意见测验法是指向企业外部的有关人员如消费者和用户征求意见，加以综合分析作出预测推断的一种方法。经常采用的有消费者或用户现场投票法、发调查表征求意见法、商品试销或试用征求意见法等。由消费者或用户现场投票，主要是企业将不同商品的不同品种、规格型号在营业场所或展览地点，给消费者试用，对其所喜爱的商品、花色、款式等进行投票，经过一段时间后，清点得票数，作为预测推断的依据。这种方法实际上是集中消费者或用户的经验作出的推断。

一般来说，得票多的是消费者所喜爱的商品，反之是不受欢迎的商品。商品试用征求意见法是有目的地选用消费者或用户，赠送样品，请他们试用，并请他们把试用过程中有关对商品的质量等意见进行记录，在规定时间内反馈。主持者收到信息资料后，即可把反映试用的意见作为改进产品质量的依据，又可根据所得到的信息，作为预测未来产品设计的方向。

(二)统计性集体经验判断法

1. 步骤

(1) 由预测组织者根据经营管理的需要,向经理、管理人员和业务人员提出预测目标和预测期限等要求。

(2) 经理、管理人员和业务人员根据预测组织者的要求提出各自的预测方案。

(3) 将经理、管理人员、业务人员三者的预测方案运用加权平均等方法进行综合分析,确定最终预测结果。

2. 应用

【例 7-1】 某零售企业为确定明年化妆品的销售预测值,要求副总经理、部门经理、化妆品销售员作出年度销售预测。各自预测率分别如表 7.1 所示。

表 7.1 各级人员预测结果汇总表

单位:万元

职位	权重	未来一年的销售额情况						单个专家预测期望值	每类专家预测期望值	总预测值
		销售额高		销售额一般		销售额低				
		销售额	概率	销售额	概率	销售额	概率			
副总经理	生产副总(1)	150	0.3	130	0.5	120	0.2	134	137.27	137.01
	销售副总(1.2)	160	0.2	140	0.6	120	0.2	140		
部门经理	计划部部长(1.2)	160	0.3	140	0.6	120	0.1	144	137.78	
	市场部部长(1.5)	150	0.2	140	0.6	120	0.2	138		
	财务部部长(1.0)	150	0.1	130	0.7	120	0.2	130		
销售员	销售员 A(1)	150	0.1	140	0.6	120	0.3	135	134.67	
	销售员 B(1)	160	0.2	140	0.6	120	0.2	140		
	销售员 C(1)	140	0.1	130	0.7	120	0.2	129		

对上面各类人员预测方案进行综合。这种综合可以考虑同类人员中各人的经验丰富程度及预测准确性与重要程度。对其预测方案期望值给予不同权数,这样就可采用加权平均数进行综合。

第一步,假设生产副总和销售副总的各类预测方案期望值的权数分别为 1 和 1.2,则他们的预测期望值为:

生产副总预测期望值: x_1=150×0.3+130×0.5+120×0.2=134(万元)

销售副总预测期望值: x_2=160×0.2+140×0.6+120×0.2=140(万元)

副总经理类专家预测期望值: $x = \dfrac{134 \times 1 + 140 \times 1.2}{1 + 1.2} = 137.27$(万元)

第二步,假设计划部长、市场部长、财务部长的各类预测方案期望值的权数分别为 1.2、1.5、1.0,则他们的预测期望值为:

计划部长预测期望值：$y_1=160\times0.3+140\times0.6+120\times0.1=144$(万元)

市场部长预测期望值：$y_2=150\times0.2+140\times0.6+120\times0.2=138$(万元)

财务部长预测期望值：$y_3=150\times0.1+130\times0.7+120\times0.2=130$(万元)

部门经理类专家预测期望值：$y=\dfrac{144\times1.2+138\times1.5+130\times1.0}{1.2+1.5+1.0}=137.78$(万元)

第三步，假设销售员的各类预测方案期望值的权数分别为1，则他们的预测期望值为：

销售员A预测期望值：$z_1=150\times0.1+140\times0.6+120\times0.3=135$(万元)

销售员B预测期望值：$z_2=160\times0.2+140\times0.6+120\times0.2=140$(万元)

销售员C预测期望值：$z_3=140\times0.1+130\times0.7+120\times0.2=129$(万元)

销售员类专家预测期望值：$y=\dfrac{135\times1.0+140\times1.0+129\times1.0}{1.0+1.0+1.0}=134.678$(万元)

第四步，对副总经理、部门经理、化妆品销售员的预测方案进行综合分析。

对上述的3个方案进行综合分析前，必须充分考虑到副总经理、部门经理、化妆品销售员对企业和市场的了解程度的差别，给予不同的权数，进行加权平均，然后得出一个综合的、合理的预测值。副总经理处于企业的高级管理层，对企业内外事务的了解程度最高，能够全面地把握整个企业的经营管理状况和市场发展趋势，所以定的权数要大一些。中层管理人员在企业中处于桥梁的位置，经常做一些上下沟通的工作，对上面领导的意图和对下面生产、销售的情况都比较了解，因而定的权数应低于高级管理层，高于普通工人。销售员工作在生产第一线，往往不能从全局的角度把握预测的方向，所以给出一个较小的权数比较合理。假设分别给副总经理、部门经理、化妆品销售员的预测方案3、2、1的权数，则企业的综合预测值为：

$$C=\dfrac{137.27\times3+137.78\times2+134.67\times1}{3+2+1}=137.01(万元)$$

预测的最终结果是该企业明年的销售额为137.01万元。如果得到的综合预测值与历年的销售额进行比较后发现有较大的出入，则需要进一步分析企业历年的销售情况、经营管理情况、市场现状以及未来发展动向等因素，将预测结果做些调整，作为最终预测结果。

二、专家预测法

专家预测法是在没有历史数据、没有历史经验可以借鉴，而且需要优质地量化分析时，应该选择的方法。它特别适用于对新产品、更新换代产品及相关技术发展的预测。

所谓专家预测法，就是根据市场预测的目的和要求，为有关专家提供一定的背景资料，请他们就市场未来的发展变化作出判断，提出量的估计。专家意见法是依靠专家的知识、经验和分析判断能力，对过去发生的事件和历史信息资料进行综合分析，从而对未来发展作出判断预测的一种技术分析方法。

这里所指的专家，不仅包括科技和工程方面的专家、经济学专家、管理学专家、从事一般理论研究的专家，还包括从事预测方法研究的专家。具体确定什么样的专家组，根本上是由预测项目决定的。

本节将介绍专家意见法的两种常见方法：头脑风暴法和德尔菲法。

(一)头脑风暴法

头脑风暴法出自"头脑风暴"(Brain-storming)一词,又称智力激励法、BS 法、自由思考法,是由美国创造学家 A. F. 奥斯本于 1939 年首次提出、1953 年正式发表的一种激发性思维的方法。头脑风暴最早是精神病理学上的用语,是针对精神病患者的精神错乱状态而言的,现在转而为无限制的自由联想和讨论,其目的在于产生新观念或激发创新设想,此法经各国创造学研究者的实践和发展,至今已经形成了一个发明技法群,深受众多企业和组织的青睐。

1. 头脑风暴法的基本原理

头脑风暴法是一种可以充分发挥创造性思维能力的定性预测方法。它是通过人们海阔天空的畅谈,使参与者互相得到启发,从而激发新设想,产生大量有创见的预测方案。传统的头脑风暴法通常由一组专家或同行参与讨论,人数控制在 10 人左右,时间约 1 小时。讨论的目的要明确,参加者围绕中心议题任意发表自己的意见。参加者还必须遵守以下规则:参加者的思路要自由奔放,不受约束;不对别人的意见提出批评,以免破坏自由畅谈的气氛;每个人的发言必须是即席发言,时间不能太长,内容要精练;不允许私下交谈;对于各种意见、设想都应尽可能记录在案。

2. 头脑风暴法的预测步骤

头脑风暴法的具体步骤,如图 7.1 所示。

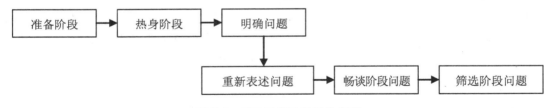

图 7.1 头脑风暴法的操作步骤

1) 准备阶段

预测负责人应事先对所议问题进行一定的研究,弄清问题的实质,找到问题的关键,设定解决问题所要达到的目标。同时选定参加会议人员,然后将会议的时间、地点、所要解决的问题、可供参考的资料和设想、需要实现的目标等事宜一并提前通知与会人员,让大家做好充分的思想准备。为了营造一个良好的创造性思维环境,经验证明,专家小组规模以 10~15 人为宜,会议时间一般以 20~60 分钟效果最佳。

2) 热身阶段

热身阶段主持人宣布开会,先说明会议的规则,然后随便谈有趣的话题或问题,让大家的思维处于轻松和活跃的状态。如果所提问题与会议主题有着某种联系,便会轻松自如地导入会议议题,效果自然更好。这个阶段的目的是营造一种自由、宽松、祥和的氛围,使大家得以放松,进入一种无拘无束的状态。

3) 明确问题

主持人扼要地介绍有待解决的问题。介绍时须简洁、明确,不可过分周全,否则,过多的信息会限制人的思维,干扰思维创新的想象力。

4) 重新表述问题

经过一段时间的讨论后,大家对问题已经有了较深程度的理解。这时,为了使大家对问题的表述能够具有新角度、新思维,主持人或书记员要记录大家的发言,并对发言记录进行整理。通过记录的整理和归纳,找出富有创意的见解,以及具有启发性的表述,供下一步畅谈时参考。

5) 畅谈阶段

畅谈是头脑风暴法的创意阶段。为了使大家能够畅所欲言,需要制定的规则是:第一,不要私下交谈,以免分散注意力。第二,不妨碍他人发言,不去评论他人发言,每人只谈自己的想法。第三,发表见解时要简单明了,一次发言只谈一种见解。主持人首先要向大家宣布这些规则,随后引导大家自由发言,自由想象,自由发挥,使彼此相互启发,相互补充,真正做到知无不言,言无不尽,畅所欲言,然后将会议发言记录进行整理。

6) 筛选阶段

会议结束后的一两天内,主持人应向与会者了解大家会后的新想法和新思路,以此补充会议记录。然后将大家的想法整理成若干方案,进行筛选。经过多次反复比较和优中择优,最后确定1～3个最佳方案。这些最佳方案往往是多种创意的优势组合,是大家的集体智慧综合作用的结果。

为了避免讨论时由于多人争着发言而使设想遗漏,有人改造了头脑风暴法,创立了默写式头脑风暴法,即"635法"。每次会议由6人参加,每个人提出3种设想,时间限制在5分钟之内。整个程序为:首先,主持人讲清议题与有关事项;分别给每人一张卡片,卡片上标明1、2、3设想编号,两个设想之间留有较大空间,供其他人填写;接着,在第一个5分钟内,每个人围绕议题填写3个设想,然后将卡片交给其他参加者;在第二个5分钟内,每个人从别人的3个设想中得到新的启发,再在卡片空白处填写3个新的设想,然后将卡片传给其他参加者,如此往返传递6次,共产生108个设想。

3. 头脑风暴法的主要特点

一次成功的头脑风暴除了在程序上达到要求之外,更为关键的是探讨方式和心态上的转变,概言之,可归纳为以下几点。

1) 自由畅谈

参加者不应该受任何条条框框限制,放松思想,让思维自由驰骋。从不同角度、不同层次、不同方位,大胆地展开想象,尽可能地标新立异、与众不同地提出独创性的想法。

2) 延迟评判

头脑风暴,必须坚持当场不对任何设想作出评价的原则,既不能肯定某个设想,又不能否定某个设想,也不能对某个设想发表评论性的意见。一切评价和判断都要延迟到会议结束以后才能进行。这样做,一方面是为了防止评判约束与会者的积极思维,破坏自由畅谈的有利气氛;另一方面是为了集中精力先开发设想,避免把应该在后阶段做的工作提前进行,影响创造性设想的大量产生。

3) 禁止批评

绝对禁止批评是头脑风暴法应该遵循的一个重要原则。参加头脑风暴会议的每个人都不得对别人的设想提出批评意见,因为批评对创造性思维无疑会产生抑制作用。同时,发言人的自我批评也在禁止之列。有些人习惯于用一些自谦之词,这些自我批评性质的说法同样会破坏会场气氛，影响自由畅想。

4) 追求数量

头脑风暴会议的目的是获得尽可能多的设想，追求数量是它的首要任务。参加会议的每个人都要抓紧时间多思考，多提设想，至于设想的质量问题，自可留到会后的设想处理阶段去解决。在某种意义上，设想的质量和数量密切相关，产生的设想越多，其中的创造性设想就可能越多。

(二)德尔菲法(Delphi 法)

Delphi 是一处古希腊遗址的地名，是传说中神谕、灵验、可预卜未来的阿波罗神殿所在地。20 世纪 50 年代，美国的兰德公司与道格拉斯公司协作，研究通过有控制的反馈，更为可靠地收集专家意见的方法，以"Delphi"为代号，以喻智慧的含义，德尔菲法由此而得名。Delphi 法是一种非常重要的预测评价方法，它往往是在没有历史数据、没有历史经验可借鉴时常常要选择的一种方法，它是把对预测评价过程的控制和定性与定量分析相结合的一种方法。

Delphi 法享有很高的威望，并逐渐成为一种重要的评价工具。美国、日本、西欧、苏联和印度等国都广泛采用 Delphi 法进行各项评价活动，把 Delphi 法当作最可靠的评价方法之一。Delphi 法是目前应用最广泛的一种科学评价方法。

1. 德尔菲法的基本原理

Delphi 法是在专家个人预测法及专家会议预测法的基础上建立起来的，通过对预测过程的控制，克服了专家个人预测的局限性和专家会议预测易受到心理因素干扰的缺点，它借助于现代信息处理技术，更系统地反映出专家集团的社会意向，达到了科学地预测评价的目的。

概括地说，Delphi 法是采用函询的调查方式就评价的问题分别向有关领域的专家提问，而后将他们的回答意见综合、整理、归纳，再匿名反馈给各个专家，再次征求意见，然后再加以综合、反馈。这样经过多次反复循环，最后得到一个比较趋于一致的、较为可靠的建议或预测评价结果。

实施 Delphi 法，首先应当建立一个管理小组，人数一般 2～10 人不等，主要视评价工作量大小而定。管理小组成员应该对 Delphi 法的实质和预测过程有正确的理解，应了解专家们的情况，具备必要的专业知识和统计数据处理等方面的知识。管理小组在对运用 Delphi 法进行评价的过程有一个大致的设计后，应根据评价要求筛选出一份专家名单，组成一个专家小组，专家组人数视情况可有几十人到上百人不等。然后，管理小组不断向专家组收集意见、汇总整理意见、反馈意见。Delphi 法评价过程实际上是一个由评价者所组织的集体交流思想的过程。

2. 德尔菲法的预测步骤

德尔菲法的具体步骤，如图 7.2 所示。

第一，做好准备。准备好已收集到的有关资料，拟定向专家小组提出的问题(问题要提得明确)。

第二，请专家作出初步判断。在做好准备的基础上，邀请有关专家成立专家小组，将书面问题寄发各专家(如有其他资料，也随同寄发)，请他们在互不通气的情况下，对所咨询的问题作出自己的初次书面分析判断，按规定期限寄回。

第三，请专家修改初次判断。为使专家集思广益，对各专家寄回的第一次书面分析判断意见加以综合后，归纳出几种不同判断，并请身份类似的专家予以文字说明和评论，再以书面形式寄发各专家，请他们以与第一次同样的方式，比较自己与别人的不同意见，修改第一次的判断，作出第二次分析判断，按期寄回。如此反复修改多次，直到各专家对自己的判断意见比较固定，不再修改时为止。在一般情形下，经过三次反馈，即经过初次判断和两次修改，就可以使判断意见趋于稳定。

第四，确定预测值。即在专家小组有比较稳定的判断意见的基础上，运用统计方法加以综合，最后作出市场预测结论。

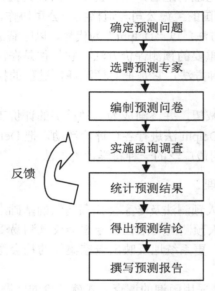

图7.2　德尔菲法的操作步骤

3. Delphi 法的主要特点

1) 匿名性

Delphi 法是通过函询的方法向专家发调查表征询专家意见，专家以"背靠背"的方式匿名回答问题，他们通过反馈只知道有几种不同的意见，但不知道持各种意见的是什么人，这样一来就可以使各位专家充分发表个人的见解，而不会像专家会议面对面讨论时受某几个"权威"或"大人物"的意见影响。这样做有利于畅所欲言；同时，也可以使专家在不必顾及面子的情况下改变自己的观点，服从言之有理的意见；也可以相互启发，使集体意见趋于正确。

2) 反馈性

为了促使专家们进行讨论，Delphi 法在每一轮调查表收回后，由评价工作者将各位专家提出的意见进行综合、整理、归纳与分类，再随同下一轮调查表一起发给各位专家，使专家们知道对所研究的问题有多少种见解，这些见解的依据是什么，这样可促使专家们进行再思考，完善和改变自己的观点，作出新的判断。这实际上是通过意见的反馈来组织专家之间的信息交流和讨论。

3) 统计性

多轮调查与反馈的过程，也是专家们在匿名状态下相互影响和说服的过程。通过书面讨论，站得住脚的见解会逐渐为大多数专家所接受，分散的意见就会趋于集中，呈现出收敛的趋势。此外，对专家意见的定量处理是 Delphi 法的又一个重要特点。Delphi 法采用统计方法对评价结果进行定量分析和处理。其处理方法按预测事件不同主要有以下几种。

(1) 对于事件实现时间的预测问题，通过采用中位数代表预测意见的集中度，用上、下四分位数之差表示预测意见的离散度。

【例 7-2】 某市电脑公司采用德尔菲法，选定 31 位专家对该市哪一年城镇居民家庭电脑普及率达到 75% 进行预测，经三轮反复后，专家提出的时间答案汇总见表 7.2。确定中位数，上、下四分位数的计算公式为

中位数：$M_e = \dfrac{n+1}{2}$ 对应的年份

下四分位数：$Q_1 = \dfrac{n+1}{4}$ 对应的年份

上四分位数：$Q_2 = \dfrac{n+1}{4}$ 对应的年份

计算公式中 n 为数据总项数，如 n 为偶数，取居中两项的中点值作中位数。预测数据应由小到大顺序排列。此例中中位数为 2013 年，下四分位数为 2012 年，上四分位数为 2014 年，上、下四分位数之差为 2 年，说明专家的预测意见集中度大，离散度小。

表 7.2 城镇居民家用电脑普及率和需求量预测总表

普及率达到 95% 的年份	专家人数	2013 电脑需求量(万台)	专家人数
2011	3	6.0～6.5	3
2012	5	6.5～7.0	6
2013	11	7.0～7.5	12
2014	8	7.5～8.0	7
2015	4	8.0～8.5	3
合计	31	合计	31

(2) 对于预测商品在未来时期的需求量、销售量或生产量，可用算术平均法或主观概率法进行统计归纳，求出平均预测值反映专家预测结果的集中度，用标准差和标准差系数反映专家意见的离散度。

如上例，专家对某市 2010 年电脑需求量的平均预测值为 4.27 万台，标准差为 0.55 万台，标准差系数为 0.13 或 13%，表明专家预测意见离散度较大。

(3) 对于征询产品品种、花色、规格、质量、包装、新产品开发的预测意见，可采用比重法(专家对某个意见赞成的人数占总人数的比率)进行统计归纳，或者用评分法(如对不同牌号的商品质量给予评分)进行统计归纳。

Delphi 法是定性与定量相结合的方法，尽管存在着责任分散、专家意见可能不完整或不切合实际等缺点，但是在历史资料不足或不可测因素较多时尤为适用，它也适用于长期预测评价。在使用 Delphi 法时必须注意对预测过程进行控制。

Delphi 法有许多变种或派生方法，如加表 Delphi 法、加测 Delphi 法、减轮 Delphi 法等。它实际上已不再是一种单一的方法，而是一类方法。与经典的 Delphi 法一样，这些派生方法保持了匿名性、反馈性和统计性的基本特点，同时，它们又各具特点，分别从不同角度对传统的 Delphi 法技术作了修正或补充。

三、概率预测法

(一)主观概率法

1. 主观概率法的含义

主观概率法是预测者对预测事件发生的概率，作出主观估计，然后计算平均值，以此作为预测事件结论的一种定性预测方法。

概率通常有两种解释：一是某一实验重复进行 n 次，其中某事件发生的频率，由于它是根据事件发生的实际次数统计出来的概率，所以称之为客观概率；二是人们根据以往的知识经验对某事件出现的可能性程度作出的估计或推测，被称为主观概率，它是人们对经验结果所作出的主观判断的度量，将预测者的意见以量化的形式表现出来。

主观概率虽然是人们的一种主观判断，但在运用的过程中，仍然必须符合概率论的基本定理，即全部事件中的各个事件的概率之和等于 1，并且其中每一个事件的概率在 0 与 1 之间，用公式表示为

$$\sum P_i = 1$$
$$0 \leqslant P_i \leqslant 1$$

由于主观概率是个人的主观估计，反映个人对事件的信念程度，因此要注意以下两点：一是每个人的主观认识能力不同，不同的人对同一事件在相同条件下出现概率的判断可能不一样；二是主观概率是否正确无法检验，所以对预测者的要求较高。在日常生活中，即使主观概率不可检验，但在许多场合下仍是一种常见的预测方法，特别在一些现象无法通过试验来确定其发生的可能性大小，或由于资料不完备而无法计算其客观概率的情况下，常常用主观概率进行预测。

2. 主观概率法的预测步骤

(1) 由若干个熟悉预测对象的专家组成一个预测小组，组织者向各位专家说明市场预测的目的和要求，提供预测所需资料。

(2) 将事先制定好的主观概率调查表(见表 7.3)发给专家填写。在调查表中要列出预测对象可能发生的不同变化，由预测者在不同的概率下填写不同的预测值。概率一般以累积概率的形式列出，范围在 0~1 之间。表 7.3 中，第(1)栏累积概率为 0.010 的商品销售额是可能的最小数值，表示小于该数值的可能性只有 1%；第(9)栏累积概率为 0.990 的商品销售额是可能的最大数值，说明商品销售额大于该数值的可能性只有 1%；第(5)栏累积概率为 0.500 的商品销售额是最大值与最小值之间的中间值，说明商品销售额大于和小于该数值的机会都是 50%。

(3) 整理汇总各位专家的主观概率调查表，进行预测。

汇总的一般方法是计算平均值或绘制累积概率的分布图。

3. 主观概率法的应用

【例 7-3】 广州地区某商业集团公司打算预测 2011 年 10 月份的商品销售额,要求预测误差不得超过±5 万元,现用主观概率法进行预测,由总经理主持预测项目,邀请了 10 位专家组成一个预测小组,并提供相关资料,以供参考。这 10 位专家的预测结果汇总如下(见表 7.3)。

表 7.3 专家的预测结果汇总表

累积概率 专家编号 销售额	0.010 (1)	0.125 (2)	0.250 (3)	0.375 (4)	0.500 (5)	0.625 (6)	0.750 (7)	0.875 (8)	0.990 (9)
1	190	193	194	198	200	202	204	205	208
2	178	189	192	194	198	200	204	205	225
3	184	189	192	193	202	204	206	208	220
4	194	195	196	197	198	199	200	201	202
5	198	199	200	202	205	208	210	212	216
6	168	179	180	184	190	192	194	196	198
7	194	198	200	206	208	212	216	219	224
8	180	185	186	189	192	195	198	200	205
9	188	189	190	191	192	193	194	195	196
10	200	202	202	205	207	209	212	213	200
平均数	187.4	191.8	193.2	195.9	199.2	201.4	203.8	205.4	211.4

根据表 7.3 主观概率汇总表,可以作出如下判断。

(1) 该集团公司 2011 年 10 月份的商品销售额最低可达 187.4 万元的可能性很小,只有 1%。

(2) 该集团公司 2011 年 11 月份的商品销售额最高可达 211.4 万元的可能性也只有 1%。小于这个数值的可能性超过这个数值的可能性。

(3) 可以用 199.2 万元作为 2003 年 10 月份该集团公司商品销售额的预测值,这是最大值与最小值之间的中间值。其累积概率为 50%,是商品销售额期望值的估计数。取预测误差为 5 万元,则预测区间为(199.2-5)-(199.2+5),即商品销售额的预测值在 194.2 万元至 204.2 万元之间。在第(3)栏至第(8)栏的范围之内,其发生概率相当于 0.875-0.250=0.625。也就是说,商品销售额在 193.2 万元至 205.4 万元之间的可能性为 62.5%。

扩大预测误差的范围,可以提高实现的可能性。例如,要求误差在±10 万元以内,则预测区间为 189.2 万元至 209.2 万元之间,在第(1)栏至第(9)栏的范围之内,其相应概率为 0.990-0.010=0.980,即商品销售额在 187.2 万元至 211.2 万元之间的可能性达到 98%。

(二)马尔柯夫预测法

1. 马尔柯夫预测法的含义

马尔柯夫预测法指根据所研究的对象系统在由一种状态转移到另一种状态的过程中所具有的转移概率,估计和推测该对象系统未来状态的一种预测分析方法。

某事件进行多次试验,其中第 $n-1$ 次试验的结果影响到第 n 次试验的结果,并且在向第 n 次结果的转移过程中存在一个转移概率,通过这一转移概率,第 n 次试验的结果可依据第 $n-1$ 次试验的结果推算出来。

2. 马尔柯夫预测法的原理

(1) 状态、状态变量、状态转移。我们将所研究的对象或事物统称为对象系统(或系统)。在马尔柯夫预测法中,状态是指系统的一组变量,当确定一组变量值的时候,就说系统处于一个状态,用 E_i 表示($i=1、2、\cdots、n$)。例如,企业的经营状况可分为:盈利、收支平衡、亏损;状态变量用 $X_t=i$ 表示,指系统在 t 时刻处于 E_i 的位置;状态转移是指当系统的变量由一个特定值(状态)转换至另一个特定值(状态)时,就说系统实现了状态的转移,用 $E_i \rightarrow E_j$ 表示,例如:企业的经营状况由"盈利"状态转换到"亏损"状态。

(2) 无后效性和遍历性。如果系统在状态转移过程中,它在时刻 t_n 所处的状态仅与时刻 t_{n-1} 所处的状态有关,而与时刻 t_{n-1} 以前所处的状态无关,这种特性称为无后效性。比如,本月库存只与本月进库量、出库量、损耗及上月库存有关。

遍历性又称稳定性,若转移概率矩阵不变,系统状态经过许多步转移之后将逐渐达到稳定状态,且与系统的初始状态无关。

(3) 马尔柯夫链。如果一个系统具有 n 个状态,状态转移的时间是离散的(如月、季、年),且这种转移具有无后效性,则称此系统构成一个马尔柯夫链。

(4) 状态转移和转移概率矩阵。设系统有 n 个状态 E_i ($i=1、2、\cdots、n$),如果系统在时刻 t_n 处于 E_i,而在时刻 t_{n-1} 转移到 E_j 的概率只与 E_i 有关而与 t_n 以前所处的状态无关,则此概率称为一步转移概率,记为 P,可表示为

$$P_{ij}=P(E_i \rightarrow E_j)=P(X_{n+1}=j \mid X_n=i)$$

$$\begin{cases} 0 \leqslant P_{ij} \leqslant 1 \\ \sum_{i=1}^{n} P_{ij}=1 \end{cases}$$

所有 P_{ij} 构成的矩阵被称为一步转移概率矩阵,可以表示成如下形式

$$P=\begin{Bmatrix} P_{11}P_{12}\ldots P_{1n} \\ P_{21}P_{22}\ldots P_{2n} \\ \vdots \\ P_{n1}P_{n2}\ldots P_{nn} \end{Bmatrix}$$

当系统的状态不是一次转移而是多次转移,则 X 次的转移概率矩阵可以表示为

$$P(K) = \begin{Bmatrix} P_{11}^{(K)} P_{12}^{(K)} ... P_{1n}^{(K)} \\ P_{21}^{(K)} P_{22}^{(K)} ... P_{2n}^{(K)} \\ \vdots \\ P_{n1}^{(K)} P_{n2}^{(K)} ... P_{nn}^{(K)} \end{Bmatrix}$$

$P^{(K)}$与P的关系可表示为：$P^{(K)} = P^{(K-1)} P$

(5) 马尔柯夫预测法的模型。设系统在 n 个状态 E_i ($i=1$、2、$\cdots$、n)，用 P_i 表示系统在 K 时期处于状态 E_i ($i=1$、2、$\cdots$、n)的概率，所有概率构成的向量，称为状态概率向量。其中：

$$\begin{cases} 0 \leqslant P_i^{(K)} \leqslant 1 & (i=1、2、\cdots、n) \\ \sum_{i=1}^{n} P_i^K = 1 \end{cases}$$

当系统在 $K=0$ 时的初始状态 $s^{(0)}$ 为已知时，则经过 K 次转移后系统所在状态 E_i 的概率 $s_i^{(K)} \left(\sum_{i=1}^{n} s_i^{(K)} = 1 \right)$ 可以表示为如下公式

$$s^{(K+1)} = s^{(K)} P$$

式中，$s^{(0)} = (P_1^{(0)}、P_2^{(0)}、\ldots、P_n^{(0)})$，反映系统在初始时状态概率的分布情况，称为起始状态概率分布。

由 $s^{(K+1)} = s^{(K)} P$ 可得递推关系

$$s^{(1)} = s^{(0)} P$$
$$s^{(2)} = s^{(1)} P = s^{(0)} P^2$$
$$\ldots$$
$$s^{(K)} = s^{(0)} P^K$$

这就是马尔柯夫预测法的预测模型。使用马尔柯夫预测法时，要注意的几点问题如下所述。①系统当前所处的状态，即初始状态的特征，由初始状态各种特征的概率表示的行向量说明。②随之而将产生的变化，即由初始状态可能向哪几种状态改变，以及这种改变发生的概率，由系统会作出几种改变的概率表示的矩阵(一步转移概率矩阵)说明。③预测第几期后的系统特征，就计算几步转移概率矩阵，而这一矩阵是以一步转移为依据的。

【例 7-4】 某企业(设为甲企业)同另外两家企业(设分别为乙、丙企业)都经营某日常生活消费品，同在某一拥有 3000 户居民的销售区域里出售。经调查，本年 4 月购买甲企业产品的有 1000 户，购买乙企业产品的有 600 户，购买丙企业产品的有 1400 户。5 月份情况有所变化：原购买甲企业产品的居民中，有 100 户转而购买乙企业的产品，另有 160 户转而购买丙企业的产品；原购买乙企业产品的居民中有 80 户转而购买甲企业的产品，另有 120 户转而购买丙企业的产品；原购买丙企业产品的居民中有 140 户转而购买甲企业的产品，另有 80 户转而购买乙企业的产品。5 月底甲、乙、丙三个企业拥有顾客汇总表，如表 7.4 所示。

要求用马尔柯夫预测法，预测 6 月份甲、乙、丙三个企业的产品的市场占有率。

表 7.4 顾客和转移数量汇总表

企业	4月份顾客数	5月份新增顾客数				5月份失去顾客数				5月份顾客数
		由甲	由乙	由丙	小计	至甲	至乙	至丙	小计	
甲	1000	0	80	140	220	0	100	160	260	960
乙	600	100	0	80	180	80	0	120	200	580
丙	1400	160	120	0	280	140	80	0	220	1460

各企业产品拥有顾客数的变化统计资料如表 7.5 所示。

表 7.5 各企业拥有顾客数的变化统计表

项 目		4月份顾客数	5月份顾客数			合计
			甲	乙	丙	
4月份各企业拥有客户数	甲	1000−100−160	100	160	1000	
	乙	80	600−80−120	120	600	
	丙	140	80	1400−140−80	1400	
	合计	960	580	1460		

由表 7.4、表 7.5 可看出：①4 月份购买甲企业产品的顾客有 1000 户，到 5 月份仍购买甲企业产品的顾客为 740 户，占 74%(740/1 000)，转去购买乙企业产品的顾客为 100 户，占 10%(100/1000)，转去购买丙企业产品的顾客为 160 户，占 16%(160/1000)。②4 月份购买乙企业产品的顾客有 600 户，到 5 月份仍购买乙企业产品的顾客为 400 户，占 67%(400/600)，转去购买甲企业产品的顾客为 80 户，占 13%(80/600)，转去购买丙企业产品的顾客为 120 户，占 20%(120/600)。③4 月份购买丙企业产品的顾客有 1400 户，到 5 月份仍购买丙企业产品的顾客 1180 户，占 84%(1180/1400)，转去购买甲企业产品的顾客为 140 户，占 10%(140/1400)，转去购买乙企业产品的顾客为 80 户，占 6%(80/1400)。

由上面的分析可得一步转移概率矩阵 P：

$$P=\begin{bmatrix} 0.74, 0.1, 0.16 \\ 0.13, 0.67, 0.2 \\ 0.1, 0.06, 0.84 \end{bmatrix}$$

$$P^2=\begin{bmatrix} 0.74, 0.1, 0.16 \\ 0.13, 0.67, 0.2 \\ 0.1, 0.06, 0.84 \end{bmatrix}^2 = \begin{bmatrix} 0.5766, 0.1506, 0.2728 \\ 0.2033, 0.4739, 0.3228 \\ 0.1658, 0.1006, 0.7336 \end{bmatrix}$$

(2) $s^{(4)} = (0.33, 0.2, 0.47)$

$$s^{(6)} = s^{(4)} \cdot P^2 = (0.33, 0.2, 0.47) \begin{bmatrix} 0.5766, 0.1506, 0.2728 \\ 0.2033, 0.4739, 0.3228 \\ 0.1658, 0.1006, 0.7336 \end{bmatrix}$$

$= (0.31, 0.19, 0.50)$

则：6 月份甲、乙、丙三家企业产品的市场占有率分别为 31%、19%、50%。

四、类推预测法

在缺乏预测对象数据资料的情况下,我们可以通过寻找类似事物,利用类似事物的发展变化规律来预测研究对象的未来状态,这种预测称为定性类推预测。

许多特性相近的客观事物,其变化都有相似之处。类推预测的背景就是类似事物之间的相似性。利用预测对象与其他已知事物的发展变化在时间上的前后不同,在表现形式上的相似特点,将已知事物发展过程类推到预测对象上,对预测对象的前景进行预测。

(一)转导法

转导法也称连续比率法,是以间接调查所得的某项经济指标预测值为基础,依据该指标与预测目标之间相关比率的资料,转导出预测值的一种方法。这种方法简便易行,在市场预测中被广泛采用。转导法预测模型为

$$\hat{Y} = N(1+k)\eta_1 \eta_2 \cdots \eta_n$$

式中:$\hat{Y}$——预测目标的下期预测值;

N——本期某参考经济指标观察值;

k——参考经济指标下期增、减的比率;

η_n——预测目标与参考经济指标间客观存在的相关经济联系的比率系数。

【例7-5】某服装商店经营各类服装,现在要预测企业儿童服装2016年在当地市场的销售额。进行预测时,可按以下步骤进行。

(1) 取得有关间接资料。首先,通过国家有关部门或当地政府所公布的资料,收集当地市场去年的商品零售总额及其下年度增长速度。假设当地市场商品零售总额为85亿元,增长速度为8%。然后,经过调查,收集当地服装市场占地区零售总额的比重为10%、该商店经营服装在当地服装市场中的市场占有率为3%和该商店的儿童服装占商店服装销售额的比重为20%等资料。

(2) 将收集的资料代入转导预测模型计算。可计算出预计今年商店在当地市场上儿童服装的销售额预测值:

$$\hat{Y} = [850000 \times (1+8\%)] \times 010. \times 0.03 \times 0.2 = 550.8(万元)$$

(3) 对市场进行分析。550.8万元仅仅是企业在当地市场上儿童服装的销售总额预计值,为了使销售计划更符合实际,还需要对市场进行分析。首先,要分析当地儿童服装市场上的竞争情况,对自己和主要竞争对手在市场上的竞争实力及企业市场占有率的变化要做到心中有数;其次,要分析儿童服装市场的需求变化情况,如服装的式样、规格、面料质量与花色等的需求倾向变化情况,同时还要对80%以上的消费者能够接受的价格水平进行预测;最后,分析企业采取何种促销手段,使消费者更容易接受。根据以上分析,就能对下一年度当地市场儿童服装销售总量作一个明确的预测结论。

(二)类比法

世界上有许多事物的变化发展规律带有某种相似性,尤其是同类事物之间。依据类比目标,类比法可以分为行业类比法、局部总体类比法、产品类比法和地区类比法。

1. 行业类比法

这种类比往往用于新产品开发预测,以相近行业的相近产品的发展变化情况,类比某种新产品的发展方向和变化趋势。

我国吉林省通化市是著名的人参产地,所产人参白酒有很大市场,主要就是人们认为其不仅是一种酒,更重要的是,它还具有营养保健作用和药物的作用。因此,我国各类名贵中药酒就成为各地特色名酒,如云南的三七酒,广西的蛤蚧酒等。同样在其他食品行业进行类比,如烟草行业推出人参烟、田七烟;糖果行业推出具有一定药效的梨膏糖、驱虫宝塔糖等,甚至家化行业也推出有药效的牙膏,如草珊瑚牙膏和洗头膏等。把行业类比法用于新产品的市场预测,是一种常用的非常有效的预测。

2. 局部总体类比法

局部总体类比法,是指以某一个企业的普查资料或某一个地区的抽样调查资料为基础,进行分析判断、预测和类推某一行业或整个市场的市场量。在市场预测中,普查固然可以获得全面系统的资料,但由于主客观条件的限制,如不可能进行全面普查,可以进行局部普查或抽样调查。因此,在许多情况下,运用局部普查资料或抽样调查资料,预测和类推全面或大范围的市场变化,就成为客观需要。

【例 7-6】 某家电用品公司打算就开拓五个城市的空调器市场进行调查,获得去年的空调市场销售量,如表 7.6 所示。

表 7.6 五城市去年空调器市场销售量

市场	X1	X2	X3	X4	X5
实际销售量	19000	3600	2800	7800	4000
家庭户数(万户)	200	180	130	490	210

经过对市场 200 万户家庭住户的抽样调查,今年对空调器的购买量为每百户 4 台,即需求率为 0.04,得出市场预测值为 8 万台。但这仅是对一个城市的抽样调查,其他四个城市需求量如何,就要采用局部总体类推法,以一个市场资料为基础,类推其他四个市场的需求量,最后加以综合。在应用局部总体类推法进行预测时应注意,该方法建立在事物发展变化的相似性基础上,相似性并不等于相同。

3. 产品类比法

有许多产品在功能、构造技术等方面具有相似性,因而这些产品的市场发展规律往往又会呈现某种相似性,人们可以利用产品之间的这种相似性进行类比。

4. 地区类比法

地区类比法是依据其他地区(或国家)曾经发生过的事件进行类比。这种推算方法是把所要预测的产品同国外同类产品的发展过程或变动趋向相比较,找出某些类似的变化规律,用来推测目标的未来变化趋向。

我国银行个人消费信贷在 20 世纪 90 年代开展以来,由于种种原因发展缓慢,随着经济的发展和不断借鉴国外的经验,近年来在北京、上海、深圳等大城市得到了发展。在运

第七章 定性预测法

行过程中银行发现,在三个领域内最易推广,即住房、汽车、教育。这个结论和国外个人消信贷发展过程相似,从而也指导了我国在其他城市推出个人消费信贷的试点工作。

本章小结

定性预测法是一种依据直观资料进行主观判断的简便的预测分析技术。在历史资料掌握不多或对预测精度要求不高的情况下,采用这种预测方法往往能取得较为满意的预测效果。

本章详细介绍了四种定性预测的方法:集合意见法、专家意见法、概率预测法和类推预测法。分别阐述了各种定性预测方法的概念、步骤和应用,论述了在实践中根据不同的预测目的、预测要求、预测对象、预测资料等选用最合适的预测方法。

集合意见法可分为非统计性集体经验判断法、统计性集体经验判断法两种;专家意见法介绍了头脑风暴法与德尔菲法;概率预测法主要有主观概率预测法与马尔柯夫预测法;类推预测法有转导法和类比法。

练习与思考

一、名词解释

定性预测 集合意见法 头脑风暴法 德尔菲法 主观概率预测法
马尔柯夫预测法 类推预测法

二、简述题

1. 试比较非统计性集体经验判断法与统计性集体经验判断法的异同点。
2. 请简述头脑风暴法的特点及预测程序。
3. 请简述德尔菲法的特点及预测程序。
4. 在实际预测中,为什么要将专家函询意见法与主观概率预测法结合起来使用?
5. 简述马尔柯夫预测法的原理及应用。
6. 简述类推预测法的类型。

三、案例分析题

1. 某啤酒厂为了搞好明年啤酒市场供应,预测组织者事先向各部门负责人提供了历年啤酒社会消费量、居民消费水平、本企业历年啤酒销售量、市场占有率及其资源等资料,然后要求他们分别对本企业明年的啤酒销售量做出预测,预测结果见表7.7。在3种销售量中,最可能的销售量的准确性最高,权数定为0.5,而最低与最高销售量的准确性较低,权数分别为0.2和0.3。求:该啤酒厂明年啤酒销售量的综合预测值。

2. 某企业欲采用主观概率法预测2011年的产品销售额,并要求误差不超过6万元,由总经理主持预测项目,邀请了8位专家组成一个预测小组,并提供相关资料,以供参考。这8位专家的预测结果汇总如下(见表7.8)。

表 7.7　某啤酒厂销售综合预测表　　　　　　　　　　　　　　　　　　　　　单位：吨

预测者职位及其权数	预测者及其权数	最低销售量	最可能销售量	最高销售量
经理(1)	经理甲(1)	8500	9500	11000
	经理乙(1)	8200	9200	11500
科长(0.8)	业务科长(1)	8400	9500	11200
	财务科长(0.8)	8300	9400	12000
批发部主任(0.7)	批发部主任甲(1)	8600	9000	11500
	批发部主任乙(1)	8200	9500	10500
零售店经理(0.6)	零售店经理甲(1)	8400	9600	11800
	零售店经理乙(1)	8300	9500	11500

表 7.8　商场儿童商品销售额主观概率汇总表　　　　　　　　　　　　　　　　单位：万元

编号	0.010	0.125	0.250	0.375	0.500	0.625	0.750	0.875	0.990
1	100	103	106	108	110	112	114	116	118
2	98	100	103	105	108	112	115	117	118
3	102	106	107	109	112	115	116	118	120
4	96	100	104	106	107	110	112	116	119
5	104	108	109	112	114	116	117	118	120
6	98	102	104	106	108	112	114	116	117
7	104	105	106	108	110	113	115	117	119
8	92	97	100	104	106	110	112	114	116

3. 某商品有 A、B、C 三种品牌，抽取 2000 名顾客，了解顾客购买该商品不同品牌的情况，经过两个月调查，得到的数据如表 7.9 所示，要求预测 $n+1$ 期的市场占有率。

表 7.9　顾客和转移数量汇总表

品牌	$n-1$期顾客数	新　增				失　去				n期顾客数
		自A	自B	自C	小计	至A	至B	至C	小计	
A	700	0	80	100	180	0	40	20	60	820
B	900	40	0	160	200	80	0	40	120	980
C	400	20	40	0	60	100	160	0	260	200

单 元 实 训

【实训项目】

定性预测法的应用。

1. 实训目的

通过实训，使学生了解头脑风暴法的基本原理；掌握头脑风暴法的操作步骤；强化学生对定性预测法的深刻理解和实际预测能力。

2. 实训要求

通过实训,要求学生了解定性预测法的基本知识;掌握头脑风暴法的具体应用;能够结合实际,进行定性预测,并得出预测结论。

3. 实训任务

以小组为单位,自选行业或产品,用头脑风暴法对其市场发展趋势进行预测。

4. 实训知识准备

(1) 定性预测法的含义及特点。

(2) 头脑风暴法的基本原理。

(3) 头脑风暴法的具体操作步骤。

(4) 头脑风暴法操作中应注意的问题。

5. 实训步骤

(1) 指导教师介绍实训的任务、目的和要求。

(2) 将学生分组;每组选择主持人一名。

(3) 每组自选风暴主题,即感兴趣的行业或产品。

(4) 小组成员模拟角色开始实施讨论。

(5) 得出预测结论,以小组为单位形成预测报告。

(6) 教师对各组表现进行总结和评定。

6. 实训考核

教师根据小组成员在头脑风暴中的表现、预测结论及头脑风暴讨论的过程质量等综合评定小组成绩,并根据学生个人的出勤、讨论积极性等评定个人综合成绩。

第八章 定量预测法

【本章导读】

2019年网络购物市场规模有望突破11万亿元

随着互联网以及网购的普及，网购用户的增长趋势逐渐放缓。在现今消费升级的市场环境下，消费者对商品品质以及商品个性化的要求越来越高，越来越看重购物体验，开始有消费者愿意在线下进行购物。随着众多电商品牌开始实行线上线下同价机制，消费者在线下购买就能享受线上购买商品的优惠。有数据统计显示，2014—2018年全国网购用户规模不断增长，年均复合增长率为14%，增长十分迅速。截至2018年12月，我国网络购物用户规模达6.10亿人，较2017年年底增长14.4%，占网民整体比例达73.6%。手机网络购物用户规模达5.92亿人，较2017年年底增长17.1%，使用比例达72.5%。

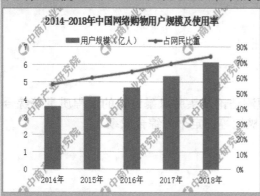

数据来源：CNNIC、中商产业研究院整理

2018年我国网络零售市场规模持续扩大。全国网上零售额突破9万亿元，其中实物商品网上零售额7万亿元，同比增长25.4%，对社会消费品零售总额增长的贡献率达45.2%，较上年提升7.3个百分点。在规模增长的同时，新旧动能转换进一步加快，线上线下融合、业态模式创新、质量服务提升等新动能加速形成。

自2014年统计以来，我国网上消费一直呈较快速度增长，五年网络购物零售额增长了62167亿元。我国网络购物零售额占社会消费品零售总额的比重逐年上升，比重从2014年的10.6%上升至2018年的23.63%，五年间比重翻一番。中商产业研究院预计，2019年，全国网络购物零售额有望突破11万亿元。

（资料来源：http://finance.eastmoney.com/a/201906261161482023.html 东方财富网）

市场预测作为委托方来说更加注重量的预测，所以开展市场预测活动时应尽可能利用定量预测的方法。定量预测法也称统计预测，它是根据已经掌握的比较完备的历史统计数据或资料，运用一定的数学方法进行的科学的加工整理，借以揭示有关变量之间的规律性联系，用于推测未来发展变化情况的一种预测方法。下面将分别介绍时间序列预测法和回归分析预测法。

第一节 时间序列预测法

一、时间序列预测法概述

人类社会的各种活动,包括政治和经济现象,其发展总是依据一定的规律,沿着一个特定的轨迹,从历史到现在,直到将来。虽然事物的发展变化具有很大的不确定性,但我们根据事物发展已经表现出来的并且被我们发现和总结出来的规律,可以在一定程度上预测事物未来的发展趋势。时间序列预测法是世界各国普遍采用的经济预测的基本方法。

(一)时间序列预测法的概念

1. 时间序列

时间序列(Time Series)是指把反映某种市场现象的某一统计指标(如某地区的工业增加值、某种商品的销售量或销售额等)在不同时间上的数值按时间先后顺序排列形成的数列,又称动态数列或动态序列。时间序列反映的是某一经济现象在时间上的发展变化过程。在时间序列中各指标数值在市场预测时被称为实际观察值,或实际值。

一般来说时间序列由两个基本要素构成,即现象所属的时间和与时间对应的统计指标数值(或称发展水平)。其中的时间可以是周、月、季度、年等时间段,也可以是时点。我们一般研究间隔时长相等的数列。例如商场计算销售额是按月排列数据,国家计算国民生产总值是按年度来排列数据的。

在时间序列中,数据的大小受到各种因素的影响,数据的变化趋势也就表现出各种性状。通常根据这些影响因素可将数据的变化趋势分为四大类:长期趋势、季节变动、循环变动和不规则变动。对于前三种数据趋势的预测问题,由于数据均呈现出某种规律,因此我们能够将数据进行简化、分析,从而使预测成为可能;而不规则变动是指由某种偶然因素引起的突然变动,如战争的发生、政权的更迭、重大自然灾害的发生等,不规则变动没有周期性。

2. 时间序列预测法

时间序列预测法又称趋势外推预测法或历史延伸预测法,具体是指将历史资料和数据,按照时间顺序排列成一系列根据时间序列所反映的经济现象的发展过程、方向和趋势,将时间序列外推或延伸,以预测经济现象未来可能达到的水平。时间序列预测法是定量预测方法的典型应用。

(二)时间序列预测法的特点

(1) 时间序列法是根据市场过去的变化趋势预测未来的发展,它的前提是假定事物的过去会同样延续到未来。

(2) 运用时间序列法进行预测,必须以准确、完整的时间序列数据为前提。

(3) 时间序列数据具有规律性和不规律性。

(三)时间序列预测法的基本步骤

时间序列预测法是根据时间序列所反映出来的事物发展变化的过程、规律和方向等进行类推或延伸,借以预测下一阶段或以后若干年内事物发展可能达到的水平。所以进行时间序列预测法时基本要经历如下几个过程。

(1) 确定预测对象。即根据市场研究预测目的确定预测对象。

(2) 收集历史数据资料,加以整理并编制成时间序列图。

(3) 根据时间序列编制相应的统计图,分析时间序列的发展过程和规律性。

(4) 选择预测方法,建立预测模型。根据时间序列的特点和类型,结合预测目的和要求选择合适的预测方法,并配以合适的数学模型(即能反映事物发展趋势变化规律的数学表达式)。

(5) 对建立的数学模型进行外推或延伸,以预测经济现象预期的发展水平。

(6) 确定最后预测结果。对影响预测对象变动的因素进行深入分析,确定各影响因素对预测对象的影响值,测算预测误差,并最终得出预测结论。

二、时间序列预测法的应用

时间序列预测法可用于短期、中期和长期预测。在实际应用中根据对资料分析方法的不同,可分为平均预测法、指数平滑法、季节指数预测法和直线趋势延伸预测法等。

(一)平均预测法

平均预测法又可细分为简单平均法和移动平均数法,具体如下所述。

1. 简单平均法

简单平均法是把若干历史时期实际数值的算术平均数作为预测值的方法,是时间序列预测法中最简单的一种预测方法,是基于"过去这样,今后也会是这样"的假设,把近期和远期的数据资料平均化,因此该方法仅仅适用于时间序列呈现出水平型变动趋势而无明显波动或长期增减趋势的情况。如果事物呈现某种上升或下降的趋势,则不适宜采用该方法。根据计算平均数的要求不同,可将其分为简单算术平均数法和加权算术平均数法两种。

1) 简单算术平均数法

当时间序列各期的发展水平(或称为观察值)为 $x_1, x_2, \cdots, x_n$ 时,各期发展水平的序时平均数的计算公式为

$$\hat{y}_{n+1} = \bar{x} = \frac{x_1 + x_2 + \ldots + x_n}{n} = \frac{\sum x}{n}$$

式中:$\hat{y}_{n+1}$ ——第 $n+1$ 期的预测值;

$\bar{x}$ ——时间序列的序时平均数;

n ——观察期期数。

【例 8-1】 某商场 A 产品 1—9 月份的销售量如表 8.1 所示,试根据该表预测 10 月份该产品的销售量。

表 8.1　某产品销售量统计表

月份	1	2	3	4	5	6	7	8	9
销售量（万台）	35	33	34	36	38	37	37	36	38

分析：根据简单算术平均数法预测 10 月份该产品的销售量为

$$\hat{y}_{10} = \frac{\sum x}{n} = \frac{35+33+34+36+38+37+37+36+38}{9} = 36(万台)$$

2) 加权算术平均数法

在经济预测过程中，往往各期的统计数据对预测值的重要性不同，而简单算术平均数法只反映一般的平均状态，因而不能体现重点数据的作用。加权算术平均数法就可通过对不同的数据按其重要性乘以不同的权数，将这些乘数相加之和除以各权数之和，以求加权算术平均数，并以此来计算趋势预测值。

在加权算术平均法中，距离预测期越近的数据，其影响力越大，越远的数据，其影响力越小，所以对时间序列中的数据赋予权数时应遵循"权数由远及近逐渐增大"的原则，即离预测期越近的数据，其权数越大，离预测期越远的数据，其权数越小，而权数具体数值的确定完全凭借预测人员的主观经验判断。

其计算公式为

$$\hat{y}_{n+1} = \bar{x} = \frac{x_1 f_1 + x_2 f_2 + ... + x_n f_n}{f_1 + f_2 + ... + f_n} = \frac{\sum xf}{\sum f}$$

式中：$\bar{x}$——观察期内时间序列加权平均数；

$\hat{y}_{n+1}$——预测值；

x_n——时间序列各期的数值；

f_n——各期实际值的权数。

【例 8-2】某公司近 5 个月 A 产品的销售额分别是 120 万元、130 万元、128 万元、135 万元和 132 万元，用加权算术平均数法预测 A 产品下一个月的销售额。

分析：根据加权算术平均法的公式，并分别赋予权数为 1、2、3、4、5，计算预测值为

$$\hat{y}_6 = \frac{\sum xf}{\sum f} = \frac{120 \times 1 + 130 \times 2 + 128 \times 3 + 135 \times 4 + 132 \times 5}{1+2+3+4+5} = 130.9(万元)$$

2. 移动平均数法

移动平均数法是将观察期内的数据由远及近按一定跨越期进行平均的一种预测方法，是在简单平均数法的基础上发展起来的。应用移动平均数法时，随着观察期的"逐期推移"，观察期内的数据也将随之向前移动，每向前移动一期，就应去掉最前面的一期数据，而新增继原来观察期之后的那一期数据，以保证跨域期不变，然后逐个求出其算术平均数，并将离预测期最近的那一个平均数作为预测值。

虽然移动平均法是在简单平均法基础上发展起来的，但两者有着很大的差别：算术平均法是将整个时期内的所有数据进行平均，即将时间序列的总变动混合在一起，只反映预测目标在观测期内的平均变化水平；而移动平均法在预测时，随着观测期的增加，用于计算预测值平均的期数也将随之增加。事实上，当新增一个数据时，远离预测期的第一个数

据的作用已经不大，可以不予考虑，但从移动平均所得的数列来看，它修匀了原时间序列，清除了时间序列历史数据随时间变化引起的不规则变动的影响，揭示出一侧目标的长期变动趋势规律。因此，移动平均法常常用于修匀无明显趋势的时间序列，清除随机波动影响，使时间序列总的趋势显示出来。

移动平均法有一次移动平均和二次移动平均两种方法，一次移动平均法只计算一次移动平均数，将离预测期最近的那组移动平均数作为预测值。一次移动平均又可分为简单移动平均和加权移动平均两种方法。二次移动平均是在一次移动平均的基础上，再计算一次移动平均数，并在一次移动平均数和二次移动平均数之间建立数学模型，从而确定最终的预测值。本书主要针对一次移动平均法进行介绍。

1) 简单移动平均法

一般在预测目标的时间序列长期趋势处于基本平稳的状态加以运用，它是以一组观察序列的平均值作为下一期的预测值。其基本公式为

$$M_t = \frac{X_{t-1} + X_{t-2} + \cdots + X_{t-n}}{n}$$

式中：M_t——第 $t-1$ 期到第 $t-n$ 期的平均值，也是第 t 期的预测值；

X_{t-1}，X_{t-2}，…，X_{t-n}——第 $t-1$ 期到 $t-n$ 期的实际值；

n——期数。

对上式推导如下：$M_{t+1} = \frac{X_t + X_{t-1} + \cdots + X_{t-n+1}}{n} = M_t + \frac{X_t - X_{t-n}}{n}$

【例 8-3】 某公司 2010 年 1—6 月份营业额如表 8.2 所示，假定移动跨越期的期数分为 3 个月和 4 个月，用简单移动平均法对该公司 7 月份的营业额进行预测。

表 8.2 某公司 2010 年 1—6 月份营业额及各期预测值统计表

月 份	营业额(万元)	预测值($n=3$ 的移动平均数)	预测值($n=4$ 的移动平均数)
1	55	—	—
2	55	—	—
3	60	—	—
4	65	56.7	—
5	60	60	58.8
6	65	61.7	60
7	—	63.3	62.5

分析：当 $n=3$ 时

$$M_7 = \frac{x_6 + x_5 + x_4}{3} = \frac{65 + 60 + 65}{3} = 63.3(万元)$$

当 $n=4$ 时

$$M_7 = \frac{x_6 + x_5 + x_4 + x_3}{4} = \frac{65 + 60 + 65 + 60}{4} = 62.5(万元)$$

即当 $n=3$ 和 $n=4$ 时，该公司 2010 年 7 月份的营业额预测值分别为 63.3 万元和 62.5 万元。

从上面的例题可以看出，跨越期的大小会影响到预测值，运用移动平均法时关键是确

定跨预期的大小，即 n 的取值。一般情况下，n 的取值要根据具体情况来确定，如果数据波动情况较大，n 应适当取大些，以清除随机干扰；如果数据变化相对较稳定，n 可以取小些，以使预测值能灵活地反映出现象的真实变化趋势；如果时间序列存在周期波动，如每季或每半年等，则 n 应等于其变动周期，以清除周期变动的影响作用。

2) 加权移动平均法

加权移动平均法是对由移动期数的连续移动形成的各组的权数，使用加权平均法计算每组数据的移动平均数，并将其作为下一期的预测值。

用公式表示为

$$M_t = \frac{X_{t-1}f_1 + X_{t-2}f_2 + \cdots + X_{t-n}f_n}{f_1 + f_2 + \cdots + f_n}$$

【例 8-4】 以例 9-3 中表的数据为例，假定移动跨越期的期数是 3 个月，权数由近及远分别为 0.5、0.3、0.2，试预测 7 月份的营业额。

分析：依据公式得：$M_7 = \frac{x_6 f_1 + x_5 f_2 + x_4 f_3}{f_1 + f_2 + f_3} = \frac{65 \times 0.5 + 60 \times 0.3 + 65 \times 0.2}{0.5 + 0.3 + 0.2} = 63.5(万元)$

(二)指数平滑法

进行预测时移动平均法比算术平均法所得的结论精度更高些，但由于移动平均法必须存储近 n 期的历史数据才可以计算一个移动平均值作为预测值，同时对最近的实际值等值看待，对 t−n 期以前的数据完全不予考虑，所以产生的误差较大。指数平滑法是一种特殊的加权平均法，其加权的特点是对离预测期较近的历史数据给予较大的权数，对离预测期较远的历史数据给予较小的权数，权数由近及远按指数规律递减，所以，这种预测方法被称为指数平滑法。指数平滑预测法的效果比移动平均法的效果好，应用范围也更广些。

指数平滑法按其平滑次数可分为一次指数平滑法、二次指数平滑法及更高次指数平滑法。这里我们只介绍前两种方法。

1. 一次指数平滑法

1) 一次指数平滑法的基本形式和特点

已知时间序列为 y_1，y_2，y_3，…，y_n，n 为时间序列总期数，一次指数平滑的基本公式为

$$S_t^{(1)} = \alpha y_t + (1-\alpha)S_{t-1}^{(1)}$$

式中：$S_t^{(1)}$——第 t 期的平滑值；

α——平滑系数(0<α<1)。

因为 $\hat{y}_{t+1} = S_t^{(1)}$

所以上述平滑公式可以变成

$$\hat{y}_{t+1} = \alpha y_t + (1-\alpha)\hat{y}_t \text{ 或 } \hat{y}_{t+1} = \hat{y}_t + \alpha(y_t - \hat{y}_t)$$

即可以理解为一次指数平滑法是根据对权数递增快慢的要求，选择权数 α，对本期的实际值 y_t 加权平均来推算下一期的预测值 $\hat{y}_{t+1}$ 的一种方法。该式的意思是，下一期的预测值是本期预测值加上 α 乘以本期的预测误差 $(y_1 - \hat{y}_1)$。

指数平滑法具有以下两个特点。

(1) 次指数平滑法不需要存储近 n 期的观测值，只需要第 t 期的观察值 y_t 和预测值 $\hat{y}_t$，再由预测者选择一个合格的平滑系数 α 即可对 t+1 期进行预测。

(2) 该方法得到预测值是对整个序列的加权平均,且权数符合近期大、远期小的要求,当观察数据很多时,其权数之和接近等于1。

2) 平滑系数 α 的选择

在应用指数平滑法进行预测时,平滑系数 α 的选择是非常重要的。从理论上讲,α 取 $0\sim 1$ 之间的任意数值都可以,具体选择使用时,应先分析时间序列的变化趋势。

(1) 时间序列呈稳定的水平趋势时,α 应取较小值,如 $0.1\sim0.3$。
(2) 时间序列呈较大的波动趋势时,α 应取居中值,如 $0.3\sim0.5$。
(3) 时间序列波动呈明显的上升或下降的斜坡趋势时,α 应取较大值,如 $0.6\sim0.8$。
(4) 在实用中,可取若干个 α 值进行试算比较,选择预测误差最小的 α 值。

3) $\hat{y}_1$ 的确定

$\hat{y}_1$ 不能通过运算得出,因此初始值 $\hat{y}_1$ 的选择可以按资料的项数多少来确定。当资料的项数很多时(一般超过 20 项)初始值对预测结果影响较小,可以选择第一期的实际值作为初始值,即 $\hat{y}_1 = y_1$;当资料项数较少时(一般少于 20 项),初始值对预测结果影响较大,可选择最初几期实际值的算术平均数作为初始值。

【例 8-5】 某发电厂周发电量如表 8.3 所示,请用一次指数平滑法预测该厂第 17 周的发电量。

表 8.3 某发电厂发电量及一次指数平滑预测值计算表

周数	t	发电量 y_t	$\alpha=0.2$ 的预测值 $\hat{y}_t$	$\alpha=0.5$ 的预测值 $\hat{y}_t$
1	1	128	130	130
2	2	132	129.6	129
3	3	130	130.08	130.8
4	4	129	130.064	130.04
5	5	130	129.8512	129.532
6	6	134	129.881	129.9256
7	7	128	130.7048	131.9405
8	8	136	130.1638	129.3524
9	9	135	131.3311	133.0819
10	10	134	132.0648	133.1655
11	11	130	132.4519	133.0324
12	12	135	131.9615	131.2259
13	13	133	132.5692	133.4807
14	14	137	132.6554	132.7846
15	15	135	133.5243	134.8277
16	16	130	133.8194	134.2621
17	17	—	133.0555	131.9097

2. 二次指数平滑法

一次指数平滑法只适用于时间序列有一定波动但没有明显的长期递增或递减的短期预测,若进行中长期预测,则会造成显著的时间滞后,产生较大的预测误差。为弥补这一缺陷,可采用二次指数平滑法,它是在一次指数平滑的基础上再进行一次平滑,其模型为

$$S_t^{(2)} = \alpha S_t^{(1)} + (1-\alpha) S_{t-1}^{(2)}$$

式中，$S_t^{(2)}$ 为二次指数平滑值；$S_t^{(1)}$ 为一次指数平滑值，即 $\hat{y}_{t+1}$；α 为平滑系数。

(三) 季节指数预测法

季节指数预测法又称为季节变动趋势预测法，是根据时间序列中的数据资料所呈现的季节变动规律，对预测目标未来状况做出预测的方法。

在市场经济现象中，很多商品由于受到自然气候、生产条件、风俗习惯等因素的影响，在一年中随着季节的变动会呈现出明显的周期性变动规律，这种规律有三个显著特征：一是呈现明显季节性波动，每年重复出现；二是季节性变动按照一定的周期进行；三是每个周期变化强度大体相同。季节指数预测法恰恰遵循了现象的这种季节变动规律，利用统计的方法测定出季节指数反映季节变动规律的季节指数，并以此为依据进行市场预测。

利用季节指数预测法进行预测时，时间序列的时间单位季或月，变动循环周期为 4 季或 12 个月，并且至少要具备 3 年以上的历史数据信息，即至少拥有连续的 12 季或 36 个月的历史数据。运用季节指数预测法进行预测，首先，要利用统计分析方法计算出预测目标的季节指数，以测定季节变动的规律性；然后，在已知季节平均值的条件下，预测未来某个月或季的预测值。

季节指数预测法的一般步骤如下所述。

(1) 收集 3 年以上各年的月或季资料 y_t，形成时间序列。

(2) 计算各年同月或同季的平均值 $\bar{y}_t$，其公式为 $\overline{Y}_i = \sum_{i=1}^{n} \overline{Y}_i / n$ (n 为年数)。

(3) 计算所有年度所有月或季的平均值 $\overline{Y}$，其计算公式为：$\overline{Y} = \sum_{i=1}^{n} \overline{Y}_i / n$ (n 为一年季节数或月数，即 4 或 12)。

(4) 计算各季或各月的季节比率 f_i，即季节指数，公式为：$f_t = \dfrac{\overline{Y}_i}{\overline{Y}}$。

(5) 计算预测期趋势值 $\hat{X}_t$，趋势值是不考虑季节变动影响的市场预测趋势估计值。其计算方法有多种：①以观察年的年均值除以一年的月数或季数；②观察年末的年值乘预测年的年发展速度；③直接以观察年末年的年值除一年月数或季数。如果预测年数值变化不大，可用上述第三种方法。

(6) 建立季节指数预测模型，进行预测，即 $\hat{Y}_t = \hat{X}_t f_i$。

【例 8-6】某地区 A 产品 2015—2018 年的各季销售额资料如表 8.4 所示，试预测 2019 年第一季销售额。

表 8.4 某地区 A 产品近年各季节销售额统计表

季度	各季销售额(万元)				同季平均销售额 $\overline{Y}_i$ (万元)	季节比率 f_i	预测值 $\hat{Y}_t$ (万元)
	2015 年	2016 年	2017 年	2018 年			
1	148	138	150	145	145.25	1.2727	147
2	62	64	58	66	62.5	0.5477	63.26
3	76	80	72	78	76.5	0.6703	77.42

续表

季度	各季销售额(万元)				同季平均销售额 $\overline{Y_i}$ (万元)	季节比率 f_i	预测值 $\hat{Y_t}$ (万元)
	2015年	2016年	2017年	2018年			
4	164	172	180	173	172.25	1.5093	174.32
合计	450	454	460	462	—	—	—

分析：第一步：计算同季平均销售额：$\overline{y_1} = \dfrac{148+138+150+145}{4} = 145.25$ (万元)；

第二步：计算观察期全期的所有季度平均值：$\overline{Y} = \dfrac{450+454+460+462}{16} = 114.125$ (万元)；

第三步：计算第一季度的季节比率：$f_1 = \dfrac{145.25}{114.125} = 1.2727$；

第四步：计算预测期趋势值：$\hat{X_t} = \dfrac{462}{4} = 115.5$ (万元)(此处采用了上述第三种方法确定趋势值)；

第五步：根据季节指数模型计算2019年第一季度销售额：$\hat{Y_t} = 115.5 \times 1.2727 = 147$ (万元)。

同理可以一次计算出2019年第二季度、第三季度和第四季度的销售额，具体数值见表8.4。

(四)趋势延伸预测法

趋势延伸预测法又称数学模型法，是指对时间序列拟合恰当的趋势线，根据趋势线特征建立一定的数学模型(即数学表达式)，并对其外推或延伸，用以预测经济现象未来发展可能达到的水平。

根据时间序列拟合的趋势线特点，趋势延伸预测法可分为直线趋势延伸预测法和曲线趋势延伸预测法两种。

趋势延伸预测法的应用必须具备下述两个基本条件。

(1) 预测对象过去、现在和将来的客观条件基本保持不变，过去发生过的规律会延续到未来。

(2) 预测对象的发展过程是渐变的，而不是跳跃式的、大起大落的。

只要符合以上两个条件，我们就可以以时间 t 为自变量，以预测对象为因变量，寻求一条与之相适合的直线或曲线，建立预测模型进行预测。

1. 直线趋势延伸预测法

直线趋势延伸预测法又称为直线模型预测法，当时间序列的每期数据按大致相同的数量增加或减少时，即逐期增减量(一次差)大体相同，则可配以直线方程并利用最小二乘法求解方程中的参数，最后依据直线模型进行预测。也就是说采用直线趋势延伸预测法必须具体一定条件，即时间序列数据有长期直线变动趋势。直线趋势预测法是经济现象长期趋势预测的基本方法，也是预测实践中最常用的方法之一。

时间序列的趋势是否为直线趋势，可以采用图解法来判断。图解法又称散点图法，是将时间序列的有关数据资料按时间变量描绘到一张坐标图中，即以时间为横轴，以变量值为纵轴，在坐标图中标识出各个数据点。如果这些数据点的分布近似一条直线，则判断该时间序列呈直线变动趋势。实践中多依据 Excel 等软件来绘制散点图。

【例 8-7】 某企业 2011—2018 年产品销售量如表 8.5 所示，用图解法判断其是否具有直线变动趋势。

表 8.5 某企业产品销售量统计表

年 份	2011	2012	2013	2014	2015	2016	2017	2018
销售量	32	39	45	52	60	67	74	80

散点图如图 8.1 所示。

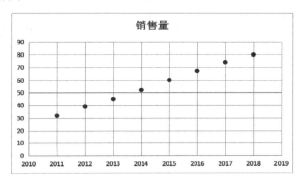

图 8.1 某企业 2011—2018 年产品销售量

从上面的散点图来看，销售量随着时间的变化大致呈现一条直线，判断该变量具有直线变动趋势。

直线趋势预测模型为
$$\hat{y} = a + bt$$

其中为 $\hat{y}$ 预测值，a、b 为模型参数，t 为时间变量(一般用序号表示)。

利用直线模型 $\hat{y} = a + bt$ 进行预测，首先要求出参数 a、b，根据最小二乘法的原理，预测公式中 a 和 b 的计算公式为

$$b = \frac{n\sum ty - \sum t \sum y}{n\sum t^2 - (\sum t)^2}$$

$$a = \frac{\sum y - b\sum t}{n}$$

式中：n——期数，代表时间序列的项数。

由于上述公式计算起来比较复杂，为了简化计算过程，我们使 $\sum t = 0$，若 n 为奇数，则可取 t 的间隔为 1，令中间一项的 $t=0$，上面为 -1，-2，-3，…，下面的为 1，2，3，…；若 n 为偶数，则可取 t 的间隔为 2，将 $t=-1$、$t=1$ 置于资料中央的上下两期，上面的为 -1，-3，-5，…，下面为 1，3，5，…，从而使上述公式简化为

$$a = \frac{\sum y}{n}, \quad b = \frac{\sum ty}{\sum t^2}$$

依据时间序列资料求得 a 和 b 的值，代入预测模型 $\hat{y} = a + bt$，即可得到直线预测方程，再将延长时间 t 代入直线预测方程就可预测出所需的预测值。

【例 8-8】 某企业 2006—2015 年的商品销售额的资料如表 8.6 中的 1～2 栏所示，请

根据直线趋势延伸预测模型对 2018 年该商品的销售额进行预测。

分析：通过观察资料可发现，商品销售额按大致相同的数额增加(或者绘制散点图判断呈直线变动趋势)，因此拟定直线趋势方程 $\hat{y}=a+bt$，根据表中资料，按一般序号计算，可导出

$$b = \frac{n\sum ty - \sum t \sum y}{n\sum t^2 - (\sum t)^2} = \frac{10 \times 1607 - 55 \times 241}{10 \times 385 - 55^2} = 3.4$$

$$a = \frac{\sum y - b\sum t}{n} = \frac{241}{10} - 3.4 \times \frac{55}{10} = 5.4$$

表 8.6　某企业 2006—2015 年的商品销售额及计算表

年 份	商品销售额(万元)	按一般顺序排序的 t			简化计算排序的 t'			预测值 $\hat{y}$ (万元)
		时间序号 t	t^2	ty	时间序号 t'	t'^2	$t'y$	
2006	7	1	1	7	-9	81	-63	8.8
2007	12	2	4	24	-7	49	-84	12.2
2008	17	3	9	51	-5	25	-85	15.6
2009	20	4	16	80	-3	9	-60	19
2010	23	5	25	115	-1	1	-23	22.4
2011	26	6	36	156	1	1	26	25.8
2012	29	7	49	203	3	9	87	29.2
2013	32	8	64	256	5	25	160	32.6
2014	35	9	81	315	7	49	245	36
2015	40	10	100	400	9	81	360	39.4
合计	241	55	385	1607	0	330	563	241

则直线趋势方程为 $\hat{y}=5.4+3.4t$，将代表各年度的 t 值代入方程即可计算出各年的预测值。如预测 2018 年的商品销售额，相对应的 $t=13$，$\hat{y}=5.4+3.4\times13=49.6$(万元)。

用简化公式计算，见表中后半部分，其中

$$a = \frac{\sum y}{n} = \frac{241}{10} = 24.1 , \quad b = \frac{\sum ty}{\sum t^2} = \frac{563}{330} = 1.7$$

代入方程得：$\hat{y}=24.1+1.7t$，也将代表各年度的 t 值代入方程，则可发现与上一种方法计算的预测值相同，仍预测 2018 年的商品销售额，相对应的 $t=15$，$\hat{y}=24.1+1.7\times15=49.6$(万元)。

2. 曲线趋势延伸预测法

在市场预测中，经常会遇到经济现象的发展呈非线性变化，其发展趋势表现为各种不同形态的曲线。此时则应使用相应的曲线趋势方程进行拟合，用以描述其发展的长期趋势。

1) 二次曲线趋势延伸预测法

如果时间序列各期发展水平的二级增减量大致相同(即二次差近似相同)，则其发展趋势描绘近似一条二次曲线，可以配合相应的趋势方程：

$$\hat{y} = a + bt + ct^2$$

式中：a、b、c 三个待定参数同样可使用最小二乘法求得，即

$$\begin{cases} \sum y = na + b\sum t + c\sum t^2 \\ \sum ty = a\sum t + b\sum t^2 + c\sum t^3 \\ \sum t^2 y = a\sum t^2 + b\sum t^3 + c\sum t^4 \end{cases}$$

依照直线趋势预测法中的简化计算原理，得 $\sum t = 0$，$\sum t^3 = 0$，所以上面的标准方程可简化，并由此得出

$$\begin{cases} b = \dfrac{\sum ty}{\sum t^2} \\ c = \dfrac{n\sum t^2 y - \sum t^2 \sum y}{n\sum t^4 - (\sum t^2)^2} \\ a = \dfrac{\sum y - c\sum t^2}{n} \end{cases}$$

将时间序列中相对应的数据代入上述方程组，即可求得 a、b 和 c 三个参数值，从而得出二次曲线模型，然后将预测期对应的时间 t 值代入模型即可得出预测值。

【例 8-9】 某产品投放市场后销售额如表 8.7 所示，试用趋势延伸预测法预测 2019 年该产品的销售额。

表 8.7 2010—2018 年某产品投放市场后的销售额

年份	2010	2011	2012	2013	2014	2015	2016	2017	2018
销售额（万元）	187	204	229	261	302	349	404	468	540

分析：经计算观测值的二次差大致相等，该经济现象的基本趋势符合二次曲线趋势特点，如表 8.8 所示。

表 8.8 2010—2018 年某产品投放市场后的销售额一次及二次差统计表

年份	2010	2011	2012	2013	2014	2015	2016	2017	2018
销售额（万元）	187	204	229	261	302	349	404	468	540
一次差	—	17	25	32	41	47	55	64	72
二次差	—	—	8	7	9	6	8	9	8

建立二次曲线趋势预测法的模型：$\hat{y} = a + bt + ct^2$，根据最小二乘法原理推算模型参数，数据计算如表 8.9 所示。

表 8.9 二次曲线趋势延伸预测法相关数据计算表

年　份	销售额 y_t（万元）	时间序号 t	t^2	t^4	ty	$t^2 y$
2010	187	-4	16	256	-748	2992
2011	204	-3	9	81	-612	1836
2012	229	-2	4	16	-458	916

续表

年 份	销售额 y_t(万元)	时间序号 t	t^2	t^4	ty	t^2y
2013	261	−1	1	1	−261	261
2014	302	0	0	0	0	0
2015	349	1	1	1	349	349
2016	404	2	4	16	808	1616
2017	468	3	9	81	1404	4212
2018	540	4	16	256	2160	8640
合计	2944	0	60	708	2642	20822

将表中有关数据代入方程组：

$$\begin{cases} b = \dfrac{\sum ty}{\sum t^2} \\ c = \dfrac{n\sum t^2 y - \sum t^2 \sum y}{n\sum t^4 - (\sum t^2)^2} \\ a = \dfrac{\sum y - c\sum t^2}{n} \end{cases}$$

可得 $\begin{cases} a=301.2 \\ b=44.0 \\ c=3.9 \end{cases}$

所以预测模型为 $\hat{y} = 301.2 + 44t + 3.9t^2$。

将预测期 2019 年对应的时间序号 $t=5$ 代入上述模型得：

$$\hat{y} = 301.2 + 44 \times 5 + 3.9 \times 5^2 = 618.7(万元)$$

即 2019 年该产品的销售额将达到 618.7 万元。

2) 指数曲线趋势预测法

当时间序列的一次差按近似相同的百分比变化时，则应相应地拟合一条指数曲线进行模型预测。其模型公式为 $\hat{y} = k + ab^t$。

3) 对数曲线趋势预测法

对数曲线模型为 $\hat{y} = a + b\ln x (b>0)$。对数曲线的一阶导数单调减少，散点图应表现为向上凸的趋势(增长趋势时)。确定对数曲线方程参数时，可以把 y 看作是 $\ln x$ 的线性函数，进行回归分析，也可利用最小二乘法原理求解。

第二节　回归分析预测法

客观世界中很多事物、现象之间都存在着相互联系、相互影响、相互制约的依存关系，以经济现象为例，如企业的生产量和单位生产成本的关系、家庭收入与支出的关系、广告投资费用和商品销售额的关系、企业销售收入和促销费用的关系等。通过对大量的社会经济现象的研究发现，在具有这种关系的因素中，一个变量发生变化，必然会引起另一个变量随之发生变化。回归分析就是描述一种变量的变化对另一种变量的影响程度，寻找经济现象中的因果关系的一种研究方法。

一、回归分析预测法的含义

(一)相关分析

1. 相关关系的含义

要了解在市场预测中应用回归分析预测法的基本思想，必须先了解市场现象之间的关系：一类是确定性关系，即函数关系；另一类是非确定性关系，即相关关系。函数关系是指现象之间存在着严格的依存关系，对于某一个变量的每一个数值，都有另一个变量的确定值与之相对应，并且两者的关系可以用一定的数学表达式表达，即 $y=f(x)$(其中 y 为因变量，x 为自变量)。例如当价格一定的情况下，销售额与销售量之间就是严格的依存关系，即函数关系，两者一一对应。但在经济现象中更多的关系表现出的是一种非确定性的依存关系，即一个变量的每一个数值，都可能有另一个变量的若干个值与之相对应，所以相关关系是一种不确定性的关系，是一种不完全的依存关系。例如身高与体重的关系就是一种相关关系。一般来说，身高越高，体重越重，但二者之间的关系并非严格意义上的对应关系，身高 1.75 米的人，对应的体重会有多个数值，因为影响体重的因素不只身高而已，它还会受遗传、饮食习惯等因素的制约和影响。社会经济现象中大多存在这种非确定的相关关系，相关关系是回归分析法应用的前提。

2. 相关关系的特点

(1) 现象之间确实存在数量上的依存关系。如果一种现象发生数量上的变化，则另一种现象也会发生数量上的变化。在相互依存的两个变量中，可以根据研究目的，把其中的一种变量确定为自变量，把另一个对应变量确定为因变量。例如，把身高作为自变量，则体重就是因变量。

(2) 现象之间数量上的关系是不确定的。相关关系的全称是统计相关关系，它属于变量之间的一种不完全确定的关系。这意味着一个变量虽然受另一个(或一组)变量的影响，却并不由这一个(或一组)变量完全确定。例如，前面提到的身高和体重之间的关系就是这样一种关系。

3. 相关分析的主要内容

相关分析是指对客观现象的相互依存关系进行分析、研究，这种分析方法叫相关分析法。相关分析的目的在于研究相互关系的密切程度及其变化规律，以便作出判断，进行必要的预测和控制。相关分析的主要内容如下所述。

(1) 确定现象之间有无相关关系。这是相关与回归分析的起点，只有存在相互依存关系，才有必要进行进一步的分析。

(2) 确定相关关系的密切程度和方向。确定相关关系密切程度主要是通过绘制相关图表和计算相关系数求得。只有对达到一定密切程度的相关关系，才可配合具有一定意义的回归方程。

(3) 确定相关关系的数学表达式。为确定现象之间变化上的一般关系，我们必须使用函数关系的数学公式作为相关关系的数学表达式。如果现象之间表现为直线相关,我们可采用配合直线方程的方法;如果现象之间表现为曲线相关,我们可采用配合曲线方程的方法。

(4) 确定因变量估计值误差程度。使用配合直线或曲线的方法可以找到现象之间一般的变化关系,也就是自变量 x 变化时,因变量 y 将会发生多大的变化。根据得出的直线方程或曲线方程可以给出自变量的若干数值,求得因变量的若干个估计值。估计值与实际值是有出入的,确定因变量估计值误差大小的指标是估计标准误差。估计标准误差大,表明估计不太精确;估计标准误差小,表明估计较精确。

4. 相关关系的测定

相关分析的主要方法有相关表、相关图和相关系数三种。现将这三种方法分述如下。

1) 相关表

在数据资料整理中,制作相关表或相关图,可以直观地判断现象之间大致存在的相关关系的方向、形式和密切程度。

在对现象总体中两种相关变量作相关分析,以研究其相互依存关系时,如果将实际调查取得的一系列成对变量值的资料顺序地排列在一张表格上,这张表格就是相关表。

例如:为研究分析产量(x)与单位产品成本(y)之间的关系,从 30 个同类型企业调查得到的原始资料并将产量按从小到大的顺序排列,可编制简单相关表,结果见表 8.10。

从表 8.10 中可以看出,随着产量的提高,单位产品成本却有相应降低的趋势,尽管在同样产量的情况下,单位产品成本存在差异,但是两者之间仍然存在一定的依存关系。

表 8.10 产量和单位产品成本原始资料

产量(件)	20	20	20	20	20	20	20	20	20	30	30	30	30	30	40
单位产品成本(元)	15	16	16	16	16	18	18	18	18	15	15	16	16	16	14
产量(件)	40	40	40	40	50	50	50	50	50	50	60	60	60	60	60
单位产品成本(元)	15	15	15	16	14	14	15	15	15	16	14	14	14	14	15

2) 相关图

相关图又称散点图,它是以直角坐标系的横轴代表自变量 x,纵轴代表因变量 y,将两个变量间相对应的变量值用坐标点的形式描绘出来,用来反映两变量之间相关关系的图形。

相关图可以按未经分组的原始资料来编制,也可以按分组的资料,包括按单变量分组相关表和双变量分组相关表来编制。通过相关图将会发现,当 y 与 x 是函数关系时,所有的相关点都会分布在某一条线上;在相关关系的情况下,由于其他因素的影响,这些点并非处在一条线上,但所有相关点的分布也会显示出某种趋势。所以相关图会很直观地显示现象之间相关的方向和密切程度。

例如,研究产量和单位成本之间的关系时,对其绘制的散点图如图 8.2 所示。

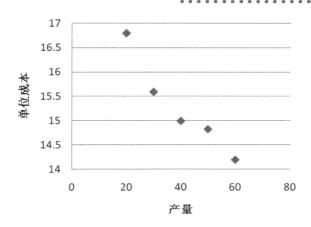

图 8.2 产量与单位成本相关关系散点图

从图 8.2 中可以看出,单位产品成本随着产量增加而降低,并且散布点的分布近似地表现为一条直线。由此可以判断产量与单位产品成本两个变量之间存在着直线负相关关系。

3) 相关系数

相关表和相关图大体可以说明变量之间有无关系,但它们的相关关系的紧密程度却无法表达,因此,需运用数学解析方法,构建一个恰当的数学模型来显示相关关系及其密切程度。想对现象之间的相关关系的紧密程度做出确切的数量说明,就需要计算相关系数。

(1) 相关系数的计算。相关系数是在直线相关条件下,说明两个现象之间关系密切程度的统计分析指标,记为 γ。相关系数的计算公式为

$$\gamma = \frac{\sigma_{xy}^2}{\sigma_x \sigma_y} = \frac{\frac{1}{n}\sum(x-\bar{x})\sum(y-\bar{y})}{\sqrt{\frac{1}{n}\sum(x-\bar{x})^2}\sqrt{\frac{1}{n}\sum(y-\bar{y})^2}}$$

式中:n——资料项数;
$\bar{x}$——x 变量的算术平均数;
$\bar{y}$——y 变量的算术平均数
σ_x——x 变量的标准差;
σ_y——y 变量的标准差;
σ_{xy}——xy 变量的协方差。

在实践中,如果根据原始资料计算相关系数,可运用相关系数的简捷法计算,其计算公式为

$$\gamma = \frac{n\sum xy - \sum x \sum y}{\sqrt{n\sum x^2 - (\sum x)^2}\sqrt{n\sum y^2 - (\sum y)^2}}$$

例如,根据居民家庭月收入与消费支出之间的数量统计信息,具体见表 8.11 的 1~2 栏,判断居民家庭月收入与消费支出的相关关系。

表 8.11 居民家庭月收入与消费支出统计资料及相关技术数据

编号	月收入 x(百元)	消费支出 y(百元)	x^2	y^2	xy
1	15	12	225	144	180
2	18	15	324	225	270
3	20	18	400	324	360
4	25	20	625	400	500
5	30	28	900	784	840
6	40	36	1600	1296	1440
7	62	42	3844	1764	2604
8	75	53	5625	2809	3975
9	88	60	7744	3600	5280
10	92	65	8464	4225	5980
合计	465	349	29751	15571	21429

(2) 相关系数的分析。相关系数的性质如下：①相关系数的数值范围，是在-1 和+1 之间，即$-1 \leqslant \gamma \leqslant 1$。②计算结果，当$\gamma > 0$时，表示$x$与$y$为正相关；当$\gamma < 0$时，$x$与$y$为负相关。③相关系数$\gamma$的绝对值越接近于 1，表示相关关系越强；越接近于 0，表示相关关系越弱。如果$|\gamma|=1$，则表示两个现象完全直线相关。如果$|\gamma|=0$，则表示两个现象完全不相关(不是直线相关)。④相关系数γ的绝对值在 0.3 以下是无直线相关，0.3 以上是有直线相关，0.3～0.5 是低度直线相关，0.5～0.8 是显著相关，0.8 以上是高度相关。

$$\gamma = \frac{10 \times 21429 - 465 \times 349}{\sqrt{10 \times 29751 - 465^2} \times \sqrt{10 \times 15571 - 349^2}} = 0.99$$

上例中计算的相关系数为 0.99，说明消费支出与居民家庭月收入呈高度正相关，也就是家庭收入越高，消费支出也越高。

(二)回归及回归分析预测法

1. 回归的含义

"回归"一词是英国人弗兰西斯·盖尔顿(Francis Galton)和卡尔·皮尔逊(Karl Pearson)在研究父亲身高与儿子身高的关系时引入的。盖尔顿和皮尔逊发现，若父亲为高个子，则儿子个子也高，但其平均身高低于父亲的平均身高；若父亲为矮个子，则儿子个子也矮，但其平均身高高于父亲的平均身高，也即身高的变化不是两极分化，而是"趋同"，儿子身高向着平均身高"回归"，以保持种族的稳定。用盖尔顿的话来说，这是"回归到普通人"。后人将此种方法普遍用于寻找变量之间的规律。现在，回归分析法已经成为探索变量之间关系的最重要的方法，用以找出变量之间关系的具体表现形式。

"回归"是指某一变量与其他一个或多个变量的依存关系。在市场预测中为了掌握某一市场现象未来发展变化的规律，常用其他相关因素的变化规律来解释，应用回归分析法可以找出其具体的依存关系表现。

2. 相关与回归的关系

就一般意义而言，相关分析包括回归和相关两方面内容，因为回归与相关都是研究两变量相互关系的分析方法。但就具体方法而言，回归分析和相关分析是有明显差别的。相关图表、相关系数能判定两变量之间相关的方向和密切程度，但不能指出两变量相互关系的具体表现形式，也无法从一个变量的变化来推测另一个变量的变化情况。回归分析和相关分析是互相补充、密切相关的。相关分析需要回归分析来表明数量关系的具体表现形式，而回归分析则应该建立在相关分析的基础上。只有依靠相关分析，对现象的数量变化规律判明具有密切相关关系后，再进行回归分析，求其相关的具体表现形式，这样才具有实际意义。

3. 回归分析预测法的含义

回归分析预测法就是对具有相关关系的两个或两个以上变量的数量变化规律进行测定，确立一个相应的数学表达式，并据此进行估算和预测的一种方法。

回归分析建立的数学表达式称为回归方程(或回归模型)。回归方程为线性方程的，称为线性回归；回归方程为非线性方程的称为非线性回归。两个变量之间的回归称为一元回归(简单回归)；三个或三个以上变量之间的回归称为多元回归。本书只介绍一元线性回归，即简单线性回归分析预测方法。

二、回归分析预测法的应用条件及主要内容

应用回归分析预测法时必须注意其前提条件，以提高预测准确度。

(1) 经济变量之间关系密切。因变量和自变量之间必须有关系，且关系要密切。只有正确认识经济现象变量之间内在的必然联系和外部的偶然联系，不为假相关所迷惑，准确剖析两者之间的相关关系，才能正确应用回归分析预测法。

(2) 自变量的预测值必须比因变量的预测值精确或容易求得。因为预测因变量的未来发展水平，必须有自变量的未来资料代入回归方程才能计算出来。如果自变量的预测值更难求得，则该回归方程就失去了应用价值。

(3) 要正确选择回归方程的具体形式。选择回归方程式即确定自变量和因变量的关系表达式是直线形式还是曲线形式，是一个自变量还是多个自变量，且要有简单而有效的验证方法。

回归分析预测法的主要内容包括两方面。

(1) 建立相关关系的回归方程。利用回归分析方法，配合一个表明变量之间在数量上相关的方程式，而且根据自变量 x 的变动，来预测因变量 y 的变动。

(2) 测定因变量的估计值与实际值的误差程度。通过计算估计标准误差指标，可以反映因变量估计值的准确程度，从而将误差控制在一定范围内。

三、回归分析的特点

回归分析与相关分析比较具有以下特点。

(1) 在相关分析中，各变量都是随机变量；而在回归分析中，因变量是随机变量，自变量不是随机的，而是给定的数值。

(2) 在相关分析中，各变量之间是对等关系，调换变量的位置，不影响计算的结果；而在回归分析中，自变量与因变量之间不是对等的关系，调换其位置，将得到不同的回归

方程。因此，在进行回归分析时，必须根据研究目的，先确定哪一个是自变量，哪一个是因变量。

（3）相关分析计算的相关系数是一个绝对值在 0 与 1 之间的抽象系数，其数值的大小可以反映变量之间相关关系的程度；而回归分析建立的回归方程反映的是变量之间的具体变动关系，不是抽象的系数。根据回归方程，利用自变量的给定值可以估计或推算出因变量的数值。

四、回归分析预测法的具体步骤

利用回归分析预测法，其具体步骤如下所述。

1. 确定预测目标和影响因素

一般情况下，市场预测的目标必定是因变量，研究者可根据研究预测的目的确定，其确定比较容易；但对于影响和制约目标的因素——自变量的确定，相对要难得多。确定自变量，预测者既要对历史资料和现实调查资料进行分析，又要根据自己的理论水平、专业知识和实践经验进行科学分析，必要时还可以运用假设技术，先进行假设再进行检验，以确定主要的影响因素。

2. 进行相关分析

所谓的相关分析，就是对变量之间的相关关系进行分析和研究。这一过程主要包括两个方面：一是确定变量之间有无相关关系，即确定变量之间是否存在不具有数值对应关系的非确定性依存关系。换句话说，当自变量的确定值为 x，与其具有相关关系的对应值 y 并不确定。这是相关分析也是回归分析的前提。二是确定相关关系的密切程度，这是相关分析的主要目的和主要内容。其密切程度通常用相关系数或相关指数来衡量。相关系数 r 计算公式为

$$r = \frac{\sum(x-\bar{x})(y-\bar{y})}{\sqrt{\sum(x-\bar{x})^2 \sum(y-\bar{y})^2}}$$

相关系数，$-1 \leq r \leq 1$。当变量 x 与 y 呈线性相关时，$|r|$ 越接近 1，表明变量间的线性相关程度越高；$|r|$ 越接近 0，表明变量间的线性相关程度越低。$r>0$ 表明为正相关，$r<0$ 表明为负相关。当现象呈较强的非线性相关时，相关系数 $|r|$ 或趋近于 0，或许很大，并不确定。

3. 建立回归预测模型

其方程为 $y = a + b_1 x_1 + b_2 x_2 + \cdots + b_n x_n$。

当线性回归只有一个自变量与一个因变量之间的回归，成为一元线性回归或简单线性回归、直线回归时，可简写为 $y = a + bx$。

其他形式的线性回归称为多元线性回归。

当变量之间不呈线性关系时，则需要根据曲线的性状建立相应的非线性回归方程。方程的参数通常用最小二乘法计算求得，然后代回方程用于预测。

4. 回归预测模型的检验

建立回归方程的根本目的在于预测，将方程用于预测前需要检验回归方程的拟合优度和回归参数的显著性，只有通过了有关检验后，回归方程才可用于经济预测，通常的检验方法有相关系数检验、F检验、t检验和D-W检验等。

5. 进行实际预测

运用通过检验的回归方程，将需要预测的自变量 x 值代入方程并进行计算，即可得到所求的预测值，通常有两种情况，一种是点预测，另一种个是区间预测。

五、一元线性回归分析预测法

(一)一元线性回归分析预测法的概念

一元线性回归分析预测法是回归分析预测法中最简单、最基本的形式，也就是通常所说的配合直线方程式的问题。如果影响经济变化的众多因素中有一个起决定性作用的因素，且自变量与因变量的分布呈线性趋势的回归，用这种回归分析来进行预测的方法是一元线性回归分析预测法。

一般来说一元线性回归方程为 $\hat{y} = a + bx$。

其中 y 是因变量，x 是自变量，a、b 为待定参数，b 又称回归系数。a、b 参数是需要根据实际资料求解的数值，a 为直线的截距，b 为直线的斜率，表示自变量 x 每变动一个单位时，因变量 y 的平均变动量。a、b 值确定了直线的位置，a、b 一旦确定，这条直线就被确定了。但用于描述这 n 组数据的直线有许多条，究竟用哪条直线来代表两个变量之间的关系，需要一个明确的标准。我们希望选择距离各散布点最近的一条直线来代表 x 与 y 之间的关系，以便更好地反映变量之间的关系。根据这一原理确定未知参数 a、b 的方法，称为最小二乘法，也就是通过使 $Q = \sum(y - \hat{y})^2 = \sum(y - a - bx)^2$ 为最小值来确定 a、b 的方法。可见，用最小二乘法得到的直线与所有点 (x_i, y_i) 的离差平方和为最小。

要使 Q 为最小值，就要用数学中对二元函数求极值的原理，求 Q 关于 a 和 b 的偏导数，并令其同时等于0，整理得出关于参数 a、b 的方程组：

$$\begin{cases} \sum y = na + b\sum x \\ \sum xy = a\sum x + b\sum x^2 \end{cases}$$

解方程组得

$$\begin{cases} b = \dfrac{\sum(x - \bar{x})(y - \bar{y})}{\sum(x - \bar{x})^2} = \dfrac{n\sum xy - \sum x \sum y}{n\sum x^2 - (\sum x)^2} \\ a = \dfrac{\sum y - b\sum x}{n} \end{cases}$$

(二)一元线性回归分析预测法的应用解析

案例：根据经验，企业的商品销售额同广告费支出之间具有相关关系，某企业近几年的商品销售额和广告费支出的资料如表8.12所示。

表 8.12 商品销售额与广告费支出统计及相关计算数据表

年份	广告费支出 x_i（万元）	商品销售额 y_i（百万元）	$x_i y_i$	x_i^2	y_i^2	y_c	$(y-y_c)^2$	$(y_c-\bar{y})^2$	$(y_c-\bar{y})^2$	$(x-\bar{x})^2$
2009	4	7	28	16	49	8.644	2.703	238.888	292.41	136.89
2010	7	12	84	49	144	12.607	0.368	132.089	146.41	75.69
2011	9	17	153	81	289	15.249	3.066	78.340	50.41	44.89
2012	12	20	240	144	400	19.212	0.621	23.893	16.81	13.69
2013	14	23	322	196	529	21.854	1.313	5.045	1.2	2.89
2014	17	26	442	289	676	25.817	0.033	2.948	13.61	1.69
2015	20	29	580	400	841	29.78	0.608	32.262	24.01	18.49
2016	22	32	704	484	1024	32.422	0.178	69.256	62.41	39.69
2017	25	35	875	625	1225	36.385	1.918	150.921	118.81	86.49
2018	27	40	1080	729	1600	39.027	0.947	222.815	252.81	127.69
合计	157	241	4508	3013	6777	240.997	11.755	956.457	968.90	546.10

预测：该企业 2019 年的广告费支出 38 万元，要求在 95%的概率下预测该年的商品销售额。

分析结果如下所述。

(1) 进行相关分析：在坐标系上将广告费支出与商品销售额的数据标出，形成散点图，可以发现呈现直线趋势，从而判断二者呈一元回归。

(2) 建立回归方程 $\hat{y}=a+bx$。

关键是求参数 a、b 的值。根据上表资料，利用最小平方法可以求出：

$$b=\frac{n\sum xy-\sum x\sum y}{n\sum x^2-(\sum x)^2}=\frac{10\times 4508-157\times 241}{10\times 3013-157^2}=1.321$$

$$a=\frac{\sum y-b\sum x}{n}=\frac{241}{10}-1.321\times\frac{157}{10}=3.36$$

所求的回归方程是：$\hat{y}=3.36+1.321x$。

(3) 进行检验。

① 相关系数。

$$r=\frac{\sum(x-\bar{x})(y-\bar{y})}{\sqrt{\sum(x-\bar{x})^2\sum(y-\bar{y})^2}}=\frac{n\sum xy-\sum x\sum y}{\sqrt{n\sum y^2-(\sum y)^2}}=\frac{10\times 4508-157\times 241}{\sqrt{10\times 3013-157^2}\sqrt{10\times 6777-241^2}}$$

取显著性水平 $a=0.05$，$df=n-2=8$，查相关系数临界值表得：$r_{0.05(8)}=0.632$。

因为 $r>r_a$，说明广告费用支出与商品销售额存在很强的正相关关系。

② 标准误差检验。

标准误差是度量实际值分布在回归直线周围的离散程度的统计量，记为 S，其计算公式为 $S=\sqrt{\dfrac{\sum(y-\hat{y})^2}{n-2}}$ 或简化为 $S=\sqrt{\dfrac{\sum y^2-a\sum y-b\sum xy}{n-2}}$。

标准误差分析就是通过计算标准误差的大小来分析说明回归方程的精确程度。S 越大，观察值对回归直线的离散程度越大；反之，S 越小，观察值对回归直线的离散程度越小，一

一般要求 $\frac{S}{\bar{y}}$ <15%。

根据表中数据求得：
$$S = \sqrt{\frac{11.755}{10-2}} = 1.212$$

$$\frac{S}{\bar{y}} = \frac{1.212}{24.1} = 5.03\% < 15\%$$

说明所拟合的一元线性回归模型 $\hat{y} = 3.36 + 1.321x$ 具有较高的精确度，可以用于预测。

4．进行预测

1) 点预测

将 $x_0 = 38$ 代入方程：$\hat{y} = 3.36 + 1.321x$ 得

$$y_c = 3.36 + 1.321 \times 38 = 53.558 (百万元)$$

即 2010 年的商品销售额预测有望达到 53.558 百万元。

2) 区间预测

因为 $\alpha = 0.05$，$df = 8$，查分布表得 $t_{\frac{\alpha}{2}, n-2} = 2.036$。

当广告费支出达到 $x_0 = 38$ 时，商品销售额的预测区间为

$$y_c \pm t_{\frac{\alpha}{2}, n-2} S_y \sqrt{1 + \frac{1}{n} + \frac{(x_0 - \bar{x})^2}{\sum(x - \bar{x})^2}}$$

$$= 53.558 \pm 2.036 \times 1.212 \times \sqrt{1 + \frac{1}{10} + \frac{(35 - 15.7)^2}{546.1}}$$

$$= 53.558 \pm 3.731$$

即若以 95% 的把握程度预测，当广告费支出为 38 万元时，商品的销售额在 49.827 百万～57.289 百万之间。

思考：根据表 8.11 中的月收入与消费支出数据，应用一元线性回归模型预测当家庭月收入达到 150 百元时，其消费支出为多少百元？

【知识拓展】

估计标准误差

1．估计标准误差的意义

回归方程的一个重要作用在于根据自变量的已知值推算因变量的可能值 $\hat{y}$，这个可能值或称估计值、理论值、平均值，它和真正的实际值 y 可能一致，也可能不一致，因而就产生了估计值的代表性问题。当 $\hat{y}$ 值与 y 值一致时，表明推断准确；当 $\hat{y}$ 值与 y 值不一致时，表明推断不够准确。显而易见，将一系列 $\hat{y}$ 值与 y 值加以比较，可以发现其中存在着一系列离差，有的是正差，有的是负差，还有的为零。而回归方程的代表性如何，一般是通过计算估计标准误差指标来加以检验的。估计标准误差指标是用来说明回归方程代表性大小的统计分析指标，也简称为估计标准差或估计标准误差，其计算原理与标准差基本相同。估计标准误差说明理论值(回归直线)的代表性。若估计标准误差小，说明回归方程准确性高，代表性大；反之，估计不够准确，代表性小。

2. 估计标准误差的计算

估计标准误差，是指因变量实际值与理论值离差的平均数。其计算公式为

$$S_{yx} = \sqrt{\frac{\sum(y-\hat{y})^2}{n-2}}$$

式中：S_{yx}——估计标准差，其下标 yx 代表 y 依 x 而回归的方程；

　　　$\hat{y}$——根据回归方程推算出来的因变量的估计值；

　　　y——因变量的实际值；

　　　n——数据的项数。

估计标准误差的简化计算公式为

$$S_{yx} = \sqrt{\frac{\sum y^2 - a\sum y - b\sum xy}{n-2}}$$

3. 估计标准误差与相关系数的关系

二者在数量上具有如下的关系：

$$\gamma = \sqrt{1 - \frac{S_{yx}^2}{\sigma_y^2}}$$

$$S_{yx} = \sigma_y\sqrt{1-\gamma^2}$$

式中：γ——相关系数；

　　　σ_y——因变量数列的标准差；

　　　S_{yx}——估计标准误差。

从上面的计算公式中可以看出 γ 和 S_{yx} 的变化方向是相反的。当 γ 越大时，S_{yx} 越小，这时相关密切程度较高，回归直线的代表性较大；当 γ 越小时，S_{yx} 越大，这时相关密切程度较低，回归直线的代表性较小。

本 章 小 结

定量预测法也称统计预测法，它是根据已经掌握的比较完备的历史统计数据或资料，运用一定的数学方法进行的科学的加工整理，借以揭示有关变量之间的规律性联系，用于推测未来发展变化情况的一种预测方法。本章主要介绍了时间序列预测法和回归分析预测法。

时间序列预测法又称趋势外推预测法或历史延伸预测法，具体是指将历史资料和数据，按照时间顺序排列成一系列，根据时间序列所反映的经济现象的发展过程、方向和趋势，将时间序列外推或延伸，以预测经济现象未来可能达到的水平。时间序列预测法是定量预测方法的典型应用。时间序列预测法基本步骤包括：确定预测对象；收集历史数据资料，加以整理并编制成时间序列；根据时间序列编制相应的统计图，分析时间序列的发展过程和规律性；选择预测方法，建立预测模型；对建立的数学模型进行外推或延伸，以预测经济现象预期的发展水平；确定最后预测结果。时间序列预测法可用于短期、中期和长期预测。在实际应用中根据对资料分析方法的不同，分为平均预测法、趋势延伸预测法和季节

指数预测法等。

回归分析预测法就是对具有相关关系的两个或两个以上变量的数量变化规律进行测定，确立一个相应的数学表达式，并据此进行估算和预测的一种方法。回归分析预测法的主要内容包括两方面：建立相关关系的回归方程；测定因变量的估计值与实际值的误差程度。一元线性回归分析预测法是回归分析预测法中最简单、最基本的形式，也就是通常所说的配合直线方程式的问题。如果影响经济变化的众多因素中有一个起决定性作用的因素，且自变量与因变量的分布呈线性趋势的回归，用这种回归分析来进行预测的方法是一元线性回归分析预测法。回归分析预测法的具体步骤包括：确定预测目标和影响因素；进行相关分析；建立回归预测模型；回归预测模型的检验；进行实际预测。

练习与思考

一、名词解释

定量预测法　　时间序列预测法　　算术平均数法　　移动平均数法

指数平滑法　　季节指数预测法　　数学模型法　　回归分析预测法

二、判断题（正确打"√"，错误打"×"）

1. 在进行趋势延伸预测法时，对于参数的求解可应用最小二乘法原理。　　（　　）
2. 在运用指数平滑预测法时平滑系数可以随意给定。　　　　　　　　　　（　　）
3. 函数关系是确定性关系，相关关系是非确定性关系。　　　　　　　　　（　　）
4. 回归分析中，变量都是随机的，是对等关系。　　　　　　　　　　　　（　　）
5. 在移动平均法应用中，进行移动平均的期数(项数)可以随意确定。　　　（　　）

三、简答题

1. 简述时间序列预测法的含义及特点。
2. 简述时间序列预测法的程序。
3. 什么是指数平滑预测法？平滑系数应该如何选择？
4. 季节指数预测法适用于什么样的时间序列？如何进行具体预测？
5. 简述一元线性回归分析预测法的基本步骤。

四、案例分析题

春花童装厂市场预测：事与愿违

某市春花童装厂近几年生产销售连年稳步增长。但是该厂李厂长这几天却在为产品推销、资金紧张大伤脑筋。原来，年初该厂设计了一批童装新品种，有男童的香槟衫、迎春衫，女童的飞燕衫、如意衫等。借鉴成人服装的镶、拼、滚、切等工艺，在色彩和式样上体现了儿童的特点，活泼、雅致、漂亮。由于工艺比原来复杂，成本较高，价格比普通童装高出了80%以上，一件香槟衫的售价在160元左右。为了摸清这批新产品的市场吸引力，在春节前夕厂里与百货商店联合举办"新颖童装迎春展销"，小批量投放市场十分成功，柜台边顾客拥挤，购买踊跃，一片赞誉声。许多商家主动上门订货。连续几天亲临柜台观察消费者反应的李厂长，看在眼里，喜在心上，不由想到，"现在大部分家庭只有一个孩子，为了能把孩子打扮得漂漂亮亮的。谁不舍得花些钱？只要货色好，价格高些看来没问题，决心趁热打铁，尽快组织批量生产，及时抢占市场。"

为了确定计划生产量，以便安排以后的月份生产，李厂长根据去年以来的月销售统计数，运用加权移动平均法，计算出以后月份的预测数，考虑到这次展销会的热销场面，他决定将生产能力的70%安排给新品种，30%安排给老品种。二月份的产品很快就被订购完了。然而，现在已是四月初了，三月份的产品还没有落实销路。询问了几家老客商，他们反映有难处，原以为新产品童装十分好销，谁知二月份订购的那批货，卖了一个多月还未卖三分之一，他们现在既没有能力也不愿意继续订购这类童装了。对市场上出现的近一百八十度的需求变化，李厂长感到十分纳闷。他弄不明白，这些新品种都经过试销，自己亲自参加市场调查和预测，为什么会事与愿违呢？

（资料来源：覃常员．市场调查与预测[M]．3版．大连：大连理工大学出版社，2009.）

阅读以上材料，回答问题。
1. 你认为春花童装厂产品滞销的问题出在哪里？
2. 为什么市场的实际发展状况与李厂长市场调查与预测的结论大相径庭？

单 元 实 训

【实训项目一】

移动平均法的应用。

1. 实训目的

通过上机，学习移动平均法的具体应用，掌握使用 Excel 工具进行移动平均预测的方法，提高学生对市场预测方法的实际应用能力。

2. 实训要求

要求学生深入了解移动平均法的基本思想，掌握其预测方法，使用数据分析方法进行预测。

3. 实训任务

某企业的彩色电视机在2019年1月至2020年6月期间的销售业绩如表8.13所示，表中销售额单位为万元，假设移动平均周期为3个月和6个月，试用移动平均法预测销售额。

表8.13　某企业2019年1月至2020年6月销售额及移动平均预测值表

时　间	销　售　额	三个月移动平均值	六个月移动平均值
2019年1月	6843.96		
2019年2月	7024		
2019年3月	6817.8		
2019年4月	7215.96		
2019年5月	7482		
2019年6月	7903.5		

续表

时　　间	销　售　额	三个月移动平均值	六个月移动平均值
2019 年 7 月	8002		
2019 年 8 月	8034.8		
2019 年 9 月	8574.14		
2019 年 10 月	8623.6		
2019 年 11 月	9486		
2019 年 12 月	9842		
2020 年 1 月	10043.96		
2020 年 2 月	10247.26		
2020 年 3 月	10619.8		
2020 年 4 月	11242.84		
2020 年 5 月	11556		
2020 年 6 月	11664.22		

4. 实训知识准备

(1) 认真学习移动平均预测法的基础知识。

(2) 学习 Excel 的有关知识。

5. 实训步骤

(1) 由指导教师介绍实训的目的和要求，并介绍移动平均法的相关知识。

(2) 由教师演示实训的具体操作方法。

(3) 学生自行练习 Excel 操作。

(4) 实际预测限时考核：学生随机抽取教师事先准备好的预测题进行实际预测，并提交预测结论。

(5) 实训总结与评分。

6. 实训考核

指导教师根据学生实训过程中的表现及随机抽取预测题得到的结论进行综合评分。

Excel 操作附录如下。

建立新 Excel 电子表文件，并用独特名称作为文件名，例如"销售额统计数据表"；将表 8.13 中的数据输入自己的电子表文件中，如图 8.3 所示。

选择工具菜单中的数据分析命令，此时弹出数据分析对话框；在分析工具列表框中选择移动平均工具，弹出移动平均对话框。

在输入框中输入参数。在输入区域框中指定统计数据所在区域\$B\$l：\$B\$19。因指定的输入区域包含标志行，所以选中标志位于第一行复选框。在间隔框内输入移动平均的期数 3。

在输出选项框内指定输出选项。可以选择输出到当前工作表的某个单元格区域、新工作表或是新工作簿。本例选定输出区域，并输入输出区域左上角单元格地址 C3。由于使用移动平均加载宏进行预测，输出结果下移一行，使移动平均值为下期的预测值。选中图表输出复选框，实际值与预测值以图表的形式输出，图表中各预测值的位置与工作表中相同。

将工作表输出结果下移一行后，为了修改图表中的时间序列的预测值，可以单击图表预测值系列并在编辑框中将时间系列第一行改为它的前一行。如：SERIFS("预测值"，Sheet2！\$C\$，3：\$C\$20，2)改为=SERIES("预测值"，Sheet2！\$C\$2：\$C\$ 20，2)。若需要输出实际值与一次移动平均值之差，还可以选中标准误差复选框。

单击确定按钮。若移动期数 n=6，预测步骤与上相同。这时，Excel 给出一次移动平均的计算结果及实际值与一次移动平均值的曲线图。

通常情况下，数据分析工具不一定已经装入工具菜单中。如果尚未装入，通过加载宏装入即可使用。

最终的预测结果如图 8.4 所示。

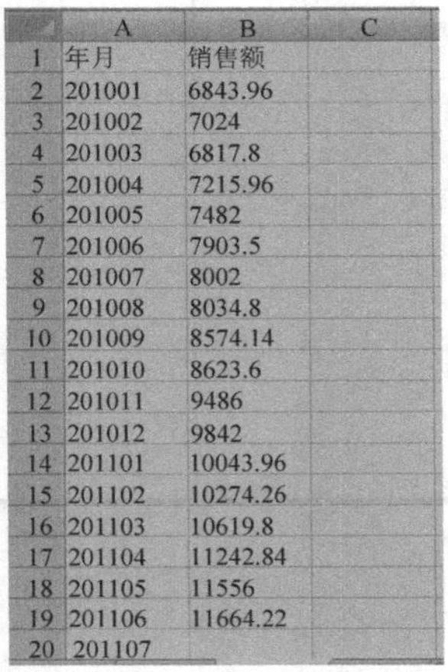

	A	B	C
1	年月	销售额	
2	201001	6843.96	
3	201002	7024	
4	201003	6817.8	
5	201004	7215.96	
6	201005	7482	
7	201006	7903.5	
8	201007	8002	
9	201008	8034.8	
10	201009	8574.14	
11	201010	8623.6	
12	201011	9486	
13	201012	9842	
14	201101	10043.96	
15	201102	10274.26	
16	201103	10619.8	
17	201104	11242.84	
18	201105	11556	
19	201106	11664.22	
20	201107		

图 8.3　数据输入后的示意图

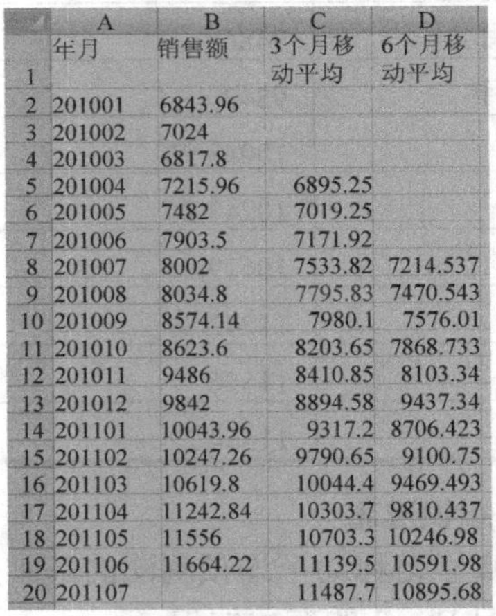

	A	B	C	D
1	年月	销售额	3个月移动平均	6个月移动平均
2	201001	6843.96		
3	201002	7024		
4	201003	6817.8		
5	201004	7215.96	6895.25	
6	201005	7482	7019.25	
7	201006	7903.5	7171.92	
8	201007	8002	7533.82	7214.537
9	201008	8034.8	7795.83	7470.543
10	201009	8574.14	7980.1	7576.01
11	201010	8623.6	8203.65	7868.733
12	201011	9486	8410.85	8103.34
13	201012	9842	8894.58	9437.34
14	201101	10043.96	9317.2	8706.423
15	201102	10247.26	9790.65	9100.75
16	201103	10619.8	10044.4	9469.493
17	201104	11242.84	10303.7	9810.437
18	201105	11556	10703.3	10246.98
19	201106	11664.22	11139.5	10591.98
20	201107		11487.7	10895.68

图 8.4　移动平均预测数据表

【实训项目二】

季节指数预测法的应用。

1. 实训目的

通过实训，使学生能够领会并掌握季节指数预测法及其应用，培养学生一定的定量预测能力。

2. 实训要求

熟悉季节指数预测法的相关知识；掌握季节指数预测法的应用；能够结合实际制订季节指数预测法的实施方案，并完成实际预测。

3. 实训任务

某服装公司 2004—2007 年各个季度的衬衫销售量见表 8.14，试用季节指数预测法预测 2008 年各季度的销售量。

表 8.14　某服装公司 2004—2007 年各季度的衬衫销售量

季　度	各个月的销售量			
	2004 年	2005 年	2006 年	2007 年
1	70.6	80.3	89.4	92.8
2	68.8	77.5	85.6	88.6
3	66.4	74.9	78.6	85.5
4	78.6	85.5	90.4	98.6

4. 实训知识准备

(1) 季节变动及季节指数预测法的含义。

(2) 季节指数预测法的基本原理。

(3) 季节指数预测法的基本步骤。

5. 实训步骤

(1) 指导教师介绍实训目的和要求，并介绍与季节指数预测法相关的知识点和具体的预测方法。

(2) 由教师演示实训的具体操作方法。

(3) 学生自行练习 Excel 操作。

(4) 实际预测限时考核：学生随机抽取教师事先准备好的历史数据进行实际预测，并提交预测结论。

(5) 实训总结与评分。

6. 实训考核

指导教师根据学生实训过程中的表现及随机抽取预测题得到的结论进行综合评分。

Excel 操作附录如下。

(1) 打开 Excel 表，将各年的各月份数据按照时间的先后顺序输入工作表，如图 8.5 所示。

	A	B	C	D	E
1	季度	各个月的销售量			
2		2004年	2005年	2006年	2007年
3	1	70.6	80.3	89.4	92.8
4	2	68.8	77.5	85.6	88.6
5	3	66.4	74.9	78.6	85.5
6	4	78.6	85.5	90.4	98.6

图 8.5 销售额统计数据

(2) 在 F2 单元格中输入"合计"，在 F3 单元格内输入"=SUM(B3:E3)"，按 Enter 键得到 333.1，然后利用填充柄进行复制；同理在 B7 单元格中输入"=SUM(B3:B6)"得到 284.4，依然利用填充柄完成复制，得到如图 8.6 所示数据。

	A	B	C	D	E	F
1	季度	各个月的销售量				
2		2004年	2005年	2006年	2007年	合计
3	1	70.6	80.3	89.4	92.8	333.1
4	2	68.8	77.5	85.6	88.6	320.5
5	3	66.4	74.9	78.6	85.5	305.4
6	4	78.6	85.5	90.4	98.6	353.1
7	合计	284.4	318.2	344	365.5	1312.1

图 8.6 整理后统计数据

(3) 利用公式法在单元格 G3 中输入"=E3/4"，按 Enter 键，得到一季度平均数为 83.275，利用填充柄复制得到数据，如图 8.7 所示。

	A	B	C	D	E	F	G
1	季度	各个月的销售量					
2		2004年	2005年	2006年	2007年	合计	同季平均数
3	1	70.6	80.3	89.4	92.8	333.1	83.275
4	2	68.8	77.5	85.6	88.6	320.5	80.125
5	3	66.4	74.9	78.6	85.5	305.4	76.35
6	4	78.6	85.5	90.4	98.6	353.1	88.275
7	合计	284.4	318.2	344	365.5	1312.1	

图 8.7 进一步整理后统计数据

(4) 利用公式求得所有季度的平均数为 1312.1/16= 82.00625。

(5) 计算各季度的季节指数。在 H3 单元格中输入"=G3/82.00625",按 Enter 键,得到 1.015,利用填充柄复制得到各季度的季节指数。

(6) 计算 2007 年各季平均数=365.5/4=91.375。

(7) 在 I3 单元格中输入"=91.375×H3",按 Enter 键,得到 92.7887,利用填充柄复制得到各季度预测值,如图 8.8 所示。

	A	B	C	D	E	F	G	H	I
1	季度	各个月的销售量							
2		2004年	2005年	2006年	2007年	合计	同季平均数	季节指数	预测值
3	1	70.6	80.3	89.4	92.8	333.1	83.275	1.015	92.7887
4	2	68.8	77.5	85.6	88.6	320.5	80.125	0.977	89.27883
5	3	66.4	74.9	78.6	85.5	305.4	76.35	0.931	85.07256
6	4	78.6	85.5	90.4	98.6	353.1	88.275	1.076	98.35992
7	合计	284.4	318.2	344	365.5	1312.1			

图 8.8 各季预测值及统计数据

【实训项目三】

回归分析预测法的应用。

1. 实训目的

相关和回归分析是研究现象之间相关关系的一种定量分析方法。通过本实训的学习,目的是使学生熟悉相关与回归分析的基本原理及其应用,掌握相关与回归分析在实际运用中的技巧与方法。

2. 实训要求

熟悉回归分析预测法的相关知识;掌握回归分析预测法的具体应用;能够结合实际,制订回归分析预测法的实施方案,并实际预测。

3. 实训任务

下表为城镇居民收入与消费支出情况,根据资料分析城镇居民人均可支配收入与消费支出之间的关系,并预测当人均可支配收入为 10000 元时消费支出为多少?

年 份	消费支出	城镇居民人均可支配收入(元)
1990	1278.89	1510.2
1990	1453.81	1700.6
1992	1671.73	2026.6
1993	2110.81	2577.4
1994	2851.34	3496.2
1995	3537.57	4283
1996	3919.5	4838.9
1997	4185.6	5160.3
1998	4331.6	5425.1
1999	4615.9	5854
2000	4998	6280
2001	5309.01	6859.6

4. 实训知识准备

(1) 线性回归方法的基本原理。

(2) 一元线性回归分析预测方法的具体步骤。

5. 实训步骤

(1) 指导教师介绍实训目的和要求，并介绍与线性回归分析预测法相关的知识点和具体的预测方法。

(2) 由教师演示实训的具体操作方法。

(3) 学生自行练习 Excel 操作。

(4) 实际预测限时考核：学生随机抽取教师事先准备好的数据资料进行实际预测，并提交预测结论。

(5) 实训总结与评分。

6. 实训考核

指导教师根据学生实训过程中的表现及随机抽取预测题得到的结论进行综合评分。

Excel 操作附录如下。

(1) 将城镇居民人均可支配收入与消费支出的原始数据输入 Excel 中，并绘制散点图。

(2) 通过目测发现其散点图呈直线趋势。通过相关分析判断变量之间相关的程度。

运用函数 CORREL 求出相关系数，CORREL 函数的语法格式如下所述。

CORREL(array1，array2)

array1 第一组数值单元格区域。

array2 第二组数值单元格区域。

输入参数后得到计算结果。

(3) 利用 LINEST 函数建立回归模型，LINEST 函数的语法格式如下所述。

LINEST(known_y's，known_x's，const，slats)

其中： Known_y's 是关系表达式 $y_c = a + bx$ 中已知的 y 值集合。

Known_x's 是关系表达式 $y_c = a + bx$ 中已知的 x 值集合。

const 为一逻辑值，指明是否强制使常数 a 为 0。

如果 const 为 TRUE 或省略，a 将被正常计算。

如果 const 为 FALSE，a 将被设为 0。并同时调整 b 值使 y=bx。

stats 为一逻辑值，指明是否返回附加回归统计值。

如果 stats 为 FALSE 或省略，函数 LINEST 只返回系数 b 和常数项 a。

如果 stats 为 TRUE，函数 LINEST 返回各个回归系数及附加回归统计值。函数返回的数字格式如下所述。

计算结果	数据含义
β_m β_{m-1} $\cdots$ β_1 β_0	回归系数
SE_m SE_{m-1} $\cdots SE_1$ SE_0	回归系数的标准误差
R^2 S	复可决系数 R^2、因变量标准误差
F df	F 统计量、自由度 df
$S_{回}$ $S_{残}$	回归平方和 $S_{回}$、残差平方和 $S_{残}$

具体步骤如下所述。

- 为输出数据指定足够的存储区域。
- 在单元格 E4 中输入公式。并输入函数参数如图 8.9 所示。

按下组合键“Ctrl+Shift”后，再按 Enter 键，系统输出如图 8.10 所示。

对照图可知，回归系数分别为 a=151.60、b=0.77，复可决系数 R2=0.9985，因变量的标准误差 S=58.2347，F 统计量=6 672.7159，残差平方和 $S_{残}$=33 912.77、回归平方和 $S_{回}$=22629031.11。

图 8.9 示意图

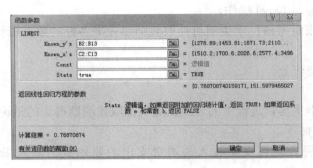

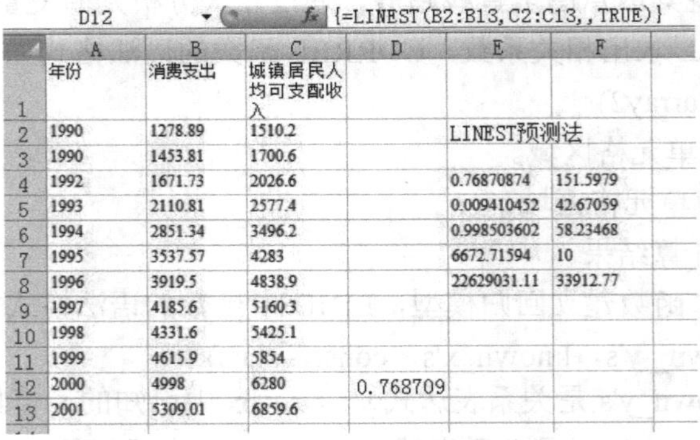

D12 f_x {=LINEST(B2:B13,C2:C13,,TRUE)}

	A	B	C	D	E	F
1	年份	消费支出	城镇居民人均可支配收入			
2	1990	1278.89	1510.2		LINEST预测法	
3	1990	1453.81	1700.6			
4	1992	1671.73	2026.6		0.76870874	151.5979
5	1993	2110.81	2577.4		0.009410452	42.67059
6	1994	2851.34	3496.2		0.998503602	58.23468
7	1995	3537.57	4283		6672.71594	10
8	1996	3919.5	4838.9		22629031.11	33912.77
9	1997	4185.6	5160.3			
10	1998	4331.6	5425.1			
11	1999	4615.9	5854			
12	2000	4998	6280	0.768709		
13	2001	5309.01	6859.6			

图 8.10 回归分析示意图

第九章　市场调查与预测报告

【本章导读】

汽车品牌忠诚度调查报告

行车尚网曾经进行过的一项调查，结果显示，国内消费者的汽车品牌忠诚度偏低，仅5%的消费者在换购新车时仍然选择原来的品牌车型，选择优先考虑原来的品牌车型的消费者占17%，而选择在尽可能多的品牌车型中挑选的消费者占68%，选择绝对不考虑原来的品牌车型的消费者达到10%。绝对不考虑原来的品牌车型的消费者超过品牌忠实拥护者一倍，这意味着国内汽车品牌建设仍不完善，需要从营销、服务等各个方面增强影响力。其中，丰田和福特的品牌忠诚度相对较高，而奇瑞、吉利等大多数自主品牌车型忠诚度普遍偏低。这与最近自主品牌汽车全面飘红的形势形成鲜明对比，同时也表明自主品牌汽车仍需进一步学习和借鉴国外知名汽车品牌的宝贵经验，加大品牌建设力度。

国内汽车市场的迅速增长让汽车得以驶入千家万户，从而也使汽车品牌的概念日渐深入人心。随着汽车消费日趋理性，市场竞争日益激烈，品牌作为人们选购汽车时的重要考虑因素之一，越来越受到厂商和消费者双方的重视。

目前国内汽车消费已经进入一个新的增长期：一方面，生活水平的提升促使人们追求更高的物质享受；另一方面，汽车所带来的生活方式的转变也越来越深入人心。除越来越多的家庭开始将买车提上日程外，还有不少人甚至计划购买第二辆、第三辆车。在换购新车的过程中，品牌忠诚度对消费者的选择起到了至关重要的作用。

本次汽车品牌忠诚度调查行车尚网选取了市场上国产车的22个主流品牌，主要通过网络采访、电话采访和上门采访的方式，分别对各品牌的100名车主进行了调查访问，历时近3个月，共收集有效问卷2300份。

1. 品牌因素抬头，价格仍占主导

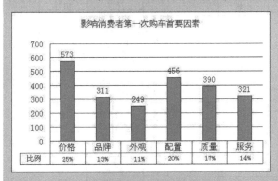
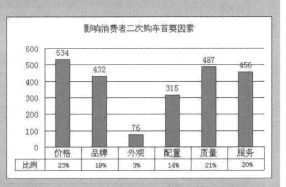

调查显示，消费者在二次购车时对品牌的关注程度略高于首次购车，有19%的消费者在二次购车时将品牌作为首要考虑因素，而只有13%的消费者在第一次购车时把品牌作为首要考虑因素。显然，消费者通过实际用车体验增强了品牌观念。把质量、服务看作首要因素的消费者比例分别上升了4个百分点和6个百分点，而把价格、配置、外观看作首要因素的消费者比例都有所下降，尤其是外观因素的影响力急剧跌落，表明消费者在二次购车时更加理性。然而，把价格作为首要因素的消费者比例虽然从第一次购车的25%下降至二次购车的23%,但仍占据着主要位置,这也是中国汽车消费市场的一大特点。

2. 欧系车、日系车品牌最受偏爱

在五大类车系品牌中,欧系车品牌最受二次购车的消费者偏爱,选择比例高达26%;而有23%的消费者偏爱日系车品牌,与欧系车品牌相当。自主品牌较受冷落,消费者选择的比例只占到16%,可见国内自主品牌对消费者的影响力偏低。韩系车品牌与美系车品牌受偏爱的比例则分别占到21%与14%。

3. 丰田、福特位居品牌忠诚度排名前列,自主品牌普遍"落马"

本次调查行车尚网通过对消费者二次购车时品牌选择意向与原有车型品牌的比较,对消费者的品牌忠诚度进行了细致的统计。结果显示,一汽丰田的用户品牌忠诚度最高,选择"只考虑从原来的品牌车型中选择"和"优先考虑原来品牌的车型,但也会考虑其他品牌车型"的用户比例达37%。其次是长安福特,该比例达36%。令人遗憾的是,自主品牌形势一片惨淡,用户的品牌忠诚度大都偏低,如吉利19%、奇瑞19%、华晨中华22%,这表明自主品牌汽车在消费者心目中的认可度不高,难以形成"品牌执着"。

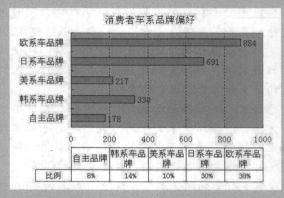

4. 品牌满意度挂钩品牌忠诚度

品牌忠诚度排行			
排名	品牌	只考虑原有品牌的用户比例	优先考虑原有品牌的用户比例	品牌忠诚度指数
1	一汽丰田	13%	24%	37
2	长安福特	7%	29%	36
3	一汽马自达	6%	27%	33
4	上海大众	11%	20%	31
5	东风标致	9%	19%	28
6	东风雪铁龙	5%	20%	25
7	东风悦达起亚	3%	22%	25
8	上海通用	2%	22%	24
9	东风日产	5%	18%	23
10	华晨中华	8%	14%	22
11	东风本田	6%	16%	22
12	南京菲亚特	3%	18%	21
13	长安铃木	3%	18%	21
14	比亚迪	6%	14%	19
15	吉利汽车	6%	13%	19
16	奇瑞汽车	4%	15%	19
17	天津一汽	0	19%	19
18	北京现代	4%	13%	17
19	东南汽车	1%	16%	17
20	长丰猎豹	2%	14%	16
21	海南马自达	1%	13%	14
22	哈飞	0	12%	12

品牌满意度排行		
排名	品牌	品牌满意度指数
1	一汽丰田	42
2	长安福特	35
3	上海大众	34
4	东风标致	30
5	一汽马自达	28
6	东风雪铁龙	26
7	上海通用	26
7	华晨中华	25
7	长安铃木	25
8	东风日产	24
9	南京菲亚特	23
9	东风悦达起亚	23
10	东风本田	20
11	比亚迪	19
11	天津一汽	19
12	北京现代	17
12	东南汽车	17
12	哈飞	17
13	奇瑞汽车	16
14	长丰猎豹	15
15	海南马自达	14
16	吉利汽车	12

调查结果显示,消费者的品牌忠诚度与消费者对该品牌的满意度息息相关。品牌满意度是衡量品牌忠诚度的重要指标,二者之间存在因果联系,较高的满意度往往能够形成较

高的忠诚度。满意度较低的品牌，则消费者的品牌忠诚度也相对较低。一汽丰田、长安福特和上海大众占据了品牌满意度排行榜前三甲，满意率分别为 52%、45%和 44%。消费者在使用汽车的过程中，对该品牌车型是否满意，将直接影响着他们下一次购车时的选择偏向。

5. 质量与服务成就消费者品牌偏好

调查结果表明，单从品牌方面考虑，消费者在二次购车时，更加注重汽车品牌形象所代表的质量和服务。有 24%的消费者选择了"美誉度高、质量可靠的品牌"，而有 21%的消费者选择了"信誉度高、服务完善的品牌"，这意味着汽车消费市场经过多年的磨合，已经逐渐回归理性，且消费者在实际用车体验中进一步加深了对汽车的认识，因此购车考虑更为全面，也更加理智。

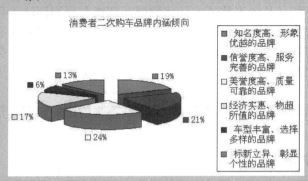

结语：品牌忠诚度是消费者对品牌感情的量度，体现在人们选购车型时对特定汽车品牌所保持的选择偏好。假如消费者对某一汽车品牌表现出越强烈的关注以及越高的选购意愿，说明其品牌忠诚度越高，也就意味着消费者转向其他品牌的可能性越低。通常开发新客户的成本要高出维系老客户的成本数倍，提高品牌忠诚度能够减少老客户的流失，即间接降低了厂商的营销成本，其意义不言自明。尤其是临近年底，车市换购高峰即将到来，如何保持换购新车的消费者对原品牌车型的偏爱与执着，是每个汽车厂商都需要思考的问题。品牌忠诚度的维系，不仅仅是品牌本身塑造与宣传，更需要质量技术、服务维修、文化内涵等诸多方面的发展和完善，才能真正获得消费者的信赖。

(资料来源：https://wenku.baidu.com/view/d3a63054de80d4d8d05a4f49.html 百度文库)

第一节　市场调查与预测报告概述

一、市场调查与预测报告的含义

市场调查与预测报告是以一定类型的载体、载荷反映市场状况的有关信息，并包括某些调查与预测结论和建议的形式，是市场调查与预测工作的最后环节，是整个市场调查与预测工作最终成果的集中表现。在实际应用中常有市场调研报告、市场预测报告和市场调查与预测报告三种形式作为调研活动的最终成果。市场调查报告与市场预测报告联系十分紧密，其撰写报告前的工作几乎成为两者共有的系列工作，报告的内容也有不少相同、相近之处。市场调查的归结往往是预测性结论，而市场预测的前提、基础多是市场调查得来的材料。没有预测结论的市场调查报告会使人感到意图不明,对现实指导不力;而没有调查基础的预测也往往令人感到结论犹如空中楼阁,缺乏客观坚实的基础,难以使人信服,所以无论市场调查报告还是市场预测报告,其结构安排大致相同,只是内容的侧重点有所不同而已。在此本书不做区分。

二、市场调查与预测报告的主要特点

1. 针对性与目的性

市场调查与预测报告选题具有很强的针对性,且报告使用者具有明确的目的性。一方面,任何市场调查与预测报告都是以解决一定的理论问题或现实问题为目的的,调查者要针对某一思想倾向、某一具体事件或实际问题展开调查与预测活动,只有针对性强的选题才能使市场调查与预测发挥其作用;另一方面,不同的报告使用者关心的角度不同,也会造成市场调查与预测报告的内容有所区别。如企业决策者非常关心社会动态,希望得到企业如何面对环境变化的意见和建议,而科研工作者可能更加关心社会现象产生的原因和发展趋势。

针对性是市场调查与预测报告的灵魂,针对性不强的市场调查与预测报告必定是盲目的和毫无意义的。

2. 求实性与科学性

二十大报告中强调"我们必须坚持解放思想、实事求是、与时俱进、求真务实,一切从实际出发"。市场调查与预测报告建立在大量的事实材料上,以调查事实为依据,通过大量的数据和事实材料来说明具体问题,如实反映客观事物及其之间的内在联系,具有求实性的特点;同时,报告中运用的调查资料和数据是采用科学的方法得到的,其引用的事例和数据都要经过反复核实,采用的分析方法要根据实际情况进行筛选,以求科学合理。

3. 创新性与时效性

市场调查与预测报告反映的是市场现象中的主要矛盾和市场活动中的新问题,这就要求调查者与预测者要善于观察新事物,用全新的视角去发现问题、看待问题,用有效的方法去解决问题,使之形成的报告既反映对现有认识的广度和深度,又反映对求知领域广度和深度的探索,具有创新性。

同时,市场问题的解决在很大程度上取决于企业经营者能否及时掌握市场变化信息,采取有效的应变对策,而要做到这一点,调查与预测者就必须及时且迅速地将从调查中获得的有价值的信息提供给企业经营者。所以,市场调查与预测报告时效性很强。

三、市场调查与预测报告的重要作用

市场调查与预测报告是市场调查与预测人员对特定市场的某一方面的问题进行深入细致的调查之后,通过书面形式表达市场调查结果的书面报告,是市场调研活动的最终成果。一篇优秀的调查与预测报告,能够透过调查对象的现象看本质,能够使市场主体更加深入而系统地了解市场,掌握和驾驭市场规律,分析适当的有关问题,制定正确的市场决策,编制科学有效的经营管理计划。相反,一份拙劣的调研与预测报告会使好的调查资料黯然失色，甚至可能使整个调查工作前功尽弃。市场调查与预测报告的重要作用体现在以下几方面。

(1) 市场调查与预测报告是调研人员生产的产品，是对调研过程的历史记录和总结。通过阅读调查与预测报告，读者能够了解调查与预测活动的整个过程，从而增强报告的客观性和说服力。

(2) 市场调查与预测报告是管理决策的重要依据，调查项目之所以得以确立，就是因为企业在管理决策过程中遇到了新问题，调查与预测报告必须针对这些问题提供有价值的信息，从而指导企业更好地适应环境，解决问题。通过调查得来的资料是零散的，而经过整理后形成的报告是将这些零散的杂乱的信息资料进行高度概括和总结，便于用户阅读和理解，它能把枯燥乏味的数字变成活的信息，有利于用户掌握市场行情，为企业决策服务。一份好的调研报告，能对企业的市场活动起到有效的导向作用。

(3) 市场调查与预测报告是委托人评价调查与预测活动的重要指标。用户对调查与预测活动的了解绝大部分来源于调查与预测报告，如果调查与预测活动前面的各个步骤都做得很好，很到位，而唯独没有认认真真地撰写结论报告，委托人拿到报告后，对这次调查与预测活动的评价也不会太高。

【阅读案例】

> **联合航空的调查报告**
>
> 市场调查的任务是评估信息需求、提供所需信息并帮助决策者做出正确的决策。总部在芝加哥的联合航空公司进行航班乘客服务满意度的追踪时，就是这样理解的。每个月在900次航班中有192000个乘客被挑选出来，接受一份4页的可扫描表格调查。这一调查包括乘客对地勤服务(航班预订、机场服务)和空中服务(飞机乘务员、食品、飞机)的满意度调查。表格由乘务员在飞行刚开始时分发，以便乘客能有时间填写问卷。
>
> 每个月联航内部的营销研究部门都写一份报告来总结顾客的满意度，报告也被传到因特网上，使全世界的联航管理者都能够看到。
>
> 由于样本量很大，数据具有较好的代表性，公司所有的部门都可以使用。
> (1) 营销部门进行战略性规划、产品定位和目标市场选择。
> (2) 财务部门衡量产品投资是否成功。
> (3) 机场部门评估地勤服务，包括办理登机手续的速度和效率(服务代表、候机路线)。
> (4) 管理者评估联航内部目标的完成和外部与竞争者比较之下的业绩。
>
> 这个覆盖面很广的消费者满意度调查的结果，使联航的所有部门都能时刻了解顾客要求。在所有公司都具有同样的航程、同类的服务和同样的价格的情况下，这有助于使联航与其他航空公司区别开来。例如，根据报告的结果，联航认识到飞机食品是决定乘机者满意度的重要因素，因此改进了餐饮服务的质量。公司还与星巴克咖啡等知名食品公司建立了品牌联盟，并在广告中把这种联盟当成是乘坐联航飞机的又一个理由。
>
> 上述联合航空公司的调研案例强调了定期进行调查报告的重要性。
>
> (资料来源：覃常员. 市场调查与预测[M]. 5版. 大连：大连理工大学出版社，2014.)

四、市场调查与预测报告的种类

市场调查与预测报告属于应用型报告。根据不同的标准,市场调查与预测报告可以分为多种类型。

1. 按调查与预测的范围和内容不同分类

(1) 综合性报告。即全面系统地反映调查对象市场运作基本情况的调查与预测报告。其主要目的是通过比较详细地记录调查与预测结果,较系统地描述调查对象市场运作方面的综合情况,使人们对调查对象有较全面的了解。如"A 公司市场营销情况调查与预测报告"即属于此类。

(2) 专题性报告。即就某一专门的市场问题进行调查与预测而撰写的报告。其主要目的是及时了解和反映亟须解决的具体问题,并根据调查和预测的结果提出建议和对策。如"广州市场 B 产品价格调查与预测报告"即属于此类。

2. 按调查与预测的表达形式分类

(1) 书面报告。即用文字、数据和图表等表达出来的调查与预测报告。随着当今科学技术的发展,书面报告以无纸形式表现出来的情形日益多见,如电子版的报告、因特网上的报告等,尤其是因特网上的报告。一方面,企业希望其员工能看到调查与预测的结果,分享数据和信息,故借助于公司内部网登出报告;另一方面,企业也可通过因特网上的信息技术来设计问卷、实施调查、分析数据,并以陈述的形式分享结果。

(2) 口头陈述。即将调查与预测的结论和建议用口头方式陈述给报告使用者。事实上,除极少数比较简单的调查与预测结果只需口头报告外,大多数调查与预测报告在书写的同时,也要进行口头陈述。

3. 按调查与预测报告的用途分类

(1) 基础报告。基础报告是调研人员撰写的供自己使用的报告,它是为取得调研结果而准备的第一份报告,这类报告的内容包括工作文件和报告草稿,是最后报告的基础,在最后报告完成后,就成为档案保存起来。正因为如此,在调研实践中往往忽视这类报告,实际上这类报告很有必要,可以为将来需要参考其研究方法和资料时,提供完整的工作记录和研究成果。

(2) 供出版用的报告。这类报告是指调查人员与预测人员撰写的登载于专业报纸、杂志和专著上公开的调研报告。根据刊物和读者的不同而内容有所差异,一般具有语言简练、条理清楚、观点鲜明、启发性和可读性强的特点。

(3) 技术报告。技术报告多是供培训业务人员使用的报告。对调查研究中的有关技术环节的问题,如抽样方法、调查方法、误差的计算、客户的回访等情况的说明;对报告产生过程的介绍;有推导结论的逻辑过程和统计上的细节,如假设检验;有复杂的附录,如使用的研究方法和完整的参考文献,以反映调研结论的客观性和可靠性,为读者提供进一步的资料来源和证明。

(4) 供决策者使用的报告。供决策者使用的调研报告是最常见的报告形式,也是本章研究的重点,属于综合性报告,可以反映整个调查与预测活动的全貌。考虑到决策者日常工作繁忙,他们更加关注调查项目的核心内容,即主要的结论和建议,而不需要关注更多的有关报告的技术细节,最好将研究方法等资料放在附录中,以备他们需要时参考。

五、市场调查与预测报告的基本格式与内容

市场调查与预测报告是整个调研工作,包括调研计划的制订、调研计划的实施、资料的收集与整理、资料分析等一系列过程的总结,以文字、数字和图表的形式对调查与预测结果进行分析和说明,并以书面形式提交给客户。其目的是将调查结果、结论和建议等信息传递给企业管理决策者。虽然每一份市场调查与预测报告都是为其所代表的具体项目而定做的,可能形式上会有所不同,但是它们都有一个惯用的参考格式,这一格式说明了一份好的报告在其必要部分及排序上的共识。总体上说,一份完整的市场调查与预测报告包括扉页、目录、执行性摘要、介绍、正文、结论与建议、补充说明、附件(如有必要)八个部分。

1. 扉页

扉页包括报告的题目、报告的使用者、报告的撰写者及提交报告的日期等内容。其中,题目是市场调查与预测报告内容的浓缩点,必须让报告的使用者通过题目就能对报告想表达的内容一目了然。

2. 目录

目录应写明市场调查与预测报告各部分的标题及其所在的页码,主要有章节标题和副标题,表格,图形和附件及其页码。通过目录,可以对报告的结构有一个清晰的了解。

3. 执行性摘要

许多报告使用者(特别是高层管理人员)通常只阅读报告的这一部分。因此,执行性摘要显得特别重要。它主要包括为什么要调查与预测、如何开展调查与预测、有什么发现、其意义是什么、如果可能的话应该在管理上采取什么对策和措施等。一般情况下,执行性摘要是在报告完成之后写的。

执行性摘要不仅为报告的其余部分规定了明确的方向,同时也使报告使用者在评审调查与预测的结果和建议时有了一个大致的参考框架,它是报告撰写者必须精心考虑的部分。

4. 介绍

介绍即在执行性摘要之后,对实施调查与预测的背景及参与人员情况做详细介绍,并对本次调查与预测做出过贡献和给予过帮助的有关方面表达谢意。

5. 正文

正文是市场调查与预测报告的核心部分,主要是在对已经成为事实的客观情况做出回顾和说明的基础上,利用精心筛选的典型资料,运用科学合理的调查分析方法,用文字、数据、图表和图像等来叙述和分析调查结果,并据此作出科学的推论,进行市场发展变化趋势和规律的预测。

如果说执行性摘要的读者主要是企业高层管理人员的话,那么,正文则是一些需要更深入、更详细地了解调查与预测信息的部门经理们(如产品经理、营销经理等)所密切关注的部分。

6. 结论与建议

结论即为调查与预测的结果，一般根据调查与预测的问题、目标和所获得的结果，进行合乎逻辑的叙述。它是一种归纳过程，是对调查与预测目标所提出的问题的回答，或者为调查与预测目标提供支持。建议则是市场调查与预测人员根据所得的结论，进行理性分析后提出的见解或解决问题的对策；它是一种演绎过程。

结论与建议是分析和计算的目的，也是市场调查与预测报告的落脚点。这部分内容要求具有可行性和可操作性，且有应用价值。

7. 补充说明

补充说明是对所使用的市场调查与预测的方法及局限性做一详细的介绍。一方面，在市场调查与预测报告成文的过程中，为使正文内容紧凑，往往将涉及的调查和预测的具体方法，以及使用这些方法时的处理手段单独列放在一起，形成对正文内容的补充说明；另一方面，由于时间、预算、组织限制等因素的制约，加上调查样本规模和选择等方面的约束，所有市场调查与预测项目都有其局限性。因此，在这一部分要谨慎小心地说明项目的局限性所在，以避免报告使用者过分依赖报告或怀疑报告。

8. 附件

附件即将市场调查与预测报告成文过程中一些比较重要的原始资料和为得到调查与预测信息而设计的调查问卷、统计数据和图表、参考资料等作为附件集中附在报告的后面，以在保持报告完整性的同时，作为报告可靠、结论正确、建议可行的佐证，故必不可少。

值得一提的是，如果市场调查与预测项目是由客户委托的，则往往会在报告的目录前面附上提交信(即一封致客户的提交函)和委托书(即在项目正式开始之前客户写给调查者与预测者的委托函)。一般来说，提交信中可大概阐述一下调查者与预测者承担并实施的项目的大致过程和体会(但不提及调查与预测的结果)，也可确认委托方未来需要采取的行动(如需要注意的问题或需要进一步做的调查与预测工作等)。而委托书则授权调查者与预测者承担并实施调查与预测项目，并确认项目的范围和合同的时间等内容。有的时候，提交信还会说明委托情况。

需要说明的是，虽然作为一份好的市场调查与预测报告应该包含八个方面的内容，但并不是说每一份报告都必须分为八个部分，每一份报告均可根据自己的特点和要求进行调整，如将其中若干个部分合并在一起。

第二节 市场调查与预测报告的撰写

市场调查与预测报告的撰写，是指将市场调查与预测分析的结果用书面形式表达出来，为企业的市场营销决策提供书面依据。事实上，明确了一份好的市场调查与预测报告的格式与主要内容，并不意味着就能写出一份好的市场调查与预测报告，还必须关注其他要素，如报告拟定的程序和技巧。本节将对此进行讨论。

一、市场调查与预测报告撰写的基本要求

(一)明确市场调查与预测报告的目的和阅读对象

首先,市场调查与预测报告具有很强的针对性,是为了特定的调查目的和解决特定问题而撰写的,所以撰写调查与预测报告时必须目的明确、有的放矢,围绕市场调查主题展开论述和说明;其次,任何调查与预测报告都是为了特定的读者而撰写的,他们一般是管理层的决策者。所以必须考虑报告阅读对象的技术水平、阅读环境和阅读习惯,以便提高调研报告的使用效果。因此,如果有必要,可以对同一调查内容撰写几个不同组成部分的报告,以满足不同读者的需要,或者干脆完全针对不同的读者分别撰写不同的调研报告。

(二)市场调查与预测报告的内容要客观、准确、完整

市场调查与预测报告应当客观地反映进行市场调查与分析的结果,准确地表达市场调查、整理、分析和预测的方法和结论,不能有任何应付客户或管理决策者期望的倾向。报告中引用的资料要准确,调查分析的结果和语言表述要准确无误。调查与预测报告中应根据项目开始所提出的问题,提供回答问题所必需的全部信息,特别是最重要的信息不能遗漏。报告应该简明扼要,内容有所取舍,围绕调查目标,突出重点。写作语言要简洁明快,直截了当,避免使用冗长的句子。

报告的结构要清晰有条理,说明和论述符合逻辑,语言表达应该清楚易懂。报告的主体部分有关技术细节方面的讨论和介绍应该避免,尽量少用专业术语,可以使用表格、图形和照片等简洁明快、新颖直观的表达方式增强表达效果。

(三)撰写市场调查与预测报告要注意定量与定性分析结合

在市场调查与预测报告中,数据资料具有重要的作用。用准确的数据证明事实真相往往比长篇大论更具有说服力。然而,调查与预测报告不是流水账或数据的简单堆砌,过多地堆砌数据会使人感到眼花缭乱、不得要领。因此,在报告中要以明确的观点统领数据资料,把定量分析和定性分析结合起来,这样才能透过数据本身的表面现象,把握市场现象的本质属性和发展变化规律。

(四)市场调查与预测报告要正规且专业化

市场调查与预测报告的外观与其内容具有同样重要的地位。一份干净整齐、组织良好的有专业水准的调研报告比那些外观不专业的调研报告更具有吸引力,更能引起读者的兴趣。因此,最后呈交的报告应当用质地良好的纸张打印和装订,印刷格式、字体选择、空白位置应用等编辑方面都应给予充分的重视。

二、市场调查与预测报告的撰写程序

市场调查与预测报告的撰写一般包括选题、资料整理、拟定提纲、撰写初稿和修改定稿五个步骤。

(一)选题

成功的选题不仅能使作者用较少的时间和精力，积累充实的材料，有目的、有计划地调整自己的知识结构，确定必要的分析方法和手段，而且还是调研报告适时对路的前提条件；选题失误，即使调查与预测报告表述得完美也会影响其使用价值。

选题的途径一般可分为外单位委托和作者自选两种。选好题的关键是处理好调研对象的分析、服务对象的需求和作者的主观条件三者之间的关系。在确定主题时应该注意：调查与预测报告的主题要和调研主题相一致；要根据调研结果确定观点并重新审定主题；调查与预测报告的主题不宜过大。标题是画龙点睛之笔，好的标题，一名既立，境界全出。标题必须准确揭示报告的主题思想，做到题文相符。标题要简单明了，高度概括，具有较强的吸引力。

选题即确定市场调查与预测报告的主题，是发现、选择、确定和分析论题的过程。论题就是对调研对象和目的的概括，所有选题一般表现为调查与预测报告的标题。

报告标题的形式一般有下述三种。

1. 直叙式标题

直叙式标题是指能够反映调查意向或指出调查地点、调查项目的标题。例如《TCL液晶电视市场占有率调查与预测》《中国联通市场竞争态势调查与预测》等。这种标题的特点是简明、客观，但略嫌呆板。

2. 表明观点式标题

该种形式的标题是直接阐明作者的观点、看法，或对事物作出判断、评价的标题，又叫主题式标题。例如：《对当前的需求不旺不容忽视》《高档羊绒大衣在北京市场畅销》《技术落后是A公司销售额下降的重要原因》等标题。这种标题既表明了作者的态度，又揭示了主题，具有很强的吸引力。但通常要加一个副标题才能将调查对象和内容等表述清楚。

3. 提出问题式标题

提问式标题是以设问、反问等形式，突出问题的焦点和尖锐性，吸引读者阅读、思考。例如《消费者愿意到网上购物吗？》《北京市房地产二级市场为什么成交寥寥无几？》《为什么A公司在广东市场的分销渠道不通畅?》等。

标题按其形式又可以分为单行标题和双行标题。单行标题是用一句话概括调查报告的主题或要回答的问题。一般是由调查对象及内容加上"调查报告"或"调查"组成。如：《"中关村电子一条街"调查报告》《海尔洗衣机在国内外市场地位的调查》《关于上海市家用电脑销售情况的调查》等。双标题由主题加副题组成。一般用主标题概括调查报告的主题或要回答的问题，用副题标明调查对象及其内容。如：《保护未成年人要从规范成年人入手——关于中小学生出入电子游戏厅的调查》《北京人的梦中家园——对北京居民住宅择向的调查报告》等。

(二)资料整理

调研资料是形成调研报告主题观点的基础，只有观点与资料高度一致，观点才能充分说明调研报告的主题，这是撰写报告必须遵循的主要原则。而资料整理即是对市场调查与预测取得的资料进行取舍，以达到观点和资料的统一性。市场调查与预测报告的特点是用大量的调查与预测资料来说明观点，确定选题后，报告撰写者就必须围绕主题有针对性地筛选资料。一般来说，可供取舍的资料主要有下述几大类。

(1) 典型资料。即具有代表性的资料，往往具有深刻的含义和较强的说服力，是能表现调查对象本质和发展趋势的资料。

(2) 综合资料。即面上的资料，它能够说明调查对象总体的概貌和发展趋势，有助于认识整体、掌握全局。运用综合资料时须注意处理好与典型资料之间的关系，使主题更具有深度和广度。

(3) 对比资料。运用历史与现实、成功与失败等对比资料进行横向和纵向的比较可以使市场调查与预测报告的主题更加突出，给人深刻的印象。

(4) 统计资料。事物的质是通过量表现出来的。真实、准确的数字有较强的概括力和说服力，在市场调查基础上取得的原始数据资料经过统计分析，可大大增强报告的科学性、准确性和力度。

(5) 排比资料。即用若干不同的资料，从不同的角度、不同的侧面多方面说明观点，可使报告观点更加深刻有力。

值得一提的是，资料必须充足才有可能写出有价值的报告。

(三)拟定提纲

提纲是调查与预测报告的骨架，拟定提纲即报告撰写者根据市场调查与预测报告的内容要求对其框架进行设计，也是对调查与预测资料作进一步分析研究的过程。它可分两步完成。

(1) 初步描述。即报告撰写者在脑海里对调查与预测对象内在关系的初步描述，如顺序有没有乱、内容有没有重复、逻辑关系有无错置等。

(2) 列出提纲。在完成选题和资料整理并初步描述之后，基本上对市场调查与预测报告的撰写就有了一个轮廓或框架，将它列出来，即形成报告的提纲。拟定提纲实际上是围绕着主题，集中表现出报告的逻辑网络。表现形式主要有两种。①条目提纲。即从层次上列出报告的章节目。如果只列到章和节，则提纲比较粗，如果确定了章和节之后，再对有关部分作进一步充实，细化到目或更深层次，则在撰写报告时思路就会比较清晰，比较顺手。②观点提纲。即列出各章节要表述的观点。如果说条目提纲主要是确定了报告的层次，那么，观点提纲则是将每一章节要表达的主要观点列出来，进一步细化了条目提纲。

可见，提纲的拟定使报告的内容避免了重复、零乱和结构失衡，从而使报告结构严谨，层次清晰，还可以发现调查与预测过程中存在的问题或不足。因此，拟定提纲的作用是不可低估的，更不是可有可无的，即使对于写作经验非常丰富的人来说，也应该先拟定写作提纲，然后再详细撰写，可以说拟定提纲是写好市场调查与预测报告必不可少的环节。

(四)撰写初稿

撰写初稿即在前期调研的基础上，围绕事先设计好的写作提纲标题展开论述和说明，形成报告初稿。在撰写的过程中，除要按照提纲要求认真提炼观点、选择例证之外，还要注意下述几点。

(1) 资料准确，分析深刻。应在资料完备或对原始资料分析透彻的情况下开始撰写，以确保所引用资料和数据的代表性、准确性及出处的可靠性，并深入研究，掌握关键点，进行深刻的分析。

(2) 通俗易懂，针对性强。在撰写的过程中，资料的取舍和表达等要考虑使用者的特点，要用对方看得懂的文字，使用大众化语言，通俗易懂。切忌借用"大名词"显示学问，或滥用图表。

(3) 用词生动，形式多样。虽然不能使用不当的华丽词语，但市场调查与预测报告还是要求用词生动活泼，形式灵活多样。如用适当的表格和图形(如饼形图、柱形图、流程图、照片、地图等)来弥补文字叙述的单一论证形式。

(五)修改定稿

修改定稿即对撰写好的市场调查与预测报告进行反复的思考、推敲、修改和审定。将市场调查与预测报告撰写成文只是完成了撰写的初稿，并非大功告成。要能最后定稿，还须先对初稿的内容、结构、用词等进行多次审核和修改，确认报告言之有理，持之有据，观点明确，表达准确，逻辑合理。

修改定稿后，报告就可以提交给报告使用者了。

三、市场调查与预测报告的撰写技巧

撰写出一份好的市场调查与预测报告，除了要注意格式和内容的安排外，还需掌握相应的撰写技巧，主要体现在叙述技巧、说明技巧、议论技巧和语言运用技巧四个方面。

(一)叙述技巧

市场调查与预测报告的叙述主要用于开头部分(如执行性摘要和正文的开头)，通过叙述事情的来龙去脉来表明调查与预测的目的、过程和结果。此外，在主体部分还要叙述调查得来的情况。例如，"此次调查是历届中规模最大、内容最全的一次，我们将在线上调查的基础上，联合17173新闻采访部进行线下调查，对手机游戏、研发力量、代理运营三方面进行深入调查。从而能更全面和系统地得出当前中国网络游戏市场的现状。"市场调查与预测报告中常用的叙述技巧包括概括叙述、按时间顺序叙述、叙述的主体省略等。

1. 概括叙述

概括叙述即将调查和预测的过程和情况概略地陈述，不需要对事件的细枝末节详加铺陈。这是一种浓缩型的快节奏叙述，文字简略，一带而过，给人以整体、全面的认识，以适应市场调查与预测报告快速及时反映市场变化的需要。

2. 按时间顺序叙述

按时间顺序叙述是指在交代调查的目的、对象、经过时，往往按时间顺序叙述的方法，秩序井然，前后连贯。如开头部分叙述事情的前因后果、正文部分叙述市场的历史与现状，就体现了按时间顺序叙述的技巧。

3. 叙述主体的省略

市场调查与预测报告的叙述主体即为撰写报告的单位，叙述中用"我们"第一人称。

为了行文方便,叙述主体在市场调查与预测报告开头部分出现后,在后面的各部分即可省略,不再出现,这样做并不会因此而令读者费解。

(二)说明技巧

市场调查与预测报告常用的说明技巧有数字说明、分类说明、举例说明等。

1. 数字说明技巧

市场运作离不开数字资料,反映市场发展变化情况的市场调查报告,要运用大量数据,以增强调查报告的精确性和可信度。在撰写报告时就要使用数字说明技巧来揭示事物之间的数量关系,这也是市场调查与预测报告的主要特征。在进行数字说明时,为防止数字文学化(即在报告中到处都是数字),通常可用表格和图形来说明数字。另外在使用数字说明时还要注意下述两点。

1) 使用汉字和阿拉伯数字应统一

总的原则是:凡是可以用阿拉伯数字的地方均应使用阿拉伯数字。具体地说,就是计数与计量(如 50~100,15%等)、公历世纪与年代、时间(如 20 世纪 80 年代,2006 年 6 月 1 日等)均用阿拉伯数字,星期几用汉字,邻近的两个数并列连用表示概数时用汉字(如五六天、五六百元等)。

2) 运用数字的技巧

为了让统计数字更加鲜明生动,通俗易懂,撰写报告时还应注意运用数字的技巧。如将数字进行横向和纵向的比较形成强烈的反差,或把太大不易理解的数字适当地化小(如将某企业年产 876000 台换算成每小时生产 100 台),或将太小的不易引起报告使用者关注的数字推算变大(如产品 A 的成本降低 0.5 元/件,如果单价保持不变,则当年销售量为 100 万件时,即可增加销售收入 50 万元)。

2. 分类说明技巧

市场调查中所获的资料往往杂乱无章,根据报告主题表达的需要,可将调查资料按一定标准分为几类,分别说明。例如将调查收集到的资料按地理位置和经济发展水平进行分类,每类设一小标题,并作进一步说明。

3. 举例说明技巧

为说明市场发展变化情况,在市场调查与预测报告中举出具体、典型事例,这也是常用的方法,即举出具体的、有典型代表意义的事例来说明市场发展变化情况。在市场调查与预测过程中会遇到大量的事例,可从中选择具有代表性的例子进行说明,这样会增强报告的说服力,并增强报告的使用价值。

(三)议论技巧

1. 归纳论证

归纳论证即运用归纳法将市场调查与预测过程中掌握的若干具体的事实进行分析论证,得出结论。市场调查与预测报告是在占有大量调研资料的基础上,作充分的研究分析,得出结论的论证过程。这一过程,主要运用议论方式,所得结论是从具体事实中归纳出来的。

2. 局部论证

局部论证即将市场调查与预测的项目分成若干部分，然后对每一部分分别进行论证。由于市场调查与预测报告不同于议论文，不可能形成全篇论证，只是在情况分析和对未来预测中做出局部论证。如对市场情况从几个方面进行分析，每一方面形成一个论证过程，用数据等资料作论据去证明其结论，形成局部论证。

(四)语言运用技巧

市场调查与预测报告不是文学作品，而是一种说明性文体，有着自己的语言风格。其常用的语言技巧有用词技巧和句式技巧。

1. 用词技巧

市场调查与预测报告中用得比较多的是数词(前面已经作了介绍)、介词(如"根据""为""对""从""在"等)和专业词(如"市场竞争""价格策略""市场细分"等)，撰写者应该能灵活适当地使用。除了前面提到报告用词要生动活泼和通俗易懂外，还应该严谨和简洁，切忌使用"大概""也许""差不多"之类的给人产生不确切感、不严谨的词语。

2. 句式技巧

市场调查与预测报告以陈述句为主，陈述调查与预测的过程和市场情况，表示肯定或否定的判断，在建议部分会使用祈使句表示某种期望。

此外，从整体上说，撰写者还要注意语言表达的连贯性和逻辑性。

四、市场调查与预测报告撰写中容易出现的问题

虽然撰写者已经很清楚地知道有关市场调查与预测报告撰写的知识和技巧，但在实际运作中，还是会经常出现一些问题。主要体现在下述几方面。

1. 处理不好篇幅和质量的关系

篇幅并不代表质量，只有让报告使用者满意的报告才是高质量的报告。因此，调查与预测的价值不是用报告的篇幅来衡量的，而是以质量、简洁和有效的计算来度量的。

2. 解释不充分或不准确

图表和数据无疑是市场调查与预测报告的重要组成部分，但是撰写者必须对这些图表和数据作充分的解释和分析，如果只是将图表和数据展示出来而不作解释，必然引起使用者对这些图表和数据的怀疑，进而影响报告本身的可信度。可见，要想正确地解释问题，撰写者必须熟悉比率假设、统计方法，并了解各种方法的局限性。

3. 把握不准资料的取舍

根据调查与预测的目标对资料进行取舍是撰写市场调查与预测报告的第二步，容易出问题的也是这一步。如撰写者在报告中采用了大量与目标无关的资料，这也是造成篇幅过长的原因之一。

4. 所提建议不可行

所提建议不可行，是指在报告中提出的建议对报告使用者来说是根本行不通的。这种问题的出现大都是由于撰写者并不十分了解企业的情况，或者对市场的判断过于轻率。如经调查和分析，企业需要对每一个目标市场增加15万元的促销费就可实现企业的营销目标，那么，这个结论就作为一项建议被提出来了，即建议"企业每一个目标市场增加15万元的促销费"，结果是不可行，因为它超过了企业的财务承受能力。在遇到这类情况时，如果报告撰写者对企业有比较深入的了解，就会将这个结论与其他方面综合起来考虑，因为要实现企业的营销目标并不完全取决于这个增加的15万元促销费用，报告中最好能找到一个既在企业财务承受能力之内，又能实现营销目标的可行建议。

5. 报告的可读性差

报告过度使用定量技术会降低其可读性，容易造成使用者阅读疲劳和引发对报告合理化的怀疑。当使用者是一位非技术型营销经理时，他还会拒绝一篇不易理解的报告。

如此种种，都是市场调查与预测报告中容易出现的问题，应引起充分的重视。

第三节 市场调查与预测报告的沟通、使用和评价

市场调查与预测报告最终要提交给报告使用者，经过调研人员辛苦工作取得的报告结论是否为使用者接受或认同完全取决于调研人员的汇报沟通能力。调查与预测报告只有通过很好的沟通途径，才能为使用者认可并使用。

一、市场调查与预测结果的沟通

报告有无使用价值，除与报告本身的撰写质量有关外，还需要与使用者进行充分的沟通，使其能理解进而使用报告。市场调查与预测报告的沟通是指市场调研人员同委托者、使用者以及其他人员之间就市场调查与预测结果进行的一种信息交流活动。报告的沟通是调研结果实际应用的前提条件，有利于委托者及使用者更好地接受有关信息，作出正确的营销决策，发挥调查与预测结果的效用，有利于市场调研结果的进一步完善。

良好的沟通是指沟通双方之间能以动作、文字或口语等形式传递彼此意图的活动，沟通的本质在于分享意图和彼此理解。市场调查与预测结果的沟通则是指市场调查与预测者与报告使用者(或委托者)及其他人之间以各种有效的形式传递市场调查与预测结果的活动。这种沟通不仅能使报告使用者更好地理解有关信息，而且能促进市场调查与预测者水平的提高，是非常必要的。

(一)市场调查与预测结果沟通的形式

1. 书面沟通

书面沟通具体体现为市场调查与预测的书面报告。在报告定稿前，可将整个报告或报告的若干部分拿出来与有关方面进行沟通，从中得到有用信息，提高报告的质量。

2. 口头陈述

绝大多数市场调查与预测项目在准备和递交书面报告之前或之后都要作口头陈述，它可以简化为在使用者组织的地点与经理人员进行的一次简短会议，也可以正式地向董事会作一报告。不管如何安排，有效的口头陈述均应以听众为中心，充分了解听众的身份、兴趣爱好、教育背景和时间等，精心安排口头陈述的内容，将其写成书面形式，或者利用字板、投影仪、幻灯或多媒体等辅助工具，增强口头陈述的吸引力。但不管选择哪种辅助工具，每种视觉辅助都应该设计成可以传达简单而又引人注目的信息，加深观众(听众)对报告的理解。

值得一提的是，优秀演讲的原则也适用于口头陈述，如善于运用表情和形体语言，陈述语言生动，语速语调控制自如，不照本宣科，有一个好的开头，有一个强有力的结尾，等等。

当市场调查与预测的结果与报告使用者的预期相比出现差异时，即结果为"坏消息"时，陈述要格外小心，且应注意以下几点：一是不能避开负面的结果，一定要告诉使用者真相；二是尽量表明你只是在客观地陈述结果，不是批评家也不是"法官"；三是只要有可能，在口头陈述时列举一些正面的事实，避免使报告成为完全的负面结果；四是强调指出应采取哪些措施和对策，预防或减弱那些可能出现的问题。

(二)市场调查与预测结果沟通的障碍

无论口头陈述者如何追求良好的沟通，市场调查与预测结果的沟通均不可能完美。在现实运作中，会存在许多沟通障碍，这些障碍主要体现在下述几方面。

(1) 噪声。即阻碍受众接收信息的任何事物。它可以是物质的(如陈述过程中的手机铃声、咳嗽声等)，也可以是心理的(如心烦意乱的思考、情绪骚动、错误的思维方法等)。当一位营销经理在听陈述者的口头汇报，脑子里却突然想起要派谁去开拓一个新的目标市场等与报告无关的问题时，我们就说陈述者遇到了一个沟通障碍——噪声。

(2) 注意力集中度。每个人的注意力集中的时间都是有限的，注意力集中的时间长短因人而异，主要取决于其对话题的兴趣、身体条件和意识条件。陈述者在陈述的过程中始终受到注意力集中度的影响，需要不断地与听众注意力集中度做斗争。

(3) 选择性知觉。即人们总是选择那些能够支持其预想观念的特别信息，或借用某一些证据而忽略或轻视那些无助于支持其预想的信息，报告的使用者也不例外。例如，产品经理或许乐在在测试市场上看到一个较高的最初购买率，而忽视较低的市场重复购买率；或者经理能对调查与预测项目作一般性的评述，却忽略了形成结果的样本的局限性。如此种种，调查与预测报告的撰写者必须对此有清醒的认识。

(三)市场调查与预测报告沟通的技巧

从表现形式来看，市场调查与预测报告有书面和口头两种，但不管是哪种形式的报告，形成后都必须以恰当的方式和委托方沟通。对于小型调查之后没有必要或没有时间组织书面报告的情况下，客户都希望能听到调查报告的口头汇报，而对于大型的调查之后需要提交书面报告的同时，公司的决策者也经常要求辅之以口头报告来了解调查结果，所以市场调查与预测报告的沟通以口头沟通为主。沟通的本质在于分享意图及彼此了解。为了达到良好的沟通，必须要了解上述影响沟通的因素，规避不利因素的负面影响，同时还要注意下述几点。

(1) 沟通汇报前要做充分准备和练习。在与客户(或委托方)进行报告沟通之前必须拟定一份汇报提纲，其中包括报告的基本框架和内容，目的是让将要沟通的每一位听众都能掌握关于汇报的流程和主要结论。同时应该注意提交给听众的提纲要预留出足够的空白，以便于听众做临时记录或评述；了解听众的教育背景、时间因素、态度、偏好等，以保证沟通汇报的风格和内容与听众特点相吻合，获得良好的沟通效果。

准备好调查与预测报告的复印件。报告是一种实物凭证，鉴于调研人员在介绍中省略了许多细节上的问题，为委托者及感兴趣的听众提供报告复印件，供其仔细阅读。

(2) 沟通汇报时要充满自信。有些人在开始进行沟通汇报时对其所讲的话道歉，这实际上是非常不明智和不自信的表现。一方面，道歉暗示了你没有做好充分的准备就来汇报；另一方面，无谓的道歉浪费了宝贵的时间。所以在进行报告的沟通过程中要始终保持饱满的精神风貌和自信的态度，客观地反馈调查与预测结果，自信会让客户感到报告结论的可靠性。

(3) 尽量借助可视化材料来增强效果。在进行沟通汇报时，一般需要准备一份 PPT 文稿，通过投影仪投射到屏幕上，以此作为可视化媒介，增强效果。在 PPT 中应当准确概括报告的主要内容，并尽量使用图表，使调查结果更加直观生动，以便提高听众的兴趣，吸引听众注意，提升沟通效果。当然，PPT 的制作不要太过花哨，图表要以客观准确的数据为基础，应力求清晰易懂。

(4) 沟通汇报时保持目光接触。进行市场调查与预测报告沟通时，要尽量看着听者，不要低头看讲稿或别处。与听众始终保持目光接触，有助于判断他们对汇报情况的理解程度和态度。

(5) 语言要简洁明了、通俗易懂且富有说服力。有效的沟通应该以听众为核心展开。由于听比说更难以集中注意力，因此，沟通汇报时，语言要简洁明了、通俗易懂，内容要有说服力，并尽量注意趣味性。注意语言要生动，语调和语速要适中；若有非常复杂的问题不要说明，可以先做概括性介绍，并运用声音、眼神和手势等变化来加深听众的印象。

(6) 要把握好回答问题的时机。在沟通汇报过程中，除了有关演讲清晰程度的问题以外，最好不要回答问题，以免讲话思路被打断，使听众游离于报告主题之外，或时间不够。在汇报开始前，应该先告知听众，报告后再回答问题或进行个别交流。

(7) 一定要在规定的时间内结束汇报。报告的沟通汇报常常有一定的时间限制，在有限的时间内讲完报告是最基本的要求。滔滔不绝地汇报不仅会浪费时间，也会影响报告的沟通效果。

二、市场调查与预测报告的使用

市场调查与预测报告在与委托方或使用者进行了沟通之后，一旦被对方认同和接受后，就意味着要应用报告的结论了，这就必须考虑影响报告使用的因素，且如何指导其使用报告的问题了。

1. 影响市场调查与预测报告使用的因素

在信息时代，营销管理者本应该有效地使用市场调查与预测信息以提高企业市场竞争的能力,但在很多时候,这些营销管理者们是否真正同意使用报告结论要取决于报告的可信度和使用价值、报告使用者和市场调查与预测者之间的沟通程度、报告主要使用者的性格和任职期限等因素。

 2. 对市场调查与预测报告使用者的指导

市场调查与预测报告经过沟通后一经被委托方采纳,市场调查与预测者就有责任对其进行指导,以更好地发挥市场调查与预测结论带给企业的科学价值。因此,调研人员一方面要帮助使用者更好地了解和掌握有关情况(尤其是报告中没能反映的一些信息),真正使使用者能以报告结果作为其经营决策和经营业务的依据;另一方面,调研人员也是在履行自己对其报告这一产品的售后服务义务,并在这种服务中及时掌握和评价报告,发现问题及时采取措施进行补救。

在实施指导的过程中,市场调查与预测者和报告使用者如果属同一企业的不同部门,则对报告使用者的指导会比较容易,因为双方关系密切,障碍不大。如果二者不属于同一企业,即报告使用者委托本企业以外的组织或人员进行市场调查与预测,则情况比较复杂,容易出现沟通障碍,此时需要双方的互相支持、互相体谅,并采取行之有效的措施保证这项工作的顺利进行,如市场调查与预测者选派专人负责对报告使用者的指导,或在合同中明确规定指导工作的要求等。

三、市场调查与预测报告的评价

市场调查与预测报告的评价,即对市场调查与预测报告实施之后的效果进行评价。这是市场调查与预测者必须开展的一项工作,它不仅仅关系到其为报告使用者服务的质量,还有利于其总结经验,发现不足。

一般来说,对市场调查与预测报告的评价既可以由报告使用者做,也可以由市场调查与预测者来做,但不管由谁做,都须注意评价信息的反馈,以使有关各方对情况加深了解和相互理解,建立信任关系,更好地将市场调查与预测的结果应用于报告使用者的市场运作之中。

要对市场调查与预测报告进行客观评价,最有效的方法就是采用客户满意度调查。在这项调查中,"报告"作为商品,能否真正让客户即报告使用者受益,是影响其对"报告"产品满意的关键。

<h1 style="text-align:center">本 章 小 结</h1>

市场调查与预测报告是以一定类型的载体、载荷反映市场状况的有关信息,并包括某些调查与预测结论和建议的形式,是市场调查与预测工作的最后环节,是整个市场调查与预测工作最终成果的集中表现。一篇优秀的调查与预测报告能够透过调查对象的现象看本质,能够使营销企业更加深入而系统地了解市场,掌握和驾驭市场规律,分析市场的有关问题,制定正确的市场决策,编制科学有效的经营管理计划。

市场调查与预测报告属于应用型报告,按调查与预测的范围和内容不同可分为综合性报告和专题性报告;按调查与预测的表达形式可分为书面报告和口头陈述;按调查与预测报告的用途可分为基础报告、供出版用的报告、技术报告和供决策者使用的报告。

一份完整的市场调查与预测报告一般包括扉页、目录、执行性摘要、介绍、正文、结论与建议、补充说明、附件(如有必要)八个部分。

市场调查与预测报告撰写时应该符合几个基本要求:明确调查与预测报告的目的和阅读对象;市场调查与预测报告内容要客观、准确、完整;市场调查与预测报告要注意定量与定性分析相结合;市场调查与预测报告要正规且专业化。

市场调查与预测报告的撰写一般包括选题、资料整理、拟定提纲、撰写成文和修改定稿五个步骤。

撰写一份好的市场调查与预测报告,除了要注意格式和内容的安排外,还需掌握相应的撰写技巧,主要体现在叙述技巧、说明技巧、议论技巧和语言运用技巧四个方面。

市场调查与预测报告撰写中容易出现:处理不好篇幅和质量的关系;解释不充分或不准确;把握不准资料的取舍;所提建议不可行等问题。

练习与思考

一、名词解释

市场调查与预测报告 书面报告 口头报告 市场调研结果的沟通

二、判断题(正确打"√",错误打"×")

1. 市场调查与预测报告题目可以由一个正标题组成,也可以既有正标题又有副标题。
(   )
2. 市场调查与预测报告要求有统一的格式和内容,包括口头报告。 (   )

三、简述题

1. 简述市场调查与预测报告的作用。
2. 简述市场调查与预测报告的主要类型。
3. 简述一份完整的市场调查与预测报告应该包括的部分和内容。
4. 简述市场调查与预测报告的撰写技巧。
5. 要使报告沟通取得成功,主要应注意哪些方面?

四、案例分析题

某市果汁饮料市场调查报告

中国饮料工业协会统计报告显示,国内果汁及果汁饮料实际产量超过百万吨,同比增长33.1%,市场渗透率达到36.5%,居饮料行业第四,但国内果汁人均年消费量仅为1公斤,为世界果汁平均消费水平的1/7,西欧国家平均消费量的1/4,市场需求潜力巨大。

我国水果资源丰富,其中苹果产量居世界第一,柑橘产量居世界第三,梨、桃等产量居世界前列。据权威机构预测,到2015年,我国果汁产量将达到195万~240万吨,人均年消费量将达到1.5公斤。

近日，我公司对某市果汁饮料市场进行了一次市场调查，根据统计数据，我们对调查结果进来了简要的分析。

追求绿色、天然、营养成为消费者和果汁饮料生产商的主要目的。品种多、口味多是果汁饮料行业的显著特点，根据该项调查显示，每家大型超市内，果汁饮料的品种都在120种左右，厂家达十几家，竞争十分激烈，果汁的品质及创新成为果汁企业获利的关键因素，品牌果汁饮料的淡旺季销量无明显区分。

目标消费群——调查显示，在选择果汁饮料的消费者群体中，15～24岁年龄的消费者占了34.3%，25～34岁年龄段的消费者占28.4%，其中，又以女性消费者居多。

影响购买的因素——口味：酸甜口味的销售情况最好，低糖营养性果汁饮品是市场需求的主流；包装：家庭消费首选750mL和1L装的塑料瓶大包装；260mL的小瓶装和利乐包为即买即饮或旅游时的首选；礼品装是家庭送礼时的选择；喝完饮料后，新颖别致的杯子可当茶杯用，所以也影响了部分消费者的购买决定。

饮料种类选择习惯——调查显示，71.2%的消费者表示不会仅限于一种，会喝多种饮料；有什么喝什么的消费者占20.5%；表示只喝一种的有8.3%。

品牌选择习惯——调查显示，习惯于多品牌选择的消费者有54.6%；习惯于单品牌选择的有13.2%；因品牌忠诚做出单品牌选择的占14.2%；价格导向的占2.5%，追求方便的比例为15.5%。

饮料品牌认知渠道——广告：58.4%；自己喝过才知道：24.5%；卖饮料的地方：11.1%；亲友介绍：6%。

购买渠道选择——在超市购买：61.3%；随时购买：2.5%；个体商店购买：28.4%；批发市场：2.5%；大中型商场：5.3%；酒店、快餐厅等餐饮场所也具有较大的购买潜力。

一次购买量——选择喝多少买多少的占62.4%；选择一次性批发很多的有7.6%；会多买一点存着的有30%。

(资料来源：http://www.docin.com/p-303146554.html)

分析问题。
(1) 本调查报告还缺少什么重要部分吗？如何对其进行修改？
(2) 根据上述资料，自行撰写一篇规范的调研报告。

单 元 实 训

【实训项目】

市场调研报告的撰写。

1. 实训目的

通过实训，使学生掌握市场调研报告撰写的基本格式和具体方法，培养学生撰写市场调研报告的基本能力。

2. 实训要求

其要求包括下述各点。

(1) 认识到市场调研报告在整个调研过程中的重要性。作为结论性文书，市场调研报告是调研人员向委托方呈交的产品,报告质量的好坏直接决定着整个调研活动的价值。

(2) 熟悉调研报告的基本结构、写作方法和技巧。

(3) 能够结合前面的知识,动手撰写一份完整的市场调研报告。

3. 实训任务

欲对在校大学生进行双休日活动情况进行调查,请你设计一份"关于在校大学生双休日活动情况"的调查问卷,并进行实地调查,对调查收集到的资料进行整理和分析,形成市场调研报告。

4. 实训知识准备

(1) 问卷的基本结构和主要内容。

(2) 问卷访问法的技巧。

(3) 市场调查资料整理的基本技巧。

(4) 市场调研报告的基本结构。

(5) 撰写市场调研报告的方法和技巧。

5. 实训步骤

(1) 由指导教师介绍实训的具体任务、目的和要求,对市场调研报告的重要性予以说明和强化。

(2) 由指导教师介绍调查问卷设计的基本结构和内容、问卷调研方法及技巧、调查资料整理的技巧、调研报告的基本结构和撰写技巧等。

(3) 将学生按实际情况分成若干组,以组为单位进行讨论并设计制作调查问卷。

(4) 各组有针对性地选择调查对象进行实地调查。

(5) 各组进行市场调查资料的整理和分析。

(6) 形成小组调研报告。

(7) 每组进行口头报告的汇报和交流。

6. 实训考核

指导教师为各组实训成果打分,同时综合实训过程和汇报情况评定最后成绩。

参 考 文 献

[1] 孟雷，李宏伟. 市场调查与预测[M]. 2版. 北京：清华大学出版社，2019.
[2] 刘学明. 汽车市场调查与预测[M]. 重庆：重庆大学出版社，2017.
[3] 魏炳麒. 市场调查与预测[M]. 3版. 大连：东北财经大学出版社，2010.
[4] 陈殿阁. 市场调查与预测[M]. 北京：清华大学出版社、北京交通大学出版社，2004.
[5] 胡丽霞. 市场调查与预测[M]. 北京：科学出版社，2018.
[6] 张灿鹏，郭砚常. 市场调查与分析预测[M]. 北京：清华大学出版社、北京交通大学出版社，2008.
[7] 陈友玲. 市场调查预测与决策[M]. 2版. 北京：机械工业出版社，2019
[8] 蒋萍. 市场调查[M]. 上海：上海人民出版社，2007.
[9] 高微，冯花兰. 市场调查与预测[M]. 北京：首都经济贸易大学出版社，2008.
[10] 杨凤荣. 市场调研实务操作[M]. 北京：清华大学出版社，2008.
[11] 栾向晶. 营销调研与预测[M]. 北京：科学出版社，2009.
[12] 丁洪福. 市场调查与预测[M]. 大连：东北财经大学出版社，2016.
[13] 郁广建. 市场调查与预测110方法和实例[M]. 北京：中国国际广播出版社，2000.
[14] 王珍莲. 现代市场调查与预测[M]. 重庆：重庆大学出版社，2006.
[15] 赵伯庄. 市场调研实务[M]. 北京：科学出版社，2010.
[16] 邱小平. 市场调研与预测[M]. 北京：机械工业出版社，2007.
[17] [美]卡尔·麦克丹尼尔. 当代市场调研[M]. 范秀成等，译. 北京：机械工业出版社，1999.
[18] [美]马尔霍拉特. 市场营销研究：应用导向[M]. 北京：电子工业出版社，2002.
[19] 柴庆春. 市场调查与预测[M]. 北京：中国人民大学出版社，2005.
[20] 张德斌. 市场调查和预测[M]. 北京：中国经济出版社，2006.
[21] 黄丹. 市场调查与预测[M]. 北京：北京师范大学出版社，2007.
[22] 侯贵生，罗玉蝉. 市场调查实务[M]. 武汉：华中科技大学出版社，2010.
[23] 郝渌晓. 市场营销调研[M]. 北京：北京科学出版社，2010.
[24] 覃常员. 市场调查与预测[M]. 5版. 大连：大连理工大学出版社，2014.
[25] 王秀娥. 市场调查与预测[M]. 北京：清华大学出版社，2008.
[26] 张德斌. 市场调查和预测——黄金法则与实务[M]. 北京：中国经济出版社，2006.
[27] 刘雅漫. 新编统计基础[M]. 5版. 大连：大连理工大学出版社. 2009.
[28] 郭毅，梅清豪. 市场调研[M]. 2版. 北京：电子工业出版社，2004.
[29] [美]小查尔斯·兰姆等. 市场营销学[M]. 6版. 陈启亮，朱洪光，译. 上海：上海人民出版社，2005.
[30] [美]托尼·普罗克特. 营销调研精要[M]. 吴冠之等，译. 北京：机械工业出版社，2004.
[31] 范伟达. 市场调查教程[M]. 上海：复旦大学出版社，2002.
[32] 杨增武. 统计预测原理[M]. 北京：中国财政经济出版社，1990.
[33] 何俊. Excel在市场调查工作中的应用[M]. 北京：中国青年出版社，2006.